AF818595

Telekommunikation und vertikale Integration

Wirtschaftswissenschaftliche Beiträge

Informationen über die Bände 1 - 50
sendet Ihnen auf Anfrage gerne der Verlag.

Band 51: R. Riedl, Strategische Planung von Informationssystemen, XII/227 Seiten, 1991

Band 52: K. Sandmann, Arbitrage und die Bewertung von Zinssatzoptionen, VIII/172 Seiten, 1991

Band 53: P. Engelke, Integration von Forschung und Entwicklung in die unternehmerische Planung und Steuerung, XVII/352 Seiten, 1991

Band 54: F. Blumberg, Wissensbasierte Systeme in Produktionsplanung und -steuerung, XVII/268 Seiten, 1991

Band 55: P.-U. Paulsen, Sichtweisen der Wechselkursbestimmung, VI/264 Seiten, 1991

Band 56: B. Sporn, Universitätskultur, IX/213 Seiten, 1992

Band 57: A. Vilks, Neoklassik, Gleichgewicht und Realität, IX/112 Seiten, 1991

Band 58: M. Erlei, Unvollkommene Märkte in der keynesianischen Theorie, XII/267 Seiten, 1991

Band 59: D. Ostrusska, Systemdynamik nichtlinearer Marktreaktionsmodelle, VII/178 Seiten, 1992

Band 60: G. Bol, G. Nakhaeizadeh, K.-H. Vollmer (Hrsg.), Ökonometrie und Monetärer Sektor, VII/238 Seiten, 1992

Band 61: S. Feuerstein, Studien zur Wechselkursunion, VIII/132 Seiten, 1992

Band 62: H. Fratzl, Ein- und mehrstufige Lagerhaltung, VIII/190 Seiten, 1992

Band 63: P. Heimerl-Wagner, Strategische Organisations-Entwicklung, VIII/231 Seiten, 1992

Band 64: G. Untiedt, Das Erwerbsverhalten verheirateter Frauen in der Bundesrepublik Deutschland, XVIII/197 Seiten, 1992

Band 65: R. Herden, Technologieorientierte Außenbeziehungen im betrieblichen Innovationsmanagement, XVIII/265 Seiten, 1992

Band 66: P. B. Spahn, H. P. Galler, H. Kaiser, T. Kassella, J. Merz, Mikrosimulation in der Steuerpolitik, XVI/279 Seiten, 1992

Band 67: M. Kessler, Internationaler Technologiewettbewerb, X/232 Seiten, 1992

Band 68: J. Hertel, Design mehrstufiger Warenwirtschaftssysteme, XIII/319 Seiten, 1992

Band 69: H. Grupp/U. Schmoch, Wissenschaftsbindung der Technik, XIII/152 Seiten, 1992

Band 70: H. Legler/H. Grupp/B. Gehrke/U. Schasse, Innovationspotential und Hochtechnologie, XV/164 Seiten, 1992

Band 71: R. Schmidt, Modelle der Informationsvermittlung, 320 Seiten, 1992

Band 72: M. Kaiser, Konsumorientierte Reform der Unternehmensbesteuerung, XI/412 Seiten, 1992

Band 73: K. Meier, Modellbildung bei Mehrfachzielen, XVI/251 Seiten, 1992

Band 74: J. Thiele, Kombination von Prognosen, X/135 Seiten, 1993

Band 75: W. Sesselmeier, Gewerkschaften und Lohnfindung, XII/222 Seiten, 1993

Band 76: R. Frensch, Produktdifferenzierung und Arbeitsteilung, VIII/176 Seiten, 1993

Band 77: K. Kraft, Arbeitsmarktflexibilität, X/186 Seiten, 1993

Band 78: R. P. Hellbrück, Synergetik und Marktprozesse, XIV/190 Seiten, 1993

Band 79: L. Linnemann, Multinationale Unternehmungen und internationale Wirtschaftspolitik, X/207 Seiten, 1993

Band 80: K. Cuhls, Qualitätszirkel in japanischen und deutschen Unternehmen, XIV/215 Seiten, 1993

Band 81: B. Erke, Arbeitslosigkeit und Konjunktur auf segmentierten Arbeitsmärkten, X/228 Seiten, 1993

Band 82: M. Hillmer, Kausalanalyse makroökonomischer Zusammenhänge mit latenten Variablen, XI/408 Seiten, 1993

Band 83: M. Heinisch, W. Lanthaler, Im Brennpunkt Universität, XII/193 Seiten, 1993

Band 84: M. Göcke, Starke Hysteresis im Außenhandel, XII/216 Seiten, 1993

Band 85: T. Siegenführ, Optimale Gesundheitsinvestitionen in das Humankapital, XX/192 Seiten, 1993

Band 86: Matthias Wrede, Ökonomische Theorie des Steuerentzuges, XII/302 Seiten, 1993

Band 87: M. Raab, Steuerarbitrage, Kapitalmarktgleichgewicht und Unternehmensfinanzierung, X/185 Seiten, 1993

Band 88: K.-J. Duschek, Ein sequentielles empirisches allgemeines Gleichgewichtsmodell zur Beurteilung von Steuerreformprogrammen, XII/271 Seiten, 1993

Band 89: R. Schwager, Geld überlappende Nachfragestruktur und bilaterale Transaktionen, VIII/262 Seiten, 1994

Band 90: M. Sander, Die Bestimmung und Steuerung des Wertes von Marken, XVI/319 Seiten, 1994

Band 91: T. Ursprung, Propaganda, Interessengruppen und direkte Demokratie, X/187 Seiten, 1994

Band 92: G. Speckbacher, Alterssicherung und internationale Gerechtigkeit, VIII/151 Seiten, 1994

Band 93: G. Bol, G. Nakhaeizadeh, K.-H. Vollmer (Hrsg.), Finanzmarktanwendungen neuronaler Netze und ökonometrischer Verfahren, X/271 Seiten, 1994

Band 94: F. Kugler, Preisbildung auf spekulativen Märkten, IX/239 Seiten, 1994

Band 95: J. Schmoranz, Die Energienachfrage privater Haushalte, VII/215 Seiten, 1994

Band 96: M. Carlberg, Makroökonomische Szenarien für das vereinigte Deutschland, X/216 Seiten, 1994

Band 97: U. Schiller, Vertikale Unternehmensbeziehungen, XII/216 Seiten, 1994

Fortsetzung auf Seite 263

Bernhard Wieland

Telekommunikation und vertikale Integration

Das Beispiel des Bankwesens

Mit 11 Abbildungen

Physica-Verlag
Ein Unternehmen
des Springer-Verlags

Reihenherausgeber
Werner A. Müller

Autor
PD Dr. Bernhard Wieland
Staatswissenschaftliches Seminar
Universität zu Köln
D-50923 Köln

ISBN-13: 978-3-7908-0849-0 e-ISBN-13: 978-3-642-46970-1
DOI: 10.1007/978-3-642-46970-1

CIP-Titelaufnahme der Deutschen Bibliothek
Wieland, Bernhard:
Telekommunikation und vertikale Integration : das Beispiel des Bankwesens / Bernhard Wieland. - Heidelberg : Physica-Verl., 1995
(Wirtschaftswissenschaftliche Beiträge ; Bd. 113)

NE: GT

88/2202-543210 - Gedruckt auf säurefreiem Papier

INHALTVERZEICHNIS

Kapitel 4: Telematik und Spezialisierung im Bankwesen

Kapitel 5: Auswirkungen auf die Industriestruktur des Bankwesens. Mehrfinanzunternehmen oder Spezialbanken?

Kapitel 6: Spezialisierung und das nationale Zahlungssystem

Einleitung

Es wird oft gesagt, daß die modernen Volkswirtschaften zur Zeit eine "informationstechnische Revolution" durchmachen. Angesichts der Häufigkeit, mit der heute das Wort Revolution gebraucht wird, mag man gegenüber solchen Formulierungen zur Skepsis neigen. Es kann aber nicht bestritten werden, daß die neuen Informations- und Kommunikationtechniken in immer mehr Branchen zu grundlegenden Veränderungen führen.

Gibt es ein gemeinsames Strukturmuster, das diesen Veränderungen zugrunde liegt? Das ist die zentrale Fragestellung der vorliegenden Arbeit.

Historische Studien zeigen, daß fast jede bedeutende Technologie in der Wirtschaftsgeschichte ihre Pionierindustrien gehabt hat.[1] In der Frühphase technologischer Revolutionen ist es nur eine Handvoll von Branchen, die eine neue Technik als erste nutzt und damit der übrigen Wirtschaft den Weg weist. Zur Zeit der sogenannten ersten industriellen Revolution spielte die Weberei diese Rolle. Nach Ansicht vieler Fachleute ist es heute der Dienstleistungssektor, und hier wieder in besonderem Maße die Finanzbranche, die in bezug auf die Telematik eine ähnliche Pionierrolle übernommen haben.[2]

Es soll hier nicht entschieden werden, ob der Finanzbereich den anderen Branchen in der Anwendung der Telematik wirklich so weit voraus ist. Der Autor der vorliegenden Arbeit hat an einer international vergleichende Studie mitgewirkt,[3] die zeigt, daß der Grad in dem sich die Telematik bei den Banken durchgesetzt hat, von Land zu Land erheblich variiert. Darüberhinaus hat der Einsatz der Telematik auch in anderen Branchen (Automobilbau, Textilbranche, Reiseverkehr und natürlich Computerbranche) einen hohen Stand erreicht. Richtig ist aber zweifellos, daß der Finanzsektor schon sehr früh die Bedeutung der Telematik erkannt hat und insofern zum engeren Kreis der Pionierindustrien zu zählen ist.

---

1 Vgl. hierzu insbesondere die Studien, die Christopher Freeman mit seinen Mitarbeitern an der Universität von Sussex durchgeführt hat.

2 Vgl. den sehr lesenswerten Artikel von R. Barras: Interactive innovation in financial and business services: The vanguard of the service revolution. In: Research Policy, Vol. 19, 1990, S. 215 ff.

3 OECD/Berkeley Roundtable on the International Economy (BRIE): Information Networks and Competitive Advantage. Vervielfältigt, EG Kommission, Generaldirektion XIII. Mehr zu diesem Projekt in Kapitel 3.

Will man versuchen, genauere Vorstellungen über die zu erwartenden industriestrukturellen Wirkungen der Telematik zu entwickeln, hat man keine andere Wahl, als sich zunächst mit diesen Pionierindustrien zu beschäftigen. Die vorliegende Arbeit hat sich zum Ziel gesetzt, die industriestrukturellen Auswirkungen der Telematik anhand des Bankwesens zu studieren. Dabei wird sicherlich viele befremden, daß das Bankengewerbe hier quasi als eine Industrie wie viele andere aufgefaßt wird. Die Arbeit selbst wird hoffentlich zeigen, daß dies nicht in einer naiven Weise geschieht. An vielen Stellen wird sehr ausführlich auf die Besonderheiten der Banken eingegangen werden. Auf der anderen Seite mag es aber sein, daß bisher diese Besonderheiten, insbesondere im deutschsprachigen Raum, überschätzt worden sind. In den angelsächsischen Ländern hat man schon seit längerer Zeit damit begonnen, die Erkenntnisse der Industrial Organization auch auf das Bankwesen anzuwenden.

In der vorliegenden Arbeit wird der Versuch unternommen, eine der Entwicklungen, die das Bankwesen gegenwärtig durchmacht, mithilfe einer industrieökonomischen Hypothese zu erklären, die der Verfasser auf den Namen des Smith-Stigler-Coase Paradigmas getauft hat. Smith hat bekanntlich im "Wealth of Nations" argumentiert, daß markterweiternde Technologien zu einer immer weitergehenden Ausdifferenzierung der Arbeitsteilung führen. Als Beispiel führte er den raumüberwindenden Effekt der Schiffahrt an. "Stehen Wasserwege zur Verfügung, so eröffnet sich für den Handel und jedes Gewerbe ein Markt, der viel ausgedehnter ist, als wenn die Waren allein über Landstraßen transportiert werden müssen. So haben sich die verschiedenen Gewerbe zunächst an der Meeresküste und am Ufer schiffbarer Flüsse ausgeweitet, eine Entwicklung, die häufig erst viel später auf das Landesinnere übergriff."[4] Große Märkte ermöglichen eine hohe Ausdifferenzierung der Arbeitsteilung und damit die Entstehung immer neuer Gewerbe. Bei kleinen Märkten hingegen kann sich nur ein geringes Ausmaß an Arbeitsteilung entwickeln. In Smiths' eigenen Worten: "Ist der Markt sehr klein, kann sich niemand ermutigt fühlen, sich ausschließlich einer Beschäftigung zu widmen, da er das, was er über den eigenen Bedarf hinaus erstellt, also den Überschuß seines Arbeitsertrages, nicht gegen die überschüssigen Erzeugnisse anderer, die er benötigt, eintauschen kann."[5] Deshalb muß "...in einer so verlassenen Gegend, wie dem schottischen Hochland ....jeder Bauer zugleich sein eigener Metzger, Bäcker und Brauer" sein.[6]

---

4 Adam Smith: Der Wohlstand der Nationen. Erstes Buch, Drittes Kapitel, S. 20. Zitiert wird nach der dtv-Ausgabe, München 1978.

5 Smith, a.a.O., S.19.

6 Smith, a.a.O., S.19.

Stigler und nach ihm andere haben diese Idee auf die Arbeitsteilung innerhalb ganzer Industrien übertragen. Dabei hat sich gezeigt, daß die Analyse Smiths in verschiedener Hinsicht verfeinert werden muß, daß aber die Grundidee erhalten bleibt. Bei wachsenden Märkten werden die Unternehmen einer bestimmten Branche immer weniger Aktivitäten in Eigenregie ausführen, sondern sie anstatt dessen an unabhängige Zulieferer delegieren. Die Anzahl der Unternehmen in der betreffenden Branche und das Ausmaß der Arbeitsteilung zwischen diesen Unternehmen nimmt damit zu.

Auch die Telematik ist eine raumüberwindende Technologie. Sie macht Computerkapazität mobil und erlaubt dadurch die Ausnutzung von Größenvorteilen bei der Datenverarbeitung in weit größerem Umfang als früher.[7] Die vorliegende Arbeit argumentiert, daß dieser Effekt zu einer deutlich zunehmenden Arbeitsteilung im Bankwesen führen wird. So wird es beispielsweise immer mehr hochspezialisierte Unternehmen geben, die die Back-Office-Operations der Banken übernehmen. Solche Unternehmen können in der Sprache der Telekommunikationsökonomie als Mehrwertdienste bezeichnet werden. Man kann die hier vertretene These deshalb sehr vereinfacht als These von der "Vermehrwertdienstung" des Bankwesens bezeichnen. Dies impliziert noch nicht notwendigerweise eine Tendenz zur Spezialbank. Es ist zwar zu vermuten, daß sich immer mehr Institute ganz auf die Ausführung von Zahlungen, auf spezielle Produkte, Kundengruppen oder Regionen spezialisieren werden, das heißt aber noch nicht, daß es keine Banken mehr geben wird, in denen der Kunde alle für ihn wesentlichen Dienste "aus einer Hand" beziehen kann. Das zu behaupten wäre ebenso absurd wie die Behauptung, daß alle Lebensmittel-Supermärkte über Nacht verschwinden werden. Die These besteht vielmehr darin, daß alle Insitute, seien es nun Spezialbanken oder Mehrfinanzinstitute, in zunehmendem Maße auf eine hochentwickelte "Zulieferindustrie" zurückgreifen werden, die ihre Dienstleistungen per Telematik erbringt. Die hochintegrierten Banken der Gegenwart werden "Bündelungsspezialisten" Platz machen, die Inputdienstleistungen der Zulieferindustrie zu einem spezifischen Gesamtangebot zusammenfassen.

Eine solche Entwicklung ist in der Industriegeschichte nicht ohne Vorbild. Stigler berichtet, daß der typische Unternehmer in der britischen Kleinfeuerwaffenindustrie des 19. Jahrhunderts ein solcher Bündelungsspezialist war. Er besaß selten eigene Fertigungsein-

---

7 Das wurde schon von mehreren anderen Autoren erkannt. So etwa von C.C. von Weizsäcker: Die Lokomotive des Informationszeitalters. In: Frankfurter Allgemeine Zeitung, Nr. 294, 19. Dezember 1987, S. 13. Auf den Wertpapierbereich angewandt wurde diese Idee von H. Minnerop und H. Stoll: Technological Change in the Back Office: Implications for the Structure and Regulation of the Securities Industry. In: A. Saunders, L. White: Technology and the Regulation of Financial Markets. Lexington, Mass. 1986, S. 31 ff.

richtungen, sondern verfügte zumeist nur über eine Lagerhalle, in der Vor- und Endprodukte gelagert wurden. Der eigentliche Produktionsprozeß wurde von hochspezialisierten Handwerksbetrieben durchgeführt, zwischen denen die halbfertigen Waffen fortwährend hin und her transportiert wurden. Marshall berichtet ähnliches von der englischen Textilindustrie im Lancashire zu Beginn unseres Jahrhunderts.[8]

Die Arbeit ist folgendermaßen aufgebaut.

Kapitel 1 und 2 enthalten die theoretischen Grundlagen. In Kapitel 1 wird zunächst versucht, das gerade bereits skizzierte Smith-Stigler-Coase Paradigma klarer auszuarbeiten. Im Mittelpunkt stehen dabei einige neuere Weiterentwicklungen dieses Ansatzes, die neben der Größe des Marktes auch die Geschwindigkeit hervorheben, mit der sich technischer Wandel in einer Branche vollzieht. Ein hohes Tempo des technischen Fortschritts führt zu hohen Transaktionskosten, die den zentrifugalen Kräften der reinen Markterweiterung entgegenwirken. Silver, Langlois und von Weizsäcker haben darauf hingewiesen, daß der durch Coase in die ökonomische Analyse eingeführte Begriff der Transaktionskosten unauflöslich mit dem Phänomen des Wandels verknüpft ist. Wandel schafft Unsicherheit und damit Kosten der Informationsgewinnung und des Informationsaustausches. In einer völlig stationären Wirtschaft, wie sie als Referenzszenario etwa von Schumpeter oder Knight entworfen worden ist, laufen alle Transaktionen immerfort in der gleichen Art und Weise ab. Es gibt in einer solchen Welt keine Informationsdefizite und deshalb auch keine Transaktionskosten. In einer durch starken Wandel gekennzeichneten Situation hingegen sind die Transaktionskosten und damit die Kosten der Marktbeziehung zwischen einem Unternehmen und seinen Zulieferern hoch. Dies kann eine Zunahme der Arbeitsteilung im Sinne von Smith und Stigler verhindern. Silver und andere haben in empirischen Studien gezeigt, daß dies tatsächlich zu beobachten ist. In Phasen erhöhten Wandels kommt es zu einer Zunahme der vertikalen Integration.

Wandel erhöht aber nicht nur die Transaktionskosten, sondern auch ihr Pendant, die Managementkosten, d.h. die Kosten der Organisation von Aktivitäten innerhalb der Grenzen von Unternehmen. Wenn die gerade zitierten empirischen Befunde richtig sind, muß daraus geschlossen werden, daß während einer Periode schnellen Wandels die Transaktionskosten in einer Industrie höher sind als die Managementkosten. Kapitel 1 versucht, eine Begründung für dieses Phänomen zu geben. Im Zentrum der Erklärung stehen dabei Probleme des Informationsaustausches in einer Phase hoher Innovation.

---

8 Vgl. Kapitel 1.

In derartigen Turbulenzphasen geht es zumeist um neue Produkte oder neue Produktionsverfahren. Die Zulieferer müssen davon überzeugt werden, daß es sich lohnt, ihre Produktionsprozesse umzustellen oder neue Zwischenprodukte zu fertigen. Da es noch keine standardisierten Lösungen gibt, besteht auf allen Seiten ein hohes Maß an Unsicherheit. Solange diese Unsicherheit besteht, müssen notwendigerweise Speziallösungen ausprobiert werden, über deren Zukunftaussichten die einzelnen Unternehmen und ihre Zulieferer ganz verschiedener Meinung sein mögen. Es liegt auf der Hand, daß in einer derartigen Periode ein hoher Kommunikationsbedarf zwischen Zulieferern und belieferten Unternehmen besteht.

Beim Austausch dieser Information können nun aber verschiedene Probleme auftreten. Das erste Problem besteht darin, daß Informationsvorsprünge gewahrt werden müssen. Das kann zweierlei bedeuten: Zum einen kann es sich darum drehen, daß der Informationsaustausch sehr schnell vonstatten gehen muß um zeitliche Vorsprünge (lead times) zu halten. Dies kann schwierig sein, etwa wenn es nicht gelingt, einen Zulieferer von den günstigen Zukunftsaussichten eines neuen Produkts zu überzeugen. Zum anderen kann die auszutauschende Information von hoher strategischer Bedeutung sein. Dann entsteht das Problem, die Vertraulichkeit der auszutauschenden Information sicherzustellen. Es wird zu zeigen sein, daß sich diese Probleme in der Tat innerhalb der Grenzen eines Unternehmens zu geringeren Kosten bewältigen lassen als in einer Marktbeziehung mit einem wirtschaftlich selbständigen Zulieferer. Im Sinne des Smith-Stigler-Coase Paradigmas ist deshalb in diesen Fällen eine Integration der Zulieferer zu erwarten.

Es wird der Transaktionskostentheorie oft vorgeworfen, daß sie nicht in eine mathematische Form zu bringen sei. Kapitel 2 versucht diesem Einwand zumindest in bezug auf das Smith-Stigler-Coase Paradigma Rechnung zu tragen. In einem formalen Modell wird die für eine Firma optimale Menge an Eigenaktivitäten durch einen relativ einfachen Gewinnmaximierungsansatz bestimmt. Da dabei das Optimum aus der Menge aller prinzipiell möglichen Aktivitätsmengen (also aus einer Menge von Mengen) herausgesucht werden muß, können zur Lösung der Maximierungsaufgabe nicht die üblichen Hilfsmittel der Differentialrechnung eingesetzt werden. Um dennoch komparativ statische Ergebnisse ableiten zu können, wird auf einige einfache Ergebnisse der mathematischen Verbandstheorie zurückgegriffen, die kürzlich von Vives und von Milgrom und Roberts zum ersten Mal für die Ökonomie nutzbar gemacht worden sind. Der Rückgriff auf die Verbandstheorie mag einigen Lesern überspannt erscheinen. Tatsache ist jedoch, daß abgesehen von den speziellen, von Vives und von Milgrom und Roberts gebrauchten Sätzen verbandstheoretische Methoden in der Ökonomie nichts Neues sind. Die Verbandstheorie ist ein Teilgebiet der Theorie geordneter Mengen. Diese Theorie ist aber z.B. in der Entscheidungstheorie schon seit langem fest etabliert.

Nach der ausführlichen Diskussion des Verhältnisses von Wandel und Transaktionskosten in Kapitel 1 wird der Leser das gerade beschriebene Modell wahrscheinlich als unbefriedigend empfinden. In der Tat wird dieser Zusammenhang in dem Modell nur sehr unvollkommen erfaßt. Vorzuziehen wäre eine Art von Mikro-Mikro-Modell, aus dem die entsprechenden Annahmen des vorliegenden Modells ableitbar wären. Die Entwicklung eines solchen Mikro-Mikro-Modells liegt aber wohl einstweilen noch in weiter Ferne.[9] Wie die Diskussion des Kapitels 1 zeigt, ist der Zusammenhang von Wandel und Transaktionskosten ja bisher noch nicht einmal auf der konzeptionellen Ebene voll verstanden.

Die folgenden Kapitel wenden den in Kapitel 1 und 2 entwickelten theoretischen Rahmen auf das Bankwesen an.

Kapitel 3 hat rein empirischen Charakter. Es beschreibt die Telematik-Infrastruktur einer modernen Großbank. Die Kenntnis dieser Infrastruktur ist für alle folgenden Erörterungen von grundlegender Bedeutung. Die Darstellung greift in starkem Maße auf die bereits erwähnte Studie der Berkeley Universität und der OECD zurück. Das Kapitel bemüht sich, die ökonomische Bedeutung der einzelnen Techniken in den Vordergrund zu stellen und auf technische Details so weit als irgend möglich zu verzichten.

Kapitel 4 unterscheidet vier Ebenen des Telematik-Einsatzes bei der Produktion und Distribution von Bankdienstleistungen. Es handelt sich dabei um die Ebene der Hardware, die Ebene der Anwendungssoftware, die Ebene der Mehrwertdienste, und die Ebene der Enddienstleistungen, wie sie dem Kunden gegenübertreten. Für jede dieser Ebenen wird anhand von Fallbeispielen das Ausmaß der vertikalen Integration bzw. Spezialisierung betrachtet. Dabei zeigt sich eine gute Übereinstimmung mit dem Smith-Stigler Coase Paradigma.

---

[9] Es gibt Versuche, die Williamsonsche Variante der Transaktionskostentheorie mithilfe spieltheoretischer Modelle zu formalisieren. (Vgl. D. Kreps: A Course in Microeconomic Theory. New York u.a., 1990, S. 761 ff.) Dieser Ansatz ist naheliegend, weil in der Williamsonschen Theorie mit dem Begriff der Asset Specificity und der damit einhergehenden Erpressbarkeitsprobleme strategische Elemente ins Spiel kommen. Möglicherweise ist mit spieltheoretischen Modellen dann auch der Zusammenhang zwischen Wandel und Transaktionskosten formalisierbar. Kapitel 1 der vorliegenden Arbeit wird jedoch Zweifel am Erklärungswert der Asset Specificity anmelden. Nach der hier vertetenen Ansicht, sind Transaktionskosten vor allem Kosten des Informationsaustausches. Modelle, die von *diesem* Gedanken ausgehend den Zusammenhang zwischen Wandel und Transaktionskosten formalisieren, sind dem Verfasser bisher nicht bekannt.

Kapitel 5 beschäftigt sich mit den industiestrukturellen Konsequenzen der Telematik, insbesondere der Frage, ob in Zukunft Mehrfinanzinstitute oder Spezialbanken vorherrschen werden. Diese Frage wird in drei Teilfragen zerlegt: (1) die Frage nach Verbundvorteilen auf der Angebotsseite, (2) die Frage nach Diversifikationsvorteilen auf der Angebotsseite und (3) die Frage nach Transaktionskosteneinsparungen auf der Nachfrageseite..

Frage (1) wird anhand eines Literaturüberblicks über die bisher durchgeführten empirischen Studien zu Größen- und Verbundvorteilen erörtert. Solche Studien sind bisher vorwiegend in den USA unternommen worden, kürzlich aber auch in der Schweiz und in Frankreich. Für Deutschland liegt mittlerweile zumindest eine Studie über Größenvorteile bei den bayerischen Genossenschaftsbanken vor.[10] Der Literaturüberblick zeigt, daß sich aus den Studien keine robusten Schlüsse gewinnen lassen. Ähnliches gilt für Frage (2). Auch die hier existierenden empirischen Studien ergeben kein einheitliches Bild.

Dieses Fehlen eines klaren Ergebnisses ist bedauerlich, allerdings vielleicht nicht von so einschneidender Bedeutung. Verschiedene Autoren, vor allem aus der deutschen bankbetriebswirtschaftlichen Schule, haben zu Recht darauf hingewiesen, daß die Betrachtung der Angebotsseite nicht ausreicht, wenn man die Frage Spezialbank vs. Mehrfinanzinstitut beantworten will. Letztlich entscheiden die Kunden, also die Nachfrageseite, darüber, welche Art von Angebot sich am Markt durchsetzt. Dieser Gedanke führt direkt zu Frage (3). Bei ihrer Behandlung wird ausführlich auf die gegenwärtig in der Bankbetriebswirtschaftslehre geführte Diskussion zu diesem Thema eingegangen. Nach Auffassung des Autors besteht das Ergebnis dieser Debatte darin, daß sich den heutigen Banken drei strategische Optionen eröffnen: Die erste Möglichkeit besteht darin, ein Spezialist auf der Vorproduktsebene zu werden. Beispiele dafür sind die verschiedenen, bereits oben erwähnten Third-Party-Processors in Teilbereichen des Bankwesens (Kreditkarten, Back-Office Operations, Wertpapierhandel). In der Zukunft werden auf dieser Ebene noch die Hersteller von bankenspezifischer Software hinzukommen. Die zweite Möglichkeit besteht in der Spezialisierung auf bestimmte Endprodukte. Spezialisierungsmöglichkeiten dieser Art werden sich vor allem im Wholesale-Bereich ergeben. Die dritte Möglichkeit besteht darin, die Rolle eines der ebenfalls schon erwähnten Bündelungsspezialisten zu übernehmen. Wie immer im Einzelfall diese Entscheidung ausfällt, insgesamt wird die industrielle Arbeitsteilung im Bankwesen zunehmen.

10 G. Lang, P. Welzel: Skalenerträge und Verbundvorteile im Bankensektor. Empirische Bestimmung für die bayerischen Genossenschaftsbanken. Erscheint demnächst in ifo-Studien.

Das abschließende Kapitel 6 befaßt sich mit einem Sonderfall dieser Spezialisierung im Bankwesen. Es ist denkbar, daß der Prozeß der industriellen Arbeitsteilung im Bankwesen auch zu einer weitgehenden Trennung von Zahlungsverkehr und Kreditvergabe in einer Volkswirtschaft führen könnte. Betrachtet man ein Zahlungsverkehrssystem rein unter dem Blickwinkel der Telekommunikation, handelt es sich dabei um nicht viel mehr als einen speziellen Mehrwertdienst. Diese Beobachtung ruft die Frage hervor, warum es nicht Unternehmen geben sollte, die sich auf diese Art von Mehrwertdienst spezialisieren. Daraus folgt weiter die Frage, ob nicht sogar Wettbewerb im Zahlungsverkehr möglich und wünschbar wäre.

Zur Beantwortung dieser Frage ist erstens zu erörtern, ob Wettbewerb bei Zahlungsverkehrssystemen überhaupt auf Dauer existieren könnte oder ob dieser Aktivitätsbereich nicht vielmehr die Charakteristika eines natürlichen Monopols aufweist. Entgegen der bisher in der Literatur überwiegend vertretenen Ansicht, wird hier die These vom natürlichen Monopol verneint. Zweitens ist zu fragen, ob Wetttbewerb nicht nachteilige Wirkungen entfalten würde, wie etwa die Inkompatibilität verschiedener Systeme, ruinösen Wettbewerb usw. Auch diese Frage wird hier verneint.

Damit ist aber noch nicht entschieden, ob nicht geldpolitische Bedenken einem solchen Wettbewerb entgegenstehen. Diese Frage hängt eng mit den Problemen zusammen, die der zunehmende Einsatz der Telematik im Finanzwesen für die Geldpolitik ganz generell aufwirft. Zu diesem Themenkreis existiert mittlerweile eine umfangreiche und theoretisch sehr anspruchsvolle Literatur. Kapitel 6 beschränkt sich darauf, die wesentlichen Probleme darzustellen und zu zeigen, daß sie von der Frage, ob Wettbewerb im Bereich der Zahlungsverkehrssysteme stattfindet oder nicht, getrennt werden können.

Eine Trennung von Zahlungsverkehr und Kreditvergabe ist in verschiedenen Regulierungsmodellen für das Bankwesen schon vorgedacht worden. So etwa im sogenannten Chicago-Plan oder auch in einigen neueren Modellen, die in den USA als Reaktion auf die Savings and Loans Krise entwickelt wurden. Der letzte Abschnitt von Kapitel 6 diskutiert eine besonders bekannt gewordene Variante dieser Überlegungen, das Litan-Modell. Dabei wird vor allem die Frage gestellt, inwieweit dieses Modell in bezug auf die durch die Telematik eröffneten Möglichkeiten der Schaffung von Geldsubstituten stabil ist.

Noch ein abschließendes Wort zur Methode. Der Leser wird bemerken, daß in der vorliegenden Arbeit sehr wenig an quantitativem Material vorgelegt wird. Es finden sich keine ökonometrischen Schätzungen zur industriellen Arbeitsteilung im Bankwesen und kaum Tabellen. Dies hängt nicht mit einer persönlichen Aversion des Autors gegen Zahlen zusammen, sondern vielmehr mit der Datenlage. Seit der ersten Niederschrift dieser Arbeit wurde zwar erfreulicherweise eine statistisch aussagekräftige Studie zum Einsatz der Informations- und Kommunikationstechniken in deutschen Banken vorgelegt,[11] doch ist die Aussagekraft selbst dieser Studie für das hier behandelte Thema begrenzt. Naturgemäß war diese Studie der Erfassung des status-quo gewidmet. Das hatte aber zur Folge, daß lediglich das bestehende Ausmaß an Outsourcing erfaßt wurde, nicht jedoch die ökonomischen Motive, die dazu geführt hatten. Ein Arbeitspapier der Wharton School an der University of Pennsylvania hingegen, das sich explizit mit den Gründen des Outsourcing im Bankwesen beschäftigt,[12] basiert ebenso wie die vorliegende Arbeit auf Fallstudien. Einige jüngere Äußerungen namhafter Wissenschaftler zur Methodik der Ökonomie scheinen zu der Hoffnung zu berechtigen, daß diese Art der Vorgehensweise nicht mehr in dem Maße mit dem Odium der Unprofessionalität behaftet ist wie früher. In einem Aufsatz mit dem Titel The Scientific Illusion in Empirical Macroeconomics, kommt Lawrence Summers, einer der hervorragenden Ökonometriker der Harvard Universität, zu dem Schluß: "Just as not all demonstrations of virtuosity contribute to knowledge, most empirical work that actually contributes to knowledge does not display the author's capacitiy for statistical pyrotechnics. Good empirical evidence tells its story regardless of the precise way it is analyzed."[13] Diese Aussage kann jedoch nicht darüber hinwegtäuschen, daß der *statistische* Aussagewert der hier vorgestellten Fallbeispiele gering ist. Im Sinne der methodologischen Position Poppers (die der Autor immer noch für relevant hält) entspricht die hier betriebene Empirie eher jenem methodologischen Stadium, in dem aus einer Hypothese falsifizierbarer Folgesätze abgeleitet werden, als dem Falsifikationsversuch selbst. Aussagekräftige Tests dieser Folgesätze - und damit aussagekräftige Falsifizierungsversuche des Smith-Stigler-Coase Paradigmas - werden sich hoffentlich bei verbesserter Datenlage bald nachholen lassen.

---

[11] A. Mahler: Telekommunikationsdienste im Bankensektor, Diskussionsbeitrag Nr. 131, Wissenschaftliches Institut für Kommunikationsdienste, Bad Honnef, Juli 1994.

[12] A. Sharma, S. Shrivastava: Trends in Financial Institutions: Outsourcing of Information Technology. Fishman-Davidson Fellowship Paper, The Wharton School of the University of Pennsylvania, May 1993.

[13] L. Summers: The Scientific Illusion in Empirical Macroeconomics. In: Scandinavian Journal of Economics, 93(2), 1991, S. 129 ff., hier S. 146.

Kapitel 1: Markterweiterung, ökonomischer Wandel und Industriestruktur

1. Einleitung

Die Telekommunikation hat bisher in den meisten Branchen vor allem zwei industriestrukturelle Wirkungen entfaltet. Zum einen hat sie völlig neue Produkte und Produktionsweisen ermöglicht, zum anderen die Märkte der betroffenen Unternehmen erheblich erweitert.[1] Kann man eine generelle Hypothese darüber entwickeln, wie sich diese beiden Effekte auf die Industrie- und die Unternehmensstrukturen einer Branche auswirken werden?

Diese Frage hat sich im Grunde bereits Adam Smith vorgelegt. Im "Wohlstand der Nationen", stellt er das berühmte Theorem auf, daß das Ausmaß der Arbeitsteilung in einer Industrie durch die Größe des Marktes begrenzt werde.[2] Je größer der Markt, desto mehr Arbeitsteilung sei zu erwarten. Eine billigere Transporttechnologie führe deshalb aufgrund ihres markterweiternden Effekts zu mehr Spezialisierung in allen Gewerben. Heute ist die Telekommunikation eine solche billigere Transporttechnologie, allerdings nicht in bezug auf Waren, sondern in bezug auf Informationen.

George Stigler hat Adam Smiths Gedanken 1951 in einem berühmt gewordenen Artikel wieder aufgegriffen und ihn von der Ebene der Individuen auf die Ebene der Unternehmen in einer Industrie übertragen.[3] Wächst der Markt für das Endprodukt einer bestimmten Branche, werden sich in dieser Branche immer mehr Spezialunternehmen bilden, die den Endproduzenten zuarbeiten. Diese Spezialunternehmen werden überwiegend dadurch entstehen, daß die Endproduzenten Teilaktivitäten abspalten.

Gerade dieser letzte Punkt war aber, wie sich im folgenden zeigen sollte, nicht ausreichend begründet. Stigler hatte grob gesprochen argumentiert, daß mit dem wachsenden

---

1 Vgl. z.B. C.C. von Weizsäcker: Die Lokomotive des Informationszeitalters. In: Frankfurter Allgemeine Zeitung, Nr. 294, 19. Dezember 1987, S.13. Ders.: Das Auto, der Kühlschrank, das Telefon. In: Ordo, Vol. 39, 1988, S.169 ff.

2 Adam Smith: Der Wohlstand der Nationen. Erstes Buch, Erstes Kapitel. Zitiert wird nach der dtv-Ausgabe, München 1978.

3 G. Stigler: The Division of Labor is Limited by the Extent of the Market. In: Journal of Political Economy, Vol. 59, 1951, S. 185 ff. Neu abgedruckt als Kapitel 12 in G. Stigler: The Organization of Industry. Chicago 1968. (Es wird nach der Buchfassung zitiert.)

Umfang der Teilaktivitäten der Managementaufwand so stark anwachse, daß es in den meisten Fällen wirtschaftlicher sei, die Teilaktivitäten auszugliedern. Wie aber Coase schon im Jahr 1937 in einer lange übersehenen Arbeit[4] gezeigt hatte, stehen unternehmensinternen Koordinationskosten Kosten der Koordination über den Markt gegenüber, die Transaktionskosten. Nur wenn die Managementkosten, die durch eine Teilaktivität verursacht werden, höher sind als die Transaktionskosten, wird es zu einer Ausgliederung kommen.

Diese Aussage kommt einem Truismus gefährlich nahe, solange nicht genauer gesagt wird, wodurch die Höhe der Transaktions- und Managementkosten im einzelnen bestimmt wird. In einigen neueren Beiträgen zur Transaktionskostentheorie ist hier nun auf die zentrale Bedeutung des Wandels hingewiesen worden.[5] Das ist insofern nicht überraschend, als schon immer die Ansicht vertreten wurde, daß Transaktionskosten zum überwiegenden Teil Informationskosten seien. Wandel schafft Informationsdefizite. Zu deren Beseitigung oder zumindest Verringerung müssen Ressourcen aufgewandt werden. Also steigen die Transaktionskosten. In Zeiten geringen Wandels hingegen sind die Transaktionskosten niedrig.

Die Konsequenz aus dieser Überlegung besteht darin, daß es trotz Markterweiterung nicht zu einer höheren Arbeitsteilung in einer Industrie kommt, wenn gleichzeitig Wandel auftritt, der genügend große Informationsprobleme schafft. Verläuft die Markterweiterung jedoch ohne begleitende Informationsprobleme, setzt der von Stigler beschriebene Prozeß der Desintegration ein.

Auch in dieser Fassung ist aber die Analyse noch zu grob. Sie übersieht nämlich, daß Wandel nicht nur die Transaktionskosten erhöht, sondern natürlich auch die Managementkosten. Die entscheidende Frage ist deshalb, welche der beiden Kostenarten stärker steigt.

In diesem Kapitel soll versucht werden, mithilfe verschiedener Elemente der Transaktionstheorie einen theoretischen Ansatz zu entwickeln, der auf diese Frage eine Antwort

---

4 R. Coase: The Nature of the Firm. In: Economica (N.S.), 4, 1937, S. 386 ff. In diesem Aufsatz taucht zwar der Begriff der Transaktionskosten schon auf, noch nicht jedoch das Wort. Dies geschah erst in ders.: The Problem of Social Cost. In: Journal of Law and Economics, 3, 1960, S. 1 ff.

5 Vgl. R. Langlois: Economic Change and the Boundaries of the Firm. In: Zeitschrift für die gesamte Staatswissenschaft, Vol. 144, 1988, S. 636 ff. C.C. von Weizsäcker: Antitrust and the Division of Labor. In: Zeitschrift für die gesamte Staatswissenschaft, Vol. 147, 1991, S. 99 ff. M. Silver: Enterprise and the Scope of the Firm. Oxford 1984, S. 16.

gibt. Entsprechend seinen drei Haupturhebern wurde er auf den Namen Smith-Stigler-Coase Paradigma getauft. Er enthält jedoch Elemente, die über die Beiträge der drei Autoren hinausgehen.

Die Frage, welche vor- und nachgelagerte Produktionsstufen ein Unternehmen im eigenen Hause durchführen und welche es dem Markt überlassen sollte, ist natürlich die zentrale Frage der Theorie der vertikalen Integration. Statt vom Ausmaß der industriellen Arbeitsteilung oder von der Arbeitsteilung zwischen den Unternehmen einer bestimmten Branche zu sprechen, könnten wir also stets vom Grad der vertikalen Integration in einer Branche reden. Um jedoch immer den Bezug zur Smithschen Erklärung der Arbeitsteilung vor Augen zu haben, wird in dieser Arbeit die zuerst genannte Ausdrucksweise bevorzugt.

Im Smith-Stigler-Coase Paradigma wird das Ausmaß der vertikalen Integration durch das Spannungsverhältnis von Transaktions- und Managementkosten und den durch unabhängige Zulieferer realisierbaren Größenvorteilen bestimmt.[6] Dies sollte nicht dahingehend mißverstanden werden, als seien alle übrigen Gründe für vertikale Integration bedeutungslos. Die Umgehung von Regulierungen, die Sicherung von Bezugsquellen, der Risikoausgleich, der möglich wird, wenn Nachfrage- und Preisschwankungen auf vor- und nachgelagerten Produktionsstufen nur gering miteinander korreliert sind, die Errichtung von Marktzutrittsschranken, die Möglichkeit zur Aneignung von privater Information des Zulieferers, die Ausschaltung von marktstrukturbedingten Preisverzerrungen (wie etwa bei der "doppelten Marginalisierung") und andere Motive mehr spielen in der Literatur als Erklärungsgründe eine große Rolle.[7] Wenn diese Faktoren in dieser Arbeit ausgeblendet werden, dann nur, um die Erklärungsfaktoren des Smith-Stigler-Coase Paradigmas isoliert betrachten zu können. Bezüglich der hier gewählten empirischen Anwendung des Paradigmas scheint dadurch kein Schaden zu entstehen. Bei dieser An-

---

6 Von betriebswirtschaftlicher Seite wird bisweilen eingewandt, daß ein transaktionskostentheoretischer Ansatz wie das Smith-Stigler-Coase Paradigma zu global und zu undifferenziert sei, um die Frage der vertikalen Integration zu behandeln. Es würde an dieser Stelle zu weit führen, auf diese Kritik im einzelnen einzugehen. Zumindest sei aber verwiesen auf E. Frese: Die organisationstheoretische Dimension globaler Strategien. In: Schriften des Vereins für Socialpolitik, Bd. 233, zugleich Beiheft 3 der Zeitschrift für Wirtschafts- und Sozialwissenschaften, S. 53 ff., hier S. 67 ff. Für eine Behandlung des Problems der vertikalen Integration aus klassisch betriebswirtschaftlicher Sicht vgl. K. Bohr, M. Weiß: Bestimmung der optimalen Fertigungstiefe (I,II). in: Wirtschaftsstudium (WiSu), 4/94, S. 341 ff und 5/94, S. 437 ff.

7 Zur Theorie der vertikalen Integration ganz allgemein vgl. M. Perry: Vertical Integration: Determinants and Effects. In: R. Schmalensee, R. Willig (Hrg.): Handbook of Industrial Studies. Amsterdam et al. 1989, Vol. I, Chapter 4. Eine aktuelle deutschsprachige Darstellung ist F. Waldenberger: Vertikale Integration von Unternehmen. Untersuchungen zur Wirtschaftspolitik, Bd. 86, Institut für Wirtschaftspolitik an der Universität zu Köln, Köln 1991.

wendung geht es ja vor allem um die markterweiternden Effekte der Telekommunikation und um die innovationsbedingten Turbulenzen im Produktionsprozeß der Banken, die durch die Telekommunikation hervorgerufen werden. Keine der eben genannten Erklärungsgründe scheint hier die im Zentrum des Smith-Stigler-Coase Paradigmas stehenden Kräfte zu dominieren. Selbst Regulierungen können sich auf Dauer nicht halten, wenn ihnen technische und ökonomische Faktoren entgegenwirken. Das hat gerade das Finanzwesen in den letzten Jahren sehr deutlich gezeigt.

Die Transaktionskostentheorie ist bisher überwiegend statischer Natur. Wenn jedoch die These vom engen Zusammenhang zwischen Wandel und Transaktionskosten zutrifft, kann der statische Blickwinkel nicht genügen. Die Transaktionskostentheorie ist dann essentiell eine dynamische Theorie und die Institutionen der Marktwirtschaft, die sie erklären will, Ausdruck des Bestrebens der Wirtschaftssubjekte, die Informationsprobleme des marktwirtschaftlichen Wandels zu bewältigen.

Unter diesem Gesichtspunkt sind gerade Industrien, die von der Telekommunikation stark betroffen sind, ein gutes Studienobjekt für die Theorie des Unternehmens. Wie eingangs gesagt, stürzt die Telekommunikation die von ihr betroffenen Industrien in zweierlei Hinsicht in eine Turbulenzphase. Sie erweitert die Märkte und ermöglicht gleichzeitig Prozeß- und Produktinnovationen. Wenn das Smith-Stigler-Coase Paradigma richtig ist, muß es demzufolge die strukturellen Veränderungen in den von der Telekommunikation betroffenen Industrien erklären können. In dieser Arbeit wird die These vertreten, daß dies für das Bankwesen in der Tat zutrifft. Es wäre wünschenswert, zu untersuchen, ob dies auch bei anderen Branchen der Fall ist.

Um dem Leser die Übersicht über das nun folgende verhältnismäßig umfangreiche Kapitel zu erleichtern, soll hier vorweg der "rote Faden" der Analyse skizziert werden.

Die nächsten beiden Abschnitte versuchen, die beiden Begriffe Spezialisierung und Arbeitsteilung innerhalb einer Industrie genauer zu umgrenzen. Nachdem dies geschehen ist, wird im darauffolgenden Abschnitt Stiglers Theorie der industriellen Arbeitsteilung dargestellt. Wie bereits erwähnt, bleibt diese Theorie aber solange unplausibel, als sie nicht durch transaktionkostentheoretische Elemente ergänzt wird. Deshalb schließen sich in den nächsten beiden Abschnitten einige Überlegungen zur bisher vorherrschenden Version der Transaktionskostentheorie an. Dabei wird kein vollständiger Literaturüberblick angestrebt. Die Erörterung beschränkt sich vielmehr auf jene Bestandteile der Theorie, die für das Phänomen des Wandels direkte Relevanz haben. Dies gilt vor allem für die Idee der Faktorspezifität (Asset Specificity). Diese Idee wird zunächst dargestellt und dann zusammen mit dem Grundansatz der Transaktionskostentheorie kritisch beleuchtet. Bei dieser kritischen Betrachtung zeigt sich, daß das Phänomen des Wandels zentrale Bedeutung für die Transaktionskostentheorie hat. Für die Theorie der Arbeitsteilung kommt noch der Faktor des Marktwachstums (bzw. die Geschwindigkeit des Marktwachstums) hinzu. Dieser Gedanke wird im sich daran anschließenden Abschnitt ausgebaut. Der Rest des Kapitels ist dann dem Aufbau eines theoretischen Ansatzes gewidmet, in dessen Zentrum das Problem des Austausches von Information steht. Schwierigkeiten des Informationsaustausches können sich vor allem aus der Vertraulichkeit der Information, der erforderlichen Geschwindigkeit des Informationsaustausches und aus Überzeugungsproblemen der Marktpartner ergeben. Alle diese Faktoren führen zu einer Erhöhung der Transaktionskosten und machen deshalb eine Zunahme der vertikale Integration bzw. Verringerung der Arbeitsteilung in einer Industrie wahrscheinlicher. Eine Übersicht über die bisher existierenden empirischen Studien zum Problem der vertikalen Integration bei ökonomischem Wandel schließt das Kapitel ab.

2. Arbeitsteilung und Spezialisierung bei Unternehmen

Der Begriff der Arbeitsteilung bezieht sich immer auf eine übergeordnete Struktur zwischen deren Elementen die Arbeitsteilung stattfindet. Auf der Ebene der Weltwirtschaft kann man von der Arbeitsteilung zwischen ganzen Volkswirtschaften sprechen, auf der Ebene einer einzelnen Volkswirtschaft von der Arbeitsteilung zwischen Industrien, zwischen Unternehmen oder zwischen einzelnen Individuen.

Der jeweils gewählten Perspektive entsprechen verschiedene ökonomische Theorien. Die Außenhandelstheorie behandelt die Arbeitsteilung zwischen ganzen Volkswirtschaften; die Organisationstheorie befaßt sich mit der Arbeitsteilung innerhalb eines Unternehmens; die Arbeitsteilung zwischen den Unternehmen einer bestimmten Industrie oder zwischen ganzen Industrien fällt in den Forschungsbereich der Industrieökonomik.

Die zuletzt genannte industrieökonomische Fragestellung der Arbeitsteilung zwischen Unternehmen soll in der vorliegenden Arbeit im Vordergrund stehen. Konkretes empirisches Untersuchungsobjekt sollen dabei die Unternehmen einer ganz bestimmten Industrie, der Finanz"industrie", sein.[8]

---

[8] Der Ausdruck "Finanzindustrie" mag manchen Leser befremden. Es ist aber gerade eines der Hauptanliegen der vorliegenden Arbeit zu verdeutlichen, daß auch das Finanzwesen mit Hilfsmitteln der

Industrieökonomisch gesehen ist das Ausmaß der Arbeitsteilung in einer bestimmten Industrie gleichbedeutend zum Ausmaß der vertikalen Integration bzw. Desintegation der Unternehmen. Warum produzieren die Unternehmen gewisse Vor- und Zwischenprodukte (bzw. entsprechende Dienstleistungen) selber und warum beziehen sie andere vom Markt, also von anderen spezialisierten Unternehmen? Dies ist die Hauptfragestellung der industrieökonomischen Theorie der Arbeitsteilung.

Die Kleinfeuerwaffenindustrie im England des 19. Jahrhunderts ist ein häufig zitiertes Beispiel für unternehmensbezogene Arbeitsteilung in einer Branche.[9] Stigler berichtet,[10] daß in dieser Industrie die Spezialisierung in einem erstaunlichen Maße entwickelt war. Der Unternehmer besaß nur selten überhaupt eigene Fertigungseinrichtungen. In den meisten Fällen verfügte er lediglich über eine Lagerhalle, in der eine Vielzahl von Vorprodukten und halbfertigen Waffen gelagert wurde. Für die meisten Arbeitsgänge gab es hochspezialisierte Handwerksunternehmen, zwischen denen die Zwischenprodukte fortwährend hin und her geschafft wurden. Dementsprechend konzentrierte sich diese Industrie innerhalb eines engen Bereiches um die Kirche St. Mary's in Birmingham.

Es ist eine der Hauptthesen der vorliegenden Arbeit, daß sich das Bankwesen auf eine ähnliche Situation zubewegt. Schon jetzt ist insbesondere im sogenannten Back-Office Bereich zu beobachten, daß immer mehr Funktionen ausgelagert und Spezialunternehmen übertragen werden. Wie noch zu zeigen sein wird, ist dieses Phänomen eng mit dem Vordringen der Telematik im Bankwesen verbunden.

Ähnlich wie bei der Arbeitsteilung zwischen Personen, gibt es auch bei der Arbeitsteilung zwischen Unternehmen zwei Strukturformen der Arbeitsteilung.[11]

Die Unternehmen können, erstens, quasi in der Art eines Fließbandes hintereinandergeschaltet sein. Bei dieser Struktur baut jedes Unternehmen auf der Arbeit des vorherge-

---

Industrieökonomie analysiert werden kann und daß dies zu fruchtbaren Ergebnissen führt. In Deutschland ist dies einstweilen noch eine ungewohnte Sichtweise, obwohl auch hier die Anzahl entsprechender Veröffentlichungen mittlerweile deutlich zunimmt. Im angelsächsischen Sprachraum ist sie jedoch bereits gang und gäbe.

9 Ein ähnliches, von Alfred Marshall angeführtes Beispiel ist die englische Textil-Industrie zu Anfang dieses Jahrhunderts, die in Lancashire konzentriert war, und dort einen ähnlich hohen Grad an Arbeitsteilung realisiert hatte. Vgl. A. Marshall: Industry and Trade. London 1923, S. 599 ff.

10 G. Stigler, a.a.O., S. 139 f.

11 A. Leijonhufvud: Capitalism and the Factory System. In: R. Langlois (Hrg.): Economics as a Process: Essays in the New Institutional Economics. New York 1986.

henden Unternehmens auf. Das Produkt wird Zug um Zug veredelt, bis es seine endgültige Form erreicht hat.

Die Unternehmen können aber auch, zweitens, die verschiedenen Bestandteile eines Endproduktes parallel zueinander fertigen, die dann schließlich in einer Endmontage zusammengesetzt werden. Die Uhrenindustrie gilt als Beispiel dieser Art der Arbeitsteilung. In den meisten Industrien ist wohl eine Mischung der beiden Formen zu beobachten.

Eng verwandt mit dem Begriff der Arbeitsteilung zwischen den Unternehmen einer bestimmten Industrie ist der Grad der Spezialisierung von Unternehmen. Natürlich setzt Arbeitsteilung Spezialisierung voraus, bzw. es ist der Sinn der Arbeitsteilung, Spezialisierung zu ermöglichen. Jedes an der innerindustriellen Arbeitsteilung beteiligte Unternehmen kann hoch spezialisiert sein. Es ist jedoch auch möglich, daß es in einer Industrie eine große Anzahl von spezialisierten Unternehmen gibt, die sich nicht gegenseitig zuarbeiten. Dies ist der Fall, wenn in einer Branche viele spezialisierte Unternehmen viele mehr oder weniger ähnliche Endprodukte produzieren. In diesem Fall ist es passender, von einem hohen Spezialisierungsgrad anstatt von einem hohen Grad der Arbeitsteilung zu sprechen. Spezialisierung in diesem Sinne bezieht sich also auf das Ausmaß der horizontalen Integration der Unternehmen in einer Industrie. Ist dieses Ausmaß sehr gering, ist jedes (oder doch zumindest sehr viele) Unternehmen auf eine verhältnismäßig kleine Anzahl von Endprodukten spezialisiert. Industrien dieser Art sind häufig durch die Marktform der monopolistischen Konkurrenz geprägt.

Es gibt noch einen weiteren industrieökonomischen Begriff der Spezialisierung. Er bezieht sich auf ganze Industrien. Warum produzieren die Unternehmen der Computerindustrie nicht auch Waschmittel? Warum produzieren aber umgekehrt die Hersteller von Flugzeugen auch Satelliten und Raumfahrzeuge? Dies sind Fragen, die sich auf die Aufgabenteilung zwischen ganzen Industrien beziehen. Gesucht wird hier die Antwort auf die Frage, warum die Abgrenzung zwischen den Industrien sich gerade so eingespielt hat, wie sie zu einem bestimmten Zeitpunkt zu beobachten ist.[12]

Offenbar ist diese Fragestellung nur eine Umformulierung der Frage nach der Spezialisierung von Unternehmen. Eine Industrie ist durch die Produkte der zu ihr gehörenden Unternehmen gekennzeichnet. Der Begriff einer Industrie ist aus dem Spezialisierungs-

---

[12] Die Bedeutung dieser Formulierung der Frage nach der industriellen Arbeitsteilung hat vor allem Coase hervorgehoben. Vgl. seinen Aufsatz Industrial Organization: A Proposal for Research. In: Ders.: The Firm, the Market and the Law. Chicago 1988, S. 57 ff.

muster der Unternehmen überhaupt erst abgeleitet. Also bestimmen die Faktoren, die den Produktionsumfang von Unternehmen bestimmen, gleichzeitig die institutionelle Abgrenzung der Industrien in einer Volkswirtschaft. Technischer Fortschritt und andere Faktoren können dazu führen, daß sich die Arbeitsteilung zwischen Industrien verschiebt. Gerade im Finanzwesen scheinen sich in letzter Zeit die Industriegrenzen zu verwischen. Unternehmen aus gänzlich anderen Industrien, wie etwa Supermärkte oder Telekommunikationsunternehmen, bieten plötzlich typische Finanzdienstleistungen an. Wie noch zu zeigen sein wird, ist auch dieses Phänomen mit dem Vordringen der Telematik verknüpft.

3. Spezialisierung: Verbundvorteile und Transaktionskosten

Das Ausmaß der horizontalen Arbeitsteilung in einer Industrie hängt eng mit dem Vorliegen von Verbundvorteilen oder Verbundnachteilen (Economies of Scope bzw. Diseconomies of Scope) zusammen.[13] Verbundvorteile bei der Produktion von zwei Outputs y_1 und y_2 liegen dann vor, wenn y_1 und y_2 bei gemeinsamer Produktion zu geringeren Gesamtkosten produziert werden können als bei Produktion in getrennten Unternehmen. Bei Verbundnachteilen führt umgekehrt die getrennte Produktion zu geringeren Gesamtkosten.

Auf den ersten Blick scheint es das Verhältnis von Größenvorteilen zu Verbundvorteilen zu sein, das über den Grad der horizontalen Integration eines Unternehmens bestimmt. Bei genauerem Hinsehen erkennt man aber, daß das bloße Vorliegen von Verbundvorteilen zwischen zwei Outputs y_1 und y_2 noch nicht ausreicht, um zu erklären, warum y_1 und y_2 in *einem* Betrieb produziert werden müssen. Teece[14] verdeutlicht dies mit einem hübschen Beispiel.

Bei der Zucht von Orangen ist es erforderlich, zwischen den Orangenbäumen einen gewissen Zwischenraum zu lassen, damit die Erntefahrzeuge hindurchfahren können. Dies macht es möglich, auf dem gleichen Stück Land, das für die Orangenzucht genutzt wird, auch Schafe weiden zu lassen. Dadurch ergeben sich Verbundvorteile zwischen der Schafzucht und dem Orangenanbau. Dennoch ist es keineswegs erforderlich, daß beide Aktivitäten von ein und demselben Unternehmer ausgeübt werden müssen. Gehört bei-

---

[13] Die präzise mathematische Analyse beider Begriffe findet der Leser in W. Baumol, J. Panzar, R. Willig: Contestable Markets and the Theory of Industry Structure. Revised Edition. San Diego et al. 1982, S. 71 ff. Vgl. auch den Artikel von J. Panzar über Technological Determinants of Firm and Industry Structure. In: R. Schmalensee, R. Willig (Hrg.): Handbook of Industrial Organization. Amsterdam et al. 1989, S. 3 ff., Abschnitt 2.3.

[14] D. Teece: Economies of Scope and the Scope of the Enterprise. In: Journal of Economic Behaviour and Organization, Vol. 1, 1980, S. 223 ff.

spielsweise das Land dem Orangenanbauern, kann er mit dem Schafzüchter einen Vertrag über Weiderechte schließen. Gehört es dem Schafzüchter, kann dieser dem Orangenanbauer das Recht zum Orangenanbau verkaufen. Gehört das Land einem Dritten, kann er Verträge mit den beiden anderen abschließen. Die Erfahrung zeigt jedoch, daß es zu solchen Arrangements im allgemeinen nicht kommt, weil hohe Transaktionskosten sie zu teuer machen.

Es gibt jedoch auch Gegenbeispiele. Das berühmteste historische Beispiel ist wohl das Arsenal von Venedig.[15] Das Arsenal, war die Staatswerft Venedigs und beherbergte in erster Linie die zentrale "Rüstungsindustrie" Venedigs, den Bau von Kriegsgaleeren.[16] Die Zentralisierung des Schiffbaus an einem Platz diente zunächst nicht der Senkung von Transportkosten, sondern war von Kontroll- und Sicherheitsgesichtspunkten bestimmt. Zu Beginn wurde der Bau der Schiffe von unabhängigen Teams von Handwerkern durchgeführt, die mit ihren eigenen Werkzeugen, innerhalb des Arsenals zusammenarbeiteten. Als jedoch aufgrund der Großmachtpolitik Venedigs immer mehr Kriegsschiffe gebaut werden mußten, wurde die Notwendigkeit eines zentralen Managements erkannt. Es wurde ein Oberaufseher ernannt, der Admiral, der seinerseits von mehreren Unteraufsehern unterstützt wurde. Die Aufgabe dieses Managements war keineswegs gering. Um die Mitte des 16. Jahrhunderts beschäftigte das Arsenal durchschnittlich 2000 Mann. Es war zu dieser Zeit das größte Industrieunternehmen der Christenheit.[17,18]

In unserem Zusammenhang entscheidend ist, daß nur die zentrale Ressource Management, die Werksgebäude und das zugehörige weitläufige Gelände in der Hand der Republik Venedig waren. Sie stellten die von den verschiedenen Handwerkerteams gemeinsam genutzte Ressource dar. Die zwischen den Teams und dem Management entstehen-

---

[15] F. Lane: Seemacht Venedig. München 1980, S. 553 ff.

[16] Es wurden aber dort auch Handelsschiffe in großem Umfang gebaut.

[17] Dante, der das Arsenal besichtigte, war von dem Durcheinander der vielen Arbeiter und dem Schmutz so beeindruckt, daß er es in der göttlichen Komödie zur Veranschaulichung der Hölle gebrauchte, Lane, a.a.O., S. 248.

[18] Im Laufe der Zeit bildete sich bei der Arbeitsorganisation eine Art Fließbandorganisation heraus, durchaus im modernen Stil. Die Schiffe durchliefen dabei verschiedene Stationen und passierten eine Anzahl von Lagerhäusern, aus denen jeweils die auf der verschiedenen Produktionsstufen gerade benötigten Materialien und Bauteile herausgereicht wurden. Diese Bauteile waren standardisiert, was die Ausnutzung von Größenvorteilen erlaubte und die Auswechslung von Teilen bei Reparaturen. So stimmten bei allen leichten Galeeren Masten, Sparren, Bänke und viele andere Ausrüstungsgegenstände überein. Um diese Normung zu erleichtern, wurden schließlich alle erforderlichen Arbeiten im Arsenal zusammengefaßt. Die vertikale Integration des Arsenals ging so weit, daß die Werkmeister in den Wäldern selbst das zu verwendende Schiffsholz aussuchten. All dies sei hier nur berichtet, um in Erinnerung zu rufen, daß die Prinzipien der großindustriellen Fertigung schon lange vor dem 19. und 20. Jahrhundert angewandt wurden.

den Transaktionskosten, ebenso wie die Transaktionskosten der Handwerkerteams auf den einzelnen Fertigungsstufen untereinander waren also offenbar gering.[19]

Um jedoch zum Beispiel des Orangenhains zurückzukehren: Dieses Beispiel gibt die Essenz der meisten Produktionssituationen mit Verbundvorteilen wieder. Verbundvorteile zwischen zwei oder mehreren Outputs entstehen durchweg dadurch, daß zur Produktion dieser Outputs eine gemeinsame Ressource verwendet werden kann, bei deren Nutzung Economies of Scale auftreten.[20] Rein logisch würde nun nichts dagegen sprechen, daß ein Eigner diese Ressource an alle potentiellen Nutzer vermietet. In vielen Fällen entstehen dabei aber so hohe Transaktionskosten, daß einer der Nutzer es vorzieht, die ausschließlichen Nutzungsrechte an der Ressource zu erwerben und auch die übrigen Nutzungen selbst vorzunehmen. Häufig wird er sogar noch einen Schritt weitergehen und die Ressource selbst erwerben.

Information ist ein typisches Beispiel für eine Ressource, die für mehrere Zwecke einsetzbar ist, und deren Nutzung durch Größenvorteile gekennzeichnet ist. Information ist ein sogenannter Public Input im Sinne von Baumol, Panzar und Willig.[21] Ein solcher Input ist dadurch gekennzeichnet, daß seine Nutzung in einer Verwendung A in keiner Weise seine Nutzung in einer zweiten Aktivität B beeinträchtigt. Der Input steht für beide Aktivitäten in gleichem Umfang zur Verfügung, das heißt, er verzehrt sich nicht in einer der beiden Verwendungen. Genau das trifft auf die Ressource Information zu. Information, die für die Erstellung eines Produktes oder einer Dienstleistung A genutzt werden kann, steht auch ungeschmälert für die Erstellung eines Produktes oder einer Dienstleistung B zur Verfügung. Wenn also die Information, um die es sich hier dreht, nicht gehandelt werden kann, etwa weil sie unternehmensstrategisch von hoher Bedeutsamkeit ist, so ist zu erwarten, daß A und B stets gemeinsam produziert werden. Dieser Aspekt wird uns später noch eingehender beschäftigen, da Information einer der wichtigsten Inputs des Finanzwesens ist.

---

[19] Lane berichtet, daß es innerhalb des Arsenals sogar einen Bidding Prozeß für die Herstellung von Schiffen gab. Ausgehend von den Rohmaterialien, die das Management des Arsenals zur Verfügung stellte, unterbreiteten die einzelnen Handwerkerteams Angebote für die Herstellung von Schiffsrümpfen. Allerdings war der Senat der Republik der Ansicht, daß dieses System zu unbefriedigenden Ergebnissen führte und stellte es nach einer Weile weitgehend ein. Immerhin ist dies ein gutes Beispiel dafür, daß es auch Märkte innerhalb von Unternehmen geben kann.

[20] R. Willig: Multiproduct Technology and Market Structure. In: American Economic Review, Vol.69, Papers and Proceedings, May 1979, S. 346 ff., hier S. 346.

[21] W. Baumol, J. Panzar, R. Willig, a.a.O., Kap. 4, Abschnitt 4C.

4. Das Smith-Stigler-Coase Paradigma

In den beiden vorangegangenen Abschnitten wurde versucht, Klarheit über die Begriffe der Arbeitsteilung zwischen Unternehmen und der Spezialisierung von Unternehmen zu gewinnen. Nun soll die eigentliche Aufgabe dieses Kapitels in Angriff genommen werden. Es soll gefragt werden, welche Faktoren das Ausmaß der Arbeitsteilung in einer Industrie bestimmen.

Der erste Ökonom, der sich diese Frage vorgelegt hat, war bereits Adam Smith. Allerdings wird Smiths Analyse der Arbeitsteilung zumeist mit seinem berühmten Beispiel der Stecknadelfabrikation, also der Arbeitsteilung *in* einem Unternehmen, in Verbindung gebracht.[22] Smith behandelte aber bereits auch die Frage der Arbeitsteilung ***zwischen*** Unternehmen. Er warf die Frage auf, warum "...in einer so verlassenen Gegend, wie dem schottischen Hochland ....jeder Bauer zugleich sein eigener Metzger, Bäcker und Brauer" sein muß.[23] Seine Antwort lautete, daß aufgrund der Schwierigkeiten des Tausches zwischen den weit verstreuten Höfen des schottischen Hochlandes eine Spezialisierung der einzelnen Bauern auf eine dieser Tätigkeiten nicht möglich war. Spezialisierung lohnt sich erst dann, wenn für die entsprechende Aktivität ein hinreichend großer Markt zur Verfügung steht. In Smiths eigenen Worten: "Ist der Markt sehr klein, kann sich niemand ermutigt fühlen, sich ausschließlich einer Beschäftigung zu widmen, da er das, was er über den eigenen Bedarf hinaus erstellt, also den Überschuß seines Arbeitsertrages, nicht gegen die überschüssigen Erzeugnisse anderer, die er benötigt, eintauschen kann."[24] Diese Überlegung führte Smith zu seinem berühmten Theorem, daß das Ausmaß der Arbeitsteilung durch die Größe des Marktes begrenzt werde.

Stigler[25] erkannte, daß diese Überlegung Smiths auch als eine Theorie der Arbeitsteilung zwischen Unternehmen interpretiert werden kann. Er faßt ein Unternehmen nicht im Sinne einer Produktionsfunktion, sondern als ein Konglomerat verschiedener Teilaktivitäten auf. Diese Teilaktivitäten dienen der Erstellung von Zwischenprodukten oder der Erbringung bestimmter Dienstleistungen im Produktionsprozeß. Ein Automobilhersteller etwa vereinigt unter seinem Dach Aktivitäten wie das Pressen der Karrosserieteile, Montage, Lackierung, Herstellung der Innenausstattung, etc.

---

22 Adam Smith, a.a.O., Erstes Buch, Erstes Kapitel.
23 Smith, a.a.O., S.19.
24 Smith, a.a.O., S.19.
25 Stigler, a.a.O.

Solange der Markt für das Endprodukt der Unternehmung und ihrer Konkurrenten klein ist, wird auch der Umfang, in dem die Teilaktivitäten ausgeübt werden, gering sein. Deshalb wäre ein Unternehmen, das sich auf eine dieser Teilaktivitäten spezialisierte, nicht profitabel. Ist jedoch ein hinreichend großes Marktvolumen erreicht, ist ein solches Unternehmen überlebensfähig. Ist die Teilaktivität, um die es sich handelt, durch Größenvorteile gekennzeichnet, wird die Mutterfirma diese Aktivität abspalten. Die Arbeitsteilung in der Industrie hat zugenommen.

Natürlich stellt sich hier sofort die Frage, warum es notwendigerweise zu einer Abspaltung kommen muß. Zunächst spricht ja nichts dagegen, daß das Mutterunternehmen die betreffende Aktivität weiter unter seinem Dach ausübt. Das Unternehmen könnte für alle anderen Unternehmen der betreffenden Branche die Rolle des Zulieferers übernehmen. Dabei würden die Größenvorteile ebensogut ausgenützt werden, wie bei der Produktion in einem unabhängigen spezialisierten Unternehmen. Nach Stiglers Auffassung liegt der Grund für die Abspaltung darin, daß nach einer Weile die betreffende Aktivität mit den anderen Aktivitäten des Unternehmens "in Konflikt gerät". Die Gründe dafür können nach Stigler technologischer Natur sein, sie werden jedoch in den meisten Fällen mit Managementproblemen zusammenhängen. Nach einer Weile wird der Aufwand zu groß, um die spezialisierten Aktivitäten mit den übrigen Aktivitäten des Unternehmens zu koordinieren.[26] Stigler drückt sich hier nicht sehr klar aus, doch darf wohl vermutet werden, daß in seinem Modell der interne Managementaufwand mit dem Produktionsvolumen der spezialisierten Aktivitäten überproportional zunimmt.[27]

---

26 Es liegt hier nahe, sofort den Begriff der Verbundnachteile zu verwenden. Das ist jedoch nicht ganz korrekt. Der Begriff Verbundvorteile oder Verbundnachteile ist immer in Bezug auf die Endprodukte eines Unternehmens definiert, nicht in bezug auf Zwischenprodukte. Es könnte sehr wohl sein, daß in bezug auf die Endprodukte eines Unternehmens Verbundvorteile bestehen, daß aber einzelne Teilfunktionen des Unternehmens Verbundnachteile mit den restlichen Teilfunktionen aufweisen. Man könnte also höchstens von Verbundvorteilen *in der Produktion* oder *im Produktionsbereich* sprechen. Aufgrund der Unklarheit, die mit dieser Sprechweise verbunden ist, soll hier auf ihre Verwendung verzichtet werden.

27 In seinem Lehrbuch The Theory of Price, 4. Aufl., New York, London 1987, stellt Stigler seine Ansichten noch einmal dar. Auf S. 173 heißt es dort: "When a firm supplies only a part of its need for some process ... the rising costs of internal coordination are in fact the basic explanation for partial recourse to purchase." Dies kann eigentlich nur dann der Fall sein, wenn die Koordinationskosten mit dem Umfang und der Verschiedenartigkeit der Funktionen zusammenhängen. Auch Coase sagt: " .... as a firm gets larger, there may be decreasing returns to the entrepreneur function, that is, the costs of organizing additional transactions within the firm may rise." (R. Coase: The Nature of the Firm, a.a.O., S. 349.)

Nun wissen wir jedoch seit Coase[28], daß auch Marktbeziehungen ihre Kosten haben. Firmeninternen Management- oder Organisationskosten[29] stehen Transaktionskosten der Marktbenutzung gegenüber. Das Mutterunternehmen wird sich demnach nur dann zur Abspaltung einer Aktivität entschließen, wenn die Managementkosten, von denen Stigler spricht, höher sind als die Kosten der Marktbeziehung mit dem abgespaltenen Unternehmen. Sind umgekehrt die Kosten der Marktbeziehung höher, verbleibt die betreffende Aktivität im Unternehmensverbund.

Als Stigler im Jahr 1951 seinen Aufsatz schrieb, war ihm die Bedeutung der Transaktionskosten noch nicht bewußt. Offenbar kannte er Coases' Artikel von 1937 zu dieser Zeit noch nicht.[30] Er ging davon aus, daß grundsätzlich eine Tendenz zur Verselbstständigung von Unternehmensfunktionen besteht. Damit unterstellte er implizit, daß die Transaktionskosten durchweg niedriger seien als die Managementkosten. Historisch gesehen scheint diese Annahme auf den ersten Blick plausibel. Die Arbeitsteilung in westlichen Volkswirtschaften scheint immer weiter zugenommen zu haben. Diese Aussage ist jedoch in dieser Form noch zu global. Bei der Diskussion dynamischer Effekte soll versucht werden, sie zu präzisieren.

Um den Grundgedanken des Smith-Stigler-Coase Paradigmas noch einmal zusammenzufassen: Größenvorteile bei einer Unternehmensfunktion führen dazu, daß ein Teil des Outputs dieser Funktion für den Markt produziert wird (sofern nicht der Eigenbedarf des Unternehmens so groß ist, daß bereits alle Größenvorteile ausgeschöpft sind). Dies ist das Smith-Stiglersche Element im Paradigma. Das Verhältnis von Transaktions- zu Managementkosten entscheidet dann im nächsten Schritt darüber, ob diese Marktproduktion

---

28 Vgl. R. Coase: The Nature of the Firm, a.a.O. Coase hat seine Theorie noch weiter erläutert in seinem Sammelband The Firm, the Market, and the Law, Chicago 1988, und in einer Vorlesungsreihe an der Yale Universität unter dem Titel: The Nature of the Firm: Origin, Meaning, Influence. In: Journal of Law, Economics, and Organization, Vol.4, 1988, S.3 ff., neu abgedruckt in O. Williamson, S. Winter (Hrg.): The Nature of the Firm. New York 1991.

29 In Anlehnung an Demsetz und Bössmann soll hier das Begriffspaar Managementkosten und Transaktionskosten bzw. Organisationskosten und Transaktionskosten verwendet werden. (Vgl. H. Demsetz: The Theory of the Firm Revisited. In: H. Demsetz: Ownership, Control, and the Firm. Vol. I. Oxford 1988, Chapter 9, S. 147; E. Bössmann: Volkswirtschaftliche Probleme der Transaktionskosten. In: Zeitschrift für die gesamte Staatswissenschaft, Vol. 138, 1982, S. 665 ff., hier S. 665) Mit Management- bzw. Organisationstkosten werden die Kosten aller Transaktionen innerhalb eines Unternehmens bezeichnet. Der Begriff Transaktionskosten bezieht sich auf Markttransaktionen. In der Literatur wird der Begriff Transaktionskosten häufig sowohl für firmeninterne als auch marktmäßige Transaktionen gebraucht. Die hier getroffene Zweiteilung ist jedoch klarer und entspricht der Intention von Coase.

30 Am Schluß des Wiederabdruckes seines Aufsatzes in The Organization of Industry (loc. cit.), sagt Stigler, daß er bereits bei der Erstveröffentlichung auf Coases Aufsatz hätte hinweisen sollen.

in einem selbstständigen Unternehmen erfolgt oder nicht. Dies ist das Coasesche Element im Paradigma.[31]

Natürlich geht der von Stigler geschilderte Prozeß der zunehmenden Arbeitsteilung zwischen Unternehmen nicht nur von den Unternehmen der Endproduktstufe aus. Auch die Zulieferer selbst sind ihm unterworfen. Ebenso wie die Unternehmen der Endproduktstufe vereinen auch die Unternehmen der Zwischenproduktstufe eine Vielzahl von Teilfunktionen unter ihrem Dach. Nimmt nun die Nachfrage nach einem bestimmten Zwischenprodukt stark zu, setzt der von Stigler beschriebene Prozeß auch auf dieser Stufe ein.

Ferner wird es zur Enstehung eines Zulieferunternehmens nicht immer erforderlich sein, daß ein Unternehmen eine bestehende Aktivität abspaltet. Häufig werden auf dem Markt bereits Zulieferunternehmen vorhanden sein, die ihre Aktivitäten so modifizieren können, daß sie die auszugliedernde Aktivität übernehmen können. In einem solchen Fall wird das zu beliefernde Unternehmen, seine eigene Produktion nicht abspalten, sondern einfach aufgeben. Dieser Gedanke ändert nichts Wesentliches am Stiglerschen Modell.

Das Coasesche Element im Modell der Arbeitsteilung zwischen Unternehmen stellt die Verbindung zur Transaktionskostentheorie, speziell zur Transaktionskostentheorie der Firma bzw. zur Transaktionskostentheorie der vertikalen Integration her. Der ursprüngliche Grundgedanke von Coase ist in verschiedene Richtungen weiterentwickelt worden, nicht immer zur vollen Begeisterung des Urhebers (siehe unten).[32] Hier sollen nur diejenigen Überlegungen skizziert werden, die sich direkt auf das Smith-Stigler-Coase Paradigma beziehen.

---

31 Es muß hier angemerkt werden, daß die Namen Smith, Stigler und Coase eigentlich um den Namen Alfred Chandlers zu erweitern wären. Chandler hat in historischen Studien gezeigt, daß es die markterweiternden Effekte der modernen Transport- und Kommunikationstechniken waren, die zur Entstehung von industriellen Großunternehmen und zur Entstehung dessen, was er managerial capitalism nennt, geführt haben. Nach Chandler konnten großindustrielle Strukturen erst entstehen, als Eisenbahn und Telegraph die Märkte so weit ausgedehnt hatten, daß Größen- und Verbundvorteile ausgenutzt werden konnten. Dieser Grundgedanke steht natürlich den Ideen Smiths und Stiglers sehr nahe. Chandler versteht jedoch seine Arbeiten nicht in erster Linie als Beitrag zur Theorie der Arbeitsteilung. Sein Interesse gilt vielmehr der Entstehung des modernen Industrieunternehmens und moderner Managementstrukturen. In einer Arbeit, wie der vorliegenden, die dem Thema der Arbeitsteilung gewidmet ist, scheint es deshalb vertretbar, im folgenden nur vom Smith-Stigler-Coase Paradigma zu sprechen. Chandler hat kürzlich seine Thesen in einem neuen Buch sehr klar formuliert. (A. Chandler: Scale and Scope - The Dynamics of Industrial Capitalism. Cambridge Mass. 1990). Sein Verhältnis zur Transaktionskostentheorie diskutiert Chandler in seinem Beitrag What is a firm? A historical perspective. In: European Economic Review, 36, 1992, S. 483 ff.

32 Zur Weiterentwicklung der Transaktionskostentheorie vgl. vor allem R. Coase: The Firm, the Market, and the Law, a.a.O. und O. Williamson: The Economic Institutions of Capitalism, New York 1985.

5. Asset Specificity als Bestimmungsgröße der Transaktionskosten?

Da Transaktionskosten direkt nur sehr schwer meßbar sind, hat man versucht, zumindest die wichtigsten Bestimmungsgründe der Transaktionskosten genauer zu bestimmen. Besondere Aufmerksamkeit haben dabei vor allem zwei Einflußgrößen gefunden: Zum einen Informationsasymmetrien und die Probleme, die mit dem Handel von Informationen verbunden sind[33]; zum anderen das Phänomen der Faktorspezfität (Asset Specificity).[34] Hier sei zunächst auf das Phänomen der Faktorspezifität eingegangen, das vor allem in den Arbeiten Alchians und Williamsons[35] eine zentrale Stellung einnimmt.

Der Begriff der Faktorspezifität bezieht sich darauf, daß vielfach die Herstellung eines bestimmten Produkts oder einer bestimmten Dienstleistung hochspezialisierte Aktiva erfordert. Solche Aktiva können etwa Spezialmaschinen sein, die außerhalb der in Rede stehenden Verwendung weitgehend nutzlos sind oder bestimmte Fähigkeiten, die nur in einer Spezialausbildung erworben werden können. Hat ein Marktteilnehmer erst einmal in diese Aktiva investiert, wird er von der jeweiligen Marktgegenseite erpreßbar. Deshalb wird er sich nur dann auf dieses Wagnis einlassen, wenn vorher Verträge abgeschlossen werden können, die ihn gegen diese Art der Erpressung schützen. In vielen Fällen ist das aber schwierig. Solche Verträge müssen durchweg langfristiger Natur sein. Denn nur wenn eine Vetragsbeziehung hinreichend lange besteht, lohnt sich eine spezifische Investition. Bei langfristigen Verträgen, ist es aber, erstens, so gut wie unmöglich, im vorhinein alle äußeren Umstände vorauszusehen, die die Kooperation beeinflussen könnten. Doch selbst wenn dies möglich wäre, so ist es, zweitens, in den seltesten Fällen möglich, im voraus die jeweils optimale Reaktion auf die geänderten äußeren Umstände festzulegen. Drittens, besteht die Schwierigkeit, daß die äußeren Unstände von den Vertragspartnern ganz unterschiedlich und je nach Interessenlage interpretiert werden. Langfristige Verträge beinhalten also zwangsläufig ein gewisses Maß an Unwägbarkeiten. Williamson geht nun davon aus, daß die Vertragspartner grundsätzlich versuchen, diese

---

33 Die meisten Beiträge zu diesem Problemkreis fußen in der ein oder anderen Form auf K. Arrow: Economic Welfare and the Allocation of Resources for Invention. In: The Rate and Direction of Inventive Activity: Economic and Social Factors. A Conference of the Universities-National Bureau Committee for Economic Research. Princeton 1962, S. 609 ff.

34 Auch das Problem der Faktorspezifität ist letztlich auf Informationsprobleme zurückführbar. Faktorspezifität ist jedoch ein so fest umrissenes Phänomen, daß es sinnvoll erscheint, es gesondert abzuhandeln. Dahlmann vertritt die Ansicht, daß letztlich alle Transaktionskosten Informationskosten sind. C. Dahlmann: The Problem of Externality. In: Journal of Law and Economics 22, 1979, S. 141ff., hier S. 148.

35 Vgl. A. Alchian: Specificity, Specialization, and Coalitions. In: Zeitschrift für die gesamte Staatswissenschaft, Vol. 140, 1984, S. 34 ff. O. Williamson, loc.cit. Siehe auch A. Alchian, S. Woodward: Reflections on the Theory of the Firm. In: Zeitschrift für die gesamte Staatswissenschaft, Vol. 143, 1987, S. 110 ff.

Unwägbarkeiten auf Kosten der jeweiligen Vertragsgegenseite zu ihrem Vorteil zu nutzen (Opportunismus). Das heißt aber, daß langfristige Verträge sehr riskant sein können. Wenn die Kosten, die man eingehen müßte, um diese Risiken auszuschalten, zu hoch sind, d.h. also, wenn die Transaktionskosten sehr hoch sind, wird es nicht zu einer Vertragsbeziehung kommen. (Oder nur zu einer, bei der der Spezialisierungsgrad des Zulieferers sehr viel geringer ist.)

Das klassische Beispiel ist das des Verhältnisses der Firmen Fisher Body, einem Hersteller von Autokarosserien, und General Motors in den 20er Jahren.[36] Autokarosserien wurden in der Pionierzeit der Automobilindustrie noch in Einzelfertigung hergestellt und zwar als offene, überwiegend aus Holz bestehende Gehäuse. Im Jahr 1919 jedoch wollte General Motors auf geschlossene, metallene Gehäuse übergehen. Die Produktion dieser neuen Art von Gehäusen erforderte auf seiten von Fisher Body eine Investition in spezielle Metallpressen. Man erkennt hier nun sehr schön, wie beide Partner das Opportunismus-Problem erkennen und lösen. Die Lösung bestand in einem langfristigen Vertrag, in dem sich General Motors verpflichtete, sämtliche Karosserien ausschließlich bei Fisher Body zu kaufen. Im Gegenzug räumte Fisher Body General Motors gewisse Preisgarantien ein. Zunächst wurde eine Obergrenze für den Preis der Karosserien festgesetzt. Er durfte die Kosten zuzüglich eines Aufschlages von 17,6 % nicht übersteigen. Außerdem wurde noch vereinbart, daß die Preise von Fisher Body nicht über dem Marktdurchschnittspreis liegen durften. Ferner durfte Fisher Body anderen Automobilherstellern für vergleichbare Karosserien keinen niedrigeren Preis stellen. Mithilfe dieses langfristigen Vertrages gelang es General Motors, den Zulieferer Fisher Body zur Produktion von Metallkarosserien zu bewegen.

Schwierigkeiten tauchten allerdings auf, als in den folgenden Jahren die Nachfrage nach Automobilen dramatisch zunahm. Dieser Nachfragezuwachs führte zu erheblichen Meinungsverschiedenheiten hinsichtlich der Richtigkeit der vereinbarten Karosseriepreise und vor allem hinsichtlich der Frage, ob Fisher Body seine Produktionsstätten in die unmittelbarer Nähe von General Motors' Montagestätten verlegen sollte.[37] Offenbar war

---

36 Die folgende Darstellung entstammt B. Klein, R. Crawford, A. Alchian: Vertical Integration, Appropriable Rents and the Competitive Contracting Process. In: Journal of Law and Economics, Vol. 21, 1978, S. 297 ff., hier S. 308 ff. Ähnlich M. Silver: Enterprise and the Scope of the Firm. Oxford 1984, S. 23 ff.

37 Vgl. auch P. Milgrom, J. Roberts: Economics, Organization and Management. Englewood Cliffs 1992, S. 137. Nach der Umstellung auf Metallgehäuse beschloß GM die Errichtung einer gänzlich neuen Fertigungsstätte. Um Transportkosten zu sparen und einen stetigeren Produktionsfluß zu sichern, sollte Fisher Body veranlaßt werden, ebenfalls eine neue Fertigungsstätte direkt neben derje-

Fisher Body nicht von der günstigen Markteinschätzung GMs zu überzeugen. Teils leistete das Unternehmen den Plänen von General Motors Widerstand, teils forderte es einen Risikoausgleich, der aus Sicht des General Motors Managements überzogen erschien. Deshalb begann GM im Jahre 1924 Fisher Body Aktien zu erwerben und übernahm die Firma im Jahr 1926.

Man erkennt hier deutlich, wie zunächst das Problem der Faktorspezifität zum Abschluß eines langfristigen Vertrages führt, wie aber trotz des langfristigen Vertrages die Transaktionskosten der Marktbeziehung immer noch so hoch sind, daß schließlich doch die Integrationslösung vorgezogen wird.

Bedeutsam bei diesen Überlegungen ist, auf welcher Seite die Faktorspezifität liegt. Liegt sie beim potentiellen Zulieferer, wird sich kein Unternehmen finden, das bereit wäre, die Rolle des Zulieferers zu übernehmen. Liegt sie beim zu beliefernden Unternehmen, wird dieses erpreßbar und deshalb die Integrationslösung vorziehen. (Häufig müssen auch beide Unternehmen faktorspezifische Investitionen vornehmen. Das führt dann zu einer Situation des bilateralen Monopols.)

Bei dieser ganzen Theorie ist allerdings darauf aufmerksam zu machen, daß die Erpreßbarkeit sich immer nur in klar definierten Grenzen halten kann. Muß die in Rede stehende Transaktion nicht nur einmal, sondern immer wieder durchgeführt werden, ist es ökonomisch nicht sinnvoll, ein Unternehmen so unter Druck zu setzen, daß es Verluste macht. Der Erpresser erreicht dadurch nur, daß das Unternehmen langfristig aus dem Markt ausscheidet. Ob sich dann aber ein anderes Unternehmen als Partner finden wird, ist zweifelhaft. Das gilt auch dann, wenn dem erpreßten Unternehmen keine Verluste zugefügt werden, sondern ihm lediglich Renten abgenommen werden, die mit seiner spezifischen Investition verbunden sind. Man betrachte zum Beispiel den Fall, wo ein Zulieferer durch eine spezifische Investition die Kosten des Endproduktes drastisch senken könnte, etwa dadurch, daß er seine Produktion automatisiert und mit der Produktion des belieferten Unternehmens telekommunikativ vernetzt. In diesem Fall erhebt sich die Frage, wie der Gewinn, der durch die Kosteneinsparung möglich geworden ist, auf die beiden Partner verteilt wird. Hat der Zulieferer die Investition erst einmal erbracht, ist er dem belieferten Unternehmen quasi ausgeliefert. Deshalb besteht die Gefahr, daß er von dem zu verteilenden Gewinn nichts erhält. Wie im nächsten Abschnitt gezeigt wird, können je-

---

nigen von GM zu errichten. Fisher Body weigerte sich jedoch, da das Unternehmen befürchtete, durch eine derartig auf die Bedürfnisse von GM zugeschnittene Investition erpreßbar zu werden.

doch verschiedene Mechanismen, insbesondere der Reputationsmechanismus, diesem Ergebnis entgegenwirken.

6. Kritik am Gedanken der Asset Specificity

In den vorangegangenen Abschnitten wurde Stiglers Theorie der industriellen Arbeitsteilung dargestellt und um das Element der Transaktionskosten erweitert. Auf der Suche nach Bestimmungsgründen der Transaktionskosten geriet zunächst der Gedanke der Asset Specificity in das Blickfeld. Diese Idee soll nunmehr kritisch untersucht werden. Es wird sich zeigen, daß die Faktorspezifizität keine plausible Erklärung der Transaktionskosten liefert. Die folgenden Abschnitte werden als alternativen Erklärungsansatz das Phänomen des ökonomischen Wandels in den Mittelpunkt rücken.

Welche Einwände sprechen gegen die Idee der Asset Specificity?

Erstens ist nicht klar, warum in einer Situation hoher Faktorspezifität die Managementkosten niedriger sind als die Transaktionskosten. Williamson begründet zwar ausführlich, warum die Transaktionskosten in einer solchen Situation hoch sind, er sagt aber sehr wenig über die Managementkosten. Es ist jedoch durchaus denkbar, daß Asset Specificity auch die Managementkosten erhöht. Schließlich kann ein Unternehmen auch durch eine eigene Abteilung erpreßt werden. Williamson diskutiert diese Frage nur kurz[38] und nicht sehr überzeugend. Grob gesprochen lautet sein Argument, daß die Mitarbeiter in einem Unternehmen in einem Boot sitzen. Jeder Egoismus eines Mitarbeiters (oder einer Abteilung) verschlechtert sofort das Gesamtergebnis. Deshalb unterbleibt opportunistisches Verhalten innerhalb einer Unternehmung. Hierzu ist jedoch zu sagen, daß auch in einer Vertragsbeziehung die Partner im gleichen Boot sitzen. Es ist nicht klar, wie sich eine Vertragsbeziehung diesbezüglich von einem Unternehmen unterscheidet. Es sieht fast so aus, als ob Williamson einfach annimmt, daß in einer Situation hoher Faktorspezifität die Transaktionskosten höher sind als die Managementkosten.

In seinen autobiographischen Vorlesungen an der Yale Universität[39] hat Coase zu Recht darauf hingewiesen, daß eine solche Annahme eine petitio principi ist. Der geforderte Zusammenhang darf eben gerade keine Annahme sein, sondern muß aus der Theorie ableitbar sein und empirisch gezeigt werden können. Strenggenommen müßte man von der Theorie der Faktorspezifität fordern, daß sie genau sagen kann, *unter welchen Bedin-*

---

38 Williamson: The Economic Institutions of Capitalism, a.a.O., S. 154 f.

39 R. Coase: The Nature of the Firm: Origin, Meaning, Influence, a.a.O., S. 42 ff.

gungen die Transaktionskosten bei Faktorspezifizität größer sind als die Managementkosten. Gerade dieses leistet sie jedoch (zumindest bisher) nicht. Es ist deshalb nicht ganz klar, wieviel sie eigentlich der ursprünglichen Theorie von Coase hinzufügt.

Zweitens können, wie bereits erwähnt, Reputationseffekte erpresserisches Verhalten begrenzen.[40] Ein Unternehmen, das sich gegenüber einem Vorlieferanten erpresserisch verhält, wird es später sehr schwer haben, neue Partner zu finden. Bei häufiger auftretenden Transaktionen begrenzt deshalb dieser Effekt die Transaktionskosten. In den gerade zitierten Vorlesungen an der Yale Universität, sagt Coase, daß er hauptsächlich aus diesem (und dem im vorangegangenen Absatz genannten) Grund den Gedanken der Asset Specificity als Bestimmungsgröße der Transaktionskosten bereits 46 Jahre vor seinem erstmaligen Auftauchen in der Literatur verworfen habe. (Interessanterweise übrigens aufgrund einer Analyse des oben geschilderten Falles Fisher Body/General Motors.)

In einer Erwiderung auf Coase bestreitet Klein die Wirkungskraft des Reputationsmechanismus.[41] Nach seiner Auffassung zeige der Fisher Body Fall, daß es Situationen geben kann, in denen es für ein Unternehmen vorteilhaft sei, bewußt seine Reputation aufs Spiel zu setzen.

Es soll hier nicht entschieden werden, welche Interpretation des Fisher Body Falls die richtige ist. Soll jedoch Asset Specificity grundsätzlich ein ein wichtiger Faktor für die Höhe der Transaktionskosten sein, setzt Kleins Argument voraus, daß der Verzicht auf Reputation der Regelfall ist, zumindest aber sehr häufig vorkommt. Dies muß jedoch bezweifelt werden.

Eine der wenigen *empirischen* Studien zur praktischen Bedeutung des Reputationseffektes wurde zu Anfang der 60er Jahre von dem Juristen Macaulay durchgeführt.[42] Macaulay wollte wissen, wie bedeutsam in der Realität eigentlich formale Verträge in den Beziehungen zwischen Unternehmen, Kunden und Zulieferern sind und in welchem Umfang sie in der Praxis auf dem Rechtsweg durchgesetzt werden. Zu diesem Zweck befragte er Geschäftsleute und Juristen, die insgesamt 43 Firmen repräsentierten. Das Ergebnis der

---

40 Reputationseffekte spiele bekanntermaßen in der aktuellen Industrieökonomik ganz allgemein eine große Rolle. Vgl. J. Tirole: The Theory of Industrial Organization. Cambridge, Mass., 1988, passim, oder P. Milgrom, J. Roberts: Economics, Organization and Management, a.a.O., passim.

41 B. Klein: Vertical Integration as Organizational Ownership: The Fisher Body - General Motors Relationship Revisited. In: O. Williamson, S. Winter (Hrg.): The Nature of the Firm, New York 1991, S. 213 ff.

42 S. Macaulay: Non-Contractual Relations in Business: A Preliminary Study. In: American Sociological Review, 1963, Vol. 28, S. 55 ff.

Befragung bestätigte die Bedeutung der Reputation. Umfangreiche Verträge werden im Grunde genommen nur bei außergewöhnlichen Transaktionen aufgesetzt, in denen extrem hohe Summen und ein extrem hohes Risiko im Spiel sind. In allen anderen Fällen sind die Geschäftsbeziehungen sehr viel informeller. Ein Geschäftspartner, der nicht zu seinem Wort steht oder sich nicht genügend flexibel zeigt, wenn Änderungen erforderlich sind, verliert in seinem gesamten geschäftlichen Umfeld dermaßen an Reputation, daß er dies von selbst vermeiden wird.[43]

Drittens kann - wie Williamson selber darlegt - das Problem der Faktorspezifität häufig durch das "Stellen von Geiseln" gelöst werden. Das kann beispielsweise dadurch geschehen, daß der verhandlungsmäßig stärkere Partner von vorneherein einen Teil der Investitionskosten übernimmt, die mit den speziellen Aktiva zusammenhängen. Dies geschah etwa in der deutschen Automobilindustrie, wo die Automobilhersteller einen Teil der Kosten für die telekommunikative Vernetzung ihrer Datenverarbeitung mit der ihrer Zulieferer übernommen haben.[44] Ein anderes Beispiel ist die sogenannte Quasi-Integration, bei der das zu beliefernde Unternehmen selbst Eigentümer der spezialisierten Produktionsmittel des Zulieferers wird und somit das Risiko der Erpreßbarkeit vermindert.

Es ist also fraglich, wie bedeutsam das Phänomen der Faktorspezifität in der Praxis wirklich ist. Einige berühmt gewordene Industriestudien[45] scheinen die Rolle der Asset Specificity zu bestätigen. Demsetz allerdings kommt in einer industrieübergreifenden Studie[46] zum entgegengesetzten Ergebnis. Dieser Widerspruch kann nur dadurch erklärt werden, daß es möglicherweise im Falle der Industriestudien noch andere Erklärungen gibt als die Faktorspezifität. Weiter unten werden wir vor allem die Schwierigkeit des Austausches von Information als eine konkurrierende Hypothese diskutieren.[47] Natürlich

---

43 Macaulay zeigt im einzelnen durch welche Mechanismen sich die Reputation eines Unternehmens verbreitet. Vgl. Macaulay, a.a.O., S. 63 ff.

44 G. Pfeiffer, B. Wieland: Telecommunications in Germany - An Economic Perspective. Berlin, Heidelberg, New York, 1990, S.128.

45 Klein, Crawford, Alchian, a.a.O. K. Monteverde, D. Teece: Supplier Switching Costs and Vertical Integration in the Automobile Industry. In: Bell Journal of Economics, Vol. 13, 1982, S. 206 ff. P. Joskow: Vertical Integration and Long Term Contracts: The Case of Coal Burning Electric Generating Plants. In: Journal of Law, Economics and Organization, Vol. 1, 1985, S. 33 ff. Ders.: Contract Duration and Relationship-Specific Investments: Empirical Evidence from Coal Markets. In: American Economic Review, Vol. 77, 1987, S.168 ff. Einen Literaturüberblick gibt P. Joskow: Asset Specificity and the Structure of Vertical Relationships: Empirical Evidence. In: Journal of Law, Economics and Organization, Vol. 4, Spring 1988, S. 95 ff. Wiederabgedruckt in O. Williamson, S. Winter (Hrg.): The Nature of the Firm. New York 1991.

46 H. Demsetz: Vertical Integration: Theories and Evidence. In: H. Demsetz: Ownership, Control, and the Firm, Vol. I. Oxford 1988.

47 Neben dem im folgenden entwickelten Ansatz gibt es noch andere Alternativansätze. So etwa der Ansatz, der einen direkten Bezug zur Theorie der Property Rights herstellt und der auf eine bekannte

müßte diese Hypothese dann auch in der Lage sein, zu erklären, *warum* in den Industriestudien die Rolle der Faktorspezifizität so gut bestätigt wird. Es liegt nahe zu vermuten, daß das Poblem der Erpressbarkeit als Folge spezifischer Investitionen besonders dann virulent wird, wenn hohe technologische Unsicherheit besteht.[48] Bei hoher technologischer Unsicherheit sind nämlich - wie noch zu zeigen sein wird - die Kosten des Informationsaustausches besonders hoch. Der Abnehmer muß dann einen besonders hohen Aufwand betreiben, um einen Zulieferer dazu zu bringen, spezifische Investitionen zu tätigen. Ob diese Vermutung über das Verhältnis der beiden Hypothesen zutrifft oder nicht, werden nur weitere empirische Studien zeigen können, die zwischen den beiden Hypothesen diskriminieren.

7. Der Einfluß des Wandels auf die Transaktionskosten

Die Inkonsistenzen, die die Theorie der Asset Specificity gegenwärtig noch aufweist, haben verschiedene Autoren veranlaßt, nach anderen Bestimmungsgründen der Transaktionskosten zu suchen. Dabei ist vor allem das Phänomen des wirtschaftlichen Wandels in den Blickpunkt des Interesses geraten. In Anlehnung an Schumpeter[49] und Knight[50]

Arbeit von Alchian und Demsetz zurückgeht. (A. Alchian, H. Demsetz: Production, information costs, and economic organization. In: American Economic Review, Vol. 62, 1972, S. 777 ff.) Hierbei wird das Augenmerk darauf gerichtet, daß ein Unternehmen auch als eine bestimmte Verteilung von Eigentumsrechten angesehen werden kann, durch die bestimmte Effizienzprobleme gelöst werden, wie etwa das Problem der Drückebergerei (shirking), das bei der Produktion in Teams auftreten kann. Eigentumsrechte stehen auch im Zentrum der bekannten Untersuchung von Grossman und Hart. (S. Grossman, O. Hart: The Costs and Benefits of Ownership: A Theory of Vertical and Lateral Integration. In: Journal of Political Economy, Vol. 94, 1986, S. 691 ff.) Diese Ansätze werden hier nicht weiter verfolgt, da sie keine direkte Verbindung zum Problem des Wandels haben, das in dieser Arbeit im Vordergrund steht. (Allerdings kann der Besitz von Residualrechten, der bei Grossman und Hart im Zentrum steht, erklären, warum es leichter ist, in einer integrierten Struktur auf Wandel zu reagieren als in einer Zulieferbeziehung. Wir kommen in Abschnitt 9 noch einmal kurz darauf zurück.) Eine Einführung in diese Literatur gibt O. Hart: Incomplete Contracts and the Theory of the Firm. In: Journal of Law, Economics, and Organization, Vol. 4, Spring 1988, S. 119 ff. Wiederabgedruckt in O. Williamson, S. Winter (Hrg.): The Nature of the Firm. New York 1991. Zum Ansatz der Property Rights ganz allgemein vgl. M. Ricketts: The Economics of Business Enterprise. Brighton 1987, Kapitel 4.

48 So auch J. Tirole, a.a.O., S. 33.

49 In seiner Theorie der wirtschaftlichen Entwicklung schildert Schumpeter das Bild einer solchen stationären Wirtschaft, um ihm dann als Gegenbild die vom Schumpeterschen Unternehmer geprägte dynamische Welt gegenüberzustellen. J. Schumpeter: Theorie der wirtschaftlichen Entwicklung. Leipzig 1912, Erstes Kapitel.

50 Obwohl er nicht explizit von von Weizsäcker zitiert wird, geht auch Knight in Risk, Uncertainty and Profit von einer Welt aus, in der es keinerlei Unsicherheit mehr gibt. "With uncertainty entirely absent, every individual being in possession of perfect knowledge of the situation, there would be no occasion for anything of the nature of responsible management or control of productive activity. Even marketing transactions in any realistic sense would not be found. The flow of raw materials and productive services to the consumer would be entirely automatic. ..... If the conditions of life and the people themselves were entirely unchanging a definite organization would result, perfect in the sense

entwirft von Weizsäcker[51] das Referenzszenario einer vollständig stationären Volkswirtschaft. In einer solchen Volkswirtschaft ist jedes Wirtschaftssubjekt vollkommen über alle es selbst betreffenden ökonomischen Sachverhalte informiert. Alle in der Wirtschaft vorkommenden Transaktionen finden immer wieder in der genau gleichen Art und Weise statt. Die Transaktionskosten in einer solchen Wirtschaft sind deshalb gleich Null.

Das bedeutet aber nichts anderes, als daß Transaktionskosten eng mit wirtschaftlichem Wandel verknüpft sind. Wandel schafft Unsicherheit und damit Nachfrage nach relevanter Information. Damit sind aber auch die Transaktionskosten nicht mehr gleich Null. Als Folge entstehen Institutionen, wie etwa organisierte Märkte, die dazu dienen, Transaktionskosten zu senken.

In Bezug auf die Theorie der vertikalen Integration ist damit jedoch noch nicht allzuviel gewonnen, denn Wandel erhöht nicht nur die Transaktionskosten, sondern selbstverständlich auch die Organisationskosten. Die relevante Frage ist, welche der beiden Kostenarten in einer Phase raschen Wandels schneller steigt. Dies wird im folgenden näher zu untersuchen sein. Nimmt man aber einmal an, es wären die Transaktionskosten, die stärker wachsen, würde das Smith-Stigler-Coase Paradigma für eine Phase raschen Wandels in einer Industrie auf keinen Fall eine Zunahme, sondern eher eine Abnahme der Arbeitsteilung voraussagen. Ist eine Industrie hingegen über einen langen Zeitraum hinweg durch ein hohes Maß an gleichbleibenden Umweltbedingungen gekennzeichnet, wird die Arbeitsteilung in dieser Industrie ein Maximum erreichen. Werden die "normalen Zeiten" durch eine Periode raschen Wandels abgelöst, steigen die Transaktionskosten und es wird eine Tendenz zu mehr vertikaler Integration wirksam.

Stigler hat in seinem bereits zitierten Aufsatz eine ähnliche Lebenszyklus-Hypothese der Arbeitsteilung aufgestellt. Junge Industrien sind nach seiner Auffassung durch einen hohen Integrationsgrad geprägt. Der Markt für das Endprodukt einer jungen Industrie ist noch klein. Es ist schwierig, andere Unternehmen zur Produktion von Vorprodukten zu gewinnen. Teils erscheint diesen bei neuen Endprodukten das Risiko der Spezialisierung noch zu hoch, teils gibt es Schwierigkeiten beim Informationsaustausch zwischen Unter-

---

that no one would be under an incentive to change. ..... With the introduction of uncertainty - the fact of ignorance and necessity of acting upon opinion rather than knowledge - into this Eden-like situation, its character is completely changed." F. H. Knight: Risk, Uncertainty and Profit. Series of Reprints of Scarce Tracts in Economic and Political Science, No. 16, The London School of Economics and Political Science, Eight Impression, 1957, S. 267 f.

51 C.C. von Weizsäcker: Antitrust and the Division of Labor. In: Zeitschrift für die gesamte Staatswissenschaft, Vol. 147, 1991, S. 99 ff.

nehmen und Zulieferern. Der schnelle und kostengünstige Austausch von Informationen ist aber gerade dann sehr wichtig, wenn das Endprodukt noch nicht seine endgültige Gestalt erreicht hat und noch häufig verändert wird. Ist die Industrie jedoch in den Reifezustand eingetreten und dehnt sich der Markt immer weiter aus, setzt der von Stigler beschriebene Prozeß der Ausgliederung von Funktionen ein. In dieser Phase haben Produkte und Vorprodukte ihre endgültige Form erreicht und dementsprechend gewinnen Economies of Scale an Bedeutung. Außerdem sind die Transaktionskosten gering, da keine großen Informationsdefizite mehr bestehen. Beginnt sich in einer dritten Phase die Nachfrage schließlich wieder zu kontrahieren, setzt der Niedergang der Industrie ein und die Unternehmen werden gezwungen, vormals ausgegliederte Funktionen wieder einzugliedern. In einer Phase raschen Wandels drängen also die Transaktionskosten immer in Richtung weniger Arbeitsteilung.

Langlois weist zu Recht darauf hin, daß die Lebenszyklus-Theorie von Industrien in der Stiglerschen Version noch zu pauschal ist.[52] Nach dem, was eben über die Bedeutung des wirtschaftlichen Wandels gesagt worden ist, muß eine solche Theorie (mindestens) zwei Dimensionen umfassen. Sie darf sich nicht nur auf die Größe des Marktes beziehen, sondern muß ebenso die Geschwindigkeit des Wandels in einer Industrie berücksichtigen. Diese zwei Größen lassen sich aber zu vier verschiedenen Paaren gruppieren: (1) langsamer Wandel und kleiner Markt, (2) langsamer Wandel und großer Markt, (3) schneller Wandel und kleiner Markt. (4) schneller Wandel und großer Markt.

Fall (1) ist der von Adam Smiths Hochlandbauern. Es gibt nur wenig technischen Fortschritt und aufgrund der schlechten Transportverhältnisse ist der Markt für die besonderen Fähigkeiten des einzelnen Hochlandbauern gering. Dementsprechend ist auch die Arbeitsteilung gering. Fall (2) entspricht der Reifephase in der Stiglerschen Lebenszyklus-Hypothese. Bei großem Markt und relativ stabilem Umfeld ist die Arbeitsteilung hochentwickelt. In Fall (3) verhindert die geringe Marktgröße eine Ausdifferenzierung der Arbeitsteilung. Hinzukommt, daß aufgrund des schnellen Wandels die Transaktionskosten hoch sind. Man wird hier also überwiegend hochintegrierte Unternehmen finden. Fall (4) schließlich beschreibt die Situation, in der trotz bedeutender Größe des Marktes die Transaktionskosten sehr hoch sind. Es ist deshalb zu erwarten, daß die Arbeitsteilung in diesem Fall weniger ausgeprägt ist als in Fall (2).

52 R. Langlois: Economic Change and the Boundaries of the Firm, a.a.O.

Auch diese Taxonomie ist noch verhältnismäßig grob. Am problematischten an ihr ist jedoch, daß sie solange ohne sicheren Grund bleibt, als nicht gezeigt ist, daß in Phasen erhöhten Wandels die Kosten der Koordination innerhalb eines Unternehmens langsamer wachsen als die Kosten der Koordination über den Markt. Wenn das Smith-Stigler-Coase Paradigma richtig ist, dann bestimmt das Verhältnis von Größenvorteilen, Management- und Transaktionskosten das Ausmaß der industriellen Arbeitsteilung. Trifft es weiterhin zu, daß Management- und Transaktionskosten im wesentlichen Informationskosten sind, muß das Ausmaß der Arbeitsteilung auf jeden Fall etwas mit den Kosten des Austausches von Information zu tun haben. Die Smith-Stigler-Coase Theorie der Arbeitsteilung muß also letztlich eine Theorie des Austausches und der Verarbeitung von Information sein. Sie muß ferner Bedingungen angeben können, unter denen der Austausch von Information die Höhe von Management- und Transaktionskosten *unterschiedlich* beeinflußt. Folgt man diesem Gedanken, verläßt man den von Williamson, Alchian und anderen eingeschlagenen Weg der Faktorspezifität. Angesichts der oben geschilderten Inkonsistenzen der Theorie der Faktorspezifität scheint ein solcher Alternativansatz aber auf jeden Fall versuchenswert. Bedauerlicherweise sind allerdings die theoretischen Bemühungen in diese Richtung noch nicht sehr weit fortgeschritten. Auch der im folgenden unternommene Versuch ist aufgrund seines eklektischen Charakters unbefriedigend. Wer glaubt, daß man es sich damit zu leicht mache, sei mit Robert Solow ermahnt: "Most of you probably think that we eclectics have an easy time of it. No principles to preserve, no purity to protect: The wind bloweth where it listeth and the hopeless eclectic - like me - sayeth whatever he damn pleaseth. You have it all wrong. The life of a conscientious eclectic is hard. He or she must decide every issue on its presumed merits. There are no automatic answers. It's decisions, decisions, decisions."[53]

8. Wandel und Kosten des Informationsaustausches

Die Überlegungen des vorigen Abschnitts bezogen sich auf Wandel ganz allgemein. Die vorliegende Arbeit wird sich jedoch nur mit einer bestimmten Art des wirtschaftlichen Wandel beschäftigen, dem technischen Wandel. Bezogen auf den Rahmen des Smith-Stigler-Coase Paradigmas bedeutet das, daß immer zwei Dimensionen des technischen Fortschritts im Blickpunkt stehen werden. Einmal die Dimension der Markterweiterung, zum anderen die Dimension der Prozeß- und Produktinnovationen, die den Prozeß der Markterweiterung begleiten mögen. Die Telekommunikation ist ein Beispiel dafür, daß eine einzige Technologie beide Effekte hervorrufen kann.

---

53 R. Solow: Comments from inside economics. In: A. Klamer, D. McCloskey, R. Solow: The Consequences of Economic Rhetoric. Cambridge et al. 1988, S. 31. ff., hier S. 31.

Rascher technischer Wandel stürzt die betroffene Industrie in eine Phase erhöhter Turbulenz. Neue Produkte treten auf oder neue Prozesse, möglicherweise sogar beides gleichzeitig. Es kommt zu neuem Marktzutritt, Marktanteile werden neu verteilt. Bestehende Beziehungen zu Zulieferern und Abnehmern ändern sich fundamental. Sehr häufig gehen solche Innovationsschübe zusätzlich mit einer Lockerung oder sogar einem starken Abbau von Regulierungen einher, der ein weiteres Element der Unsicherheit mit sich bringt.

In einigen Fällen können sich solche Turbulenzzustände über eine beträchtliche Zeit hinziehen. Es kann dazu kommen, daß eine Innovation die nächste hervorruft, so daß es geraume Zeit dauert, bis die betreffende Industrie wieder in ruhigeres Fahrwasser gerät. Von Weizsäcker spricht in einem solchen Fall von progressiven Industrien.[54]

Wird eine Branche von einer Turbulenzphase getroffen, ist das Preissystem als Lenkungsinstrument überfordert. In einer solchen Phase genügt es für Abnehmer und Zulieferer nicht, auf Preissignale zu achten. Die Fähigkeiten des Preissystems zur Kodierung von Information sind für solche Zeiten zu gering. In derartigen Turbulenzphasen geht es zumeist um neue Produkte oder neue Produktionsverfahren.[55] Die Zulieferer müssen ihre Produktionsprozesse umstellen oder neue Zwischenprodukte fertigen. Es ist aber noch nicht klar, welche Lösungen sich schließlich durchsetzen werden. Deshalb besteht auf allen Seiten ein hohes Maß an Unsicherheit. Solange diese Unsicherheit vorherrscht, müssen notwendigerweise Speziallösungen ausprobiert werden, über deren Zukunftaussichten die einzelnen Unternehmen und ihre Zulieferer ganz verschiedener Meinung sein mögen. Es liegt auf der Hand, daß in einer derartigen Periode ein hoher Kommunikationsbedarf zwischen Zulieferern und belieferten Unternehmen besteht. Die Art und die Quantität an Information, die dabei ausgetauscht wird, überfordert die Kodierungsfähigkeiten des Preissystems.

Man muß sich vor Augen halten, daß in "normalen" Zeiten der Preismechanismus auf der Basis einer großen Menge an stillschweigend vorausgesetztem Hintergrundwissen funk-

---

[54] Vgl. C.C. von Weizsäcker: Rechte und Verhältnisse in der modernen Wirtschaftslehre. In: Kyklos, Vol. 34, 1981, S. 345 ff., hier S. 358. Als Beispiele für progressive Industrien nennt von Weizsäcker die Datenverarbeitungsindustrie, die Büromaschinenindustrie, die Telekommunikationsindustrie oder die Pharmaindustrie.

[55] G. Dosi und andere vergleichen diesen Vorgang mit dem von Kuhn für die Wissenschaftsgeschichte geschilderten Wechsel eines theoretischen Paradigmas. An die Stelle des "Business as Usual" (bzw. der "normalen Wissenschaft") tritt eine revolutionäre Phase der fundamentalen Unsicherheit. Vgl. G. Dosi: Technological Change and Industrial Transformation. Houndmills, Basingstroke 1984, S. 14 ff. T. Kuhn: Die Struktur wissenschaftlicher Revolutionen. Frankfurt a.M. 1967.

tioniert. Die Geschmeidigkeit, mit der das Preissystem in "normalen" Zeiten seine Koordinierungsfunktion erfüllt, hängt zu einem großen Teil damit zusammen, daß dieses Hintergrundwissen über den betrachteten Zeitraum stabil ist. In Turbulenzphasen hingegen, kann ein großer Teil des Hintergrundwissens seine Relevanz verlieren. Dann reicht das Preissystem als Kommunikationssystem nicht mehr aus und ein Dialog der Transaktionspartner muß es ergänzen.[56]

Als oben die einzelnen Bestandteile der Transaktionskosten diskutiert wurden, wurde bereits gesagt, daß es sich dabei zum allergrößten Teil um Informationskosten handelt. Die "Kosten der Benutzung des Preismechanismus", um Coases berühmte Wendung zu zitieren[57], sind also hauptsächlich Kosten des Informationsaustausches. Und in der Tat, fast jede Transaktion ist gewöhnlich vom Austausch einer erheblichen Menge an Information begleitet.[58] Das bedeutet aber, daß das Preissystem allein offenbar noch nicht alle transaktionsrelevanten Informationen vermittelt. Die entscheidende Frage scheint vielmehr zu sein, wieviel an Information bei einer bestimmten Transaktion tatsächlich explizit gemacht werden muß und wieviel gewissermaßen stillschweigend vorausgesetzt wird. In "normalen Zeiten" kann häufig ein großer Anteil an Hintergrundwissen vorausgesetzt werden. In der Realität ist zu beobachten, daß die Wirtschaftssubjekte versuchen,

---

56 Man mag hier einwenden, daß die Unterscheidung zwischen "normalen" Zeiten und Turbulenzphasen unscharf sei. Es verdient deshalb angemerkt zu werden, daß eine ähnliche Unterscheidung aus der Systemtheorie bekannt ist. Emery und Trist unterscheiden vier Idealtypen der Umgebung eines Unternehmens. Der erste Umgebungstyp verändert sich über die Zeit hinweg nur wenig, er ist "ruhig" und "gleichmäßig strukturiert." Eine Umgebung dieses Typs wird etwa durch das Modell des Gleichgewichts bei vollständiger Konkurrenz beschrieben. Der zweite Umgebungstypus ist ebenfalls ruhig aber nicht mehr gleichmäßig strukturiert. Bestimmte Charakterstika treten "gehäuft" auf. Es gibt beispielsweise Größen- oder Standortvorteile. Im Gegensatz zum ersten Umgebungstyp, bei dem adaptives Verhalten genügte, bringt hier die Entwicklung von Unternehmensstrategien Überlebensvorteile. Die dritte Art von Umgebung ist "unruhig". Sie verändert sich stärker in der Zeit, und außerdem gibt es nun in der Umwelt des Unternehmens andere Faktoren und Akteure, die auf das Handeln des Unternehmens reagieren. Das Unternehmen muß jetzt aktiv auf die Umwelt Einfluß nehmen und Rückwirkungen von vorneherein berücksichtigen. "Ein Mixtum aus Strategie und Taktik wird wichtig." Die vierte Art von Umgebung schließlich ist "turbulent", "komplex" und "schnell veränderlich". Dieser Typ von Umgebung schafft einen hohen Grad an Unsicherheit. Er ist kaum kontrollierbar. "Aus diesem Grund besteht eine Tendenz zur Inkorporierung von Teilen der Umgebung, zur Diversifizierung der Produktion, zur Betonung von Informationsgewinnung und -verarbeitung und zur Spezialisierung an den Rändern der Organisation. Handlungsmöglichkeiten werden spezifiziert, um - wenigstens teilweise - Ruhe in das turbulente Feld zu bekommen...". "Normale" Zeiten im hier gebrauchten Sinn entsprechen den Umwelttypen 1 - 3. "Turbulenzphasen" dem Umwelttyp 4. Vgl. F.E. Emery, E.L. Trist: The Causal Texture of Organizational Environments. In: F.E. Emery (Hrg.), Systems Thinking. Harmondsworth 1969, S. 241 ff. Die hier gegebene Zusammenfassung der Ideen von Emery/Trist folgt P. Weise et al.: Mikroökonomie, 2. Aufl., Heidelberg 1991, S. 264 f.

57 The Nature of the Firm, loc. cit., S. 390.

58 Diese Ansicht vertritt auch H. Simon. Vgl. H. Simon: Organizations and Markets. In: Journal of Economic Perspectives, Vol. 5, No. 2, 1991, 25 ff, hier S. 40 f.

Institutionen zu schaffen, die genau dies erlauben. Auf diese Weise kann nämlich darauf verzichtet werden, bei jeder Transaktion immer wieder aufs neue Informationen auszutauschen, die ohnehin von Transaktion zu Transaktion gleich bleiben.

Es scheint geradezu ein Grundprinzip des Wirtschaftens zu sein, so viele der Bestandteile eines Handels wie möglich zu festen Rahmenbedingungen werden zu lassen, entweder durch ausdrückliche oder durch stillschweigende Vereinbarung. Ein gutes Beispiel liefert die Börse: nicht nur die Standardisierung der gehandelten Objekte senkt hier Transaktionskosten, sondern auch die Übereinkunft über den Ablauf des Handels, wie etwa die Feststellung des Preises, den Austausch der gehandelten Güter, deren Bezahlung und deren Abrechnung. Dem gleichen Zweck dienen die allgemeinen Geschäftsbedingungen der Börsen und alle anderen Regelungen, die einen schnellen und reibungslosen Geschäftsablauf zum Ziel haben. Auch in den Transaktionen des täglichen Lebens finden wir dieses Phänomen, etwa in Gestalt des berühmten Kleingedruckten oder von Geschäftsgebräuchen.

Worum es dabei geht, ist im Grunde genommen das Ausnutzen von Economies of Scale. Dadurch daß so viele Bedingungen einer Transaktion als möglich in generelle Rahmenbedingungen verwandelt werden, entsteht ein fixer Block von Transaktionskosten, der über alle kommenden Transaktionen verteilt werden kann. Die fixen Durchschnittskosten pro Transaktion können damit erheblich gesenkt werden. Konsequenz dieses Vorgehens ist, daß die Partner einer Transaktion bereits von vorneherein ein stabiles Transaktionsumfeld vorfinden, d.h. sie verfügen bereits im voraus über einen hohen Anteil der insgesamt benötigten Information. Natürlich müssen sie noch all jene Informationen austauschen, die ihrer besonderen Transaktion spezifisch sind. Diese Transaktionskosten entstehen bei jedem Handel aufs neue und sind nicht fix.

Hayek und andere[59] haben ähnliche Überlegungen im Bereich der Analyse von Traditionen und Verhaltensnormen angestellt. Auch hier geht es zu einem großen Teil darum, dem Umgang zwischen Menschen einen stabilen Rahmen zu geben, der erlaubt, diesen Umgang möglichst reibungslos zu gestalten. Dadurch daß der andere berechenbarer wird, sinken die "Transaktionskosten" des menschlichen Umgangs. North hat ähnliche Gedanken für die Theorie der Wirtschaftsgeschichte fruchtbar gemacht.[60] Nach seiner

---

59 F. A. Von Hayek: Law, Legislation, and Liberty. Chicago 1973-1979 (3Bde.) J. Elster: Economic Order and Social Norms. In: Zeitschrift für die gesamte Staatswissenschaft, Vol. 144, 1988, S. 357 ff.

60 D. North: Strucure and Change in Economic History, New York 1981. Eine kondensierte Form seiner Ideen gibt North in seinem Aufsatz: Institutions, Transaction Costs and Economic Growth. In:

Theorie hängt der Wohlstand eines Landes oder einer Epoche von der Stabilität eines juristischen und politischen Systems ab, das die Transaktionskosten auf einem niedrigen Niveau hält. Handel und Arbeitsteilung entwickeln sich nur dort, wo ein solcher Transaktionsrahmen existiert. Die Probleme, die die Länder Osteuropas gegenwärtig bei der Einführung der Marktwirtschaft haben, scheinen diese Analyse zu belegen. Offenbar genügt es nicht, einfach ein Preissystem einzuführen, wenn wichtige Teile des Transaktionsrahmens fehlen.

In "normalen Zeiten" sind, wie gesagt, sehr viele Umstände einer Geschäftsbeziehung "Rahmenbedingungen". Diese Rahmenbedingungen, und das Wissen darum, daß es Rahmenbedingungen sind, bilden Teil des oben genannten Hintergrundwissens einer Transaktion. In normalen Phasen sind demnach die Transaktionskosten gering und das Preissystem vermittelt alle notwendigen Informationen, die ein Unternehmen braucht, um sich geänderten Marktbedingungen anzupassen. In einer Phase starken Wandels hingegen ist das Gegenteil der Fall. Wandel bedeutet gerade, daß die Rahmenbedingungen bzw. das Hintergrundwissen einer Transaktion in Frage gestellt werden. Bei einer Transaktion ist es nunmehr wieder erforderlich, sehr viel mehr an Information explizit auszutauschen. Viele der Geschäftsbedingungen, die sich vorher "von selbst" verstanden, müssen jetzt wieder neu ausgehandelt werden. Man kann auch keine hinreichend kontingenten Verträge mehr abschließen, da sich die Umwelt zu rasch ändert. Das Resultat besteht darin, daß die Transaktionskosten steigen. Das Preissystem reicht als Kommunikationssystem nicht mehr aus. Inhaltliche Informationen über neue Produkte und Produktionsprozesse sind nun von größerer Bedeutung als Signale über relative Knappheiten oder geänderte Nachfragebedingungen.

All dies gilt natürlich auch für die Beziehung zwischen Unternehmen und ihren Zulieferern. Auch diese Beziehung funktioniert nun nicht mehr reibungslos. Auch hier hat sich das gemeinsame Hintergrundwissen, das der Beziehung zugrunde lag, zu einem großen Teil entwertet. Ein gutes Beispiel hierfür ist das oben erwähnte Beispiel von General Motors und seinem Zulieferer Fisher Body. Der Übergang von Holz- zu Metallkarosserien stellte hier einen qualitativen Bruch in der Geschäftsbeziehung der beiden Firmen dar. Wie geschildert, erforderte die Neuordnung der Geschäftsbeziehungen zwischen beiden Unternehmen einen umfangreichen langfristigen Vertrag. Selbst dieser Vertrag war aber nicht in der Lage, alle Probleme auszuräumen.

Economic Inquiry, Vol. 25, 1987, S. 419 ff. Ähnliche Ideen finden sich im Grunde schon in J. Hicks: A Theory of Economic History. Oxford 1969.

Damit wird klar, warum technischer Wandel die Höhe von Transaktions- und Managementkosten beeinflußt. Wandel macht einen erhöhten Informationsaustausch zwischen Zulieferer und beliefertem Unternehmen erforderlich, und bei diesem Informationsaustausch können bedeutende Kosten entstehen. Diese Beobachtung sagt aber noch nichts darüber aus, welche der beiden Kostenarten in einer Phase des Wandels höher ist. Für das Smith-Stigler-Coase Paradigma ist dies jedoch die entscheidende Frage. Das Smith-Stigler-Coase Paradigma wird erst dann zu einer testbaren Theorie, wenn Bedingungen spezifiziert werden können, unter denen Wandel die Transaktions- und Managementkosten unterschiedlich beeinflußt. Die folgenden drei Abschnitte versuchen einen ersten Schritt in diese Richtung. Der Grundgedanke dabei ist folgender:

Beim Austausch von Information mit einem unabhängigen Zulieferer geht es in in einer Phase hohen Wandels vor allem darum, Innovationsrenten zu schützen. Dies bedeutet erstens, daß Informationsvorsprünge (lead times) gewahrt werden müssen und zweitens, daß strategisch bedeutsame Information nicht an die Konkurrenten gelangen darf.[61]

Es gibt aber noch ein weiteres Problem des Informationsaustausches mit unabhängigen Zulieferern. Es kann nämlich der Fall eintreten, daß der Informationsaustausch unter Umständen überhaupt nicht gelingt, z.B. wenn ein Zulieferer nicht von den günstigen Zukunftsaussichten eines neuen Produkts überzeugt werden kann.

Es wird im folgenden versucht zu zeigen, daß alle drei Probleme innerhalb eines Unternehmens zu geringeren Kosten zu bewältigen sind als in einer Zulieferbeziehung. In den beiden ersten Fällen müßten bei einer Zulieferbeziehung utopisch komplexe Verträge ausgehandelt werden. Die Verhandlungskosten, die dabei entstünden, wären prohibitiv. Im dritten Fall kann der Zulieferer nur durch einen prohibitiv hohen Überzeugungsaufwand dazu veranlaßt werden, seine Produktion den geänderten Bedingungen anzupassen. In allen drei Fällen sind also die Transaktionskosten der Marktbeziehung quasi "unendlich" (prohibitiv) hoch. Die Organisationskosten bleiben demgegenüber auf einem "endlichen" Niveau. Um diese These zu untermauern, soll nun jedes der genannten Pro-

61 Dieser Gesichtspunkt der Appropriierbarkeit von Innovationsrenten wird auch von D. Teece sehr stark betont. Vgl. seinen Aufsatz Profiting from technological innovation: Implications for integration, collaboration, licensing and public policy. In: Research Policy, Vol. 15, 1986, S. 285 ff. Dort untersucht Teece die Frage, warum häufig von einer Innovation andere Unternehmen profitieren als jene, die die Innovation ursprünglich hervorgebracht haben. Der Faktor der strategischen Bedeutsamkeit wird auch hervorgehoben von A. Picot: Ein neuer Ansatz zur Gestaltung der Leistungstiefe. In: Zeitschrift für betriebswirtschaftliche Forschung, Heft 4, April 1991, S.336 ff., hier S.346 f.

bleme des Informationsaustausches genauer untersucht werden. Trifft die These zu, ist in allen drei Fällen eine Integration der Zulieferer zu erwarten.[62]

9. Geschwindigkeit des Informationsaustausches

Eine Turbulenzphase in einer Industrie führt zu einer geringeren Berechenbarkeit der Partner. In einer Turbulenzphase handeln die Partner nicht nach einer expliziten oder impliziten "Regel". Es ist, wie dargelegt, gegebenenfalls für ein Unternehmen sehr viel Überzeugungsaufwand und Kommunikation erforderlich, um einen Zulieferer dazu zu bewegen, seine Produktion den geänderten Verhältnissen anzupassen. Die integrierte Struktur ist in einer solchen Phase reaktionschneller und in gewisser Weise auch flexibler. Die Verhaltensweisen des Zulieferers werden durch die Integration berechenbarer. Fehlende "äußere" Regeln werden gewissermaßen durch "innere" Regeln und erforderlichenfalls durch Anweisung ersetzt. Auch hier zeigt sich wieder das Bestreben, möglichst viele Bestandteile einer Transaktion in die "Rahmenbedingungen" zu verlegen. Da dies aber nun nicht mehr über den Markt geht, geschieht es innerhalb einer vom Unternehmer selbst kontrollierbaren Organisation.

Es soll versucht werden, diesen Sachverhalt am Beispiel einer extrem hierarchischen Struktur, dem Militär zu verdeutlichen. Der einzelne Soldat hat im Prinzip in einer bestimmten Gefechtssituation verschiedene Handlungsmöglichkeiten. Man müßte sich eigentlich wünschen, daß er von diesen verschiedenen Handlungsmöglichkeiten auch Gebrauch macht, denn seine Information vor Ort ist häufig besser als die der fernen Kommandozentrale. Dies entspricht zumindest dem ökonomischen Grundargument von der Überlegenheit der dezentralen Entscheidungen gegenüber zentraler Planung. Im Falle des Militärs ist aber gerade das Gegenteil zu beobachten. Die Handlungsmöglichkeiten des einzelnen Soldaten werden sehr eng umgrenzt. Der Grund dafür liegt darin, daß nur so eine effiziente Arbeitsteilung zwischen Kommando und Truppe möglich wird. Die Kommandozentrale soll denken, der Soldat handeln. Er soll deshalb möglichst nicht "aus der

---

62 Die Frage des Informationsaustausches in oder zwischen Unternehmen hat natürlich einen engen Zusammenhang mit der Analyse von Kommunikationsflüssen und der optimalen Gestaltung von Kommunikationsstrukturen und -netzen in bzw. zwischen Unternehmen. Diese Fragestellung wird hier jedoch ausgeblendet. Der an dieser Fragestellung interessierte Leser sei verwiesen auf E. Bössmann: Die ökonomische Analyse von Kommunikationsbeziehungen zwischen Unternehmen. Berlin, Heidelberg, New York, 1967.

Reihe tanzen", sondern nach wohldefinierten und im voraus festgelegten Handlungsregeln agieren, vor allem aber Befehlen gehorchen.[63]

Aus transaktionskostentheoretischer Sicht ist wichtig, daß der Soldat rein theoretisch seine Information jeweils an die Kommandozentrale zurückmelden und auf Anweisung warten könnte. Dies könnte vielleicht sogar mit einem extremen Aufwand an Kommunikations- und Informationsverarbeitungsmitteln (also extrem hohen Transaktionskosten) erreicht werden. Solange diese Kosten sich verbieten und solche technischen Möglichkeiten deshalb nicht zur Verfügung stehen, würde durch die Rückmeldung die Informationsverarbeitungskapazität der Zentrale überfordert und zuviel wertvolle Zeit verloren gehen. Es ist deshalb sinnvoller, auf die dezentrale Information zu verzichten und generelle Handlungsregeln festzusetzen, die dem Soldaten sagen, auf welche Weise er in einer bestimmten Situation reagieren soll. Diese Regeln sind aber nicht nur für den einzelnen isolierten Soldaten von Bedeutung. Wichtig ist daß auch die anderen Soldaten wissen, daß er nach Regeln handelt, und nach welchen Regeln er handelt. Dieses Wissen ist für die Truppe als ganzes (oder für jedes Team) der gemeinsame Schatz an Hintergrundwissen für ihre gemeinsamen Aktionen. Der eine weiß in einer bestimmten Situation, was der andere jetzt tun wird. Das ist vermutlich, was gemeint ist, wenn von einem "eingespielten Team" gesprochen wird. Man muß sich aber stets vor Augen halten, daß mit der Festlegung solcher starren Verhaltensweisen ein Stück informationsbedingter Flexibilität aufgegeben wird zugunsten größerer Handlungsflexibilität.

Warum führt diese Substitution nicht zu schädlichen Konsequenzen? Die Antwort lautet, daß im Falle des Militärs die Information, über die das Zentrum verfügt, zumeist sehr viel wichtiger ist als die Information, die an der Peripherie anfällt. Das gleiche gilt für das Management eines Unternehmens in einer Phase hohen Wandels. In Phasen hohen Wandels ist die Information im Zentrum (Management) für das Gedeihen des Unternehmens bedeutsamer als die Information, über die der einzelne Angestellte oder auch die Zuliefe-

63 Hier gibt es einen gewissen Zusammenhang zum sogenannten Heiner-Modell des vorhersagbaren Handelns. Nach diesem Modell kann es in einer komplexen Umwelt sogar vorteilhaft sein, wenn das Verhaltensrepertoire eines Organismus nicht zu groß ist. Bei einem zu großen Verhaltensrepertoire besteht nämlich die Gefahr, daß der Organismus zur falschen Zeit die falsche Handlungsalternative auswählt. Bei einem begrenzten Verhaltensrepertoire hingegen wird die Wahrscheinlichkeit größer, daß die gewählte Handlungsalternative auch tatsächlich der gerade vorliegenden Umweltsituation entspricht. Vgl. R.A. Heiner: The Origins of Predictable Behavior. In: American Economic Review, Vol. 73, No. 4, 1983, S. 561 ff.

rer verfügen mögen.[64] Gleichzeitig ist aber in einer Periode des Innovationswettbewerbs die Handlungsflexibilität sehr wichtig.

Dieser Handlungsflexibilität stehen lange Kommunikationsprozesse im Wege. Gerade wenn Produkte noch nicht ausgereift sind und in einer Experimentierphase noch ständigen Modifikationen unterliegen, und dies womöglich im scharfen Wettbewerb mit Mitanbietern, können lange Reaktionszeiten zu uneinholbaren Vorsprüngen der Konkurrenten führen. Die vertikale Integration erlaubt es, ebenso wie im Falle des Militärs, an die Stelle der Diskussion den Befehl zu setzen. Wie Silver zu Recht bemerkt ist die Anweisung "Tue x" eine extrem sparsame Form des Informationsaustausches.[65] Dieser Sachverhalt wurde von allen Transaktionskostentheoretikern seit Coase als Grundlage des Arbeitsvertrages erkannt. Die Möglichkeit Anweisungen zu erteilen, (in einem bestimmten Rahmen) erlaubt eine Flexibilität und Reaktionsgeschwindigkeit, die durch eine Marktbeziehung nicht zu erreichen ist. Die vorangehende Analyse hat diesen Gedanken lediglich vom Bereich des Arbeitsvertrages auf die vertikale Integration ganz allgemein übertragen.

Damit soll natürlich nicht gesagt sein, daß Wandel innerhalb einer integrierten Struktur nicht gleichfalls zu langwierigen Kommunikationsprozessen führen kann. Natürlich ruft eine Phase technischer Innovation auch innerhalb eines Unternehmens Meinungsverschiedenheiten hervor, insbesondere wenn eine bestimmte Produktionsabteilung ihre Produktion gänzlich ändern soll. Wichtig ist jedoch, daß in einer integrierten Struktur Diskussionsprozesse immer auf administrativem Weg abgekürzt werden können. Grossman und Hart[66] haben die Existenz von Unternehmen damit begründet, daß es zu kostspielig werden kann, bei Vertragsabschluß mit einem Partner eine lange Liste der Verfügungsrechte aufzustellen, die eine Person in einer bestimmten Situation über die Ressourcen einer anderen Person hat. Unter diesen Umständen ist es kostengünstiger, wenn die erste Person gewissermaßen pauschal alle nicht ausdrücklich ausgeschlossenen Rechte erwirbt. Diese Rechte bezeichnen Grossman und Hart als Residualrechte. Der Erwerb dieser Residualrechte hat zur Konsequenz, daß ihr Besitzer gegebenenfalls in einer bei Vertragsabschluß nicht vorhersehbaren Situation Anweisungen geben kann. Ebenso ist es auch hier. In einer integrierten Struktur kann das Management einer Pro-

---

64 Dieser Gedanke findet sich in fast gleicher Formulierung (auch unter Verwendung des Militär-Beispiels) in P. Bolton, J. Farrell: Decentralization, Duplication, and Delay. In: Journal of Political Economy, Vol. 98, No. 4, 1990, S. 803 ff, hier S. 805 f.

65 Silver, a.a.O., S. 16.

66 S. Grossman, O. Hart, The Costs and Benefits of Ownership: A Theory of Vertical and Lateral Integration, a.a.O.

duktionsabteilung nötigenfalls einfach den Befehl erteilen, die Produktion seinen Wünschen anzupassen.

10. Vertraulichkeit

Innovationen sind im allgemeinen getrieben von dem Wunsch nach Innovationsrenten.[67] Ein innovierendes Unternehmen wird deshalb versuchen, strategisch bedeutsame Information, die ihm einen Vorteil vor den Konkurrente zu sichern vermag, solange als möglich geheimzuhalten. Dies ist aber in den meisten Fällen nur innerhalb der Grenzen eines Unternehmens möglich, nicht in einer Marktbeziehung.[68] Um in einer Marktbeziehung den Mißbrauch von vertraulicher Information zu gewährleisten, müssen sehr komplizierte Verträge abgeschlossen und sehr aufwendige Kontrollmaßnahmen ergriffen werden. Zumeist ist eine solche Kontrolle völlig utopisch, d.h. die Transaktionskosten sind quasi unendlich hoch.

Selbstverständlich sind auch die Mauern eines Unternehmens keine undurchdringliche Barriere für vertrauliche, strategisch bedeutsame Information. Immer wieder werden Unternehmensinterna von Mitarbeitern nach außen getragen. Es ist aber wohl richtig, daß strategische Informationen innerhalb eines Unternehmens zumindest besser geschützt sind als in einer Vertragsbeziehung. Die Kenntnis solcher Information bleibt zumeist solchen Mitarbeitern vorbehalten, die erkennen lassen, daß sie sich in hohem Maße mit dem Unternehmen identifizieren und daß sie beabsichtigen, sich länger an das Unternehmen zu binden. Zumeist verknüpft ein solcher Mitarbeiter auch den eigenen beruflichen Aufstieg mit dem Erfolg des Unternehmens. Er hat also alle Anreize, Betriebsgeheimnisse für sich zu behalten. Das macht es wahrscheinlich, daß eine solche Person vertrauliche Informationen nicht nach außen trägt.

Hinzukommt, daß aufgrund des beschränkten Personenkreises, dem die Information bekannt ist, die Identifizierung der undichten Stelle leichter ist und damit Sanktionsmaßnahmen zu verhältnismäßig geringen Kosten erfolgen können. Ferner ist die Verletzung von Vertraulichkeit der Reputation eines Mitarbeiters sehr abträglich. Führt sein Verhalten sogar zur Entlassung, kann es für ihn schwer werden, ein neues gleichwertiges Beschäftigungsverhältnis zu finden. Gleiches gilt nicht in dem Maße für die Beschäftigten

---

67 Zur Problematik von Innovation und Schutz der Innovationsrenten ganz allgemein vgl. C.C. von Weizsäcker: Rechte und Verhältnisse in der modernen Wirtschaftslehre, a.a.O. Vgl. auch Teece: Profiting from technological innovation, a.a.O.

68 Vgl. hierzu auch A. Picot: Ein neuer Ansatz zur Gestaltung der Leistungstiefe, a.a.O.

eines Zulieferers, der von dem zu beliefernden Unternehmen in Betriebsgeheimnisse eingeweiht worden ist.

Diesen Überlegungen kann entgegengehalten werden, daß Reputationsmechanismen auch in Vertragsbeziehungen eine Rolle spielen. Consulting Unternehmen beispielsweise könnten nicht leben, wenn sie Betriebsgeheimnisse weitergeben würden. Das ist zweifellos richtig. Richtig ist jedoch auch, daß bei einer Vertragsbeziehung die Sanktionen, mit denen ein Vertrauensbruch bestraft wird, weniger gravierend sind als im Fall eines Angestelltenverhältnisses. Ein Consulting Unternehmen oder ein Zulieferer hat zumeist mehrere Kunden, mit deren Aufträgen er sich über Wasser halten kann, bis Gras über den Vertrauensbruch gewachsen ist. Ein Angestellter, der eine neue Arbeit sucht, wird bei jeder neuen Bewerbung wieder mit seiner Vergangenheit konfrontiert.

Soweit sind nur Argumente angesprochen, die dem perfekt rationalen, nutzenmaximierenden Individuum der Neoklassik entsprechen. Neuere psychologisch orientierte Untersuchungen deuten aber darauf hin, daß die Verhaltensmuster von Individuen stark von dem institutionellen Umfeld beeinflußt werden, in dem sie sich bewegen.[69] Der gleiche Geiger verhält sich als Mitglied der Berliner Philarmoniker anders als als Mitglied eines Kurorchesters. Nach Auffassung der Gestalpsychologie liegt dies daran, daß er sich als Mitglied der Berliner Philarmoniker nach einem anderen Erkenntnismuster wahrnimmt als als Mitglied des Kurorchesters. Es ist hier nicht möglich, die Ergebnisse dieser Forschungsrichtung im einzelnen darzustellen. Es ist aber auch aus der Perspektive des Common Sense plausibel, daß ein Angestelltenverhältnis in einer Firma unter geeigneten Bedingungen zu einem hohen Grad der Identifikation mit diesem Unternehmen und zu einer starken Abgrenzung gegenüber seinen Konkurrenten führen kann. Auch Argumente dieser Art sprechen also dafür, daß strategische Information innerhalb der Grenzen eines Unternehmens zu geringeren Kosten geschützt werden kann als in einer Marktbeziehung mit einem unabhängigen Zulieferer.

69 Vgl. G. Kubon-Gilke: Moralische Kosten und die Endogenisierung von Präferenzen in der Neuen Institutionenökonomik. Manuskript, Technische Universität Darmstadt 1992. Diese Arbeit beruht in starkem Maße auf Erkenntnissen jenes Zweiges der Sozialpsychologie, der sich an der Gestaltpsychologie orientiert. Zu dieser Richtung der Sozialpsychologie vgl. S. Asch: Social Psychology. New York 1952. Interessanterweise kommt ein rein aus der ökonomischen Perspektive geschriebener Artikel von Kreps über Corporate Culture zu verblüffend ähnlichen Resultaten wie die Gestalt-Psychologie. Vgl. D. Kreps: Corporate Culture and Economic Theory. In: J. Alt and K. Shepsle (Hrg.) Perspectives on Positive Political Economy. Cambridge 1990, S. 90 ff. Zur Loyalität von Angerstellten vgl. ferner H. Simon: Organizations and Markets, a.a.O., hier S. 34 ff.

Warum löst aber das Unternehmen die ganzen Vertraulichkeitsprobleme nicht dadurch, daß es die strategische Information am Markt verkauft? Gegen diese Lösung sprechen in den meisten Fällen die klassischen Schwierigkeiten, die mit dem Handel von Information verbunden sind.

Um zu bestimmen, welchen Preis man bereit ist, für eine bestimmte Information zu zahlen, muß man sie bereits kennen. Dann hat man sie aber schon zum Preis von Null erworben. Dieses von Arrow entdeckte "fundamentale Paradox" des Handels mit Informationen[70] ist allerdings in der Praxis nicht von so ausschlaggebender Bedeutung, wie es auf den ersten Blick scheinen mag. Zumeist wissen die beteiligten Parteien um welche Art von Information es sich handelt und haben deshalb zumindest eine ungefähre Vorstellung von ihrem Wert.[71] Sehr häufig gebrauchen sie in ihren eigenen Betriebsabläufen ähnliche Informationen. Gerade in Zeiten hoher Innovation ist aber vermutlich die Unsicherheit in bezug auf die tatsächliche Qualität der Information hoch. Es tritt deshalb das Problem der sogenannten Information Impactedness auf.[72] Der Verkäufer muß Überzeugungsarbeit leisten, die im allgemeinen auch Kosten verursacht. Damit es in einer derartigen Situation zu einem Tausch kommen kann, müssen Ressourcen aufgewendet werden, um den Vorsprung der jeweils besser informierten Marktseite abzubauen, bzw. die schlechter informierte Seite von der Wahrhaftigkeit der besser informierten Seite zu überzeugen. Die dabei entstehenden Kosten beziehen sich nicht nur auf Überzeugungsarbeit im weitesten Sinne. Auch Risikozuschläge, die der schlechter informierten Seite gezahlt werden, um sie zu dem Geschäft zu bewegen oder langfristige Verträge, in denen sich die besser informierte Seite in bestimmter Weise bindet, gehören hierher. Sind diese Kosten zu hoch, wird man auf einen Verkauf der strategischen Information verzichten und die Eigenproduktion vorziehen. Das bedeutet aber wieder, daß diese Information gegen Vertrauensmißbrauch geschützt werden muß.

11. Überzeugungsprobleme

In seinem Pionierartikel weist Stigler darauf hin, daß es in der Frühphase einer neuen Industrie große Probleme gibt, potentielle Zulieferer von einem neuen Produkt oder einem

---

70 Arrow: Economic Welfare and the Allocation of Resources for Invention, a.a.O.

71 Ein bestimmtes Genre von Kriminal- oder Agentenfilmen ist dadurch gekennzeichnet, daß die Verbrecher versuchen, sich in den Besitz einer bestimmten "Formel" zu bringen. Auch dies ist ein Beispiel dafür, daß man die Information nicht im Einzelnen zu kennen braucht, um ihren Wert einschätzen zu können.

72 Der Begriff der Information Impactedness stammt von Williamson. Vgl. Transaction Cost Economics: The Governance of Contractual Relations. In: O. Williamson: Economic Organization. Brighton 1986, Chapter 7.

neuen Herstellungsverfahren zu überzeugen. In diesem Sinn kann auch das Beispiel der Beziehung zwischen Fisher Body und General Motors interpretiert werden.

Ein weiteres faszinierendes Beispiel ist das des britischen Stahlerzeugers Henry Bessemer. Als Bessemer sein neues Verfahren zur Herstellung von Stahl zum ersten Mal vorstellte, gab es unvorhergesehene Schwierigkeiten. Bessemer erkannte aber die Ursache dieser Schwierigkeiten sofort und verbesserte sein Verfahren entsprechend. In der verbesserten Form erlaubte es, die Kosten pro Tonne Stahl von 50 auf 7 Pfund Sterling zu senken. Die alteingesessenen Stahlerzeuger, denen Bessemer sein Verfahren verkaufen wollte, ließen sich jedoch nicht überzeugen. In seiner Autobiographie schrieb er: "I was paralysed for the moment in the face of the stolid incredulity of all practical iron and steel manufacturers ... None of the large steel manufacturers of Sheffield would adopt my process, even under the very favourable conditions which I offered as regards licenses, viz. £ 2 per ton." Bessemer reagierte auf diesen Konservativismus der alteingesessenen Hersteller "... by adopting the only means open to me - namely, the stablishment of a steel works in the midst of the great steel industry of Sheffield."[73]

Silver bringt in seiner Studie eine Fülle ähnlich gelagerter Fälle aus der Wirtschaftsgeschichte.[74] In allen diesen Fällen gelingt es einem innovierenden Unternehmen nicht, Zulieferer von der Rentabilität der Investition in neue Anlagen und Produktionsverfahren zu überzeugen. Wir haben es hier erneut mit dem Problem der Information Impactedness zu tun. Die besser informierte Marktseite muß Ressourcen aufwenden, um das Informationsdefizit der anderen Seite abzubauen. In dem hier besprochenen Fall muß der Innovator kostspielige Überzeugungsarbeit leisten, um sich die Dienste eines Zulieferers zu sichern. Werden die Kosten dieser Überzeugungsarbeit zu hoch, wird er es vorziehen, das entsprechende Vorprodukt selbst herzustellen.

Andererseits führt Integration dafür in anderen Bereichen zu zusätzlichen Kosten. Da dem Innovator seine Produktidee selbst noch neu ist, verfügt er über wenig Erfahrung bei der Herstellung des Produkts. Das eröffnet den einzelnen Mitarbeitern vielfältige Möglichkeiten zur Drückebergerei (Shirking). Gleichgültig ob der Unternehmer dieses Verhalten nun toleriert oder es durch die Einstellung zusätzlicher Kontrolleure unterbindet, es enstehen immer Mehrkosten gegenüber dem effizienten Optimalzustand. Hinzukommen die von Stigler beschriebenen Verbundnachteile in der Produktion und Kostensteigerungen durch Überbeanspruchung des Managements.

---

73 Zitiert nach Ricketts, a.a.O., S.20.

74 Silver, a.a.O., Chapter 4.

Nach Silvers Auffassung stehen sich demnach grundsätzlich zwei Kostenarten gegenüber. Auf der einen Seite bringt die Integration von Aktivitäten Kostenvorteile bei der Weitergabe von Information. Auf der anderen Seite stehen die Effizienzverluste, die durch die Integration einer weiteren Unternehmensaktivität entstehen. Der optimale Integrationsgrad eines Unternehmens ist dann erreicht, wenn sich beide Kosten die Waage halten.

Nun wird sich aber die Höhe der beiden Kostenarten in Laufe der Zeit ändern. Je mehr Erfahrung mit dem neuen Produkt gesammelt wird, desto eingefahrener wird auch sein Herstellungsprozeß und desto leichter wird es, Drückebergerei zu kontrollieren. Der Herstellungsprozeß wird routinierter und Lernkurveneffekte machen sich bemerkbar. Es ist also zu vermuten, daß sich die Kosten der Integration über die Zeit vermindern.

Das gleiche gilt für die Kosten der Weitergabe von Information. In dem Maße, wie das Produkt bekannter wird, wird es für den Unternehmer leichter, Zulieferer davon zu überzeugen, sich auf ein bestimmtes Vorprodukt zu spezialisieren. Spaltet er eine bestimmte Funktion ab, ist das erforderliche Know-How ohnehin bereits vorhanden. Silver unterstellt, daß aufgrund dieser Reduktion der Kosten der Informationsweitergabe die Transaktionskosten der Marktbeziehung drastisch sinken, *und zwar sehr viel stärker als die Produktionskosten*. Es kommt also in der Reifephase der betreffenden Industrie zur Desintegration.

Diese Analyse Silvers trifft sicherlich einen wichtigen Punkt. Es bleiben jedoch Zweifel an der Allgemeingültigkeit der Theorie. Die Frage die sich sofort stellt ist: Warum sind *durchweg* die Zulieferer risikoaverser als die zu beliefernden Unternehmen? Warum erkennen nur die innovierenden Unternehmer, nicht aber die Zulieferer die Chancen eines neuen Produktes? Wie ist dies mit rationalem Verhalten der Zulieferer zu vereinbaren? Zweifellos wird es immer Pessimisten geben. Warum wird der Pessimismus aber bei den Zulieferern quasi zu einem Massenphänomen? Wenn es in einer Turbulenzphase einer Industrie zu einer massenhaften Zunahme an vertikaler Integration kommt, hieße dies ja nach Silver, daß im Durchschnitt die Zulieferer entweder risikoaverser oder pessimistischer sind als die belieferten Unternehmen. Solange Silver diese Ungereimtheit nicht ausräumen kann, kann seine Theorie nicht den Grad von Allgemeinheit beanspruchen, den sie anstrebt.

Kritik ergibt sich ferner aus den oben angestellten Überlegungen zum Einfluß des Wandels auf die Höhe der Transaktionskosten. Silver argumentiert ausschließlich anhand des

Alters einer bestimmten Branche oder eines bestimmten Unternehmens. Wie aber oben dargelegt wurde, ist es die *Geschwindigkeit* des Wandels, die die Informationsprobleme schafft. Verläuft der Wandel langsam und stetig, ist nicht einzusehen, warum der Informationsaustausch Integration erforderlich machen sollte.

In den vergangenen drei Abschnitten wurden drei Faktoren genannt, die in einer Phase erhöhten Wandels die vertikale Integration von Zuieferern wahrscheinlich machen. Diese Faktoren waren (1) die .Geschwindigkeit, mit der der Informationsaustausch erfolgen soll, (2) Überzeugungsprobleme und (3) die strategische Bedeutsamkeit der auszutauschenden Information. Wo einer oder mehrere dieser Faktoren auftauchen, ist die vertikale Integration selbst bei stark wachsenden Märkten sehr wahrscheinlich. Die Economies of Scale, die durch das Marktwachstum möglich werden, treten dann in ihrer Bedeutung gegenüber den hohen Transaktionskosten zurück. Das Gegenteil ist der Fall, wenn keiner dieser Faktoren eine wichtige Rolle spielt. Dann dominiert der Aspekt der Economies of Scale und führt zur Abspaltung von Aktivitäten im Sinne Stiglers.

Die Diskussion in den letzten drei Abschnitten erlaubt auch eine Bemerkung zur sogenannten Grossman/Hart Kritik an der Transaktionskostentheorie der Firma.[75] Formuliert man das Problem der vertikalen Integration in der in den letzten drei Abschnitten unternommenen Weise, läuft meiner Ansicht nach diese Kritik ins Leere. Grossman und Hart argumentieren, daß nicht zu verstehen sei, warum Management- oder Transaktionskosten Einfluß auf die Integrationsentscheidung eines Unternehmens haben sollten. Entweder führt das Unternehmen eine Aktivität selbst durch und bezahlt seine eigenen Manager für die entsprechenden Koordinations- und Transaktionsaktivitäten oder es kauft den entsprechenden Input vom Markt und bezahlt das Management des Zulieferers für die gleichen Aufgaben. Nach Meinung von Grossman und Hart sollte sich kostenmäßig kein Unterschied ergeben. Nach dem in den letzten drei Abschnitten Gesagten ist dieses Argument jedoch nur in einer Situation von sehr geringem Wandel gültig. Sobald die geschilderten Probleme des Informationsaustausches auftreten, können Markt- und Integrationslösung erhebliche Kostenunterschiede aufweisen.

Es sollen nun noch zwei weitere Faktoren genannt werden, die die Kosten des Informationsaustausches beeinflussen, die technischen Kosten der Kommunikation und die Grenzziehung zwischen technischer und ökonomischer Information. Beginnen wir mit dem zuletzt genannten Faktor.

---

[75] Vgl. S. Grossman, O. Hart, a.a.O.

12. Teilung der Arbeit und Teilung der Information

Jedes Unternehmen stellt die Verkörperung einer ganz bestimmten Art von Wissen dar. Dieses Wissen bezieht sich auf ein mehr oder minder wohlumgrenztes Tätigkeitsfeld, eben das Tätigkeitsfeld des Unternehmens. Es umfaßt nicht nur entsprechendes Fachwissen, sondern auch die Erfahrungen der Mitarbeiter und spezielle Fertigkeiten, die von ihnen im Verlauf ihrer Tätigkeit erworben wurden.[76]

In Anlehnung an Edith Penrose kann man nun davon sprechen, daß ein solcher Pool an Wissen (im Verein mit den zugehörigen Kapitalgütern) die "Fähigkeiten" eines Unternehmens definiert.[77] Es bestimmt, auf welche Produkte das Unternehmen spezialisiert ist und welche Qualität diese Produkte haben. Nur solche Produkte werden produziert, für die das Wissen und die Kapitalausstattung des Unternehmens ausreicht. Das Wissen, das für die Herstellung von Schuhen benötigt wird, ist grundverschieden von dem Wissen, das zur Erbringung von Bankdienstleistungen erforderlich ist. Es ist deshalb nicht bekannt, daß jemals Banken in die Herstellung von Schuhen diversifiziert hätten oder umgekehrt. Die "Fähigkeiten" eines schuhproduzierenden Unternehmens reichen zur Erbringung von Bankdienstleistungen nicht aus und umgekehrt.

Nun mag man einwenden, daß das jeweils fehlende Wissen ja immer hinzugekauft werden könne. Das bedeutet jedoch im Allgemeinen eine starke Zunahme der Managementkosten. Da die einzelnen Wissensblöcke völlig verschieden sind, entstehen erhebliche Verständigungsprobleme, deren Ausräumung zusätzlichen Managementaufwand erfor-

---

[76] In einigen Fällen mag solches Wissen verbal nur sehr schwer vermittelbar sein. Der Philosoph Michael Polanyi hat diese Art des Wissens in seinem Buch Personal Knowledge, London 1958, analysiert. Eine etwas neuere und kondensiertere Darstellung seiner Ideen ist M. Polanyi: Implizites Wissen. Frankfurt 1985. Ähnliche Ideen werden auch von Innovationsökonomen vorgebracht. Vgl. z.B. G. Dosi: Sources, Procedures, and Microeconomic Effects of Innovation. In: Journal of Economic Literature, Vol. 26, September 1988, S. 1120 ff., hier S. 1133.

[77] E. Penrose: The Theory of the Growth of the Firm. 2nd Edition, Oxford 1980, insbesondere Kapitel 6. Alfred Chandler stellt die "Fähigkeiten" eines Unternehmens (insbesondere die organisatorischen Fähigkeiten) als wichtigstes Erklärungsmoment für eine Theorie der Firma heraus. Vgl. A. Chandler: Organizational Cpabilities and the Economic History of the Industrial Enterprise. In: Journal of Economic Perspectives, Vol. 6, No. 3, Summer 1992. Vgl. auch ders.: What is a Firm?, A Historical Perspective, In: European Economic Review, 36, 1992, S. 483 ff. Auch die evolutorische Theorie der Unternehmung folgt diesem Ansatz. Vgl. S. Winter: On Coase, Competence, and the Corporation. In: O. Williamson, S. Winter: The Nature of the Firm. New York 1991, S. 179 ff. Ebenso R. Nelson: Why do Firms Differ, And How Does It Matter. In: Strategic Management Journal, Vol. 12, 1991, S. 61 ff. Ein weiterer Autor, der sich intensiv mit dem Thema der Fähigkeiten eines Unternehmens, insbesondere unter strategischem Gesichtspunkt, befaßt hat, ist D. Teece. Vgl. D. Teece, G. Pisano, A. Shuen: Dynamic Capabilities and Strategic Management. Vervielfältigt, University of California at Berkeley, 1992.

dert. Probleme dieser Art tauchen sehr häufig auf, wenn Unternehmen aus verschiedenen Branchen und mit verschiedenen "Unternehmenskulturen" miteinander fusionieren.

Aber auch innerhalb einer Branche differieren die Unternehmen, nach ihren Fähigkeiten, d.h. ihrem speziellen Wissenskapital. Die Teilung des Wissens bedingt somit die Teilung der Arbeit. Jedes Unternehmen wird seine Produktpalette nur soweit ausdehnen, als durch das angesammelte Wissenskapital noch Verbundvorteile zu realisieren sind.

Das Gleiche gilt für die vertikale Form der Arbeitsteilung. Vorprodukte und Zwischenprodukte werden nur bis zu der Stufe verarbeitet, auf der eine gänzlich neue Art von Wissen gebraucht wird. Ein Stahlerzeuger wird im allgemeinen nicht auch gleich Automobile herstellen. Wollte er dies tun, müßte er neue Fähigkeiten, sprich neues Wissen erwerben.

Das gilt natürlich auch für die Arbeitsteilung innerhalb eines Unternehmens. Die verschiedenen Teilfunktionen eines Unternehmens, die Stigler in den Mittelpunkt seiner Analyse stellt, definieren gleichzeitig auch ein wohlbestimmtes Wissensgebiet.

Diese Teilung des Wissens bedingt Kommunikationsschwierigkeiten zwischen den einzelnen Trägern des Spezialwissens, seien dies nun Unternehmen oder Personen. Das zu lösende Problem besteht darin, daß jeder "Spezialist" (ob nun Person oder Unternehmen) vom Fachgebiet des jeweils anderen nur das Nötigste wissen will. Die Schnittstelle der Wissensgebiete der Spezialisten soll so gewählt werden, daß ein Minimum an Informationsaustausch genügt. Bei der Herstellung von Vor- oder Zwischenprodukten bedeutet dies, daß das Produkt bis zu einem solchen Grad der Fertigkeit verarbeitet wird, daß es mit einem Minimum an Kenntnissen über seine innere Struktur oder über seinen Herstellungsprozeß genutzt bzw. weiterverarbeitet werden kann. Der Uhrmacher, der eine Uhr zusammensetzt und dabei einen Mikrochip verwendet, will nicht Spezialist auf dem Gebiet der Produktion von Mikrochips werden. Auf der Stufe der Endprodukte gilt das Gleiche. Nicht jeder, der ein Auto nutzen will, möchte auch gleichzeitig, alle Einzelheiten über Autotechnik wissen müssen. Die meisten Endprodukte sind deshalb so gestaltet, daß sie mit einem Minimum an Information genutzt werden können. Von Weizsäcker spricht in diesem Zusammenhang von technischer im Vergleich zu ökonomischer Information.[78] Die technische Information bezieht sich auf die technischen Interna eines Prozesses oder eines End- bzw. Zwischenproduktes; die ökonomische Information hingegen

---

[78] C.C. von Weizsäcker: Antitrust and the Division of Labour, a.a.O., S. 107.

bezieht sich auf die Bedienungsweise oder die Verwendung dieser Güter und Prozesse, sowie auf deren Preis und Menge. Der Nutzer eines bestimmten Produktes ist nur an der ökonomischen Information interessiert.

Es gelingt jedoch nicht immer, die technische Information, die zur Nutzung eines bestimmten Produktes erforderlich ist, auf das wünschbare Minimum abzusenken. Als Beispiel mag die moderne Textverarbeitung dienen. Im Vergleich zur Nutzung einer Schreibmaschine verlangt die Nutzung eines Personal Computer ein sehr viel größeres Wissen über die Interna des Gerätes und der zugehörigen Software. Solche Perioden schwankender Abgrenzung zwischen technischer und ökonomischer Information sind jedoch zumeist Übergangsphänomene. Sie charakterisieren aber gerade Phasen hohen technologischen Wandels.

Die Organisation der Arbeitsteilung, d.h. die Abgrenzung der Spezialgebiete wird immer so erfolgen, daß die Kosten des Informationsaustausches möglichst gering sind. Innerhalb eines Unternehmens werden die Teilfunktionen immer so gewählt werden, daß die einzelnen Abteilungen mit einem Minimum an gegenseitigen Erklärungen zusammenarbeiten können. Das bedeutet aber nichts anderes, als daß die Transaktionskosten bzw, Managementkosten über die Definition bzw. den Umfang der einzelnen Fachgebiete bestimmen. Damit legen aber die Transaktionskosten innerhalb eines Unternehmens auch die Linien fest, entlang derer Unternehmensteile abgespalten oder eingegliedert werden können.

Aus dieser Analyse folgt, daß in Phase hohen technischen Wandels das gesamte Kommunikationsgefüge eines Unternehmens erheblich gestört werden kann. Ändert sich der Wissensstock, der mit einer bestimmten Unternehmensfunktion oder sogar der gesamten Produktpalette eines Unternehmens zusammenhängt, so kann dies zu einem völligen Umsturz der bestehenden Organisation der Arbeitsteilung führen. Die Kosten des Informationsaustausches können dazu zwingen, einzelne Wissensgebiete und damit auch Tätigkeitsfelder in Unternehmen oder zwischen Unternehmen neu zu definieren. Dies macht einmal mehr deutlich, warum in Phasen hohen technischen Wandels dem Austausch von Information eine so erhebliche Bedeutung zukommt. In einer solchen Phase zwingt der technische oder ökonomische Wandel zu einer Neudefinition der Grenzen zwischen technischem und ökonomischem Wissen. Wie bereits erwähnt wurde, kann diese Grenzziehung gut oder weniger gut gelingen. Gelingt sie weniger gut, sind die Kosten des Informationsaustausches zwischen den beiden Parteien einer Transaktion hoch. Eine derartige Situation ist z.B. dann wahrscheinlich, wenn radikale technische Neuerungen in der

Produktionstechnik auftreten. Dann ist nicht mehr klar, wo die Grenzlinie zwischen zwei Aktivitäten verlaufen soll. Die bisherige Organisation der Arbeitsteilung verschwimmt. Solange diese Unsicherheit besteht, müssen auf beiden Seiten der bisherigen Grenzlinien mehr Mitarbeiter als früher über die technischen Aspekte des Tätigkeitsfeldes der jeweils anderen Seite bescheid wissen. Natürlich sind in einer solchen Unsicherheitsphase die Kosten der Kooperation auch dann hoch, wenn beide Aktivitäten bereits innerhalb eines Unternehmens angesiedelt sind. Solange aber unklar ist, "wer was machen soll", d.h. solange quasi nach einer neuen Organisation des Produktionsprozesses gesucht wird, sind die Transaktionskosten höher als die Managementkosten.

Eng mit dieser Fragestellung hängen die Kosten zusammen, die durch Information Impactedness und durch Informationsasymmetrien verursacht werden. Gerade wenn die Schnittstellen der Arbeitsteilung neu definiert werden müssen, treten die von Silver geschilderten Überzeugungsprobleme in besonderem Maße auf. Innerhalb eines Unternehmens können aber die Informationskosten, die zur Überzeugung von Mitarbeitern aufgewandt werden müssen stark reduziert werden, da dieser Informationsaustausch durch das einfache Mittel der Anweisung ersetzt werden kann. Arbeitsverträge sind - wie bereits gesagt - zumeist so gestaltet, daß sie die zu leistende Arbeit des einzelnen Mitarbeiters nicht bis ins letzte Detail festlegen. Das schafft Raum für das Mittel der Anweisung und erhöht damit die Flexibilität, mit der ein Unternehmen auf Änderungen in seiner Umwelt reagieren kann.

13. Arbeitsteilung und Kommunikationskosten

Die Kosten des Informationsaustausches werden auch durch die Kosten der Kommunikationskanäle beeinflußt, die dazu verwendet werden müssen. Häufig, wie im Fall internationaler Finanztransaktionen, muß bei der Informationsübertragung eine erhebliche räumliche Distanz überwunden werden. Die dabei anfallenden Kosten waren früher für viele Transaktionen prohibitiv. Die neuen Informations- und Kommunikationstechniken haben im Verein mit den gesunkenen Kosten für den Transport von Personen diese Situation drastisch geändert. Die Übertragungskosten von Nachrichten per Telekommunikation sind heute praktisch entfernungsunabhängig. Die Transport- und Nachrichtennetze sind "reife Netze" im Sinne von Weizsäckers.[79] Das bedeutet jedoch nicht, daß damit eine generelle Tendenz zur Desintegation von Unternehmen eingesetzt hätte. Im Gegenteil, es ist zum Beispiel zu beobachten, daß viele Unternehmen, die neue internationale

---

[79] C.C. von Weizsäcker: Networks and Society. In: Y. Oishi, M. Komai (Hrg.): Networks and Society. The Institute for Posts and Telecommunications Policy, Tokyo 1991, S. 3 ff.

Märkte erobern wollen, dies durch die Errichtung eigener Auslandsfilialen bewerkstelligen und nicht durch Marktbeziehungen mit eigenständigen Partnern in den anderen Ländern. Die Banken sind hier ein gutes Beispiel. In dem Maß, wie sich das internationale Geschäft ausgeweitet hat, sind sie verstärkt dazu übergegangen, die klassische Korrespondenzbankbeziehung, d.h. den Handel mit ausländischen Banken, durch die Errichtung eigener Auslandsstützpunkte zu ersetzen. Das deutet darauf hin, daß die anderen, bisher genannten informationstheoretischen Probleme die desintegrativen Effekte der Telekommunikation quasi wie in einem Kräfteparallelogramm überlagern. Die Telekommunikation wirkt hier lediglich in Richtung einer größeren Anzahl von Auslandsfilialen, nicht in Richtung von mehr Handel zwischen den nationalen Finanzinstituten.[80]

Beim Einsatz von Kommunikationstechniken müssen aber nicht immer große Entfernungen im Spiel sein. Auch im eigenen Haus werden sie in vielfacher Weise eingesetzt. Ein Einsatzschwerpunkt ist zweifellos die Erleichterung der firmeninternen Koordination.[81] Mit dieser Bemerkung ist ein Problem angesprochen, das bereits Coase in seinem klassischen Artikel von 1937 notiert hat. Verbesserte Kommunikationstechniken senken immer *sowohl* die Transaktions- als auch die Managementkosten. Welche Kosten stärker fallen, ist in jedem Einzelfall eine empirische Frage. Eine generelle Tendenz zur Desintegation kann aus sinkenden Kommunikationskosten also nicht abgeleitet werden. Es sei hier die Vermutung geäußert, die sich im Verlauf der Arbeit immer wieder bestätigen wird, daß die Hauptwirkung der neuen Informations- und Kommunikationstechniken auf die Arbeitsteilung in erster Linie in ihrer Wirkung auf Größenvorteile, auf die Marktgröße und auf die Dynamik einer Industrie besteht.

14. Zusammenfassung

Das Smith-Stigler-Coase Paradigma besagt, daß in einer Phase langsamen und stetigen Wandels Marktwachstum in einer Industrie zu einer immer größeren Ausdifferenzierung der Arbeitsteilung, d.h. zu einer immer größeren vertikalen Desintegration führen wird. Die Markterweiterung erlaubt eine immer weitergehende Ausnutzung der Economies of Scale bei den verschiedenen Teilaktivitäten, die ein Unternehmen ausmachen. Hohe Managementkosten werden im allgemeinen dazu führen, daß diese Scale-Aktivitäten abge-

---

80 Der Autor hat sich an verschiedenen Orten eingehend mit dieser Fragestellung beschäftigt. Vgl. z.B. B. Wieland: Kommunikationskosten und die Multinationalisierung des Bankwesens. Erscheint demnächst in ifo-Studien, 1/95. Zur Multinationalisierung des Bankwesens allgemein vgl. H. Büschgen: Internationales Finanzmanagement. Frankfurt a.M. 1986; D. Glüder: Die Entstehung multinationaler Banken. Wiesbaden 1988; R. Bryant: International Financial Intermediation. Washington 1987.

81 Zu den theoretischen Grundlagen dieser Fragestellung vgl. die bereits zitierte Arbeit von E. Bössmann: Die ökonomische Analyse von Kommunikationsbeziehungen in Organisationen, a.a.O.

spalten werden. Es kann aber auch dazu kommen, daß hohe Transaktionskosten diesem Effekt entgegenwirken. Dies wird vor allem in Phasen hohen Wandels der Fall sein. Es wurde versucht zu zeigen, daß Transaktionskosten eng mit Wandel verknüpft sind, weil Wandel Informationsdefizite und damit Informationskosten hervorruft. Wandel erhöht aber nicht nur die Transaktionskosten sondern auch die Organisationskosten. Für das Ausmaß der Integration oder Desintegration in einer Industrie kommt es darauf an, welche der beiden Kostenarten stärker steigt. In den letzten fünf Abschnitten wurden Bedingungen spezifiziert, unter denen die Transaktionskosten stärker steigen als die Organisationskosten, nämlich

- wenn Information sehr schnell ausgetauscht werden muß, d.h. wenn eine hohe Reaktionsflexibilität erforderlich ist,
- wenn ein großer Überzeugungsaufwand geleistet werden muß, d.h. wenn hoher ökonomischer oder technischer Wandel aufgrund der dadurch entstehenden Unsicherheit die Probleme der Information Impactedness und der Informationsasymmetrie erhöht,
- wenn strategisch bedeutsame Information im Spiel ist,
- wenn hoher ökonomischer oder technischer Wandel dazu führt, daß sich die Wissensgrenzen zwischen Produktionsaktivitäten verändern,

und

- wenn die rein technisch verursachten Kosten des Informationsaustausches hoch sind.[82]

15. Empirische Belege

Der Zusammenhang zwischen ökonomischem Wandel und vertikaler Integration ist mit Ausnahme der Studie Silvers bisher nur sehr selten zum Gegenstand von empirischen

---

82 Lewis und Sappington haben kürzlich einen Aufsatz veröffentlicht, in dem die Auswirkungen des technischen Wandels auf die vertikale Integration ohne Transaktionskosten erklärt werden. (T. Lewis und D. Sappington: Technological Change and the Boundaries of the Firm. In: American Economic Review, Vol. 81, 1991, S. 887 ff.) Bereits im ersten Absatz ihres Artikels treffen sie aber folgende Annahme: "The subcontractor is known to have lower innate production costs than the firm. However, the firm is better able to monitor and therefore to control its own production activities." Das ist die klassische Situation, wo der Zulieferer niedrigere Stückkosten hat, aber Schwierigkeiten des Informationsaustausches bestehen. Es ist zu vermuten, daß die Kostenvorteile des Zulieferers aus Spezialisierung oder aus Größenvorteilen stammen. Warum sollte das belieferte Unternehmen diese Vorteile nicht auch realisieren können? Vermutlich deshalb, weil der zusätzliche Managementaufwand zu groß würde. Das heißt, hier wird von vorneherein angenommen, daß die Koordinationskosten größer als die Transaktionskosten sind. Dann ist aber im Grunde nichts mehr zu erklären.

Untersuchungen gemacht worden. Die hier bisweilen zitierten Arbeiten von Gort und McGowan[83] richten sich auf Zusammenschlüsse ganz allgemein, nicht speziell auf vertikale Fusionen. Das begrenzt ihre Aussagefähigkeit für die hier aufgeworfene Fragestellung. Die Gründe für horizontale Fusionen können von denen für vertikale Integraton sehr verschieden sein. Unternehmen mögen im Sinne eines Portfolioansatzes eine Diversifikationsstrategie verfolgen, um schrumpfende Märkte durch wachsende Märkte zu kompensieren; es mag regulatorische oder steuerliche Faktoren geben, die Zusammenschlüsse begünstigen; Turbulenzen auf dem Aktienmarkt mögen vorübergehend zu Fehlbewertungen von Unternehmen und damit zu lukrativen Erwerbsmöglichkeiten führen, usw. Dies würde aber die Aussagekraft der genannten Studien noch nicht allzusehr beeinträchtigen, wenn der Anteil der vertikalen Fusionen an den Fusionen insgesamt sehr hoch wäre. Dies ist jedoch keineswegs gesichert. In Deutschland betrug dieser Anteil zwischen 1973 und 1986 lediglich 16 %.[84] Immerhin kommt in allen drei Untersuchungen zum Ausdruck, daß Phasen industrieller Turbulenz durch erhebliche Fusionsaktivitäten geprägt sind.

So untersucht Gort in seiner Studie Fusionsaktivitäten bei amerikanischen Herstellern im Zeitraum von 1951-1959. Ziel seiner Untersuchung ist es eine "economic disturbance theory" von Zusammenschlüssen zu testen. Dabei treten ökonomische Turbulenzen vor allem durch zwei Faktoren auf: Einmal durch technologischen Wandel, zum anderen durch starke Schwankungen der Aktienkurse eines Unternehmens bzw. der Unternehmen einer Industrie. Uns soll hier nur der erste der beiden Faktoren interessieren. Um seinen Einfluß zu testen, setzte Gort die Fusionsrate (d.h. die Anzahl der Fusionen dividiert durch die Anzahl der Firmen in der gesamten Industrie im Jahre 1954[85]) in einer Regressionsanlyse zu zwei verschiedenen Maßen für technischen Fortschritt in Beziehung. Das eine Maß bestand im Verhältnis von technischem zu nicht-technischem Personal (Anzahl von Ingenieuren, Chemikern etc. pro 10 000 Angestellte), das andere im Fortschritt der Arbeitsproduktivität im gesamten produzierenden Gewerbe. Es zeigte sich, daß beide Größen mit der Fusionsrate hoch korreliert waren.

---

83 M. Gort: An economic disturbance theory of mergers. In: Quarterly Journal of Economics, Vol. 83, 1969, S. 624 ff. J. McGowan: International comparisons of merger activity. In: Journal of Law and Economics, Vol. 9, 1971, S. 233 ff. Silver, a.a.O., S. 21, zitiert auch noch die bekannte Studie von Nelson. (R.L. Nelson: Merger Movements in American Industry, 1895-1956. Princeton 1959.) Nelson kommt jedoch gerade zu dem Schluß, daß nicht technologische Turbulenzen für die große amerikanische Fusionswelle umd die Jahrhundertwende verantwortlich seien, sondern vielmehr das Entstehen eines entwickelten Kapitalmarktes. (Nelson, a.a.O., S. 6.)

84 F. Waldenberger: Vertikale Integration von Unternehmen, a.a.O., S. 123.

Gort testete auch noch zwei konkurrierende Hypothesen, nämlich (1) daß Fusionen Ausdruck des Strebens nach mehr Marktmacht seien und (2) daß Fusionen das Ziel haben, größere Economies of Scale zu ermöglichen. Beide Hypothesen wurden statistisch nicht bestätigt.

McGowan versucht in seiner Studie, Belege dafür zu finden, daß Fusionen eher Ausdruck von unternehmerischen Anpassungsprozessen sind, als von rein finanzwirtschaftlichen Faktoren. Er untersucht dazu Zusammenschlüsse im produzierenden Gewerbe in den USA, Frankreich, Großbritannien und Australien in den 50er und zu Anfang der 60er Jahre. Sein Resultat ist, daß das jeweilige Ausmaß an Fusionen in den vier Ländern am besten durch die Wettbewerbsintensität und Geschwindigkeit des technischen Wandels in diesen Ländern erklärt wird. Technischer Wandel wird dabei durch den Anteil des BSP gemessen, der für Forschung und Entwicklung ausgegeben wird, und die Wettbewerbsintensität durch den durchschnittlichen Grad der Konzentration im herstellenden Gewerbe sowie an politischen Rahmenbedingungen, die der Wettbewerbsintensität förderlich oder nachteilig sind.

Wie bereits gesagt, trennen diese Studien die vertikalen nicht von den horizontalen Fusionen. Sie liefern deshalb höchstens einen ersten Anhaltspunkt für die empirische Richtigkeit des Zusammenhangs von Turbulenz und Integration.

Ausdrücklich mit vertikalen Fusionen beschäftigt sich eine Untersuchung von Adelman aus dem Jahr 1955.[86] Mehr noch, Adelman nimmt direkt auf Stigler bezug. Anhand verschiedener Datenreihen, vorwiegend aus der ersten Hälfte dieses Jahrhunderts, stellt er eine positive Beziehung zwischen der Größe eines Unternehmens und dem Grad der vertikalen Integration her. Bei den allergrößten Unternehmen ergibt sich allerdings wieder eine Abnahme bzw. zumindest keine Zunahme des Grades der vertikalen Integration mehr.[87] Adelman vermerkt, daß dies mit der Stiglerschen Hypothese konsistent sei, nach der der Grad der vertikalen Integration wieder abnehme, wenn der Markt hinreichend groß geworden sei.[88] Ferner seien seine Ergebnisse auch konsistent mit der These, daß in der Frühphase der Expansion die vertikale Integration zunächst zunehme. Er skizziert

---

85 Es wurde angenommen, daß die Anzahl der Unternehmen im Jahr 1954 der Durchschnitt der Anzahl der Unternehmen in der gesamten Untersuchungsperiode war.

86 M. Adelman: Concept and statistical measurement of vertical integration. In: G. Stigler (Hrg.): Business Concentration and Price Policy, A Conference of the Universities-National Bureau Committee for Economic Research. Princeton 1955, S. 281 ff.

87 Adelman, a.a.O., S. 292 ff.

88 Adelman, a.a.O., S. 318 ff.

hier einen Erklärungsansatz der dem von Silver und Stigler selbst nicht unähnlich ist. Nach seiner Auffassung führt die Tatsache, daß die Zulieferer erst mit Zeitverzug auf den expandierenden Markt des Endproduzenten reagieren, zur Entscheidung, die Zulieferer aufzukaufen.[89] Die Geschwindigkeit des Marktwachstums oder andere turbulenzerhöhende Faktoren werden jedoch in Adelmans Analyse nicht berücksichtigt.

Die geschieht allerdings in den Untersuchungen von Levy und Waldenberger, von denen man in der Tat sagen kann, daß sie einen direkten Test des Smith-Stigler-Coase Paradigmas darstellen.[90]

Levys Untersuchung[91] bringt zunächst eine Reformulierung der Stiglerschen Hypothese, die dem was hier Smith-Stigler-Coase Paradigma genannt wird, sehr stark ähnelt. Auch Levy erkennt klar, daß die Abspaltung der Einzelfunktionen eines Unternehmens transaktionskostentheoretisch begründet werden muß. Diese transaktionskostentheoretische Begründung sieht er in Übereinstimmung mit der hier vertreten Hypothese, in den Problemen des Informationsaustausches unter Bedingungen des Wandels. Je schneller der Wandel, desto höher die Kosten des Informationsaustausches. Dementsprechend enthalten seine Schätzgleichungen die Wachstumsrate des Absatzmarktes, die als Proxy für den Wandel angesehen wird, als erklärende Variable. Weitere erklärende Variable sind der Konzentrationsgrad einer Industrie und die Firmengröße. Mit dem Konzentrationsgrad soll der Einfluß der Faktorspezifität eingefangen werden. Es wird angenommen, daß der Anreiz zu opportunistischem Verhalten mit wachsender Anzahl der in einer Industrie tätigen Firmen abnimmt. Mit der Einbeziehung der Unternehmensgröße soll der Annahme Rechnung getragen werden, daß der Managementaufwand mit der Größe eines Unter-

---

89 Adelman meint diese Theorie gegen Stigler vorbringen zu müssen, dem er vorwirft, nicht zwischen "Prozeß und Resultat" zu unterscheiden. "... in my opinion Stigler's analysis (correctly) contrasts a mature or large-scale industry with a small-scale industry *not* an expanding industry with a contracting one" (S. 318). Ein Blick in den Orginalartikel Stiglers und auch die obige Darstellung zeigen, daß Adelman hier von seinem Gedächtnis im Stich gelassen wird. Stigler behandelt sehr wohl die expansive und kontraktive Phase einer Industrie und kommt dabei zu genau den gleichen Schlüssen wie Adelman.

90 D. Levy: Testing Stigler's interpretation of "The division of labor is limited by the extent of the market". In: Journal of Industrial Economics, Vol. 32, 1984, S. 377 ff. F. Waldenberger, a.a.O.

91 Levys Arbeit stellt eine "Verbesserung" einer vorhergehenden Arbeit von Tucker und Wilder dar, die ebenfalls dem Ziel diente, Stiglers These zu testen. (I. Tucker und R. Wilder: Trends in Vertical Integration in the U.S. Manufacturing Sector. In: Journal of Industrial Economics, Vol. 26, 1977, S.81 ff.) Die Autoren bestätigen Stiglers These, daß der Grad der vertikalen Integration mit wachsendem Absatzmarkt abnimmt. Sie finden ferner einen positiven Zusammenhang zwischen dem Konzentrationsgrad und dem Grad der vertikalen Integration in einer Industrie. Die Arbeit von Levy stellt insofern eine Verbesserung dar, als er Daten auf der Unternehmensebene und nicht auf der Betriebsebene benutzt und darüberhinaus eine genaue theoretische Begründung der von ihm verwendeten Schätzvariablen gibt.

nehmens und der Vielzahl der Unternehmensfunktionen, die den Produktionsprozeß ausmachen, überproportional wächst.

Levy kommt zu dem Ergebnis, daß alle Variablen die gewünschten Vorzeichen haben. Es ergibt sich also eine Bestätigung des Smith-Stigler-Coase Paradigmas.

Waldenberger testet zwei Hypothesen, in denen der Grad der vertikalen Integration zur Größe bzw. zur Wachstumsdynamik der Absatzmärkte des verarbeitenden Gewerbes in Deutschland in Beziehung gesetzt sind.[92] Dabei wird die Größe des Marktes einer Industrie durch den Gesamtumsatz dieser Industrie bzw. durch die durchschnittliche Größe der Unternehmen in ihr gemessen.[93] Die Wachstumsdynamik einer Industrie wird durch die relative nominale Veränderung des Gesamtumsatzes der Industrie über sechs Jahre erfaßt.[94] Weitere von Waldenberger in die Schätzung einbezogene Größen sind der Grad der Unternehmenskonzentration und das Ausmaß der Absatzschwankungen, denen die Unternehmen einer bestimmten Industrie ausgesetzt sind. Waldenberger testet seine beiden Hypothesen zunächst anhand von Daten auf der Unternehmensebene. Diese Daten geben die Veränderung der vertikalen Integriertheit der Unternehmen in zwei gewählten Zeitpunkten wieder. Daneben ist aber von Interesse, wie die Anzahl der vertikalen Fusionen (also die industrieübergreifende Integration in vor- und nachgelagerte Produktionsstufen) über die Zeit hinweg mit den genannten Erklärungsgrößen zusammenhängt. Bei Verwendung der industriestatistischen Daten findet Waldenberger eine Bestätigung seiner beiden Hypothesen, wobei allerdings der Grad der Unternehmenskonzentration einen noch höheren Erklärungswert besitzt als die Dynamik der Absatzmärkte. Bei Verwendung der Fusionsstatistik hingegen ergibt sich ein Widerspruch zur Stiglerschen Hypothese. Waldenberger erklärt diesen Widerspruch durch die Tatsache, daß die weit überwiegende Zahl (über 80 %) der in der Fusionsstatistik erfaßten Fälle sich auf Vorwärtsintegrationen in die Handelsstufe beziehen. Hier erhöhen aber Regulierungen, wie kartellrechtliche Verbote der Preisbindung die Transaktionskosten zwischen selbständigen Händlern und Produzenten. Eine genauere Bewertung seiner Ergebnisse setze deshalb eine Eliminierung dieser Einflüsse voraus.[95]

---

92 F. Waldenberger, a.a.O., S. 92. Die beiden angesprochenen Hypothesen lauten folgendermaßen: (1) Hypothese H2: Je größer die Absatzmärkte sind, desto größer sind die Vorteile der vertikalen Spezialisierung über Märkte; (2) Hypothese H4: Je stärker die Wachstumsdynamik der Absatzmärkte ist, desto größer sind die Vorteile der vertikalen Integration vor- und nachgelagerter Produktionsbereiche.

93 Waldenberger, a.a.O., S. 102.

94 Waldenberger, a.a.O., S. 104.

95 Waldenberger, a.a.O., S. 129.

Waldenberger ergänzt seine aggregierte Untersuchung durch die Einzelbetrachtung der Automobilindustrie. Auch hier zeigt sich eine Übereinstimmung mit den beiden genannten Hypothesen zur Marktgröße und Marktdynamik.[96]

Eine neuere Studie scheint zum Thema der vorliegenden Arbeit direkten Bezug zu haben. Es handelt sich um die Arbeit "Information Technology and Vertical Integration: Evidence from the Manufacturing Sector" von Ajit Kambil.[97] Diese Arbeit verspricht jedoch mehr als sie hält. Der Autor diskutiert zwar die Hauptthesen der (Williamsonschen Variante der) Transaktionskostentheorie und setzt sie zur Telematik in Beziehung, testet die gewonnenen Hypothesen aber nicht explizit im empirischen Teil seiner Arbeit. Untersucht wird lediglich die Korrelation zwischen dem Grad der vertikalen Integration und der Höhe des Telematik-Kapitalstocks anhand eines Firmen-Samples aus 20 Branchen des produzierenden Gewerbes der USA. Es zeigt sich zwar, daß diese Korrelation negativ ist, damit ist jedoch noch nicht gesagt, daß die Transaktionskostentheorie dafür eine zutreffende Erklärung bietet, geschweige denn, daß es möglich wäre, zwischen verschiedenen Ansätzen der Transaktionskostentheorie zu diskriminieren. Der Autor stellt deshalb auch nur fest, daß seine empirischen Befunde mit den nach der Transaktionskostentheorie zu erwartenden Ergebnissen "konsistent" seien. (Allerdings läßt auch seine theoretische Diskussion des Verhältnisses von Telematik und vertikaler Integration erhebliche Fragen offen.)

Alle bisher besprochenen Studien weisen einen hohen Aggregationsgrad auf. Das hat den offenkundigen Vorteil, daß die üblichen statistischen Testverfahren angewandt werden können. Andererseits geht aber gerade durch die Aggregation die Anschauung der in diesem Kapitel erörterten Wirkungszusammenhänge verloren. Im folgenden soll deshalb einmal ein extrem disaggregierter Blickwinkel eingenommen werden. Anstelle eines ganzen Querschnitts von Industrien, wie in den gerade diskutierten Studien, soll lediglich eine einzige Branche betrachtet werden, das Bankwesen. Die Vorgehensweise ist nicht statistisch-ökonometrisch, sondern orientiert sich an Fallstudien. Auch dieser Ansatz hat seine Vorzüge. Zum einen erlaubt er, wie schon gesagt, eine direkte Beobachtung bzw. Überprüfung der postulierten Wirkungszusammenhänge. Zum zweiten, gestattet er konkrete Voraussagen und damit Falsifikationsmöglichkeiten der Theorie, die von statistischen Verfahrensweisen und Datenproblemen unabhängig sind. Drittens bringt eine

96 Eine weitere Studie, die erwähnt werden sollte, ist die von Demsetz. Vgl. H. Demsetz: Vertical Integration: Theories and Evidence, a.a.O. Diese Studie enthält allerdings nicht den Einfluß des Wandels. Für eine Interpretation der Ergebnisse Demsetz' vgl. Waldenberger, a.a.O., S. 121 f.

97 Abgedruckt als Kapitel 2 in M. Guerin-Calvet und S. Wildman (Hrg.): Electronic Services Networks, A Business and Public Policy Challenge. New York et al. 1991.

Branchenstudie auch interessante Einsichten in die zu erwartende Entwicklung der betroffenen Branche selbst. Wie sich zeigen wird, gilt dies für das Bankwesens im besonderen Maße.

Bevor wir uns dem Bankwesen zuwenden, sei jedoch der Versuch gemacht, das Smith-Stigler-Coase Paradigma innerhalb eines mathematischen Modells zu formulieren.

Kapitel 2: Ein mathematisches Modell des Smith-Stigler-Coase Paradigmas

1. Einleitung

In diesem Kapitel soll ein Versuch unternommen werden, die Überlegungen des vorigen Kapitels zu formalisieren. Nach Wissen des Verfassers gibt es bisher einen ähnlichen Versuch nur in einem Artikel von Locay, der allerdings eine etwas andere Stoßrichtung hat.[1] Er bezieht sich auf die historisch zu beobachtende Tatsache, daß die Arbeitsteilung zwischen Haushalten und Unternehmen immer größer geworden ist. Es wird gezeigt, daß es im Lauf der wirtschaftlichen Entwicklung zu einer immer weitergehenden Verarbeitung von Zwischenprodukten des Konsums kommt, die zunächst in den Haushalten erfolgt, dann aber immer mehr an den Markt delegiert wird. Diese Stoßrichtung des Artikels führt zu einigen speziellen Annahmen, die nicht ohne weiteres auf Unternehmen übertragen werden können. So nimmt Locay insbesondere an, daß es aufgrund des in den Familien herrschenden Altruismus bei der Haushaltsproduktion keine Kontrollkosten gibt. Das bedeutet, daß bei interner Produktion (in Haushalten) stets geringere Koordinationskosten entstehen als bei Fremdbezug über den Markt, eine Annahme, die auf das allgemeinere Problem der Arbeitsteilung zwischen Unternehmen einer Industrie kaum Anwendung finden kann.

Das hier vorgestellte Modell ist nur ein erster Schritt. Es ist an verschiedenen Stellen noch unbefriedigend. So werden insbesondere Management- und Transaktionskosten nur sehr rudimentär modelliert. Die Diskussion des vorigen Kapitels über die Bestimmungsgründe der Management- und Transaktionskosten, insbesondere die Rolle des wirtschaftlichen Wandels, wird weitgehend - jedoch nicht vollständig - ausgeblendet. Allerdings ist gegenwärtig noch nicht zu sehen, auf welche Weise der Zusammenhang von Wandel und Transaktionskosten mathematisch modelliert werden könnte. Beim vorliegenden Modell handelt es sich deshalb zunächst noch um eine relativ geradlinige Umsetzung der Ideen von Coase und Stigler in einen mathematischen Begriffsapparat.

Das im Zentrum des Modells stehende Gewinnmaximierungsproblem ist nicht mit den Mitteln der klassischen Analysis zu bewältigen, da über nichtreelle Entscheidungsvaria-

---

1 L. Locay: Economic Development and the Division of Labor between Households and Markets. In: Journal of Political Economy, 1990, vol. 98, no.5, S. 965 ff.

blen, nämlich Mengen (von Unternehmensaktivitäten), optimiert werden muß. Um dennoch komparativ statische Ergebnisse ableiten zu können, werden einige Hilfsmittel der mathematischen Verbandstheorie eingesetzt. Die entsprechenden Theoreme wurde zum ersten Mal vor vier Jahren von Vives und von Milgrom / Roberts für die ökonomische Analyse nutzbar gemacht.[2] Unabhängig vom vorliegenden Kontext des Smith-Stigler-Coase Paradigmas ist diese Art der komparativen Statik auch für sich von Interesse.[3] Es sei betont, daß, abgesehen von den speziellen von Vives und von Milgrom / Roberts gebrauchten Sätzen, verbandstheoretische Methoden in der Ökonomie nichts Neues sind. Die Verbandstheorie ist ein Teilgebiet der Theorie geordneter Mengen, deren Gebrauch in den Wirtschaftswissenschaften, etwa in der Entscheidungs- oder Präferenztheorie, schon lange fest etabliert ist.

2. Das Modell

Ebenso wie in Stiglers klassischem Aufsatz wird hier ein Unternehmen nicht als eine Produktionsfunktion, sondern als ein Konglomerat verschiedener Teilaktivitäten aufgefaßt. Es sei angenommen, daß zur Erstellung des Outputs x des betrachteten Unternehmens n solcher Aktivitäten erforderlich sind. Sei $N = \{1,2, ..., n\}$ die Indexmenge dieser Aktivitäten. Das Unternehmen muß darüber entscheiden, welche Aktivitäten es selbst ausführen will und welche an unabhängige Zulieferer übertragen werden sollen. Bezeichne H die Indexmenge der in Eigenregie durchgeführten und $\complement H$ die Indexmenge der nach außen vergebenen Aktivitäten. Es gilt dann stets $H \cup \complement H = N$.[4] Die Entscheidung des Unternehmens besteht nun darin, gleichzeitig die gewinnmaximale Teilmenge $H \subseteq N$ und den gewinnmaximalen Output x zu finden.

Der Output der jten Aktivität sei mit q_j bezeichnet. Jedes dieser q_j besitze eine Produktionsfunktion der Form

$$q_j = f_j(z_j), \qquad j = 1,2, ..., m,$$

---

2 X.Vives: Nash Equilibrium with Strategic Comlementaries. In: Journal of Mathematical Economics, 19, 1990, S.511ff. P. Milgrom, J. Roberts: The Economics of Modern Manufacturing: Technology, Strategy, and Organization. In: American Economic Review, Vol. 80, 1990, S. 511 ff.

3 Eine allgemeine Diskussion der Bedeutung dieser Methode für die Ökonomie findet sich in P. Milgrom, C. Shannon: Monotone Comparative Statics. In: Econometrica, Vol.62,No.1,1994, S.157ff. Vgl. ferner P.Milgrom, J.Roberts: Comparing Equilibria. In: American Economic Review, Vol. 84, No.3, 1994, S.441ff.

4 $\complement H$ ist also das mengentheoretische Komplement von H in N, d.h. die Menge jener Elemente der Grundmenge N, die außerhalb von H liegen.

wobei $\mathbf{z}_j$ den Vektor der Inputs bezeichne. Die zu f_j gehörige duale Kostenfunktion $EK_j(q_j)$ ergibt sich vermöge

$$EK_j(q_j, \mathbf{w}) = \min \{ \mathbf{z}_j \mathbf{w} : f_j(z_j) \leq q_j \} ,$$

wobei $\mathbf{w}$ den (gegebenen) Vektor der Inputpreise bezeichnet.

Es sei nun weiter unterstellt, daß das Unternehmen außer den reinen Produktionskosten EK_j, $j \in H$, noch weitere von H und q_j abhängige Kosten eingehen muß, die Managementkosten. Nach dem in Kapitel 1 Gesagten handelt es sich dabei vor allem um Kosten des internen Informationsaustausches. Diese Kosten seien mit $MK(H,\mathbf{q}_H)$ bezeichnet. $\mathbf{q}_H$ sei hier definiert durch $\mathbf{q}_H = (q_1,q_2,....,q_n)$ mit $q_j = 0$, für alle $j \in CH$. $MK(H,\mathbf{q}_H)$ möge folgenden, gleich näher zu erläuternden Bedingungen genügen:

(1) Gilt $H' \subseteq H''$, so folgt $MK(H',\mathbf{q}_{H'}) \leq MK(H'',\mathbf{q}_{H''})$ für alle $H',H'' \subseteq N$ und alle $\mathbf{q}_{H'}$ und $\mathbf{q}_{H''} \in R^n$.

(2) Aus $H' \subseteq H''$ und $\mathbf{q}' \leq \mathbf{q}''$ folgt stets die Ungleichung:
$MK(H',\mathbf{q}''_{H'}) - MK(H',\mathbf{q}'_{H'}) \leq MK(H'',\mathbf{q}''_{H''}) - MK(H'',\mathbf{q}'_{H''})$

Diese Eigenschaften sollen die in Stiglers Artikel angenommenen Verbundnach-teile im Management zum Ausdruck bringen. Eigenschaft (1) besagt, daß die Managementkosten zunehmen, wenn den schon ausgeübten Aktivitäten weitere Aktivitäten hinzugefügt werden. Man beachte, daß dies nicht bedeutet, daß eine größere Menge an Aktivitäten stets mit höheren Managementkosten verbunden ist. (1) ist also nicht gleichzusetzen mit der Forderung

(1') Gilt $|H'| \leq |H''|$, so folgt $MK(H',\mathbf{q}_{H'}) \leq MK(H'',\mathbf{q}_{H''})$, für alle $H',H'' \subseteq N$ und alle $\mathbf{q}_{H'}$ und $\mathbf{q}_{H''} \in \mathbf{R}^n$. (Hierbei bezeichnet $|H|$ die Mächtigkeit von H.)

Es kann nämlich sein, daß eine bestimmte Teilmenge von Aktivitäten H'' zwar vom Umfang her größer ist als eine andere Menge H', daß aber zwischen den einzelnen Aktivitäten aus H'' ein größerer inhaltlicher Zusammenhang besteht als zwischen den Aktivitäten von H'. Das kann bedeuten, daß die Managementkosten von H'' geringer sind als von H'.

Eigenschaft (2) stellt eine negative Kostenkomplementarität zwischen der Menge H und q her. Sie besagt folgendes: Steigert das Unternehmen den Output der in Eigenregie durchgeführten Aktivitäten von $q'_{H'}$ auf $q'_{H''}$, so hängt der entsprechende Zuwachs der Managementkosten davon ab, *wieviele* Aktivitäten in Eigenregie betrieben werden. Bei einer kleineren Anzahl (H') ist dieser Zuwachs geringer als bei einer größeren Zahl (H"). In der Mathematik wird Eigenschaft (2) mit dem Namen der antitonen Differenzen bezeichnet.

Bei gegebenen H und q betragen nach dem bisher Gesagten die Gesamtkosten der in Eigenregie durchgeführten Aktivitäten:

$$\sum_{j \in H} EK_j\,(q_j,\mathbf{w}) + MK(H,\mathbf{q}_H).$$

Das Unternehmen kann sich entscheiden, bestimmte q_j auch über den Markt zu beziehen. Es muß dann einen Preis bezahlen, der den Kosten eines unabhängigen, spezialisierten Anbieters entspricht.

Die Kostenfunktion eines solchen Spezialisten für die Produktion von q sei mit $FK_j(q_j)$ bezeichnet. Interpretiert man Smith und Stigler richtig, muß das Minimum seiner Durchschnittskostenkurve FK_j/q_j unterhalb des Minimums von EK_j/q_j liegen. Dies besagt ja gerade, daß es sich bei dem unabhängigen Unternehmen um einen Spezialisten handelt. Es sei im folgenden angenommen, daß mehrere Zulieferer von q_j am Markt sind, so daß der Preis von q_j den Durchschnittskosten EK_j/q_j entspricht. (Selbst wenn nur ein Zulieferer am Markt wäre, wäre sein Spielraum für monopolistische Preissetzung gering, da es dem Abnehmer stets offen steht, die Eigenproduktion von q_j aufzunehmen, wenn dieser Zulieferer seinen Preis zu stark erhöht. Dabei würden jedoch Managementkosten entstehen, die über die Managementkosten eines Spezialisten hinausgingen (Vgl. Annahme 1). Genau in dieser Differenz der Managementkosten besteht der monopolistische Preissetzungsspielraum des Zulieferers. Eine gesonderte Berücksichtigung dieses Falles würde die Grundaussagen des Modells nicht grundlegend verändern, aber den Formalismus verkomplizieren. Deshalb sei darauf verzichtet.)

Die Kosten FK_j sind nicht die einzigen Kosten, die dem Unternehmen beim Bezug von q_j über den Markt entstehen. Es entstehen auch Transaktionskosten. Der Diskussion im vorangegangenen Kapitel entsprechend sei hier angenommen, daß zur Produktion von q_j ein bestimmter Input (vor allem Information) erforderlich ist, dessen Handel Transaktionskosten aufwirft. Die Höhe dieser Transaktionskosten kann von Aktivität zu Aktivität verschieden sein. Wir charakterisieren diese Transaktionskosten durch eine reellwertige Funktion $TK_j(q_j)$, für die wir folgende Annahmen treffen:

(3) $$TK_j(q_j) = b_j + t_j q_j, \text{ mit } t_j < 1.$$

Eine typische Transaktionskostenfunktion hat also folgende Gestalt:

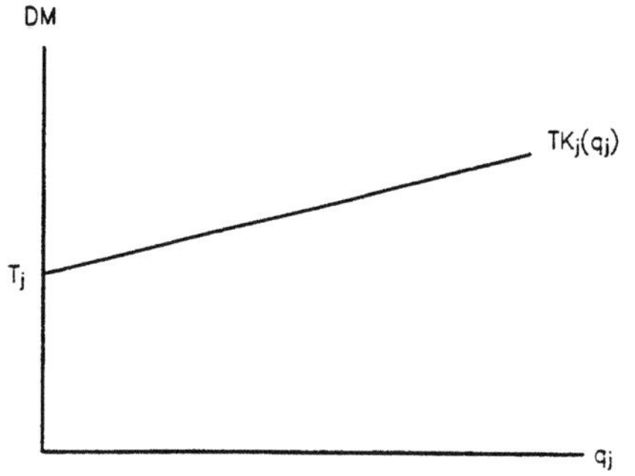

Abbildung 2.1. Eine Transaktionskostenfunktion

Mit dieser Modellierung der Transaktionskosten soll umschrieben werden, daß ihre Höhe sowohl von einem qualitativen als auch von einem quantitativen Aspekt abhängt. Mit dem Fixkostenbestandteil b_j soll abgebildet werden, daß die Transaktionskosten zu einem großen Teil durch *die Art* des gehandelten Inputs bestimmt werden. Schließt man sich den Argumenten des vorigen Kapitels an, so wird b_j in erster Linie von der qualitativen Beschaffenheit des gehandelten Inputs bestimmt. Um einen bestimmten Input zu handeln, muß beispielsweise eine bestimmte Art von Vertrag entworfen und ausgehandelt werden. Haben sich die Partner aber erst einmal auf diesen Vertrag geeinigt, steigen die Transaktionkosten mit der gehandelten Menge von q_j nur noch unterproportional. Die einmal entworfene Vertragstechnologie kann immer wieder erneut eingesetzt werden.

Es wird nun weiter unterstellt, daß die Managementkosten stets stärker wachsen als die Transaktionskosten:

(4) $TK_j(q_j'') - TK_j(q_j') \leq MK(\{j\},q_j'') - MK(\{j\},q_j')$, für alle q_j'', q_j' mit $q_j' \leq q_j''$, und $j \in N$.

Dies ist natürlich eine sehr starke Annahme, die das Ergebnis des Modells gewissermaßen schon präjudiziert. Sie ist nur durch die Diskussion in Kapitel 1 zu rechtfertigen. Dort wurde ja gesagt, daß der Prozeß des Marktwachstums für eine Industrie schließlich in eine Phase mündet, in der die Innovationsaktivitäten sich nur noch in relativ stetigen Bahnen bewegen. Dennoch tritt hier das Defizit, das gegenwärtig noch bei der Modellierung des Zusammenhangs von Wandel und Transaktionskosten besteht, in aller Schärfe hervor. Es wäre bei weitem vorzuziehen, wenn (4) nicht als Annahme in das Modell eingeführt werden müßte, sondern aus anderen, tieferliegenden Modellergebnissen abgeleitet werden könnte.

Bildet man die Managementkosten $MK(H,\mathbf{q}_H)$ und die Transaktionskosten $TK(q_j)$ in einem Diagramm bezüglich q_j ab, so erhält man aufgrund der geforderten Eigenschaften, folgendes häufig verwendete Bild:

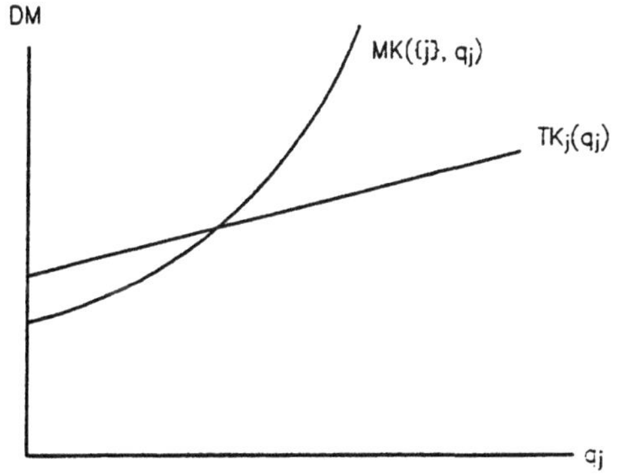

Abbildung 2.2.: Transaktions- und Managementkosten

Damit das Modell nicht trivial wird, muß zumindest für einige $j \in N$ die Eigenschaft

(5) $$MK(\{j\},0) \leq TK_j(0)$$

unterstellt werden. Wir wollen noch einen Schritt weiter gehen und annehmen, daß die Transaktionskosten in der Ausgangssituation des Modells so hoch seien, daß (5) *für alle* $j \in N$ gilt.

Fassen wir sämtliche bisher diskutierten Kostenarten zusammen, können wir für gegebenes H und **q** für das Unternehmen folgende Kostenfunktion aufstellen:

$$(6)\quad C(\mathbf{q},H;TK) = \sum_{j\in H} EK_j(q_j) + MK(H,\mathbf{q}_H) + \sum_{j\in CH} (FK_j(q_j) + TK_j(q_j))$$

In diesem Ausdruck sollen **q** und H die Rolle von Variablen spielen, die TK_j hingegen die Rolle eines Parameters.[5]

Zum besseren Verständnis des Modells ist es instruktiv, zwei Fehlschlüsse zu diskutieren, die die bisherige Konstruktion des Modells nahelegen mag: Aus $H'' \subset H'$ folgt nicht $C(\mathbf{q},H'';TK) < C(\mathbf{q},H';TK)$ und aus $C(\mathbf{q},H'';TK) < C(\mathbf{q},H';TK)$ folgt nicht $H'' \subseteq H'$. Gälte insbesondere die erste Behauptung, wäre das Modell trivial. Denn dann wäre es stets optimal, wenn es keine Unternehmen gäbe, die mehr als eine Aktivität umfassen, d.h. wenn *alle* Aktivitäten ausgelagert würden.

Daß die beiden genannten Aussagen unrichtig sind, sieht man folgendermaßen ein. Zur Widerlegung der ersten Behauptung nehme man an, ein Unternehmen führe die Menge H' an Eigenaktivitäten durch. Nun verringere man den Aktivitätsumfang des Unternehmens um eine Aktivität j, für die es bei gegebenem q und bei gegebenen übrigen Aktivitäten kostengünstiger ist, sie in Eigenregie durchzuführen. Definiert man die Menge H'' durch $H'' = H'\backslash\{j\}$,[6] gilt für eine solche Aktivität die Bedingung:

$$(7)\qquad MK(H',\mathbf{q}_{H'}) - MK(H'',\mathbf{q}_{H''}) + EK_j(q_j) - FK_j(q_j) < TK_j(q_j).$$

Diese Bedingung können wir als Coase Bedingung bezeichnen. Sie besagt, daß der Kostennachteil aus der Eigenproduktion von Aktivität j kleiner ist als die Transaktionskosten, die entstünden, wenn j über den Markt bezogen würde. Dabei setzt sich der Kostennachteil der Eigenproduktion aus zwei Komponenten zusammen. Zum einen aus dem Verlust bei den Produktionskosten, der dadurch hervorgerufen wird, daß nicht der kostengünstigere Spezialist in Anspruch genbommen wird, zum anderen aus der Zunahme der Managementkosten. Eine Aktivität, die für ein bestimmtes **q** der Coase Bedingung genügt, wird also in Eigenregie durchgeführt.

Aus der Coase Bedingung (7) folgt aber unmittelbar:

$$EK_j(q_j) + MK(H',\mathbf{q}_{H'}) < MK(H'',\mathbf{q}_{H''}) + FK_j(q_j) + TK_j(q_j)$$

---

5 Es mag auf den ersten Blick ungewöhnlich erscheinen, daß eine *Funktion* die Rolle eines Parameters spielen soll. In den nachfolgenden Abschnitten wird jedoch deutlich werden, daß dies nichts Ungewöhnliches ist, wenn man TK_j als Element eines geeigneten Funktionenraums auffaßt. TK_j ist dann gewissermaßen ein Punkt in diesem Funktionenraum.

6 A\B bezeichnet die mengentheoretische Differenz zweier Mengen A und B, also die Menge jener Elemente, die in A, nicht jedoch in B liegen.

und daraus durch Addition der noch fehlenden Summe

$\sum_{i\in H''} EK_i(q_i) + \sum_{i\in \mathbf{C}H''} (FK_i(q_i) + TK_i(q_i))$ auf beiden Seiten der Ungleichung:[7]

$$\sum_{i\in H'} EK_i(q_i) + MK(H',\mathbf{q}_{H'}) + \sum_{i\in \mathbf{C}H'} (FK_i(q_i) + TK_i(q_i)) < \sum_{i\in H''} EK_i(q_i) + MK(H'',\mathbf{q}_{H''}) + \sum_{i\in \mathbf{C}H''} (FK_i(q_i) + TK_i(q_i)),$$

d.h. also $C(\mathbf{q},H'';TK) > C(\mathbf{q},H';TK)$ im Widerspruch zur Behauptung.

Die zweite Behauptung widerlegt man durch folgendes Beispiel: Wähle ein beliebiges $H \subseteq N$ und definiere zwei Mengen $H' = H \cup \{i\}$ und $H'' = H \cup \{j\}$, für zwei beliebige $i, j \in \mathbf{C}H$.[8] Dann muß entweder $C(\mathbf{q},H'';TK) > C(\mathbf{q},H';TK)$ oder $C(\mathbf{q},H'';TK) \leq C(\mathbf{q},H';TK)$ gelten, obwohl weder $H'' \subseteq H'$ noch $H' \subseteq H''$ gilt.

Als letzte Annahme des Modells sei nun noch eine Annahme darüber getroffen, wie sich das Größenverhältnis von Transaktionskosten und Produktionskostennachteil bei Eigenproduktion ändert, wenn q_j wächst. Wir unterstellen, daß der Produktionkostennachteil stets stärker wächst als die Transaktionskosten:

(8) $$TK_j(q_j'') - TK_j(q_j') < EK_j(q_j'') - FK_j(q_j'') - (EK_j(q_j') - FK_j(q_j')).$$

Diese Bedingung könnte als "von Weizsäcker-Bedingung" bezeichnet werden. Wie in Kapitel 1 erwähnt, hat von Weizsäcker die Hypothese aufgestellt, daß bei stetig wachsenden Märkten die Größenvorteile gegenüber den Transaktionskosten immer mehr an Bedeutung gewinnen.[9] Natürlich ist auch dies eine sehr starke Annahme, für die das Gleiche gilt, das schon zu Annahme (4) gesagt wurde.

Bei *gegebenem* $\mathbf{q}$ kann das Unternehmen das Programm

$$\min_H C(\mathbf{q},H;TK),\ H \subseteq N\ ,$$

---

7 Beachte: $\mathbf{C}H'' = \mathbf{C}(H' \setminus \{j\}) = \mathbf{C}(H' \cap \mathbf{C}\{j\}) = \mathbf{C}H' \cup \{j\}$. Wir werden im folgenden immer wieder von folgenden Identitäten Gebrauch machen: $\mathbf{C}(A \cup B) = \mathbf{C}A \cap B$, $\mathbf{C}(A \cap B) = \mathbf{C}A \cup \mathbf{C}B$, $A \setminus B = A \cup \mathbf{C}B$, $\mathbf{C}(A \setminus B) = \mathbf{C}A \cup B$.

8 $A \cup B$ stehe hier für die mengentheoretische Vereinigung der Mengen A und B.

9 C.C. von Weizsäcker: Antitrust and the Division of Labor. In: Zeitschrift für die gesamte Staatswissenschaft, Vol. 147, 1991, S. 99 ff.

lösen. Lösungsmethoden dieses Minimierungsproblems (etwa der Algorithmus von Ford-Fulkerson) sind aus der ganzzahligen Programmierung bekannt. Wir werden jedoch gleich eine Gewinnmaximierungsbedingung einführen, die dazu führt, daß das optimale **q** und das optimale H gleichzeitig bestimmt werden müssen. Da nach den obigen Eigenschaften (1) und (2) **q** und H nicht voneinander unabhängig sind, ist dieses Problem nicht trivial.

Bevor diese Gewinnmaximierungsbedingung eingeführt wird, soll allerdings noch erklärt werden, was im folgenden unter einer Senkung der Transaktionskosten verstanden wird.

"Die Transaktionskosten" sind nach der obigen Definition von TK_j gegeben durch einen Vektor von Funktionen (TK_1, TK_2, ..., TK_n). Die Transaktionskosten TK" sind niedriger als TK' (geschrieben TK'$\leq_T$ TK"), wenn für alle $q_j \in \mathbf{R}_+$ und alle $j \in N$ gilt: $TK_j''(q_j) \leq_T TK_j'(q_j)$. Die Transaktionskosten TK" sind strikt niedriger als TK' (geschrieben TK'$<_T$ TK"), wenn mindestens ein $i \in N$ existiert, derart daß gilt: $TK_i''(q_i) < TK_i'(q_i)$ für alle $q_j \in \mathbf{R}_+$ und $TK_j''(q_j) \leq TK_j'(q_j)$ für alle übrigen $j \in N$, $j \neq i$. (Man beachte die Reihenfolge von TK' und TK" in der Definition von $\leq_T$. Die Definition soll zum Ausdruck bringen, daß TK" "besser" als TK' ist, wenn es niedriger ist.)

Eine Senkung der Transaktionskosten von TK" auf TK' liegt also dann vor, wenn TK' im Sinne der gerade getroffenen Definition niedriger als TK" ist.

Unser Ziel ist, die Kostenfunktion (6) in ein Gewinnmaximierungskalkül einzubringen. Bisher wurde aber noch nichts über den Output des betrachteten Unternehmens gesagt. Dies soll jetzt nachgeholt werden. Es sei unterstellt, daß das betrachtete Unternehmen auf einem Markt agiert, der durch die Marktform der monopolistischen Konkurrenz gekennzeichnet ist. Das Unternehmen soll ein Programm der Form

(9) $$\max_{\mathbf{q},H} \pi = \max_{\mathbf{q},H} \; [x(\mathbf{q})\, f(x(\mathbf{q})) - C(\mathbf{q},H;TK)]$$

lösen, wobei x von **q** abhängt und f die Preis-Absatz Funktion des betrachteten Unternehmens ist. Zu diesem Zweck sei nunmehr angenommen, daß jedes q_j linear vom Output x abhängt. Es gibt also eine reelle Zahl a_j, derart daß $q_j = a_j * x$ ist. Zur Produktion von 4 Autos werden also immer 16 Reifen, 4 Lenkräder, 8 Scheinwerfer etc. gebraucht. Diese Annahme stellt natürlich eine Vereinfachung dar. Sie kann abgeschwächt werden, indem lediglich ein positiver Zusammenhang zwischen x und den q_j gefordert wird. Dadurch wird jedoch die Analyse lediglich komplizierter, ohne ökonomische Zusatzerkenntnisse zu liefern.

Man bemerke, daß $q_j/a_j = q_i/a_i = x$, für alle $i, j \in N$. Wir definieren nun eine Funktion a vermöge

$$a(q_1, q_2, \ldots\ldots, q_n) := q_1/a_1$$

Damit kann das obige Gewinnmaximierungsproblem (9) geschrieben werden als:

$$(10) \qquad \max_{q,H} \pi = \max_{q,H} [a(q)\, f(a(q)) - C(q,H;TK)]$$

Dieses Problem kann nicht in üblicher Weise durch Anwendung der klassischen Analysis gelöst werden. Die Variable H entstammt einem Mengensystem (der Menge aller Teilmengen von N) und ist deshalb nicht differenzierbar. Es ist jedoch möglich, Hilfsmittel aus der mathematischen Verbandstheorie heranzuziehen, mit deren Hilfe das obige Problem zwar nicht explizit gelöst, jedoch komparativ statische Ergebnisse abgeleitet werden können. Es kann gezeigt werden, daß $-\pi$ eine sogenannte submodulare Funktion auf einem geeignet definierten Verband ist, der seinerseits von dem Parameter TK abhängt. Diese Vorgehensweise wurde in der Ökonomie zuerst von Vives und von Milgrom/Roberts angewandt. Ihre Gewinnfunktion enthielt jedoch nur reellwertige Variablen, keine Mengen. Intuitiv gesprochen, erlaubt die Submodularität von $-\pi$ das folgende Theorem anzuwenden: Wenn die Menge der Lösungen von (10) mit sinkenden Transaktionskosten TK immer kleinere H enthält, dann enthält auch die Menge der optimalen Lösungen von (10) immer kleinere H. Dies ist jedoch genau das Resultat, das wir anstreben. In dem Maße in dem die Transaktionskosten fallen, wird ein typisches Unternehmen immer mehr Aktivitäten auslagern. Ein weiteres Resultat wird sein, daß auch mit steigendem Output x, also bei einem wachsenden Markt, immer mehr Aktivitäten ausgelagert werden. Dies sind aber in der Tat die zentralen Aussagen des Smith-Stigler-Coase Paradigmas.

Es mag manchem Leser überspannt erscheinen, auf scheinbar abliegende mathematische Gebiete wie die Verbandstheorie zurückzugreifen, um so einfache Aussagen wie die des Smith-Stigler-Coase Paradigmas zu beweisen. Dem ist dreierlei entgegenzuhalten: Zum einen die oben bereits erwähnte Tatsache, daß die Verbandstheorie als Teilgebiet der Theorie geordneter Mengen ja bereits in der Ökonomie verwendet wird. Zweitens ist die Verbandstheorie, zumindest in ihren Anfangsgründen (über die hier nicht wesentlich hinaus gegangen wird), ein sehr viel einfacheres Gebiet als die Differentialrechnung. Man erkennt die Richtigkeit dieser Aussage schon allein daran, daß im folgenden einige wenige Seiten genügen werden, um alle benötigten Begriffe und Resultate darzustellen.[10] Für die Differentialrechnung wäre das niemals möglich. Die Verwendung der Differentialrechnung in der Ökonomie wird jedoch von niemandem in Frage gestellt. Drittens bildet gerade die Allgemeinheit und Einfachheit der zu zeigenden Aussagen ein Problem. Je mehr, mathematisch gesehen, bei einer bestimmten Fragestellung an Struktur vorausgesetzt werden kann, desto einfacher sind zumeist die Beweise der postulierten Ergebnisse.

Schließlich sollte zu diesem Thema noch gesagt werden, daß gerade Ökonomen Verständnis für das Phänomen des Produktionsumweges haben sollten. In der modernen Mathematik ist seit dem bahnbrechenden Werk der Bourbaki Gruppe die strukturelle Vorgehensweise fest etabliert. Gebiete, wie etwa Topologie, Maßtheorie oder Verbandstheorie, beschreiben bestimmte mathematische Grundstrukturen, die immer wieder auf Sondergebiete, wie etwa die Differentialrechnung, die Integralrechnung oder die Wahrscheinlichkeitstheorie angwendet werden können. Auf diese Weise müssen Resultate, etwa in der Analysis, nicht mehr "zu Fuß" bewiesen werden, sondern indem Sätze des übergeordneten Strukturgebietes auf das zu lösende Problem angewandt werden.[11] Warum sollten die dabei entwickelten Methoden nicht auch in der Ökonomie zu erheblichen Produktivitätsgewinnen führen? [12]

3. Grundlagen der Verbandstheorie

Sei X eine Menge. Eine binäre Relation $\leq$ auf X heißt eine *Teilordnung*, wenn sie reflexiv, antisymmetrisch and transitiv ist. Reflexiv ist eine Relation $\underline{R}$ genau dann, wenn für jedes Element $x \in X$ die Beziehung $x\underline{R}x$ gilt. Antisymmetrisch heißt die Relation, genau dann, wenn stets aus $x\underline{R}y$ und $y\underline{R}x$ die Gleicheit $x = y$ folgt. Transitiv ist $\underline{R}$ genau dann, wenn für alle $x,y,z \in X$ aus den zwei Beziehungen $x\underline{R}y$ und $y\underline{R}z$ die Beziehung $x\underline{R}z$ folgt.

---

10 Die klassische Darstellung der Verbandstheorie ist G. Birkhoff: Lattice Theory. 3rd ed. American Mathematical Science Colloqium Publications, 25. Providence, Rhode Island, 1967. Ein neueres Standardwerk ist G. Grätzer: General Lattice Theory. Basel, Stuttgart, 1978. Der Teil der Verbandstheorie, den wir hier benötigen, entspricht nur den elementaren Anfangsgründen dieses Gebietes. Man findet dieses Material zumeist in der Einleitung von Büchern zur Topologie oder zur Maßtheorie. Eine eigenständige Darstellung ist N. Bourbaki: Éléments de Mathématique, Théorie des Ensembles, Chapitre III, Ensembles Ordonnés. Paris 1970.

11 Ein berühmtes Beispiel für diese Vorgehensweise ist das Buch Foundations of Modern Analysis, von Jean Dieudonné, einem der Gründungsmitglieder des Bourbaki Kreises.

12 Für eine ausführliche Diskussion der Vorteile dieser Methode vgl. P.Milgrom,J.Roberts: Comparing Equilibria, a.a.O.

Man beachte, daß ein gegebenes Paar von Elementen $x,y \in X$ bezüglich $\leq$ nicht notwendigerweise vergleichbar sein muß. Es kann also sein, daß weder $x \leq y$ noch $y \leq x$ zutrifft. Als Beispiel betrachte man die Menge aller Teilmengen einer bestimmten Menge X, die sogenannte Potenzmenge P(X). Sei auf dieser Menge die Relation $\leq$ durch die Mengeninklusion $\subseteq$ definiert. Dann ist es für zwei beliebige Mengen $A, B \in P(X)$ sehr wohl möglich, daß weder $A \subseteq B$ noch $B \subseteq A$ erfüllt ist. Sind jedoch zwei Elemente $x, y \in X$ bezüglich einer Teilordnung $\leq$ stets miteinander vergleichbar, so heißt $\leq$ eine *vollständige Teilordnung* und $(X,\leq)$ heißt eine *Kette*.

Man bezeichne die kleinste obere Schranke zweier Elemente $x, y \in X$ mit sup(x,y). Wenn sup(x,y) in X existiert, so handelt es sich dabei um das kleinste Element $z \in X$ mit der Eigenschaft, daß $x \leq z$ und $y \leq z$. Sind zwei Elemente x und y aus X bezüglich $\leq$ miteinander vergleichbar, dann gilt sup(x,y) = x oder sup(x,y) = y.

Man bezeichne die größte untere Schranke zweier Elemente $x ,y \in X$ mit inf(x,y). Eine teilgeordnete Menge $(X,\leq)$, die für alle Paare $x ,y \leq X$ stets sup(x,y) und inf(x,y) enthält, nennt man einen *Verband*. Jede Kette ist ein Verband.

Als Beispiel betrachte man die Menge aller stetigen Funktionen über dem abgeschlossenen reellen Intervall [a,b]. Definiert man für zwei beliebige Funktionen f und g aus dieser Menge die Relation $\leq$ durch $f \leq g$, g.d.w.[13] $f(x) \leq g(x)$, für alle $x \in [a,b]$, dann ist $\leq$ eine Teilordnung. Ist f niemals größer als g, gilt sup(f, g) = g. Schneiden sich f und g hingegen, dann ist sup(f, g) jene Funktion, die man erhält, indem man die oberen beiden Teile der zwei Funktionen aneinanderfügt (vgl. die folgende Abb.).

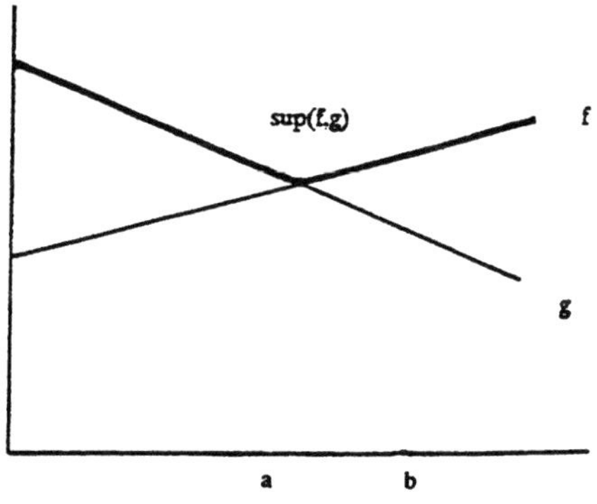

Abbildung 2.3.: Das Supremum zweier Funktionen

[13] g.d.w. soll im folgenden stets als Abkürzung für "genau dann wenn" verwendet werden.

Die derart gewonnene neue Funktion ist stetig, also wieder ein Element der Menge aller stetigen Funktionen über [a,b]. Die gleiche Art der Argumentation läßt sich auf inf(f,g) anwenden. Deshalb ist die Menge aller stetigen Funktionen über [a,b] ein Verband. Dieses Ergebnis würde nicht zutreffen, wenn wir die Menge aller ***differenzierbaren*** Funktionen über [a,b] betrachtet hätten. (sup(f,g) in der folgenden Abbildung ist nicht differenzierbar.)

Seien X_j, j = 1,2,....,n n teilgeordnete Mengen. Dann wird das sogenannte ***direkte Produkt*** dieser Mengen definiert durch:

$$\mathop{\mathsf{X}}_{j=1}^{n} X_j = \{\mathbf{x} = (x_1,x_2,\ldots,x_n): x_j \in X_j \,, j = 1,2,\ldots,n\}.$$

Man beachte, daß die Elemente x_j nicht unbedingt reelle Zahlen sein müssen. Sie können auch Mengen oder Funktionen sein. Existiert auf jeder Menge X_j eine Teilordnung $\leq_j$, so erhält man eine Teilordnung auf dem direkten Produkt der X_j vermöge der Definition:

$$\mathbf{x} \leq \mathbf{y} \text{ g.d.w. } x_j \leq_j y_j \text{ für alle } j = 1,2,\ldots,n.$$

Man zeigt leicht, daß ein derart definiertes direktes Produkt von n Verbänden erneut ein Verband ist. Das Beispiel der reellen Zahlen verdeutlicht hingegen, daß das direkte Produkt von n Ketten nicht unbedingt selbst wieder eine Kette ist.

Sei (X,≤) ein Verband und seien A und B Teilmengen von X. Man nennt A *niedriger* als B g.d.w. aus x ∈A und y ∈B folgt, daß inf (x,y) ∈A und sup (x,y) ∈B, für alle x , y ∈ X. Als Beispiel betrachte man zwei sich schneidende reelle Intervalle [a,b] und [c,d] mit a < c < b <d. Dann ist [a,b] niedriger als [c,d]. Man kann zeigen, daß die Relation "niedriger als" für jeden Verband (X, ≤) eine Teilordnung auf der Potenzmenge P(X) ist.[14]

Wir betrachten nun eine bestimmte Menge A, die von einem Parameter t abhängen möge, der seinerseits einer teilgeordneten Menge (T,≤) entstammt. Die Abhängigkeit der Menge A vom Parameter t möge durch die Schreibweise A(t) zum Ausdruck gebracht werden. Folgt dann aus t≤t' stets, daß A(t) niedriger als A(t') ist, werden wir sagen, daß A mit t *steigt*.

---

[14] D.H. Topkis: Minimizing a Submodular Function on a Lattice. In: Operations Research, Vol.26, 1978, S. 305 ff., Lemma 2.1.

Als nächstes sei der Begriff der Submodularität einer Funktion eingeführt:

Definition: Sei (X,≤) ein Verband und sei f eine reellwertige Funktion auf X. Gilt

(11) $$f(\sup(x,y)) + f(\inf(x,y)) \leq f(x) + f(y)$$

für alle x , y ∈X, dann heißt f *submodular* auf X. f heißt *strikt submodular*, wenn in (11) die Ungleichheit ≤ durch die strikte Ungleichheit < ersetzt werden kann.

Der Begriff der Submodularität ist eng mit dem Begriff der Kostenkomplementarität verwandt. Intuitiv macht man sich das folgendermaßen klar. Man interpretiere f als eine Kostenfunktion auf $\mathbf{R}^n$ und schreibe (11) in der Form:

(12) $$f(\sup(x,y)) - f(y) \leq f(x) - f(\inf(x,y)).$$

Das heißt aber folgendes: Steigert man den Einsatz eines oder mehrerer Inputs vom Niveau y auf das Niveau sup (x,y), dann ergibt sich ein geringerer Kostenzuwachs, als wenn diese Steigerung vom niedrigeren Niveau inf (x,y) auf x erfolgt. Das trifft sogar zu, wenn die Steigerung von y auf sup (x,y) größer ist, als die Steigerung von inf (x,y) auf x. ("Größer" ist hier im Sinne der euklidischen Metrik im $\mathbf{R}^n$ zu verstehen.) Eine Steigerung eines oder mehrerer Inputs führt also bei einem niedrigeren Niveau der übrigen Inputs zu einer höheren Kostensteigerung als wenn die gleiche Steigerung bei einem höheren Niveau der anderen Inputs stattfindet. Zwischen den Inputs bestehen demnach Synergieeffekte; sie beeinflussen sich gegenseitig positiv. In Übereinstimmung mit dieser Intuition kann folgendes Lemma gezeigt werden.[15]

Lemma 1: Sei f eine zweimal differenzierbare Funktion auf $\mathbf{R}^n$. Dann ist f submodular g.d.w. $\delta^2 f / \delta x_i \delta x_j \leq 0$, für alle reellen x_i, x_j, $i \neq j$.

Diese Eigenschaft ist in der Literatur unter dem Namen der schwachen Kostenkomplementarität (Weak Cost Complementarity) wohlbekannt. Man kann ferner zeigen, daß eine submodulare Funktion, die im Ursprung den Wert Null annimmt, Verbundvorteile aufweist.[16] Eine andere Art von Kostenkomplementarität, die eng mit der Submodularität zusammenhängt, ist die Eigenschaft der antitonen Differenzen:

---

[15] Topkis, a.a.O., S. 310.
[16] P. Milgrom, J. Roberts, a.a.O., hier S. 517.

Definition: Seien X und T teilgeordnete Mengen, und sei S eine Teilmenge des direkten Produktes von X und T, XxT. Sei ferner f eine reellwertige Funktion auf S. Dann hat f *antitone Differenzen* in (x,t) auf S, g.d.w.

(13) f(x",z) - f(x",t) ≤ f(x',z) - f(x',t) für alle x' ≤ x" und t < z gilt. f hat *strikte antitone Differenzen* in (x,t) auf S, wenn ≤ in (13) durch < ersetzt werden kann.

Um eine ökonomische Interpretation dieser Eigenschaft zu gewinnen, ist es zweckmäßig, (13) in der folgenden Form zu schreiben:

(14) $$f(x'',z) - f(x',z) \leq f(x'',t) - f(x',t).$$

Nun interpretiere man f wieder als Kostenfunktion. Dann besagt (14), daß bei einer Steigerung der Inputs von x' auf x" die Kosten weniger stark zunehmen, wenn die anderen Inputs sich auf dem höheren Niveau z befinden, als wenn sie dem niedrigeren Niveau t entsprechen. Diese Formulierung ist fast identisch mit der intuitiven Interpretation der Submodularität. Tatsächlich sind beide Eigenschaften eng miteinander verwandt. Dies zeigen die beiden folgenden Lemmata:

Lemma 2: Seien (S_j,≤), j = 1,2,...,n, n Verbände und sei f eine reellwerige Funktion auf dem direkten Produkt S dieser Verbände. Ist f (strikt) submodular auf S, dann hat f (strikt) antitone Differenzen auf S.

Lemma 3: Seien (S_j, ≤), j = 1,2,....,n, n Ketten und sei f eine reellwertige Funktion auf dem direkten Produkt S dieser Ketten. Hat f (strikt) antitone Differenzen auf S, dann ist f (strikt) submodular auf S.

Den Beweis dieser beiden Sätze findet man in einer Arbeit von Topkis.[17] Zusammengenommen besagen sie, daß auf einem endlichen Produkt von Ketten, die Eigenschaften der Submodularität und der antitonen Differenzen äquivalent sind.

Mithilfe des bis hierher entwickelten Begriffsapparates ist es nunmehr möglich, den zentralen Satz zu formulieren, mithilfe dessen die Hauptaussagen des Smith-Stigler-Coase Paradigmas bewiesen werden können. Dieser Satz bezieht sich auf den Fall, wo eine Funktion f bezüglich einer Variable x minimiert werden soll, wo aber das Resultat von einem Parameter t abhängt, der seinerseits einer bestimmten teilgeordneten Menge T entstammt. Sei S_t die Menge der zulässigen Lösungen des Minimierungsproblems in Ab-

---

[17] Topkis, a.a.O., S. 309 f.

hängigkeit vom Parameterwert t. Im Satz wird nun angenommen, daß in dem Maße, in dem immer größere t aus T gewählt werden, auch die Menge S_t immer größere Lösungen x enthält. (Das Wort "größer" bezieht sich dabei stets auf die jeweiligen Ordnungsrelationen auf T und S.) Die Behauptung des Satzes lautet, daß unter diesen Bedingungen die *optimalen* Lösungen des Minimierungsproblems ebenfalls größere Werte annehmen.

Satz 1 (Topkis): Sei S ein Verband und sei T eine teilgeordnete Menge. Man definiere den Schnitt von S bei $t \in T$ in der üblichen Weise durch $S_t := \{x: x \in S, (x,t) \in SxT\}$. Sei f(x,t) eine reellwertige Funktion auf SxT, die für jedes $t \in T$ submodular in x auf S ist und die antitone Differenzen auf SxT hat. Bezeichne S_t^* die Menge der optimalen Lösungen des Programms $\min_{x \in St} f(x,t)$. Wenn die Menge S_t mit t steigt, dann steigt auch die Menge der optimalen Lösungen S_t^* mit t.[18]

Es soll nun gezeigt werden, daß sich dieser Satz auf das Negative der oben definierten Gewinnfunktion (10) anwenden läßt. Man beachte hierbei, daß $-\min_{q,H}(-\pi) = \max_{q,H} \pi$

4. Die zentralen Aussagen des Smith-Stigler-Coase Paradigmas und ihr Beweis

Wir werden im folgenden die im vorigen Abschnitt gewonnenen Aussagen der Verbandstheorie auf folgende zwei Ketten anwenden:

$S_1 = \{ \mathbf{q}: \mathbf{q} \in \mathbf{R}^n: q_j = (a_j/a_i)q_i,$ für gegebene $a_1, a_2, \ldots, a_n > 0 \}$

$S_2(H) = \{ H: H \in P(N)$ und $H \subseteq \mathit{H}$ oder $\mathit{H} \subseteq H$ für ein gegebenes $\mathit{H} \in P(N)$ und für je zwei Mengen H' und H'' gilt entweder $H' \subseteq H''$ oder $H'' \subseteq H' \}$

S_1 ist geometrisch gesprochen ein Strahl im $\mathbf{R}^n$, da alle q_j in einem festen Verhältnis zueinander stehen. S_2 ist ein System von Mengen. Es ist mit bezug auf eine bestimmte, beliebig gewählte Teilmenge *H* von Aktivitäten definiert. Die Mengen von S_2 sind entweder in *H* enthalten oder enthalten *H* ihrerseits. S_2 ist eine durch *H* verankerte aufsteigende Folge von Mengen, die ganz N überdeckt. Man beachte, daß S_2 durch die obige Definition noch nicht eindeutig festgelegt ist. Es gibt mehrere durch H verankerte Systeme dieser Art. Wir wählen eines davon.

---

18 Der Beweis dieses Satzes findet sich in der bereits zitierten Arbeit von Topkis.

Man erkennt leicht, daß S_1 und S_2 bezüglich der $\leq$ Relation auf dem $\mathbf{R}^n$ bzw. bezüglich der Mengeninklusion Ketten sind. Da S_1 geometrisch gesprochen ein Strahl ist, sind je zwei Elemente aus S_1 stets miteinander vergleichbar. Wir können also auf S_1 die Teilordnung $\leq$ in unkomplizierter Weise durch die $\leq$ Relation des $\mathbf{R}^n$ definieren. Auch S_2 ist eine Kette, da nach Konstruktion stets zwei Elemente bezüglich der Mengeninklusion miteinander vergleichbar sind. Wir definieren $H' \leq_2 H''$ genau dann, wenn $H'' \subseteq H'$. (Man beachte die Reihenfolgen. Die Definition zielt schon auf das gewünschte Ergebnis ab, daß H″ "besser" als H′ ist, wenn es kleiner ist.)

Wir definieren ferner eine Menge von Funktionen T_1 vermöge

$$T_1 = \{ TK: TK = (TK_1, TK_2, \ldots, TK_n), TK_j(q_j) = b_j + t_j\, q_j \}$$

Dabei ist $TK_j(q_j)$ definiert wie in Abschnitt 2. T_1 ist also ein System von Vektoren, die alle möglichen Konstellationen von Transaktionskosten beschreiben. Wenn wir auf T_1 die in Abschnitt 2 definierte Relation $\leq$ einführen, ist T_1 eine halbgeordnete Menge.

Wir werden im Verlauf dieses Abschnitts zeigen, daß die Funktion $C(\mathbf{q},H;TK)$ bei gegebenem TK auf $S_1 \times S_2$ antitone Differenzen hat. Das bedeutet, daß sich $\mathbf{q}$ und H gegenseitig positiv beeinflussen. Eine Zunahme von $\mathbf{q}$ verursacht geringere Kosten, wenn gleichzeitig mehr Aktivitäten ausgelagert werden. Dies ist im Grunde die Kernaussage von Stiglers klassischem Aufsatz.

Nach Lemma 3 folgt aus der Tatsache, daß $C(\mathbf{q},H;TK)$ auf $S_1 \times S_2$ antitone Differenzen hat, daß $C(\mathbf{q},H;TK)$ auf $S_1 \times S_2$ submodular ist. Da wir zeigen werden, daß auch $-f(a(\mathbf{q}))*a(\mathbf{q})$ auf $S_1 \times S_2$ antitone Differenzen hat, ist demnach $-\pi$ submodular auf $S_1 \times S_2$. Damit ist die erste Voraussetzung für die Anwendung des Satzes von Topkis erfüllt.

Wir werden ferner zeigen, daß $C(\mathbf{q},H;TK)$ auf $(S_1 \times S_2)XT_1$ antitone Differenzen hat. Das bedeutet, daß die Transaktionskosten TK positiv mit den Output- Aktivitätsmengen-Paaren $(\mathbf{q},H)$ zusammenhängen. Eine Senkung von TK führt dazu, daß eine bestimmte Steigerung des Aktivitäts-Outputs bei gleichzeitiger Verringerung der Eigenaktivitäten zu geringeren Zusatzkosten erfolgen kann als zuvor. Diese Aussage kann als das Coasesche Element im Smith-Stigler-Coase Paradigma aufgefaßt werden. Sie stellt die zweite Voraussetzung des Satzes von Topkis dar.

Man kann nun noch einen Schritt weiter gehen und auch untersuchen, wie sich die Optimallösung des Gewinnmaximierungsproblems (10) entwickelt, wenn sich die Preisabsatzfunktion des Unternehmens nach außen verschiebt, wenn also Marktwachstum auftritt. Zu diesem Zweck führen wir noch das System aller stetigen, negativ geneigten Funktionen im positiven Quadranten des $\mathbf{R}^2$ ein, das wir mit F_1 bezeichnen. F_1 ist also das System sämtlicher stetiger Preis-Absatz-Funktionen. Es wird gezeigt werden, daß eine bestimmte Art der Verschiebung der Preisabsatzfunktion f in (10) nach außen ebenfalls zu einer Verkleinerung des optimalen H führt.

Der Leser wird bemerken, daß der Beweis der zentralen Aussagen des Smith-Stigler-Coase Paradigmas damit nur für ein sehr spezielles Mengensystem S_2 geführt ist. S_2 wurde nämlich in Abhängigkeit von einer bestimmten Menge *H* definiert. Dies eröffnet die Möglichkeit zu folgendem Einwand. Zum leichteren Verständnis betrachte man folgende Abbildung.

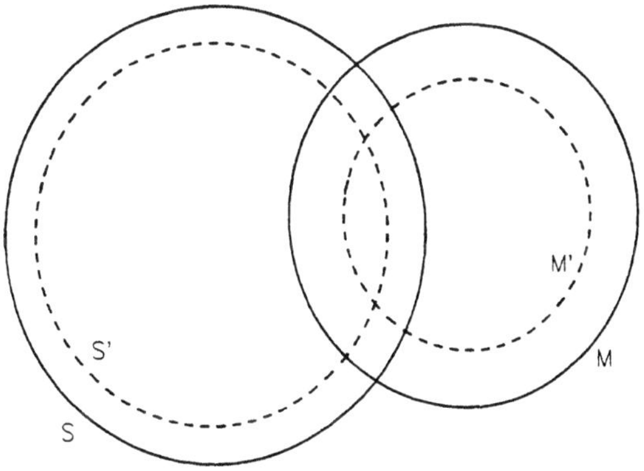

Abbildung 2.4.: Ein Einwand

Nehmen wir an, das Unternehmen habe in der Ausgangssituation sein Gleichgewicht bei einem Paar (q, H) gefunden. Dieses Optimum sei das globale Optimum. Eine Störung dieses Gleichgewichts durch eine Senkung der Transaktionskosten von TK auf TK' würde dazu führen, daß sich das Unternehmen verbessert, wenn es zu (q',H') übergeht, wobei $q \leq q'$ und $H' \subseteq H$. Der Einwand besagt nun, daß die Senkung der Transaktionskosten dazu führen könnte, daß das neue globale Optimum z.B. bei der völlig von H' verschiedenen Menge S' erreicht wird. Die Menge S' könnte könnte aber unter Umständen größer als H' sein (d.h. mehr Elemente enthalten), etwa weil die Aktivitäten in S' einen größeren inneren Zusammenhang haben, der in der Ausgangssituation noch nicht ausgenutzt werden konnte. (Man erinnere sich an die Diskussion der Eigenschaft (1') in Abschnitt 1.) Das Verhältnis von Transaktions- Management- und Produktionskosten zueinander mag in der Ausgangssituation so beschaffen gewesen sein, daß ungeachtet des inneren Zusammenhangs der Aktivitäten in S doch die Lösung H günstiger war.

Es ist mir nicht gelungen, zu zeigen, daß dieser scheinbar paradoxe Fall, in dem eine Senkung der Transaktionskosten zu einer *Verringerung* der Arbeitsteilung führt, nicht auftreten kann. Unter den schwachen Annahmen des Modells ist dies wahrscheinlich auch nicht möglich. Es ist jedoch klar, daß sich dieses Phänomen nicht bei jeder *weiteren* Senkung der Transaktionskosten wiederholen kann. Wäre dies nämlich der Fall, würde der optimale Umfang der Aktivitäten des betrachteten Unternehmens mit jeder Transaktionskostensenkung weiter steigen. Im Extremfall würde das Unternehmen schließlich *alle* Aktivitäten aus N ausführen, und das bei einem extrem niedrigen Niveau der Transaktionskosten!

Wir werden jedoch im gleich folgenden Satz 2 zeigen, daß eine Senkung der Transaktionskosten, bis auf das Niveau, auf dem

$$TK_j(q_j) < EK_j(q_j) - FK_j(q_j), \text{ für alle } j \in N,$$

gilt, zur völligen Desintegration des Unternehmens führt. Dies ist auch intuitiv einsichtig. Wenn die Transaktionskosten soweit sinken, daß für jedes q_j der Produktionskostennachteil bei Eigenfertigung unterschritten wird, dann werden alle q_j über den Markt bezogen.

Das heißt aber, daß sich das im Einwand geschilderte Paradox nicht bei jeder neuen Transaktionskostensenkung wiederholen kann. Es gibt also eine bestimmte Aktivitätsmenge S^*, bei der weitere Transaktionskostensenkungen nur noch zu solchen globalen Optima führen, die Teilmengen von S^* sind. Man kann also sagen, daß Transaktionskostensenkungen *im Trend* zur Ausgliederung von Aktivitäten führen.[19]

[19] Genau genommen, könnte das Phänomen auch später noch einige Male auftreten. D.h. die Transaktionskostensenkungen führen quasi zu einem zick-zackartigen Prozeß, bei dem im Trend aber die Aktivitätsmengen H immer kleiner werden. (Daß die Mengen im Trend tatsächlich immer kleiner werden, erkennt man daran, daß es möglich ist, den Prozeß in umgekehrter Richtung zu vollziehen. Ausgehend von dem oben angegebenen niedrigen Niveau der Transaktionskosten, kann durch ihre sukzessive Anhebung eine aufsteigende Folge von Aktivitätsmengen konstruiert werden, die schließlich zum ursprünglichen H zurückführt.)

Dieses Ergebnis ist sehr interessant, da es in unmittelbarem Zusammenhang zu den Überlegungen des vorigen Kapitels steht. Offenbar führt nicht jede beliebige Senkung der Transaktionskosten zu einer Zunahme der industriellen Arbeitsteilung. Die Senkung der Transaktionskosten muß vielmehr erheblich sein. Das paßt gut zu der im vorigen Kapitel entwickelten Idee, nach der eine Zunahme der Arbeitsteilung erst dann einsetzt, wenn sich die Industrie gewissermaßen beruhigt hat, wenn sich also der Wandel verlangsamt hat. In dem Augenblick, in dem die Industrie in diese Phase eintritt, sinken ja die Transaktionskosten tatsächlich erheblich, und der Prozeß der zunehmenden Auslagerung von Aktivitäten setzt ein. Solange jedoch die allgemeine Unsicherheit noch groß ist, können definitionsgemäß die Transaktionskosten nur in geringem Ausmaß sinken. In dieser Entwicklungsphase kann es vorübergehend auch einmal zu einer Vergrößerung der Unternehmensgrößen (im Sinne des optimalen Aktivitätsumfangs) kommen.

Satz 2: Gelte für ein bestimmtes $TK \in T_1$ die Ungleichung

$$TK_j(q_j) < EK_j(q_j) - FK_j(q_j),$$

für alle $j \in N$ und alle $q_j \in \mathbf{R}_+$. Dann ist $H = \varnothing$ gewinnoptimal.

Beweis:

Es ist zu zeigen, daß für alle $H \subseteq N$ gilt:

$$\sum_{i \in N} (FK_i(q_i) + TK_i(q_i)) < C(\mathbf{q}, H; TK)$$
$$= \sum_{i \in H} EK_i(q_i) + MK(H, \mathbf{q}_H) + \sum_{i \in CH} (FK_i(q_i) + TK_i(q_i)).$$

Diese Ungleichung läßt sich folgendermaßen umformen:

$$\sum_{i \in N/CH} (FK_i(q_i) + TK_i(q_i)) < \sum_{i \in H} EK_i(q_i) + MK(H, \mathbf{q}_H).$$

Es ist aber $N \setminus CH = H$. Also kann diese Ungleichung weiter umgeformt werden zu

$$\sum_{i \in H} (TK_i(q_i) + FK_i(q_i)) < \sum_{i \in H} EK_i(q_i) + MK(H, \mathbf{q}_H),$$

bzw.

$$\sum_{i \in H} (TK_i(q_i) < \sum_{i \in H} (EK_i(q_i) - FK_i(q_i)) + MK(H, \mathbf{q}_H).$$

Nach Voraussetzung des Satzes gilt aber:

$$\sum_{i \in H} (TK_i(q_i) < \sum_{i \in H} EK_i(q_i) - FK_i(q_i).$$

Also ist die zuletzt aufgestellte Ungleichung richtig. Da sie aus der Behauptung des Satzes durch äquivalente Umformungen hervorging, ist dieser damit gezeigt.

Wir beginnen nun damit, die Behauptungen des Smith-Stigler-Coase Paradigmas für die Kette S_2 zu zeigen.

Satz 3: Seien die Mengen S_1,S_2, und die Funktionen f und a definiert wie oben in Abschnitt 2. Dann kann die Funktion

$$g(\mathbf{q}) = g(q_1,q_2, \ldots ,q_n) = - a(\mathbf{q})\ f(a(\mathbf{q}))$$

submodular auf $S_1 \times S_2$ fortgesetzt werden.

Beweis:

Man definiere: $g(\mathbf{q},H) := g(\mathbf{q})$ für alle $H \in S_2$. Nach Lemma 3 des vorigen Abschnitts ist nun noch zu zeigen, daß gilt:

$$g(\mathbf{q}'', H'') - g(\mathbf{q}', H'') \leq g(\mathbf{q}'', H') - g(\mathbf{q}', H'),$$

für $\mathbf{q}'' \leq \mathbf{q}'$ und $H'' \subseteq H'$. Dies folgt aber unmittelbar aus der gerade vorgenommenen Definition.

Satz 4 (Smith-Stigler): Seien H' und H'' beliebig aus S_2 gewählt mit $H' \leq_2 H''$. Seien gleichfalls $\mathbf{q}'$und $\mathbf{q}''$ beliebig aus S_1 mit $\mathbf{q}' \leq \mathbf{q}''$. Dann gilt:

$$C(\mathbf{q}'',H'';TK) - C(\mathbf{q}',H'';TK) \leq C(\mathbf{q}'',H';TK) - C(\mathbf{q}', H';TK),$$

für gegebene Transaktionskosten TK.

Beweis:

Die Behauptung des Satzes lautet ausgeschrieben:

$$
\begin{aligned}
&\Big\{\sum_{i\in H''} EK_i(q_i'') + MK(H'', q''_{H''}) + \sum_{i\in \complement H''} FK_i(q_i'') + TK_i(q_i'')\Big\} \\
&-\Big\{\sum_{i\in H''} EK_i(q_i') + MK(H'', q'_{H''}) + \sum_{i\in \complement H''} FK_i(q_i') + TK_i(q_i')\Big\} \\
&\qquad\qquad \leq \Big\{\sum_{i\in H'} EK_i(q_i'') + MK(H', q''_{H'}) + \sum_{i\in \complement H'} (FK_i(q_i'') + TK_i(q_i''))\Big\} \\
&\qquad\qquad -\Big\{\sum_{i\in H'} EK_i(q_i') + MK(H', q'_{H'}) + \sum_{i\in \complement H''} (FK_i(q_i') + TK_i(q_i'))\Big\}.
\end{aligned}
$$

Da H'' Teilmenge von H' ist und damit $\complement H'$ Teilmenge von $\complement H''$, kürzen sich in dieser Ungleichung auf der linken Seite alle Terme mit $i \in H''$ heraus und auf der rechten alle Terme mit $i \in \complement H'$. Damit wird die Ungleichung zu:

$$
\begin{aligned}
&MK(H'', q''_{H''}) - MK(H'', q'_{H''}) + \sum_{i\in \complement H''\setminus \complement H'} (FK_i(q_i'') + TK_i(q_i'') - \sum_{i\in \complement H''\setminus \complement H'} (FK_i(q_i') + TK_i(q_i') \\
&\qquad \leq \sum_{i\in \complement H'\setminus \complement H''} EK_i(q_i'') + MK(H', q''_{H'}) - \sum_{i\in \complement H'\setminus \complement H''} EK_i(q_i') + MK(H', q'_{H'})
\end{aligned}
$$

Umordnen der Terme (unter Beachtung der Identität $\complement H''\setminus\complement H' = H'\setminus H''$) führt zu:

$$
\begin{aligned}
&\sum_{i\in H'\setminus H''} [FK_i(q_i'') - FK_i(q_i') + TK_i(q_i'') - TK_i(q_i')] \\
&\qquad\qquad \leq \sum_{i\in H'\setminus H''} EK_i(q_i'') - EK_i(q_i') + MK(H', q''_{H'}) - MK(H', q'_{H'}) \\
&\qquad\qquad - (MK(H'', q''_{H''}) - MK(H'', q'_{H''})
\end{aligned}
$$

Der Ausdruck

$$
MK(H', q''_{H'}) - MK(H', q'_{H'}) - (MK(H'', q''_{H''}) - MK(H'', q'_{H''}))
$$

ist nach Eigenschaft (2) in Abschnitt 2 positiv, der Ausdruck

$$
\sum_{i\in \complement H'\setminus \complement H''} EK_i(q_i'') - EK_i(q_i') - (FK_i(q_i'') - FK_i(q_i')) - (TK_i(q_i'') - TK_i(q_i'))
$$

nach Annahme (8) in Abschnitt 2 ebenfalls. Also ist die letzte Ungleichung und damit auch der Satz richtig.

Im nächsten Satz wird gezeigt, daß die Transaktionskosten mit den Paaren (q,H) antitone Differenzen haben.

Satz 5 (Coase): Seien $(\mathbf{q}'_{H'},H')$ und $(\mathbf{q}''_{H''},H'')$ beliebig aus $S_1 \times S_2$ gewählt mit $q'_i \leq q''_i$, für alle $i \in N$ und $H' \leq_2 H''$ (also $H'' \subseteq H'$). Ferner gelte $TK' \leq_T TK''$ (also $TK'' \leq TK'$). Dann gilt:

$$C(\mathbf{q}''_{H''},H'';TK'') - C(\mathbf{q}'_{H'},H';TK'') \leq C(\mathbf{q}''_{H''},H'';TK') - C(\mathbf{q}'_{H'},H';TK')$$

Beweis:

Schreibt man die Behauptung des Satzes aus, erkennt man, daß sich in der Ungleichung alle Terme außer den Transaktionskosten herauskürzen. Die Ungleichung reduziert sich also zu:

$$\sum_{j \in CH''} TK_j''(q_j'') - \sum_{j \in CH'} TK_j''(q_j') \leq \sum_{j \in CH''} TK_j'(q_j'') - \sum_{j \in CH'} TK_j'(q_j').$$

Nach Voraussetzung ist H'' Teilmenge von H' und deshalb CH' Teilmenge von CH''. Für alle $j \in CH'$ gilt die gerade aufgestellte Ungleichung nach den Annahmen über die Transaktionskosten und der Definition von $\leq$. Für alle $j \in CH'' \setminus CH'$ gilt

$$\sum_{j \in CH''} TK_j''(q_j'') \_ \sum_{j \in CH'} TK_j'(q_j''),$$

wiederum nach Definition von $\leq$. Damit ist die Ungleichung gezeigt.

Um nun den Satz von Topkis anwenden zu können, fehlt nun nur noch ein Schritt. Es muß noch gezeigt werden, daß

$$S_{TK} = \{ (\mathbf{q},H): (\mathbf{q},H) \in S_1 \times S_2 \text{ und } ((\mathbf{q},H; TK) \in S_1 \times S_2 \times T_1 \}$$

mit TK steigt. Dies ist aber trivialerweise richtig, da für alle $TK \in T_1$ die Gleichheit $S_{TK} = S_1 \times S_2$ gilt. Damit nimmt also das optimale $(\mathbf{q},H)$ bei sinkendem TK zu (im Sinne der Definition der Ordnungsrelation auf $S_1 \times S_2$; d.h. $\mathbf{q}$ wird größer und H kleiner).

Anstelle von Veränderungen von TK können wir auch Veränderungen der Preis-Absatz-Funktion betrachten. Wir müssen dann ein Pendant zu Satz 5 für die Preis-Absatz-Funktion zeigen.

Satz 5: Seien $(q_{H'}, H')$ und $(q''_{H''}, H'')$ beliebig aus $S_1 \times S_2$ gewählt mit $q'_i \leq q''_i$, für alle i $\in N$ und $H' \leq H''$ (also $H'' \subseteq H'$). Seien ferner zwei Preis-Absatzfunktionen f und h aus F_1 gegeben mit $f(x) \leq h(x)$ und $f'(x) \leq h'(x)$, für alle $x \in \mathbf{R}_+$. Dann gilt:

$$-\pi(q''_{H''}, H''; h) + \pi(q'_{H'}, H'; h) \leq -\pi(q''_{H''}, H''; f) + \pi(q'_{H'}, H'; f)$$

Bemerkung: Der Satz unterstellt eine Verschiebung der Preis-Absatzfunktion von f nach h, und zwar derart, daß die Steigung der Preis-Absatz-Funktion $p = f(x)$ steiler wird. Unter diesen Bedingungen besagt der Satz, daß das Unternehmen antitone Gewinne aufweist. Das heißt, bei einer Nachfrageverschiebung der geforderten Art steigt der Gewinn, wenn mehr produziert und mehr Aktivitäten nach außen verlagert werden.

Beweis des Satzes:

Schreibt man die Behauptung des Satzes aus, erkennt man, daß sie sich auf die Ungleichung

$$-\frac{q''_1}{a_1} h\left(\frac{q''_1}{a_1}\right) + \frac{q'_1}{a_1} h\left(\frac{q'_1}{a_1}\right) \leq -\frac{q''_1}{a_1} f\left(\frac{q''_1}{a_1}\right) + \frac{q'_1}{a_1} f\left(\frac{q'_1}{a_1}\right)$$

reduziert. Dies ist äquivalent zu:

$$\frac{q''_1}{a_1}\left[f\left(\frac{q''_1}{a_1}\right) - h\left(\frac{q''_1}{a_1}\right)\right] \leq \frac{q'_1}{a_1}\left[f\left(\frac{q'_1}{a_1}\right) - h\left(\frac{q'_1}{a_1}\right)\right]$$

bzw.

$$q'_1\left[h\left(\frac{q'_1}{a_1}\right) - f\left(\frac{q'_1}{a_1}\right)\right] \leq q''_1\left[h\left(\frac{q''_1}{a_1}\right) - f\left(\frac{q''_1}{a_1}\right)\right]$$

Diese Bedingung ist jedoch erfüllt, wenn $f'(x) \leq h'(x)$ gilt. Hieraus folgt nämlich:

$$\left[f\left(\frac{q''_1}{a_1}\right) - f\left(\frac{q'_1}{a_1}\right)\right] \leq \left[h\left(\frac{q''_1}{a_1}\right) - h\left(\frac{q'_1}{a_1}\right)\right]$$

Dies wiederum ist äquivalent zu

$$\left[h\left(\frac{q_1'}{a_1}\right)-f\left(\frac{q_1'}{a_1}\right)\right]\leq\left[h\left(\frac{q_1''}{a_1}\right)-f\left(\frac{q_1''}{a_1}\right)\right]$$

Da $0 \leq q_1' \leq q_1''$ folgt damit die obige Bedingung.

Um den Satz von Topkis auch auf diese Situation anwenden zu können, ist es erforderlich, zu zeigen, daß

$$S_f = \{ (q,H): (q,H) \in S_1 \times S_2 \text{ und } ((q,H; TK) \in S_1 \times S_2 \times F_1 \}$$

mit $f \in F_1$ steigt. Ebenso wie vorhin im Fall von S_{TK} ist aber auch hier der Fall, daß $S_f = S_1 \times S_2$ für alle $f \in F_1$ gilt. Also kann der Satz von Topkis angwendet werden. Eine Erweiterung der Nachfrage in der geschilderten Art führt zu mehr Output und zur vermehrten Auslagerung von Aktivitäten.

Kapitel 3: Der Einsatz der Telematik im Bankwesen

1. Einleitung

Im Bankwesen zeigt sich seit einiger Zeit eine Tendenz zu zunehmender vertikaler Desintegration. Diese Tendenz ist zur Zeit vor allem in den USA zu beobachten[1], sie zeigt sich aber auch schon in Europa und in Japan. In Deutschland existieren bereits verschiedene spezialisierte Zulieferer, die Teilaufgaben des bankbetrieblichen Fertigungsprozesses übernehmen. So etwa die DV-Gesellschaften und Rechenzentren der Sparkassenorganisationen und der Genossenschaftsinstitute, die GZS, der Deutsche Kassenverein (im Bereich der Börsengeschäfte) oder Gesellschaften, die Back-Up Leistungen für Rechenzentren anbieten, wie die Info AG.[2] Der dadurch ausgelöste Prozeß der Spezialisierung bezieht sich vor allem auf den Produktionsprozeß der Banken, aber auch auf ihre Endprodukte. Im nächsten Kapitel wird argumentiert, daß dieser Spezialisierungsprozeß mithilfe der im ersten Kapitel dargestellten Form des Smith-Stigler-Coase Paradigmas erklärt werden kann. Ferner soll nachgewiesen werden, daß die Telematik in diesem Prozeß eine entscheidende Rolle spielt. Dabei wird sich - in Übereinstimmung mit dem Smith-Stigler-Coase Paradigma - zeigen, daß die Arbeitsteilung nicht in allen Bereichen gleichmäßig zunimmt, sondern nur in jenen, in denen die Kosten der Marktbeziehung niedriger sind als die zusätzlichen Managementkosten der internen Organisation.[3]

Wenn diese Analyse zutrifft, sind ähnliche Tendenzen auch für Kontinentaleuropa zu erwarten. Die Erfahrung mit der Telematik lehrt, daß Entwicklungen in den angelsächsischen Ländern mit einem Zeitverzug von etwa 5-7 Jahren auch auf dem europäischen Kontinent aktuell werden.

Man wird hier allerdings einwenden, daß das europäische System der Universalbanken und die Tendenz zur Allfinanz (oder Mehrfinanz) der Spezialisierung auf der Endpro-

---

1 Dies wird sehr anschaulich dokumentiert in einer Studie der beiden McKinsey Mitarbeiter T. Steiner und D. Teixeira: Technology in Banking. Homewood, Ill., 1990.

2 Vgl. J. Moormann und D. Wölfing: Fertigungstiefe in Banken verringern. In: Die Bank 12/91, S.677 ff., hier S. 679.

3 Eine ebenfalls auf der Transaktionskostentheorie beruhende Analyse des "Outsourcing" von Datenverarbeitungfunktionen der Banken findet man bei G. Knolmayer: Informationsmanagement, Outsourcing von Informatik-Leistungen. In: WiSt, Heft 7, Juli 1992, S. 356 ff. Allerdings geht Knolmayer nicht auf die Rolle der Telekommunikation, also den Aspekt der Markterweiterung, ein. Er stellt deshalb auch nicht den Bezug zu Smith und Stigler her, sondern verbleibt im Rahmen des Williamsonschen Ideengutes.

duktstufe entgegenstünden. Diese Frage soll im Kapitel 5 ausführlicher diskutiert werden. Es verdient aber bereits hier angemerkt zu werden, daß Allfinanzangebote und Spezialisierung nicht zueinander im Widerspruch stehen. Das zu Anfang des vorigen Kapitels angeführte Beispiel der Kleinfeuerwaffen im England des 19. Jahrhunderts belegt dies. Man erinnere sich, daß dort der Prozeß der Arbeitsteilung so weit fortgeschritten war, daß der einzelne Unternehmer nur selten überhaupt eigene Fertigungseinrichtungen besaß. Zumeist verfügte er lediglich über eine Lagerhalle, in der Vorprodukte und halbfertige Waffen lagerten. Ansonsten gab es für die einzelnen Arbeitsgänge hochspezialisierte Unternehmen, zwischen denen die Zwischenprodukte fortwährend hin und her transportiert wurden. Ähnliches könnte sich im Bankwesen ereignen. Die "Bank", der sich der Kunde gegenübersähe, würde dann quasi nur noch die Endprodukte verschiedener hochspezialisierter Vorlieferanten zu einem Gesamtangebot bündeln. Allfinanzangebote und Spezialisierung sind also nicht notwendigerweise Gegensätze.

Bevor dieser Fragenkomplex im übernächsten Kapitel vertieft wird, soll jedoch dem zentralen Anliegen der vorliegenden Arbeit nachgegangen und überprüft werden, inwieweit das Smith-Stigler-Coase Paradigma die gegenwärtig zu beobachtende Tendenz zur unternehmensbezogenen Arbeitsteilung im Bankwesen erklären kann.

Dazu ist es unumgänglich, zunächst darzustellen, wie die Banken die Telematik tatsächlich einsetzen. Dies geschieht im gegenwärtigen Kapitel. Dabei soll sich die Darstellung nicht nur auf deutsche Banken beschränken, sondern auch ausländische Banken einbeziehen. Dies gilt in erster Linie für die amerikanischen Banken aber auch für die japanischen Kreditinstitute, bei denen die Telematisierung gleichfalls weit vorangeschritten ist.

Der hohe Grad der Telematisierung bei den japanischen und amerikanischen Banken darf jedoch nicht den Blick dafür verstellen, daß Europa in einigen Bereichen beim Einsatz der Telematik bereits weiter fortgeschritten ist als die USA. Das gilt zum Beispiel für den Bereich des beleglosen Zahlungsverkehrs. Während in Deutschland heute bis zu 75% aller Transaktionen ohne Papier erfolgen, sind dies in den Vereinigten Staaten maximal 10%.[4] Der Grund dafür liegt unter anderem in der dominierenden Rolle, die dort der

---

4 Bei der Commerzbank beträgt der Anteil der papierlosen Transaktionen 75% (vgl. G.Pfeiffer, B. Wieland: Telecommunications in Germany. Berlin, Heidelberg, New York, 1990, S. 100), bei der Deutschen Bank etwa 70 %. (Vgl. o.V.: Banking aus dem Orbit. In: Funkschau 3, 1989, S. 26 ff.), bei den Sparkassen etwa 60%. Zu der Zahl von 10% für die USA vgl. T.Steiner, D.Teixeira, a.a.O., S. xiv. In den USA erfolgen rund 85% aller Zahlungen kleinerer Beträge mittels Scheck. (Vgl. E.H. Solomon: Financial Sector Innovation: The Consumer Impact. In: Y. Oishi, M. Komai (Hrg.): Networks and Society. The Institute for Posts and Telecommunications Policy, Tokyo 1991, S. 207 ff., hier S. 207. Die gleiche Zahl nennen auch Chorafas und Steinmann. (Vgl. D. Chorafas, H. Stein-

Scheck als Zahlungsmittel einnimmt. Ungeachtet solcher Teildefizite wird jedoch in den USA der Einsatz der Telematik im Bankwesen besonders stark vorangetrieben. Zwischen 1980 und 1988 wuchsen dort die Telematik-Investitionen der Großbanken von 1,8 Mrd $ auf 7,9 Mrd. $. Das entspricht einer Wachstumsrate von jährlich über 20 %. Im Jahr 1988 allein investierte von den sieben größten der Großbanken jede mehr als 300 Mio $.[5] Bei den kleineren Banken allerdings war die Wachstumsrate sehr viel geringer. Sie betrug knapp 7 %.

In Deutschland gaben die Banken im Jahr 1990 für die Telematik rund 4,2 Mrd. Mark aus.[6] Über die letzten 5 Jahre nahmen die Telematikausgaben pro Jahr im Schnitt um 200 Mio. zu. Dies entspricht einer jährlichen Wachstumsrate von 6%. Auch hier differieren allerdings die Zahlen mit der Größe der Geldinstitute. Als Faustregel kann gelten, daß das Verhältnis der Bilanzsummen in etwa das Verhältnis der Wachstumsraten bei den Telematikausgaben wiederspiegelt. Eine Ausnahme von dieser Regel bilden die Sparkassen und Genossenschaftsbanken, die in den letzten Jahren besonders stark in den Bereich der Telematik investiert haben. Der Anteil der Telematikausgaben an den gesamten Sachkosten beträgt im Durchschnitt 12-13%. Es wird vermutet, daß diese Zahl in den nächsten Jahren auf 15% steigen wird.[7] Einige Quellen nennen bereits sehr viel höhere Zahlen.[8] Bei den großen Banken darf man wohl von einem Anteil von gut 20% ausgehen. In den USA beträgt der Anteil der Telematik an den *gesamt*en Betriebskosten bereits 15-20 %.[9].

---

mann: Implementing Networks in Banking and Financial Services. Houndmills, Basingstroke, 1988, S. 3.)

5 T. Steiner, D. Teixeira, a.a.O., S. 20 f. Es handelt sich hier um die Commercial Banks. Die Autoren sprechen von Systems Expenses. Damit sind überwiegend Ausgaben für Hardware und die Entwicklung und Pflege von Software bei der Datenverarbeitung und der Telekommunikation gemeint aber auch Kosten für die Datenübertragung und für die Inanspruchnahme bzw. den Betrieb von Rechenzentren. (Steiner, Teixeira, a.a.O., S. 35, Abb. 2.1)

6 Diese und die folgenden Zahlen entstammen verschiedenen Verbandsveröffentlichungen und Referatsbeiträgen, sowie persönlichen Gesprächen des Autors. J. Moormann und D. Wölfing, a.a.O., S. 678, schätzen, daß die 10 größten Institute jährlich etwa 3 Mrd. DM für ihre Datenverarbeitung aufwenden.

7 B. Preißl: Telekommunikation und das Auslandsgeschäft von Banken und Versicherungen. No. 36 der Diskussionsbeiträge zur Telekommunikationsforschung, Wissenschaftliches Institut für Kommunikationsdienste, Bad Honnef 1988, S. 56.

8 "Je nach Größenordnung des Instituts werden ca. 20-25% des Sachkostenbudgets jährlich in die Informationstechnologie investiert". So der Leiter des Konzernstabes Organisation der Dresdner Bank, Dr. Gunter Frank, in einem Vortrag über "Strategische Informationsverarbeitung am Beispiel der Dresdner Bank" im Rahmen der Tele-Akademie des Südwestfunks, schriftliche Fassung, S. 7.

9 Steiner, Teixeira, a.a.O., S. 23. Es geht hier um den Anteil der gesamten DV- und Telekommunikationskosten an den gesamten Betriebskosten (Non Interest Expenses). Nach Größenklassen der Banken aufgegliederte Angaben finden sich bei J. Kolari, A. Zardkoohi: Bank Costs, Structure, and Per-

Offensichtlich sind kleinere Banken mit diesen Kosten überfordert. Sie sind deshalb darauf angewiesen, entsprechende Telekommunikationsleistungen vom Markt zu beziehen oder entsprechende Gemeinschaftsunternehmen zu gründen. Ganz im Sinne der beiden vorigen Kapitel verkaufen einige der großen Banken Überschußkapazitäten an ihre kleineren Konkurrenten. Aber auch Datenverarbeitungs- und Telekommunikationsunternehmen dringen in diesen Markt ein.

Haupteinsatzgebiet der Telematik ist immer noch die Rationalisierung bestehender Betriebsabläufe. Als Folge des gestiegenen Wohlstandes und als Folge der weiten Verbreitung von Gehaltskonten unterhalten immer mehr Menschen eine Bankverbindung. Das damit entstandene Massengeschäft stellt die Banken vor die Aufgabe, eine Fülle von kleinen Transaktionen und eine dementsprechende Papierflut zu bewältigen. Diese Papierflut ist, wie bereits erwähnt, vor allem in Ländern mit hohem Scheckverkehr besonders dramatisch. In den Vereinigten Staaten stellt jeder Haushalt pro Jahr etwa 320 Schecks aus.[10] Insgesamt wurden dort im Jahr 1988 50 Mrd. Schecks ausgestellt.[11] Ohne den Einsatz der modernen Datenverarbeitung wäre die Bewältigung solcher Volumina zu vertretbaren Kosten unmöglich. Sinkende Hardwarekosten bei gleichzeitig erheblich gestiegener Kapazität erlauben jedoch heute den Einsatz der Datenverarbeitung, nicht nur in der Form von Großrechnern oder Belegverarbeitern, sondern auch in der Form von Terminals, Kontoauszugsdruckern und Geldautomaten. Die Senkung der Telekommunikationskosten, die nicht weniger dramatisch war als die bei der Computerhardware, hat es ermöglicht, diese Geräte untereinander zu vernetzen und damit ihre Produktivität noch einmal um eine Größenordnung zu steigern. Einige Zahlen mögen das Kostensenkungspotential der Telematik in den Banken heute verdeutlichen. Die Commerzbank bewältigt täglich etwa 1,8 Mio Transaktionen, die Bank of America etwa 600 000-700 000.[12] Jede

---

formance. Lexington 1987, S. 191 ff. Diese Daten stammen allerdings aus den frühen 80ern und sind deshalb für den heutigen Anteil der Telematik-Kosten an den Gesamtkosten nicht mehr representativ.

10 Gertraud Frank zitiert eine Batelle Untersuchung, in der sich Zahlen zu den in verschiedenen Ländern *ausgegebenen* Schecks finden. In den USA wurden im Jahr 1984 pro Person und Jahr etwa 80 Schecks ausgegeben und in Frankreich etwa 40. In der Schweiz hingegen etwa 5 und in Deutschland 10. Vgl. Gertraud Frank: Neuere Entwicklungen im elektronischen Zahlungsverkehr. Frankfurt a.M., 1990, S. 19.

11 Steiner, Teixeira, a.a.O. S.xv und S.84.

12 Die Zahl für die Commerzbank entstammt Pfeiffer, Wieland, a.a.O., S. 100, die für die Bank of America dem OECD/BRIE User Group Project, hier: F. Bar: Bank of America. Paris (OECD) 1989, vervielfältigt, S. 5. Die Arbeiten, die im Rahmen des OECD/BRIE User Group Projektes geleistet wurden, sind in verschiedenen Arbeitspapieren enthalten, die zum überwiegenden Teil nur in vervielfältigter Form zugänglich sind. Diese Papiere werden im folgenden unter dem Oberbegriff OECD/BRIE User Group Project und dem Namen des entsprechenden Verfassers zitiert. Nur das deutsche Segment des Forschungsvorhabens wurde bislang in Buchform veröffentlicht. (G. Pfeiffer, B. Wieland: Telecommunications in Germany. Berlin, Heidelberg, New York 1990.) Die Ergebnisse

Verbilligung einer Transaktionsart ist deshalb für die Gesamtkosten von großer Bedeutung. Bei der Commerzbank betragen die Kosten eines Kontoauszuges (ohne Porto) rund 1 DM. Benutzt der Kunde einen Kontoauszugsdrucker oder den Bildschirmtextdienst der Deutschen Bundespost Telekom (BTX), verringern sich diese Kosten auf 40 Pfennig. Eine Überweisung per Hand kostet die Commerzbank 2,50 DM. Eine Überweisung per BTX nur 20 Pfennig.[13]

Die Telematik wird von den Banken aber nicht nur defensiv zur Rationalisierung bestehender Betriebsabläufe eingesetzt, sondern auch als Wettbewerbsinstrument zur Gestaltung neuer Finanzprodukte und -dienstleistungen. Ohne die Telematik wären z.B. einige der so viel besprochenen Finanzinnovationen gar nicht möglich. Das gleiche gilt für die Internationalisierung der Finanzmärkte. Die gesunkenen Kosten der Nachrichtenübermittlung waren und sind eine wesentliche Triebfeder dieses Prozesses.

2. Die Telematik-Infrastruktur einer Großbank

In den folgenden Abschnitten wird der Einsatz der Telematik im Bankwesen genauer nachgezeichnet. Dabei soll versucht werden, so weit als möglich auf technische Details zu verzichten. Die ökonomische Motivation und die ökonomischen Auswirkungen des Einsatzes der Telematik sollen im Vordergrund stehen.

Bei dieser Darstellung wurde versucht, aus verschiedenen Quellen ein länderübergreifendes Grundmuster des Einsatzes der Telematik in Banken herauszuarbeiten. Es sei erwähnt, daß darüberhinaus für Deutschland neuerdings eine empirische Studie des Wissenschaftlichen Instituts für Kommunikationsdienste vorliegt.[14] Diese Studie basiert auf einer representativen Umfrage und bezieht sowohl Großbanken als auch kleinere Institute ein. Die Ergebnisse stimmen im wesentlichen mit der hier vorgetragenen Darstellung überein. Das gleiche gilt für ein neues Arbeitspapier der Wharton School an der Univer-

---

für die USA wurden zusammengefaßt in F. Bar: Configuring the Telecommunications Infrastructure for the Computer Age: The Economics of Network Control. Dissertation der University of California at Berkeley, 1990. Der Abschlußbericht "Information Networks and Competitive Advantage" (Vol. I und II) wurde von der OECD und der Generaldirektion XIII der EG-Kommission in vervielfältigter Form verbreitet.

13 Pfeiffer, Wieland, a.a.O. S. 107.

14 A. Mahler: Telekommunikationsdienste im Bankensektor. Diskussionsbeitrag Nr. 131, Wissenschaftliches Institut für Kommunikationsdienste, Bad Honnef, Juli 1994.

sity of Pennsylvania, das aber (ebenso wie die vorliegende Arbeit) nicht auf einer repräsentativen Umfrage, sondern auf Fallstudien basiert.[15]

2.1 Das Zentrale Rechenzentrum und die Peripherie

Herzstück der Telematik-Infrastruktur einer typischen Großbank ist ihr zentrales Rechenzentrum. Es befindet sich zumeist am Hauptsitz der Bank[16] und besteht aus mehreren Großrechnern, die über Telekommunikationsleitungen mit allen anderen Computern und Terminals der Bank verbunden sind. Die Rechenkapazität der Großrechner ist im letzten Jahrzehnt erheblich gestiegen. Vor 10 Jahren hatte ein Großrechner eine Kapazität von 2-5 Mips.[17] Heute weist bereits ein PC eine Kapazität von 1 Mips auf. Die modernen Großrechner hingegen haben eine Kapazität von 45 Mips. Das zentrale Rechenzentrum einer Großbank verfügt etwa über eine Kapazität von um die 500 Mips.[18] Eine solche Rechenkapazität reicht aus, um innerhalb einer Sekunde für jeden Einwohner Europas eine Addition auszuführen. Gleichzeitig mit dem Kapazitätswachstum sind die Kosten pro Mips dramatisch gefallen. Sie betragen heute etwa 30 000 - 60 000 DM.[19] Einen ähnlichen Kostenverfall hat es bei Datenspeichern gegeben. Betrugen die Kosten der Magnetspeicherung im Jahr 1970 noch 500 $ pro Megabyte, so beliefen sie sich 1988 nur noch auf 10 $. Als Folge dieser Kostenreduktionen ist die Rechenkapazität in den Banken stark gewachsen.

Die Großrechner einer Bank führen verhältnismäßig einfache, standardisierte Operationen aus, diese aber in großer Fülle. Kleine Banken, die sich ein solches Rechenzentrum

---

15 A. Sharma, S. Shrivastava: Trends in Financial Institutions: Outsourcing of Information Technology. Fishman-Davidson Fellowship Paper, The Wharton School of the University of Pennsylvania, May 1993.

16 Das ist nicht immer so. Die Banque Nationale de Paris hat auf der obersten Ebene drei geographisch getrennte Rechenzentren. Dies ist jedoch untypisch und liegt daran, daß jedes dieser Rechenzentren Spezialaufgaben wahrnimmt (Personal, Ausland, Übriges). (OECD/BRIE User Group Project, hier: F. Rowe: Banque Nationale de Paris, S.7.) Ähnlich ist die Situation bei Kleinwort Benson, wo drei zentrale Rechenzentren für die drei Hauptgeschäftsfelder Merchant Banking, Investment Banking und Brokerage betrieben werden. (Persönliche Mitteilung von Professor Dang Nguyen.) Dies hat historische Gründe. Kleinwort Benson war ursprünglich eine reine Merchant Bank und wuchs durch Fusionen in die anderen Bereiche hinein.

17 Million Instructions (Executed) Per Second.

18 Vgl. Pfeiffer, Wieland, a.a.O., S. 112 und Frank, a.a.O., S.6.

19 Steiner und Teixeira sprechen noch von 30 000-60 000 *Dollar*. Seit Erscheinen des Buches hat sich aber der Kostenverfall fortgesetzt. Bei solchen Kostendaten ist immer zu berücksichtigen, daß die Kosten pro Mips in starkem Maße von der Größe und Konfiguration des Computersystems abhängen. 1 Mips auf PC-Basis kosten heute etwa 3 000-6 000 $, während die entsprechenden Kosten bei einem Großrechner um das 5 bis 10 fache höher liegen können. Der Grund dafür liegt einerseits in dem Aufwand, der für die "Selbstverwaltung" des Großrechners getrieben werden muß, und andererseits in den ineffizienten Antwortzyklen und -zeiten der angeschlossenen Terminals.

nicht leisten können, müssen die Dienste der großen Banken oder externe Service-Rechenzentren in Anspruch nehmen.[20]

Da alle Geschäftsvorgänge von der Funktionsfähigkeit einer einzigen Rechnerzentrale abhängen, ergeben sich für die Bank große Sicherheitsprobleme. Ein Zusammenbruch des Zentrums aufgrund technischer Probleme, eines Feuers oder einer Naturkatastrophe könnte die Bank für mehrere Tage geschäftsunfähig machen und damit möglicherweise ihren Ruin herbeiführen. An manchen Tagen beläuft sich der Gesamtwert der Geschäfte einer Bank auf das mehrfache ihres Eigenkapitals.[21] Bekannt geworden ist der Fall der Bank of New York im November 1985 als ein Computerfehler verhinderte, daß die Bank einen ganzen Tag lang körperlose (d.h. nur in elektronischer Form existierende) Staatspapiere transferieren konnte. Als Folge davon baute die Bank über den Tag hinweg eine Schuldnerposition in Höhe von 22,6 Mrd. $ auf, ein Vielfaches ihres Eigenkapitals. Die Federal Reserve Bank war gezwungen, der Bank of New York die fehlenden Mittel über Nacht als Kredit zur Verfügung zu stellen.[22] Diese Bemerkung führt in die Thematik des sogenannten Payment Risk, das uns aber hier nicht weiter beschäftigen soll.[23]

Um solche Risiken zu vermeiden, unterhalten die meisten Banken ein zweites Back-Up-Rechenzentrum, auf das notfalls umgeschaltet werden kann. Die Bank of America etwa besitzt neben ihrem Rechenzentrum in San Franzisko noch ein Rechenzentrum in Los Angeles, die Commerzbank neben ihrem Hauptrechenzentrum in Frankfurt noch ein Back-Up Rechenzentrum in Düsseldorf. Bisweilen werden auch Telekommunikationsverbindungen verdoppelt. So sind die gerade genannten zwei Rechenzentren der Bank of America im Gebiet von San Franzisko durch zwei voneinander unabhängige Kabel verbunden.[24]

---

20 Revell, a.a.O., S.32.

21 G. Faulhaber: Financial Services: Markets in Transition. Discussion Paper No.27, Fishman Davidson Center, Wharton School, University of Pennsylvania, October 1987, S.13

22 Steiner, Teixeira, a.a.O., S.149.

23 Der interessierte Leser sei z.B. verwiesen auf R. Alton Gilbert: Payments System Risk: What Is It and What Will Happen If We Try To Reduce It? In: Federal Reserve Bank of St. Louis Review, Vol.71, No.1, 1989, S. 3 ff. Ferner: C. Borio, P. van den Bergh: The Nature and Management of Payment System Risks: An International Perspective. BIS Economic Papers, No. 36 - February 1993, Bank for International Settlements, Basel.

24 Pfeiffer, Wieland, a.a.O., S.102. OECD/BRIE User Group Project, hier: F. Bar: Bank of America, S.6. Zur Netz-Strategie der Bank of America vgl. auch D. Chorafas, H. Steinmann: Implementing Networks ..., a.a.O., S. 167 ff.

2.2. Das nationale Telekommunikationsnetz und seine Funktionen

Das bzw. die Rechenzentren bilden den Mittelpunkt eines in der Grundstruktur zumeist sternförmigen Netzes, dessen äußere Endpunkte die Terminals in den einzelnen Filialen der Bank sind. Fast alle Großbanken verfügen über ein solches Netz, das zumeist zugleich auch die internationalen Standorte der jeweiligen Bank umfaßt. Als Beispiel für ein solches Netz sei hier das Datenverarbeitungsnetz der Commerzbank abgebildet. (Abb. 3.1.)[25]

Diese Netzgestalt spiegelt die Entscheidungshierarchie der Commerzbank wieder. Alle Informationsflüsse gehen von der Zentrale aus und werden über die verschiedenen Hierarchieebenen weiterverteilt. Bei vielen Banken ändert sich jedoch im Verlauf der Zeit die Gestalt des Netzes durch Querverbindungen zu einer mehr vermaschten Struktur oder dadurch, daß ausgehend vom Back-Up-Zentrum ein zweiter Stern aufgebaut wird. Dies geschieht in dem Maße, in dem Aufgaben dezentralisiert werden und in dem es erforderlich wird, daß Filialen und regionale Rechenzentren untereinander kommunizieren können. Dazu gleich mehr.

Die Datennetze von Großbanken sind sehr umfangreich. Das gerade abgebildete Commerzbank Netz verbindet 900 Standorte und 10 000 Terminals; das Netz der Barclays Bank 2 400 Standorte und 8 000 Terminals; das Netz der Bank of America 900 Standorte, 20 000 Terminals und noch zusätzlich 1800 Selbstbedienungsterimals.[26]

Innerhalb der sternförmigen Struktur des Netzes einer Großbank gibt es weitere Subsysteme, deren Zentren die regionalen Rechenzentren bilden. Diese regionalen Rechenzentren haben mehrere Funktionen. Sie dienen der Konzentration der übertragenen Daten und der Netzsteuerung,[27] sowie der inner- und zwischenbanklichen Verrechnung von Geschäftsvorgängen (dem Clearing). Außerdem verrichten sie jene Back-Office-Funktionen, die in den lokalen und regionalen Filialen nicht selbst vorgenommen werden.[28]

---

25 Für andere Netz-Beispiele vgl. die Fallstudien des OECD/BRIE User Group Project oder die Schilderung des UBINET des Schweizer Bankvereins in Chorafas, Steinmann: Implementing Networks..., a.a.O., Kapitel 5. Umfassende weltweite Netze betreiben auch Morgan Guaranty (MARS), Citibank (Marty), Chemical Bank (Chemlink, Banklink) oder Manufacturers Hanover Trust Company (Geonet).

26 OECD/BRIE User Group Project, hier: A. Davies: Barclays Bank, S.2; Pfeiffer, Wieland, a.a.O., S. 100 f.; Bar, a.a.O., S. 5.

27 Jetter, a.a.O., S. 155.

28 Auch andere Banken, wie z.B. die Bank of America, regionalisieren die Back Office Operations. Vgl. Bar, a.a.O., S. 5.

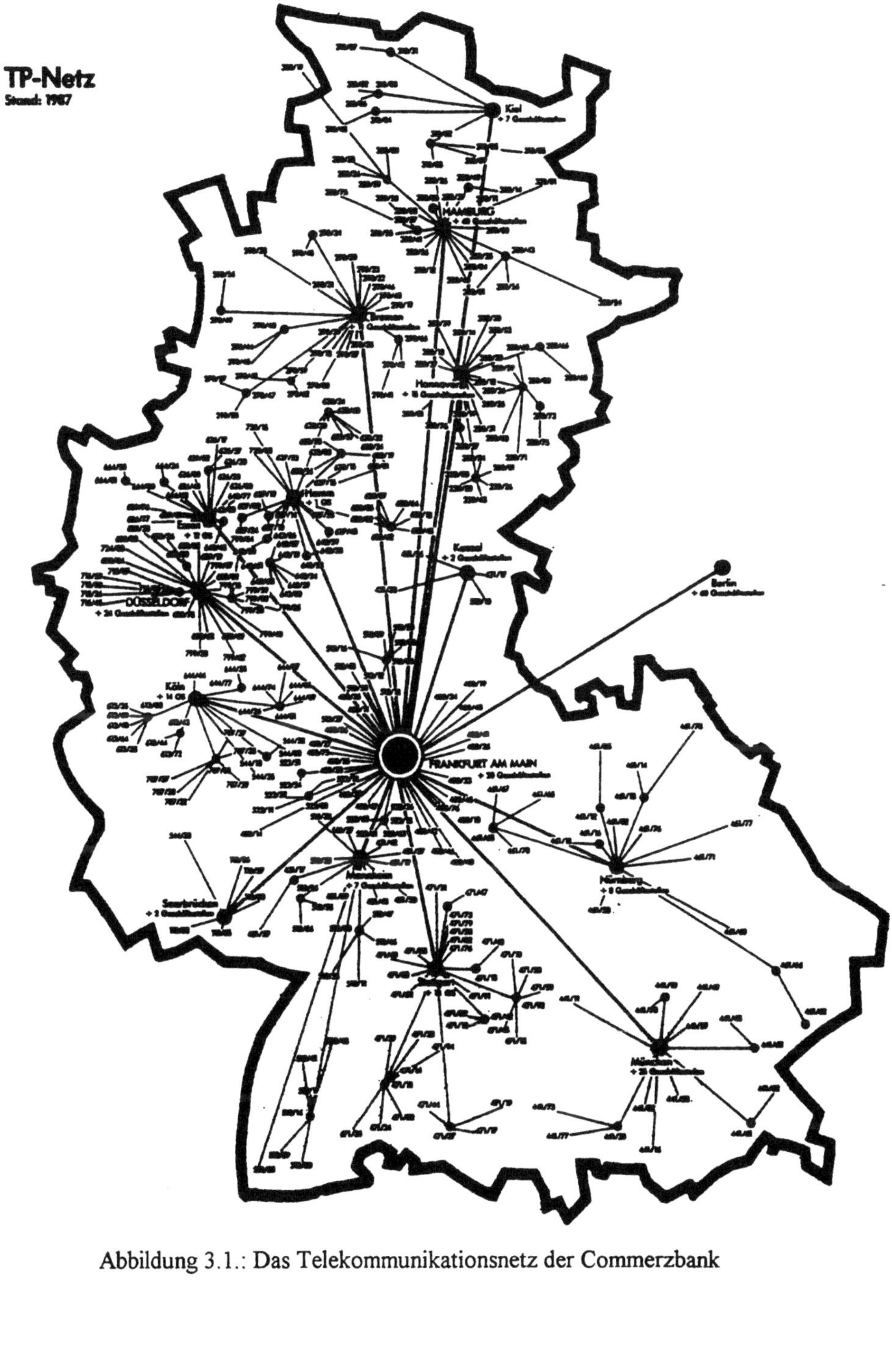

Abbildung 3.1.: Das Telekommunikationsnetz der Commerzbank

Die Bedeutung des zwischenbanklichen Clearing wird am Netz der Commerzbank sehr deutlich: Die regionalen Zentren befinden sich am Sitz der Landeszentralbanken.[29] Die Transaktionsbelege werden von den Filialen zu den regionalen Rechenzentren transportiert und dort automatisch eingelesen. Dann werden die entsprechenden Daten per Datenkommunikation oder durch den physischen Transport von Magnetbändern in das Datenverarbeitungssystem der Landeszentralbanken übertragen.[30] Soweit die Zahlungsvorgänge zwischen Banken stattfinden, die beide in den Zuständigkeitsbereich der gleichen Landeszentralbank gehören, nimmt die Landeszentralbank das Clearing zwischen den einzelnen Banken selbst vor (Platzclearing). Bundeslandubergreifende Zahlungen werden im zentralen Clearingprozeß der Bundesbank abgerechnet.[31]

Auf den Computern des zentralen Rechenzentrums sind mehrere Tausend Anwendungsprogramme installiert.[32] Sie bilden die Grundlage der einzelnen Bankdienstleistungen und der elektronisierten innerbetrieblichen Arbeitsvorgänge. Sie dienen ebenfalls der Arbeit der Kundenberater an den Schaltern, die mithilfe ihrer Terminals auf einen Großteil der im zentralen Rechner gespeicherten Daten und Anwendungen zurückgreifen können.[33]

Als Beispiel sei eine Anlageentscheidung eines Kunden dargestellt. Der Kundenberater kann zunächst mithilfe seines Terminals den augenblicklichen Stand des Depots abrufen und es nach verschiedenerlei Kriterien analysieren. Dabei können persönliche Risikopräferenzen des Kunden ebenso berücksichtigt werden wie persönliche Umstände, die für die Entscheidung des Kunden augenblicklich von Bedeutung sein mögen. Der Kundenberater kann im Zuge seiner Beratung aktuelle Kurse abrufen, Informationen über die ökonomische Situation einzelner Branchen oder technische Kennziffern einzelner Papiere.[34] In zunehmendem Maße werden in der Zukunft bei Beratungen dieser Art auch Expertensysteme zum Einsatz kommen.[35]

---

29 Pfeiffer, Wieland, a.a.O., S. 108.

30 Zum Stand der Elektronisierung des deutschen Zahlungsverkehrs vgl. Deutsche Bundesbank: Neuere Entwicklungen im unbaren Zahlungsverkehr der Deutschen Bundesbank. In: Monatsberichte der Deutschen Bundesbank, August 1994, S. 47 ff.

31 Jetter, a.a.O., S. 141 f.

32 Auf den Großcomputern der Dresdner Bank und der Commerzbank laufen je etwa 5000 Anwendungsprogramme (Vgl. Frank, a.a.O., S. 7, und Pfeiffer, Wieland, a.a.O., S. 101).

33 Zu den Anwendungsprogrammen im einzelnen vgl. A. Relin, K. Voss, a.a.O., Kapitel 9.

34 Pfeiffer, Wieland, a.a.O., S. 106. Vgl. auch J. Terrahe: Telekommunikation bei Banken, in: F. Arnold (Hrg.), loc.cit., S. 6.

35 Dazu im nächsten Kapitel mehr. Vgl. auch D. Chorafas, H. Steinmann: Expert Systems in Banking, a.a.O.

Nicht alle Terminals bzw. Mitarbeiter haben im allgemeinen den gleichen Zugang zu allen Daten und zu allen Funktionen. Es gibt Unterschiede, welche Mitarbeiter Zugang zu welchen Informationen haben und welche Transaktionen sie ausführen dürfen. Der Zugang zu besonderen Informationen erfolgt zumeist über eine persönliche Identifikation. Bei einigen Banken muß vor jeder Benutzung des Systems ein persönlicher Code eingetippt werden. Bei anderen erfolgt der Zugang über eine Plastikkarte, die auf einem Magnetstreifen die erlaubten Funktionen eines Mitarbeiters enthält.

Bis vor kurzem waren die Terminals in den Filialen sogenannte "dumme" Terminals, mit sehr geringer eigener Rechnerkapazität. Für kompliziertere Vorgänge mußten sie auf die hierarchiehöheren Computer zurückgreifen. Diese ungleiche Verteilung der Rechnerintelligenz im Netz scheint sich zu ändern. Heute ist es aufgrund der starken Verbilligung der Rechenkapazität technisch möglich, auch kleine Computer mit größerer Rechner- und Speicherkapazität auszustatten, so daß Rechnerfunktionen dezentralisiert werden können (Distributed Processing).[36] Die Terminals sind nunmehr sehr viel intelligentere multifunktionale Geräte, auf denen die meisten der Anwendungen genutzt werden können, die im Netz verfügbar sind. Der Vorteil dieser Vorgehensweise besteht darin, daß durch die Dezentralisierung Kommunikationskosten gespart werden können. Eine weitere Folge der Dezentralisierung von Rechnerintelligenz ist eine größere Nähe zum Kunden. Einige Banken, wie etwa die Banque Nationale de Paris, glauben an ein Konzept der größeren Nähe zu den lokalen Märkten. Sie versuchen, sich auf die besonderen Gegebenheiten örtlicher Märkte zu spezialisieren. Sicherlich kann ein Kundenberater in größerer Nähe zum Kunden ein bessseres Informationsmanagement betreiben als die ferne Zentrale. So können wichtige Kundendaten, etwa über die Struktur und Bewegungen seines Kontos und über sein Anlageportfolio direkt in den einzelnen Filialen gespeichert und betreut werden.[37] Von dort sind sie je nach Bedarf von den anderen Filialen oder der Zentrale abrufbar. Für die Zentrale kann dies z.B. wichtig werden, wenn Statistiken für unternehmensstrategische Entscheidungen zusammengestellt werden sollen oder wenn eine neue Marketing-Kampagne lanciert werden soll. Um dieses Konzept zu verwirklichen, setzen die Banken Rechner mittlerer Größe auf regionaler Ebene ein. Dieser An-

---

36 "Ähnlich der vor Jahrzehnten begonnenen Entwicklung, zentrale Motorkraft, die über Treibriemen an dezentrale motorlose Maschinen weitergegeben wurde, durch dezentrale, in den Maschinen installierte Kleinmotoren zu ersetzen, verändert sich die Rolle des Host-Rechners durch sinnvolle Verlagerung von Anwendungssystemen auf dezentral installierte Abteilungsrechner." (Frank, a.a.O., S.16.)

37 Die Dresdner Bank etwa verfolgt das Prinzip: "Die Verarbeitung und die Abspeicherung von Daten liegen am Ort deren Ursprungs oder deren Hauptnutzung". (Frank, a.a.O., S.16.)

satz der "mittleren Größe" soll verhindern, daß im Zuge der Dezentralisierung nun umgekehrt Informationen und Aktivitäten wieder zu sehr zerfasern.[38]

Ziel vieler Banken ist es mithilfe der Telematik zu einer Art von Computer Aided Consulting zu gelangen, in dem der Kundenberater mithilfe der im Rechenzentrum gespeicherten Informationen und Anwendungsprogramme dem Kunden "maßgeschneiderte" Finanzdienstleistungen anbieten kann, etwa bei einem Kredit oder einer Anlage.[39] Die meisten Banken streben deshalb einen Zustand an, in dem jeder Mitarbeiter über ein eigenes, integriertes Terminal verfügt. Integriert soll das Terminal sein, um zu vermeiden, daß der Kundenberater fortwährend zwischen verschiedenen Geräten hin und her wechseln muß. Bei der Bank of America mußten die Berater in der Vergangenheit teilweise bei einem Beratungsvorgang drei verschiedene Terminals auf einmal bedienen. Darüberhinaus waren diese Terminals "langsam". Die Reaktionszeit auf eine Eingabe betrug bis zu 15 Sekunden. Das Resultat waren lange Schlangen vor den Schaltern der Bank und Abwanderungen verärgerter Kunden.[40]

Die Grundlage der bankinternen Datennetze bilden Mietleitungen, die von einem Telekommunikationsunternehmen angemietet werden. In Deutschland sind dies ganz überwiegend terrestrische Verbindungen. In einigen Fällen wird aber auch auf die Satellitenübertragung zurückgegriffen. Das ist vor allem der Fall, wenn eine bestimmte Informationsmenge, etwa Börsenkurse, von der Zentrale aus gleichzeitig an verschiedene Empfänger verteilt werden soll (Broadcasting). Die Dresdner Bank hat hier in Zusammenarbeit mit der DBP Telekom einen Versuch durchgeführt, zeitkritische Informationen aus dem Bereich des Devisenhandels an alle Niederlassungen zu verteilen. Der Vorteil dieser Vorgehensweise ist, daß alle Filialen die Information wirklich zeitgleich erhalten. Ein weiterer großer Vorteil des Einsatzes von Satelliten ist, daß ein bestehendes Netz sehr viel leichter rekonfiguriert werden kann.[41]

Die physischen Verbindungen der Datenübertragung werden, wie bereits gesagt, in den meisten Fällen nicht von der Bank selbst errichtet, sondern von den jeweiligen nationalen Telekommunikationsunternehmen angemietet. Einige Banken würden allerdings auch

38 Rowe, a.a.O., S.17.
39 Pfeiffer, Wieland, a.a.O., S.105 f.
40 Bar, a.a.O., S.1.
41 o. V.: Banking aus dem Orbit. In: Funkschau 3/1989. Dies liegt zum größten Teil an den Überkapazitäten, die derzeit bei der Satellitenkommunikation existieren. Es ist sehr viel leichter eine zusätzliche Satellitenverbindung zu erhalten als eine zusätzliche terrestrische Mietleitung von einem der nationalen Netzträger.

gerne ein eigenes physisches Telekommunikationsnetz errichten, um mehr Verläßlichkeit, Sicherheit, sowie vor allem mehr Flexibilität und Geschwindigkeit bei der Erfüllung ihres Telekommunikationsbedarfs zu erhalten. Bisher sind jedoch solche Pläne zum einen durch die erforderliche hohe Investitionssumme verhindert worden, zum anderen durch das Netzmonopol der Fernmeldeverwaltungen.

Die Mietleitungslösung bedeutet auch, daß die Gebühren der Telekommunikationsunternehmen einen wichtigen Einfluß auf die Kosten und damit die Wettbewerbsfähigkeit der Banken erhalten. Das gleiche gilt für die Nutzungsbedingungen. In Deutschland etwa ist die Integration von Sprache und Datenübertragung auf einer einzigen Leitung nicht erlaubt. Der Grund dafür ist der Wunsch, das Sprachmonopol der Deutschen Bundespost Telekom zu schützen. Die Banken und viele andere Unternehmen empfinden jedoch diese Nutzungsbeschränkung als erhebliches Hindernis. Sie erfordert eine Duplizierung von Kommunikationssystemen und verhindert damit die Ausnutzung von Größen- und Verbundvorteilen. Die Banken würden ganz im Gegensatz dazu gerne die Datenübertragung, Sprachübertragung, sowie Audio und Videokonferenzen über ein einziges integrieretes Breitbandnetz abwickeln.[42]

Ein weiteres Problem der Mietleitungslösung besteht darin, daß die Telekommunikationsunternehmen mögliche zukünftige Wettbewerber sind. Sie gehören zu jenen Non- und Near-Banks, die in zunehmendem Maße in das angestammte Geschäft der Kreditinstitute eindringen. Dadurch daß sie entscheidend an der Errichtung und dem Betrieb der Telematikinfrastruktur einer Bank beteiligt sind, erhalten sie unter Umständen Einblick in die unternehmensstrategischen Pläne der Banken.[43]

Die Banken beschäftigen mittlerweile eine erhebliche Anzahl von Telematik-Spezialisten. Die Gründe dafür sind vielfältig. Einer der Hauptgründe besteht in den schwierigen Problemen, die entstehen, wenn verschiedene Computer- und Telekommunikationssysteme integriert werden müssen. Zumeist ist die DV- und Telekommunikationsinfrastruktur einer Bank über Jahre hinweg spontan gewachsen. Teilweise wurden verschiedene Systeme für verschiedene Geschäftsbereiche eingerichtet, z.B. im Devisenhandel

42 Allerdings gibt es auch Banken die nicht an die Integrationslösung glauben. Hierzu gehört Kleinwort Benson. Nach Auffassung dieses Instituts machen die erforderlichen unterschiedlichen Sicherheitsmaßnahmen die Integrationsvorteile zunichte. Das Datennetz beispielsweise muß stärker gesichert werden als das Telephonnetz. (Persönliche Mitteilung von Professor Dang-Nguyen).

43 So dringt z.B. British Telecom zunehmend in den Markt für Finanzinformationen ein und tritt damit in Konkurrenz zu jenen Banken, die ebenfalls Informationsdienste anbietet. Barclays z.B. hatte Pläne, die Firma UAPT, einen Informationsdienst nach der Art von Reuters, zu kaufen. Als BT von diesen Plänen hörte kam es Barclay zuvor und erwarb UAPT für sich selbst. Davies, a.a.O., S. 15.

andere als im Wertpapierbereich. Dies hat in einigen Fällen zu einem regelrechten Wildwuchs geführt. Besonders krass ist der Fall der Bank of America. Dort richteten die verschiedenen Abteilungen je nach Bedarf und ohne Koordination Telekommunikationsnetze ein. Das führte dazu, daß die Bank schließlich 76 verschiedene Datennetze betrieb. Neben schlechter Dienstgüte und extremen Kosten, führte dies zu der oben beschriebenen Situation, daß die Mitarbeiter für einen Arbeitsvorgang teilweise mehrere Terminals gleichzeitig bedienen mußten. Auch Fusionen können dazu führen, daß eine Bank plötzlich über unterschiedliche Computer- und Telekommunikationsssysteme verschiedener Hersteller verfügt.

Die Integration aller von einer Bank betriebenen Computer- und Softwaresysteme in ein einziges Datennetz ist eine sehr schwierige Aufgabe. Auch versierte Telematik-Unternehmen können dabei Schwierigkeiten haben. IBM zum Beispiel war nicht in der Lage, die entsprechenden Probleme von Barclays zur vollen Zufriedenheit des Geldinstituts zu lösen.[44]

Offenbar sind demnach die zu bewältigenden Probleme so speziell, daß die Größenvorteile der Telematik-Unternehmen nicht mehr die Bedeutung haben, wie in anderen Branchen, wo die Anforderungen weniger spezialisiert sind. Ganz im Einklang mit der im vorigen Kapitel skizzierten Theorie, beschäftigen deshalb die Banken zur Lösung ihrer Kompatibilitätsprobleme und zur permanenten Wartung und Weiterentwicklung ihrer Netze und DV mittlerweile eigene Abteilungen. Bei fast allen Banken wird auch die Kommunikationssoftware, vor allem für spezielle Anwendungsprogramme, in Eigenregie entwickelt.

In Einklang mit der im vorigen Kapitel skizzierten Theorie werden aber diese Mitarbeiter nur dort beschäftigt, wo strategisch wichtige Information im Spiel ist oder wo die zu lösenden Probleme zu speziell sind, um von einem außenstehenden Unternehmern gelöst werden zu können. Die Bank of America beispielsweise führt nur Betrieb, Entwicklung und Network-Management des Netzes in eigener Regie aus, überläßt aber die Wartung AT&T.[45] Das heißt, daß sie sich die strategisch wichtigen und spezialisierten Aktivitäten

---

44 Davies, a.a.O., S.6. IBM ist aber dennoch einer der Hauptpartner von Barclays geblieben. Im Herbst 1991 erteilte Barclays IBM einen Großauftrag über drei Jahre, der im Zusamnmenhang mit einer grundlegenden Restrukturierung des Bankhauses steht. Hauptabsicht dieser Restrukturierung ist eine bessere Nutzung der Telematik. (Vgl. o.V.: Barclay restructures, in: Banking Technology, October 1991, S.4.)

45 Bar, a.a.O., S. 3 f. Zum Netz der Bank of America vgl. auch Chorafas, Steinmann: Implementing Networks ..., a.a.O., S.167 ff.

selbst vorbehält, jene Aktivitäten, bei denen nennenswerte Größenvorteile zu erwarten sind und keine Vertraulichkeitsprobleme bestehen, aber auslagert.

Das gleiche Phänomen findet sich im Bereich der Software. Verschiedene Standardprodukte sind durchaus über den Markt erhältlich. Dabei handelt es sich zumeist um Software für die Routineprodukte einer Bank, wie etwa die Kontoführung. Diese Software macht aber nur 2-3 % der insgesamt von den Banken benutzten Software aus.[46] Bei jener Software, die wettbewerbliche Vorteile verschaffen kann, wird die Eigenentwicklung vorgezogen. Auch dies steht wieder in Übereinstimmung mit dem Smith-Stigler-Coase Paradigma. Wir kommen jedoch auf die Frage der Make-or-Buy Entscheidung bei der Software im nächsten Kapitel noch einmal gesondert zurück.

Die Kehrseite des Erwerbs von Telematik-Leistungen über den Markt ist die Belieferung des Marktes mit Telematik-Leistungen, die umgekehrt die Banken erbringen. Ebenso wie die Telematik-Unternehmen in den angestammten Geschäftsbereich der Banken eindringen, dringen die Banken in Geschäftsbereiche der Telematik-Unternehmen ein. Die Midlands Bank etwa verkauft Netzdienstleistungen an externe Kunden. Sie bietet einen umfassenden Telekommunikations-Service speziell für Finanzunternehmen an, einschließlich Netzaufbau, Konfiguration des Netzes und Netz-Management.[47] Nomura Securities verfügt über eine eigene Tochtergesellschaft NCC (Nomura Computer Systems, früher Nomura Computer Center), die auch nach außen hin als Telekommunikations-Consultant auftritt.[48] Ein weiteres Beispiel ist Barclays. Die frühere DV-Abteilung von Barclays erbringt unter dem Namen Barclays Computer Operations jetzt Leistungen für Dritte und muß sogar mit anderen Unternehmen um Aufträge der eigenen Bank konkurrieren.[49] Auch diese Entwicklung steht wiederum im Einklang mit der Coase-Stiglerschen Theorie. Die Banken verkaufen überschüssige Kapazitäten an den Markt, um Größenvorteile voll ausschöpfen zu können.

---

46 Steiner, Teixeira, a.a.O., S.36.

47 "Midlands Bank gründet Telekom-Tochter". In: Funkschau 13/1989, S. 12.

48 D.Chorafas, H.Steinmann: Implementing Networks ... , a.a.O., S.140.

49 The Banker, April 1992, p. 16. Zitiert nach E. Baark, M. Falch, K.E. Skouby: Tradability of Banking Services. Study Undertaken for the Transnational Corporations and Management Division of the United Nations Department of Economics and Sociasl Development. Final Draft. May 1993, S. 142.

2.3 Das internationale Netz

Das nationale Netz einer Bank wird ergänzt durch das internationale Netz, durch das die Bank mit ihren Auslandsstützpunkten verbunden ist. Ein solches Netz, bzw. ein solcher Netzbestandteil, ist heute angesichts der Internationalisierung der Finanzmärkte unumgänglich. Gemittelt über alle deutschen Banken beträgt der Anteil der Auslandsgeschäfte am gesamten Geschäftsvolumen etwa 25 %, bei den Großbanken allein hingegen 60 %.[50] Die Abwicklung dieses internationalen Geschäftsvolumens erfordert umfangreiche Kommunikationsbeziehungen.

Hand in Hand mit der *Inter*nationalisierung der Finanzmärkte ist eine *Multi*nationalisierung des Bankwesens erfolgt. Das bedeutet, daß die großen Banken heute über weitgespannte Netze von Auslandsfilialen, -repräsentanzen und -töchtern verfügen. Eine Bank wie die Banque Nationale de Paris ist in 80 Ländern der Welt vertreten[51], die Dresdner Bank in 45 Ländern,[52] die Commerzbank in etwa 30 Ländern.[53] Diese Auslandsstützpunkte, die zum Teil eigene Rechenzentren beherbergen, müssen telekommunikativ an die Zentrale angebunden sein. Dies geschieht vermittels des internationalen Datennetzes der Bank. Technische Grundlage dieses Netzes sind internationale Datenleitungen, seien es nun terrestrische Verbindungen oder Satellitenverbindungen. Sie werden von internationalen Telekommunikationsunternehmen angemietet, wie etwa Cable and Wireless, AT&T, KDD und anderen.

Über die internationalen Telekommunikationsnetze der Großbanken werden vor allem Daten übertragen und Anwenderprogramme verfügbar gemacht. Wenn etwa eine Filiale Unterstützung bei der Betreuung eines multinatonalen Großkunden der Bank benötigt, kann ihr die erforderliche Information per Datenübertragung zugespielt werden. Ähnliches gilt für die Verbuchung einer Zahlung. Wenn die Auslandsfiliale eines multinationalen Unternehmens in Land X eine Zahlung erhält und wenn die Hausbank des Unternehmens in X ebenfalls eine Filiale besitzt, kann die Wertstellung bei der Zentrale noch am gleichen Tag erfolgen. Ähnliche Geschwindigkeitsvorteile gelten für die Kreditvergabe an eine Auslandsfiliale des Kunden. Kann der Kredit in Real Time angewiesen werden, steht der Auslandsfiliale des Kunden der Kredit sofort zur Verfügung. Auf diese Weise kann z.B. eine kostspielige Überziehung der Kreditlinie des Kunden vermieden

---

50 Preißl, a.a.O., S.28.
51 Rowe, a.a.O., S.6.
52 Gunter Frank, a.a.O., S.5.
53 Pfeiffer, Wieland, a.a.O., S.100.

werden. Solche Möglichkeiten eröffnen den Banken, die ihre Auslandsfilialen durch ein internationales Telekommunikationsnetz verbinden, Wettbewerbsvorteile gegenüber den Banken ohne ein solches eigenes Telekommunikationsnetz.[54]

Abschließend zur Diskussion der bankeigenen Telekommunikationsnetze ist noch zu erwähnen, daß einige Banken auch über private Telephonnetze verfügen. Das Telephonnetz der Banque Nationale de Paris erstreckt sich sogar nach Hongkong und in die USA. Auch hier ist wiederum ein hierarchischer Aufbau der Netze zu beobachten. Das Netz hat sein Zentrum am Hauptsitz der Bank und setzt sich von dort über verschiedene regionale Unterzentren bis in die örtliche Ebene fort. Die organisatorische Gliederung einer Bank spiegelt sich also nicht nur im Daten-, sondern auch beim Sprachverkehr in der Topologie des Netzes wieder.

2.4. Externe Telematik-Infrastrukturen

Bisher wurde nur das interne Telematiksystem einer typischen Großbank geschildert. Jede Bank muß jedoch mit der Außenwelt in Verbindung treten. Die folgende von Revell[55] übernommene Abbildung vermittelt einen guten visuellen Überblick über diese Außenverbindungen. (Abb. 3.2.)

Die durchgezeichneten Linien entsprechen Verbindungen, die notwendigerweise elektronischer Natur sein müssen. Die gestrichelten Linien stellen Verbindungen dar, die auch nichtelektronisch sein können. Man erkennt, daß alle elektronischen Verbindungen in irgendeiner Form das Zentrale Rechenzentrum der Bank einbeziehen. Die Kleinkunden (Retail Customers) treten an das Rechenzentrum durch verschiedene Kommunikationsmedien heran. Hierzu zählen einfache Geldausgabeautomaten (Cash Dispensers, CDs) oder Selbstbedienungsautomaten, die außer der Geldausgabe noch weitere Funktionen beherrschen (Automatic Teller Machines, ATMs). Ebenso zählen dazu Point of Sale Terminals (POS),[56] Personal Computer, Videotext- und Kabelfernseh[57]-Systeme (Home

[54] Für sich allein würden diese beiden Argumente noch nicht ausreichen, die Errichtung eines Netzes von Auslandsfilialen zu begründen. Hier geht es jedoch um die Vorteilhaftigkeit einer telekommunikativen Vernetzung der bereits bestehenden Auslandsfilialen. (Zur Theorie der Multinationalisierung vgl. D. Glüder: Die Entstehung multinationaler Banken. Wiesbaden 1988. R. Bryant: International Financial Intermediation. Washington 1987. H. E. Büschgen: Internationales Finanzmanagement. Frankfurt a.M. 1986. Eine sehr gute Diskussion der speziellen Rolle der Telekommunikation dabei ist Baark, Falch, Skouby, a.a.O. Ein theoretisches Modell entwickelt B. Wieland: Kommunikationskosten und die Multinationalisierung des Bankwesens. Erscheint demnächst in ifo-Studien 1/2, 1995.

[55] Revell, a.a.O., S. 31.

[56] Dies sind elektronische Kassen, die direkten Zugang auf das Konto des Kunden erlauben.

Banking) oder auch der klassische Weg zum Bankschalter. Immer mehr Banken setzen auch das Telephon ein, um ihren Kunden einen kompletten computerunterstützten Service rund um die Uhr zu bieten.[58]

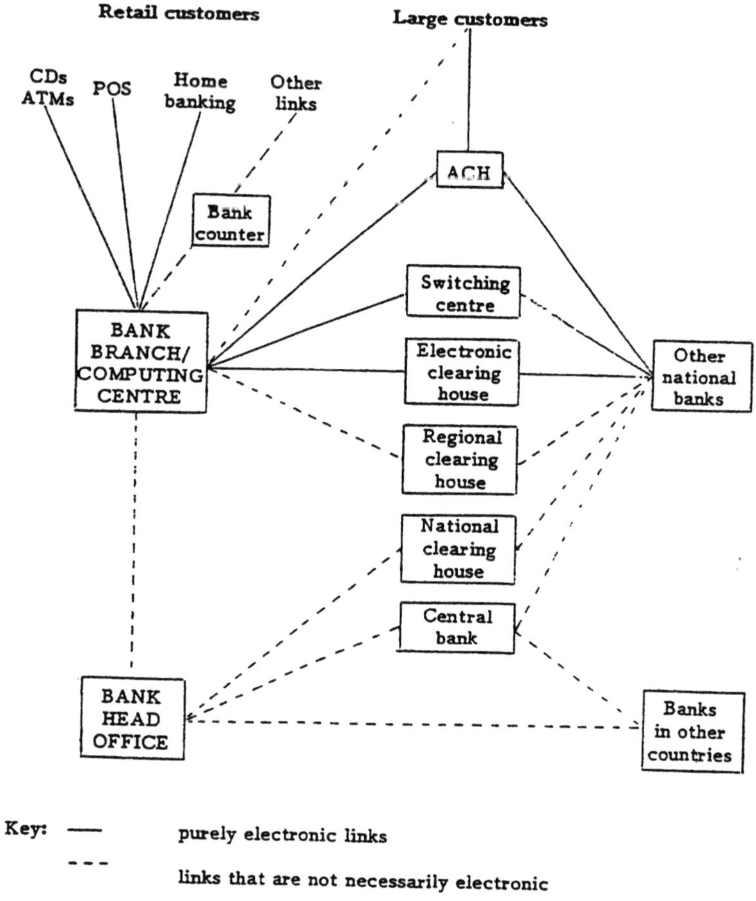

Abb. 3.2.: Externe Telematik-Infrastrukturen (Quelle: J. Revell, a.a.O. , S.31)

---

57 In Japan experimentieren vor allem die Fuji- und die Sumitomo Bank mit interaktiven Kabelfernsehsystemen zum Zweck des Home- Banking. (Chorafas, Steinmann: Implementing Networks ..., a.a.O., S. 133.) Auch in den USA werden Kabelfernsehnetze dafür eingesetzt, etwa das Qube-System in Columbus, Ohio.

58 In Großbritannien leistet dies beispielsweise die First Direct, die Mitte 1991 bereits 60 000 Kunden vorwiegend aus der gut verdienenden Mittelschicht verzeichnete. (Vgl. Frankfurter Allgemeine Zeitung, 11. September 1991) Der Vorteil dieser Distributionsform besteht darin, daß auf ein Filialnetz verzichtet werden kann und daß der Service dem Kunden rund um die Uhr zu Verfügung steht. In Deutschland setzt die Citibank (KKB) sehr stark auf dieses Konzept. Auch die diversen Postbanken entdecken diese Nische. (Vgl. H.K. Verkoren: From Postal Giro to Postbank and Beyond. Vortrag auf dem Kongreß "Die deutsche Postbank im Wettbewerb" des Wissenschaftlichen Instituts für Kommunikationsdienste, Bad Honnef, in Bonn am 9. Oktober 1991.) Ein attraktives Angebot dieser Art erfordert erheblichen DV und Software Aufwand. Dazu im kommenden Kapitel mehr.

In diesem Fall müssen die angerufenen Telefonberater über ihre Terminals Zugriff auf die Datenverarbeitung der Bank haben. Sind an die elektronischen Kundensysteme noch weitere Banken angeschlossen, wie etwa im Fall von Geldautomaten, die von mehreren Banken gemeinsam betrieben werden, kann es erforderlich werden, über eine zusätzliche elektronische Vermittlung (Switching Centre) eine Verbindung zu diesen anderen Banken herzustellen. Großkunden (zu denen hier auch andere Banken gezählt werden sollen) stehen in einer Minderzahl von Fällen mit dem Rechenzentrum der Bank entweder schon durch direkte On-Line Verknüpfung mit dem eigenen Rechenzentrum in Verbindung oder dadurch, daß Datenträger (Disketten, Magnetbänder) angeliefert und dann in die Computer des Rechenzentrums eingelesen werden.

In einigen Ländern besteht auch die Möglichkeit, eine elektronischen Abrechnungsstelle (Automated Clearing House, ACH) zwischen Kunden und Bank einzuschalten. In den USA ist "das" ACH ein System von 42 regionalen und lokalen Clearing Häusern, die von regionalen und lokalen Banken gemeinschaftlich getragen werden. Sie werden in starkem Maße für regelmäßig wiederkehrende Zahlungen genutzt, wie z.B. für Zahlungen der Sozialversicherung.[59] Fedwire ist das elektronische Clearingsystem des Federal Reserve System, CHIPS ein privates Clearingsystem für große Dollartransaktionen. Beide Systeme werden gleich noch ausführlicher dargestellt werden. In Deutschland fungieren die meisten Niederlassungen der Bundesbank als Clearingstellen. Die Elektronisierung ist jedoch noch nicht sehr weit fortgeschritten. In Betrieb befindet sich seit 1990 die "Elektronische Abrechnung an der Stelle Frankfurt" (EAF). Banken, die ein Girokonto bei der Landeszentralbank in Frankfurt am Main unterhalten, können mithilfe dieses Systems ihren Zahlungsverkehr per Datenfernübertragung abwickeln. Für eilige Großbetragsüberweisungen bietet die Bundesbank den Geschäftsbanken darüberhinaus seit 1992 eine elektronische Abwicklung in Real Time an, den sogenannten Elektronischen Schalter (ELS). Die elektronische Abrechnung an der Stelle Frankfurt geschieht zentral auf dem Großrechner der LZB Frankfurt. Die Zahlungen im Rahmen des ELS laufen über den Rechnerverbund der Landeszentralbanken.[60] Die folgende Abbildung zeigt schematisch die verschiedenen Zahlungsverkehrsnetze, die beim Zahlungsverkehr in Deutschland zusammenwirken.[61] (Abb.3.3.)

---

59 Zum amerikanischen ACH-System vgl. Godschalk, a.a.O., S. 78 ff. und Steiner, Teixeira, a.a.O., S. 162.

60 Zum Stand der Automatisierung des Deutschen Zahlungsverkehrs vgl. genauer Deutsche Bundesbank, a.a.O. Vgl. auch Terrahe, a.a.O., S. 7.

61 Gertraud Frank, a.a.O., S. 30.

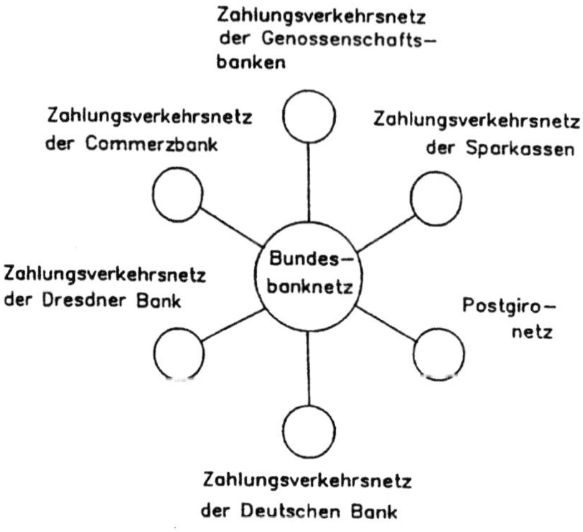

Abbildung 3.3.: Das deutsche Zahlungsverkehrssystem (Quelle: Gertraud Frank, a.a.O., S. 30)

Jedes Mitglied einer derartigen Abrechnungsstelle unterhält bei ihr ein laufendes Konto. In periodischem Abstand, mindestens täglich, wird für jedes Mitglied des Clearinghauses gegenüber allen anderen Mitgliedern eine Aufrechnung der Schulden und Forderungen vorgenommen. Für jedes Mitglied ergibt sich dann ein Ausgleichsbetrag, den es an die Clearingstelle zu leisten oder von ihr zu erhalten hat. Das Transaktionskonto wird entsprechend belastet oder erkannt.

Man erkennt hier, daß der Zahlungsverkehr mit dem eigentlich davon ganz verschiedenen Phänomen der Kreditvergabe verzahnt ist. Beim Zahlungsverkehr können bei der Clearing-Stelle vorübergehende Soll-Positionen entstehen, die letztlich kurzfristige Kredite darstellen. Normalerweise erfolgt die Vergabe von Krediten aber keineswegs automatisch, sondern hängt von bestimmten Beurteilungskriterien des Kreditgebers ab. Diese Bemerkung führt einesteils in den bereits erwähnten Themenbereich des Payment-System-Risk, der hier nicht weiter behandelt werden soll.[62] Sie führt aber andererseits auch zur Frage, ob ein Banksystem möglich ist, in dem es strikt voneinander getrennte Zahlungsverkehrsbanken und Kreditbanken gibt. Wie bekannt, war dies ein Element des

62 Vgl. die Literaturangabe in Fn. 24.

sogenannten Chicago Planes, der vor allem in den 30er Jahren stark diskutiert wurde. Dieser Aspekt wird in Kapitel 6 aufgegriffen.

Die anderen Verbindungen der obigen Abbildung erklären sich selbst.

Für viele Zwecke wäre es wünschenswert, wenn die zentralen Rechenzentren der Banken direkt miteinander verbunden wären. Eine solche Vernetzung würde beispielsweise eine erhebliche Beschleunigung des Zahlungsverkehrs ermöglichen. Bis jetzt ist dies jedoch zumindest in Deutschland noch Zukunftsmusik. Die Datenübertragung mit anderen Banken erfolgt zumeist noch durch Austausch von Magnetbändern, obwohl einige Banken mittlerweile Absprachen in bezug auf die Datenübertragung getroffen haben.[63] Das zu bewältigende Hauptproblem ist hierbei wiederum die mangelnde Kompatibilität der verschiedenen Telematik-Systeme der Banken. Eine große Rolle spielt aber auch die Furcht vor externem Zugriff auf Kunden- und Geschäftsdaten. Verschiedene Standardisierungs- und Kooperationsbemühungen sollen hier Abhilfe schaffen und eine "offene Kommunikation" zwischen verschiedenen Computersystemen ermöglichen. Das sogenannte OSI-Modell, das sieben Schichten der Kommunikation standardisiert, ist hierzu ein wichtiger Beitrag. Auch hier geht aber für die Banken der Standardisierungsprozeß vor allem auf den höheren Schichten des Modells (den eigentlichen Anwendungsebenen) zu langsam voran. In Ermangelung solcher öffentlicher Lösungen ist die Herstellung von Kompatibilität ein lukratives Feld für die Anbieter von Mehrwertdiensten.

Auch die Großkunden drängen auf eine direktere telekommunikative Vernetzung mit den Banken. Viele Kunden wollen z.B. ihre Lohnzahlungen im Direktverkehr mit den Banken, ohne lästigen Transport von Datenträgern, abwickeln. Das gleiche gilt für ihr Auslandsgeschäft. Hier sind eine Fülle von Teiltransaktionen zu bewältigen, die im Prinzip auf elektronischem Weg bewältigt werden könnten, und zum großen Teil auch schon bewältigt werden. Ein weiterer Kandidat für die Elektronisierung ist der Bereich der Depottransaktionen. Auch im Verkehr mit den Kunden stellt sich aber wieder das Problem der Kompatibilität der verschiedenen Telematik-Systeme.

Die Banken wenden zum Teil erhebliche Ressourcen auf, um den Kunden bei der Elektronisierung ihrer Transaktionen zu helfen. Bei Barclays beispielsweise sind ca. 120 Spezialisten permanent damit beschäftigt, Kundenwünsche zu betreuen, bei der Implemen-

---

63 Terrahe, a.a.O., S. 7.

tierung der entsprechenden Hard- und Software zu helfen und das Personal des Kunden zu schulen.[64]

Die Banken kümmern sich aber nicht nur um die Großkunden. Auch kleine und mittelständische Unternehmen können von den Vorteilen des Electronic Banking Gebrauch machen. Die Kreditinstitute bieten hier Software Lösungen an, die per PC oder über ein Videotex System (wie Bildschirmtext in Deutschland) eingesetzt werden können. Zu den Dienstleistungen, die angeboten werden, zählen Lohnzahlungsservices, Cash Management Systeme oder Dienstleistungen im grenzüberschreitenden Handel.[65]

In Japan betreibt die Sumitomo Bank ein eigenes Telekommunikationsnetz, BRAIN (Bank Report and Information Network), zum Zweck des Electronic Banking. Es handelt sich dabei um ein integriertes Telekommunikationsnetz, das sowohl PC-Anbindung, Telephonservice, automatische Telephonbeantwortung und Telefax-Kommunikation erlaubt. 120 000 Kunden nutzen gegenwärtig den Telephondienst des Netzes, 25 000 kommunizieren per Telefax und 1 500 per PC. BRAIN stellt sozusagen eine Direktverbindung zwischen dem zentralen Rechenzentrum der Sumitomo Bank und dem Kunden dar. JAIS (Japan Information Systems), eine Tochter der Sumitomo Bank, bewerkstelligt die auf die individuellen Bedürfnisse des Kunden zugeschnittene Computeranbindung an BRAIN.[66]

Weitere elektronische Außenverbindungen unterhalten die Banken zu den Netzen der Kreditkartenorganisationen wie etwa Visa oder Mastercard und vor allem zu den Börsen oder anderen Wertpapierhandelssystemen. Auf der einen Seite müssen Kundenorders und Eigengeschäfte ausgeführt werden, auf der anderen Seite muß stets der aktuellste Kursstand einer Börse verfügbar sein.

Wurden früher Kundenorders per Telefon in die Börsensäle weitergeleitet (und noch früher durch Laufboten), erfolgt der Ordertransport heute an den fortschrittlichen Börsen der Welt elektronisch. An der New York Stock Exchange etwa existieren das OARS- (= Opening Automated Report Service)-System und das DOT- (= Designated Order Turnaround)-System, das kleine Orders direkt an den Platz des zuständigen Kursmaklers (hier einen Specialist im amerikanischen Sinn) überträgt. Nach der Ausführung des Auf-

---

64 Davies, a.a.O., S. 17.

65 Einen Überblick über solche Leistungen bieten einschlägige Veröffentlichungen zum Thema Electronic Banking für die Kunden der einzelnen Kreditinstitute. Vgl. z.B. Commerzbank: Handbuch Electronic Banking. Frankfurt 1988.

66 Chorafas, Steinmann: Implementing Networks ...., a.a.O., S.122.

trages wird die entsprechende Information auf der gleichen Verbindung an die jeweilige Bank oder das jeweilige Brokerhaus zurückübertragen.[67]

Im November 1992 wurde an der Frankfurter Börse das elektronische Order-Routing-System BOSS eingeführt.[68] Die Kundenorders werden nunmehr von den Büros der Banken auf elektronischem Weg direkt in ein elektronisches Skontrobuch des Kursmaklers übertragen. Dies ist ein wichtiger Fortschritt, da dadurch ein zeit- und kostenträchtiger Medienbruch überwunden wird. Innerhalb der Banken nämlich verlief schon bisher der Ordertransport rein elektronisch. Er endete jedoch bis vor kurzem noch immer im Börsenbüro. Von dort mußten nach wie vor Orderzettel zu Fuß zum Kursmakler gebracht werden, der sie nach den Limits sortierte und in sein Skontrobuch übertrug.[69] Die Elektronisierung des Skontrobuches nimmt dem Kursmakler das Sortieren und Fortschreiben der Aufträge ab. Der vom Makler festgestellte Kurs wird sofort in das Kurs-Informations-Service-System (KISS) der Frankfurter Börse eingegeben und die Banken erhalten unmittelbar nach Ausführung des Auftrages auf elektronischem Weg eine Ausführungsbestätigung. Die Bank kann am gleichen Tag die Ausführungsbestätigung für den Kunden erstellen und die Abrechnung vornehmen. Könnte an die Feststellung des amtlichen Kurses auch sofort die Einleitung der auszuführenden Order in die Abwicklungssysteme des Wertpapierhandels angeschlossen werden, wäre der gesamte Geschäftsablauf elektronisiert. Dieses Ziel ist jedoch noch nicht erreicht.

Zusätzlich zur Verbindung zu den klassischen Börsen gibt es aber auch elektronische Systeme, in denen die Banken und Wertpapierfirmen untereinander handeln können. Dazu gehört etwa der sogenannte Over-the-Counter Market der USA, der weitgehend elektronisiert ist. Ein Händler, der in diesem Markt handeln will, stellt seine Bid- und Ask-Kurse per Computer-Terminal über das National Association of Security Dealer's Automated Quotation (NASDAQ) System.[70] In Deutschland existiert das schon seit 1989 betriebene und jetzt in die Frankfurter Börse integrierte Inter-Banken-Informations-System (IBIS). IBIS war zunächst nicht als Handelssystem konzipiert, sondern nur als reines Informationsssystem für die Banken. Der eigentliche Geschäftsabschluß erfolgte tele-

---

67 Zum Thema der Automatisierung der Börsen vgl. K. Cohen, S. Maier et. al.: The Microstructure of Securities Markets. Englewood Cliffs 1986, Chapter 3.

68 Vgl. R. von Rosen: Die deutschen Börsen: Für die Zukunft gewappnet. In: Wirtschaftsstudium (WiSu), 3/93, S. 479 f.

69 Arbeitsgemeinschaft der Deutschen Wertpapierbörsen. Jahresbericht 1991, S.36.

70 Vgl. hierzu R. Schwartz: Equity Markets. Chapter 3. New York 1988. Ferner: Cohen, Maier et al., a.a.O. Vgl. auch M. Ernst: Neue Informations- und Kommunikationstechnologien und marktwirtschaftliche Allokation - Eine informations- und transaktionstheoretische Analyse. München 1990, S. 223 ff.

fonisch. Als Folge der Integration des Systems in die Frankfurter Börse können nun aber auch direkt Geschäftsabschlüsse über die dem System angeschlossenen Terminals getätigt werden. Jedes Mitglied einer deutschen Börse kann sich am IBIS-Handel beteiligen. Über IBIS können ganztägig die 38 wichtigsten Aktien, 17 Optionsscheine und 30 Anleihen gehandelt werden.[71] IBIS wickelt gegenwärtig schon etwa 20-30% des Gesamtumsatzes der Frankfurter Börse ab.[72]

Die Banken müssen jedoch an die Börsen nicht nur zum Zweck des Handels elektronisch angebunden sein. Sie wollen auch über die aktuellen Kurse in Real-Time informiert sein. Elektronische Kursinformationssysteme der Börsen machen dies möglich. Bekannt ist etwa das Stock Exchange Automated Quotation System (SEAQ) in London, das externen Nutzern den Zugang zu den Informationssystemen der Londoner Börse ermöglicht. An der Frankfurter Börse wird seit 1987 das bereits erwähnte Informationssystem KISS betrieben, das die Frankfurter Kurse in Real-Time weltweit verbreitet.

Abschließend zur Übersicht über die elektronischen Verbindungen einer Bank zur Außenwelt sei noch die Verbindung zur Zentralbank aufgeführt. Das Bundesbanknetz wurde bereits erwähnt. Das FEDWIRE System der amerikanischen Zentralbank wird weiter unten noch gesondert beschrieben. Die Zentralbanken benutzen aber elektronische Systeme nicht nur zur Abwicklung des Zahlungsverkehrs, sondern auch für den Handel in Staatspapieren. So nutzt beispielsweise die Bank of England das integrierte Datennetz der Londoner Börse zu diesem Zweck. Auch das FED hat ähnliche Pläne.

In den nächsten Abschnitten sollen einige besonders wichtige externe Telematik-Infrastrukturen des Bankwesens noch genauer besprochen werden. Es handelt sich hierbei um das SWIFT-Netz, die Clearing Systeme CHIPS und CHAPS und den Informations- und Handelsdienst Reuters.

---

71 R. von Rosen, a.a.O.

72 Vgl. M. Ernst: Information und Volkswirtschaft. In: Cogito, 8. Jahrgang, Heft 6, November/Dezember 1992, S. 19 ff., hier S. 22.

2.5. SWIFT (Society for Worldwide Interbank Financial Telecommunications)

Das SWIFT Netz ist in der Literatur recht ausführlich behandelt worden.[73] Die Diskussion kann sich hier deshalb auf das Wesentliche beschränken.

SWIFT ist ein internationales Telekommunikationsnetz der Banken. Es fungiert als eine Art von Common Carrier für finanzielle, transaktionsbezogene Informationen. Das Netz dient lediglich der Übermittlung von Nachrichten, die mit der Abwicklung von Zahlungen und anderen Geschäften verbunden sind, nicht aber der tatsächlichen Abwicklung der entsprechenden Zahlungen selbst. Dies ist Domäne von Verrechnungsnetzen wie CHIPS, CHAPS oder FEDWIRE, bei denen die Nachrichtenübertragung die Zahlung selbst ist.[74] So wird etwa der Auftrag eines deutschen Großkunden, einem Geschäftspartner in den USA einen bestimmten Geldbetrag anzuweisen, über das SWIFT Netz angeordnet. Der tatsächliche Zahlungsvorgang verläuft dann aber erst im Anschluß über ein Clearing-Netz wie CHIPS oder FEDWIRE. SWIFT ist also ein Ersatz für den Telex- oder Briefverkehr. Es ist aber gleichzeitig auch mehr als das. SWIFT hat zum Ziel, den internationalen Zahlungsverkehr ohne Belege (d.h. also ohne nochmaliges Erfassen und Eingeben der Transaktionsdaten) und mit hoher Geschwindigkeit abzuwickeln. Dadurch werden gleichzeitig die Risiken im internationalen Zahlungsverkehr verringert.[75] Nach Auffassung einiger Beobachter ist allerdings denkbar, daß SWIFT in Zukunft weitergehende Funktionen übernimmt.

SWIFT ist eine Genossenschaft nach belgischem Recht, die 1973 von 239 Banken aus 15 Ländern zur Abwicklung des internationalen Zahlungsverkehrs gegründet wurde. Zu dieser Zeit verfügten amerikanische multinationale Banken bereits über ausgedehnte interne Telekommunikationsnetze und ein erhebliches Know-How bei der Datenübertragung. Mit der Gründung von SWIFT sollte versucht werden, diese Überlegenheit der amerikanischen Banken auszugleichen.[76] Inzwischen spielen diese Bedenken keine Rolle mehr. Die meisten Banken, die über eigene Datennetze verfügen, benutzen neben ihren eigenen Netzen auch SWIFT. Heute gibt es rund 1 800 Mitglieder in rund 90 Ländern.[77] Das Netz wird sehr intensiv genutzt. In Spitzenlastperioden werden bis zu über einer Million

---

73 Vgl. U. Schürenkrämer: Technologiebewertung des internationalen Datennetzes der Kreditinstitute - SWIFT in Prognose und Realität. Berlin 1987. Vgl. auch C.C. von Weizsäcker: Die Wirtschaftliche Bedeutung von Mehrwertdiensten. Vervielfältigt, Universität zu Köln 1987.

74 Schürenkrämer, a.a.O., S.61.

75 Terrahe, a.a.O., S.9.

76 Revell, a.a.O., S. 39 und 148. Vgl. auch Schürenkrämer, a.a.O., S.24 mit weiteren Details zur Entstehungsgeschichte.

77 Baark, Falch, Skouby, a.a.O., S. 109.

Nachrichten pro Tag übermittelt. Die Zuwachsraten liegen bei 20 Millionen Nachrichten mehr pro Jahr.[78] Damit gerät die Kapazitätsgrenze des Systems in Sicht. Da außerdem seit der Gründung von SWIFT die Qualitätsanforderungen an ein Telekommunikationsnetz gewachsen sind (vor allem in bezug auf Sicherheit und Nutzerkomfort) ist zur Zeit ein neues System unter dem Namen SWIFT II im Aufbau.

Die von SWIFT übermittelten Nachrichten sind hoch standardisiert, was die sofortige maschinelle Verarbeitung aller Transaktionsdaten ermöglicht. Solche normierten Nachrichtentypen sind beispielsweise: Auslandszahlungen von Kunden oder Banken, Bestätigungen über abgeschlossene Devisen- und Edelmetalltransaktionen, Nachrichten, die sich auf den Wertpapierhandel beziehen, Kontotagesauszüge, Avisierung und Sperrung von Schecks, Garantien, Nachrichten im Bereich des Inkasso- und Akkreditivgeschäfts und allgemeine Nachrichten, wie etwa Warnungen.[79] Vom Volumen her am bedeutendsten sind Kundenüberweisungen (etwa 30 % des Gesamtvolumens), Banküberweisungen (ebenfalls etwa 30 %) und Kontoauszüge und Bestätigungen abgeschlossener Transaktionen (20 %).[80]

Seit 1977 (als die erste SWIFT Transaktion nach einer langen Planungs- und Implementationsphase tatsächlich stattfand) sind die Durchschnittskosten pro übertragener SWIFT Nachricht erheblich gefallen. Betrugen sie im Jahr 1977 real noch rund 160 belgische Francs, so beliefen sie sich im Jahr 1983 auf nur noch rund 13 belgische Francs.[81] Dies entspricht einem Kostenverfall von 90% in nur 5 Jahren. Obwohl es bisher keine ökonometrische Untersuchung der Kostenstruktur von SWIFT gibt, deutet dieser Kostenverfall auf erhebliche Economies of Scale hin.[82]

---

78 Terrahe, a.a.O., S.10.

79 Vgl. Terrahe, a.a.O., S.8 und Schürenkrämer, a.a.O., S.41.

80 Von Weizsäcker, a.a.O., S.70. Ein Beispiel für das Format einer typischen SWIFT-Nachricht findet sich auf S. 64 des zitierten Buches von Schürenkrämer.

81 Schürenkrämer, a.a.O., S.68.

82 Auf S. 66 seines Buches führt Schürenkrämer eine Plausibilitätsrechnung zur Existenz von Größenvorteilen durch. Eine solche Rechnung kann jedoch nur ein erster Anhaltspunkt sein. Exakte ökonometrische Studien zu Größenvorteilen im SWIFT-Netz sind dem Verfasser nicht bekannt. Zu Economies of Scale im Telekommunikationsbereich ganz allgemein vgl. z.B. D. Evans, J.Heckman: Natural Monopoly. In: D. Evans (Hrg.) Breaking Up Bell. New York 1983, S. 127-156. Ferner: F. Kiss, B. Lefebvre: Econometric models of telecommunications firms - A survey. Revue Economique, No. 2, Mars 1987, S. 307-375. Speziell für Größenvorteile im deutschen Telekommunikationsbereich vgl. D. Elixmann: Econometric Estimation of Production Structures: The Case of the German Telecommunications Carrier. Diskussionsbeitrag Nr. 57 des Wissenschaftlichen Instituts für Kommunikationsdienste, Bad Honnef 1990.

Aufschlußreicher als die zeitliche Entwicklung der Kosten ist ein Kostenvergleich mit anderen Medien der Nachrichtenübertragung. Schürenkrämer zitiert eine US-Bank, nach deren Aussage eine konventionelle Überseenachricht vermittels Telex 2 bis 3 Dollar kostet, mit SWIFT jedoch nur 50 cents.[83]

Selbstverständlich bedeutet diese Kostenentwicklung, daß das SWIFT-Netz auch gegenüber den hausinternen Netzen der Banken immer konkurrenzfähiger wird. Hier ist aber zu bedenken, daß dies nur für Nachrichten der typischen SWIFT-Art gilt. Wenn es darum geht, einer Auslandsfiliale eine bestimmte bankbetriebliche Anwendung zur Verfügung zu stellen, besitzt SWIFT diese Vorteile nicht mehr.

Das SWIFT Netz wird von zwei (früher drei) Rechenzentren gesteuert, die das ganze System kontrollieren. Das eine Zentrum ist in Culpeper, Virginia, das andere in Leyden, Niederlande.[84] Per Mietleitungen sind diese beiden Zentren mit nationalen Rechenzentren, den nationalen Konzentratoren, verbunden. Diese nationalen Konzentratoren erfüllen nur untergeordnete Aufgaben. Sie verschlüsseln die Nachrichten und speichern sie für eine gewisse Periode. Das Speichern soll Datenverlust vermeiden, für den Fall, daß einmal die Kommunikation mit den Systemkontrollzentren unterbrochen sein sollte.

Die Verbindung der nationalen Knoten mit den zwei Systemkontrollzentren erfolgt über feste Mietleitungsverbindungen. Die nationalen Banken ihrerseits gelangen über Fest- oder Wählverbindungen zu den nationalen Knoten in das SWIFT Netz.

Das SWIFT Netz mußte in fast allen Ländern von den Postverwaltungen genehmigt werden. In Deutschland erwies sich dies als besonders schwierig.[85] Da das Netz der reinen Nachrichtenübertragung dient, stand es per Definition in Konkurrenz zu den öffentlichen Netzen und im Widerspruch zum Nachrichtenvermittlungmonopol der Deutschen Bundespost. In Deutschland wurde deshalb der Gebrauch des Netzes behördlicherseits auf die Übermittlung von Auslandsnachrichten beschränkt. In den USA und in Kanada hingegen wurde auch die Inlandsnutzung gestattet. Nach der Postreform dürften sich jedoch diese Probleme weitgehend gelöst haben.[86]

---

83 Schürenkrämer, a.a.O., S.105. Vgl auch Steiner, Teixeira, a.a.O., S.157.

84 Schürenkrämer führt noch ein Rechenzentrum in Brüssel an, das aber inzwischen aufgelöst ist. (Terrahe, a.a.O., S.10.)

85 Schürenkrämer, S.75 ff.

86 Eine ausführliche Schilderung und Diskussion der Postreform findet der Leser in Wieland, Pfeiffer, a.a.O., Kapitel 2 und 3. Ein Problem dürfte nach wie vor die Höhe der Gebühren darstellen.

Einer der wichtigsten Vorteile von SWIFT besteht in der Verwendung einheitlicher technischer Standards, die eine internationale Kompatibilität ermöglichen. SWIFT verfügt darüberhinaus über sehr hohe Sicherheitsstandards in bezug auf Betriebssicherheit und Vertraulichkeit. Alle Nachrichten werden verschlüsselt und es gibt sehr strikte Zugangsregelungen. SWIFT übernimmt eine Haftung für Irrtümer, den Verlust von Daten oder Betrug, soweit diese Vorfälle durch SWIFT zu verantworten sind. Bei ungebührlichen Verzögerungen wird der Zinsentgang teilweise ersetzt.[87]

Seit einiger Zeit gibt es von seiten der Banken Befürchtungen, daß sich SWIFT verselbstständigen und von einem Dienstleister zu einem eigenständigen Partner und teilweise auch Konkurrenten werden könnte.[88] So hat das SWIFT Management beschlossen, sein Transaktions-Know-How neben den Banken auch anderen Institutionen zur Verfügung zu stellen. Aktivitäten, die SWIFT bereits jetzt im Umfeld des Cash-Managements für Unternehmen durchführt, stehen teilweise in direkter Konkurrenz zu den Cash-Management Diensten der Banken. Weiterhin beabsichtigt SWIFT, den Interbankenverkehr auch auf der nationalen Ebene auszuführen und damit in Wettbewerb zu den nationalen Telekommunikationsunternehmen zu treten. Schließlich wird darauf gedrängt, den Mitgliederkreis zu erweitern und neben Banken auch andere Unternehmen zuzulassen. Für Wertpapierfirmen, Börsen, und Clearing Häuser wird dies teilweise schon verwirklicht.[89] So sind etwa die beiden wichtigsten Wertpapierverrechnungssysteme CEDEL in Luxemburg und EURO-CLEAR in Brüssel an SWIFT angeschlossen. Das bedeutet, daß die SWIFT Mitglieder das Netz auch im Zusammenhang mit Wertpapiertransaktionen benutzen können.[90]

Es gibt noch weitere eigenständige Aktivitäten von SWIFT. Eine SWIFT-Tochter verkauft Terminals und Software. Die gleiche Tochter betreibt einen Mehrwertdienst, der ECU-Transaktionen unterstützt. Mit I.P. Sharp zusammen unterhält SWIFT ein Joint Venture, das ein weltweites Risiko Management System vertreibt.[91]

Die Banken betrachten viele dieser Aktivitäten mit Mißtrauen, da sie befürchten, daß dadurch Rahmenbedingungen geschaffen werden, die ihre Spielräume begrenzen. Man kann sich diese Bedenken beispielsweise anhand der Frage des wünschenswerten Mitglieder-

---

[87] Revell, a.a.O., S.149.
[88] Vgl. Arthur Andersen Consulting: European Banking and Capital Markets. A Strategic Forecast. The Economist Intelligence Unit, London 1993, S. 26. Vgl auch Schürenkrämer, a.a.O., S. 91 f.
[89] Steiner, Teixeira, a.a.O., S. 156.
[90] Schürenkrämer, a.a.O., S. 60.
[91] Steiner, Teixeira, a.a.O., S. 157.

kreises von SWIFT klarmachen. Es wäre durchaus denkbar, großen multinationalen Unternehmen den Direktzugang zu SWIFT zu gestatten. Warum soll man sie zwingen, im internationalen Zahlungsverkehr jeweils eine Bank einzuschalten? Man könnte den Unternehmen erlauben, direkt auf die Dienste des SWIFT Netzes zuzugreifen. Viele Unternehmen können die Banken mithilfe ihrer eigenen Telekommunikationsnetze ohnehin umgehen. Es ist jedoch einsichtig, daß den Banken dadurch Geschäft verlorengehen würde. Deshalb sehen sie die entsprechenden Initiativen von SWIFT nicht gern.

2.6 FEDWIRE

FEDWIRE ist das elektronische Überweisungssystem, das vom Federal Reserve System für Transfers der dem Reserve System angeschlossenen Banken betrieben wird.[92] Eine Bank, die dem Federal Reserve System angeschlossen ist, kann von ihrem Reservenkonto bei einer Federal Reserve Bank Transfers auf die Reservekonten der anderen an das System angeschlossenen Banken vornehmen. Diese Transfers von Reservekonto zu Reservekonto erfolgen über Fedwire. Fedwire enthält darüberhinaus ein gesondertes System für den Handel mit körperlosen (d.h. nur in elektronischer Form existierenden) Staatspapieren.[93]

Gegenwärtig wird FEDWIRE von etwa 7 500 amerikanische Banken genutzt.[94] Dabei kann der Zugang einer Bank zu ihrer zuständigen Federal Reserve Bank je nach Transaktionsvolumen auf drei Arten erfolgen. Die direkte Kommunikation der zentralen Rechenzentren beider Institute ist besonders hohen Transaktionsvolumina vorbehalten. Bei kleineren Volumina besteht die Wahl zwischen einem Direktanschluß und einem Anschluß über ein vermittelndes Datennetz. 1988 waren ungefähr 6 600 Banken online an die Rechenzentren ihrer Federal Reserve Banken angeschlossen. Nur noch die kleinsten Banken benutzen Brief, Telephon oder Telex. Der Grund für die Beliebtheit von FEDWIRE besteht in den geringen Kosten des Systems. Eine FEDWIRE-Überweisung kostet etwa 9 Dollar, eine nichtelektronische Überweisung hingegen 14 Dollar.[95]

---

92 Zur Entstehung von FEDWIRE vgl. Godschalk, a.a.O., S. 76 f.

93 Der englische Ausdruck lautet Book Entry Securities. Genaueres zu diesem System, vgl. Gilbert, a.a.O., S. 4.

94 Steiner, Teixeira, a.a.O., S. 148.

95 Steiner, Teixeira, a.a.O., S. 148.

2.7. CHIPS und CHAPS

CHIPS (Clearing House Interbank Payments System) ist ein privates elektronisches Zahlungssystem. Alle Zahlungsvorgänge erfolgen noch am gleichen Tag und werden auch am gleichen Tag verbucht.[96] Es werden ausschließlich Zahlungen in Dollar vorgenommen und zwar in hohen Denominationen. Wertmäßig sind 90 % aller internationalen Dollar Transaktionen CHIPS-Transaktionen. Im Jahr 1987 wurden pro Tag Zahlungen im Wert von durchschnittlich 555 Mrd. Dollar abgewickelt.

CHIPS ist das einzige private elektronische Zahlungssystem in den USA. Zu seinen ca. 140 Mitgliedern gehören alle bedeutenden Banken der Welt. Davon sind 42 Institute US-Banken und 97 ausländische Banken.[97] Jedes Mitglied muß in New York zumindest durch eine Filiale vertreten sein. Diese hervorgehobene Stellung New Yorks erklärt sich aus der Tatsache, daß der Betreiber von CHIPS, das New York Clearing House ist. Sein Konto bei der Federal Reserve Bank of New York stellt die zentrale Schaltstelle für das ganze System dar.

Die Mitglieder von CHIPS senden und erhalten Zahlungsnachrichten über den ganzen Tag hinweg. Die tatsächlichen Zahlungen erfolgen jedoch erst abends. Am Ende eines Geschäftstages werden die verschiedenen Zahlungsströme gegeneinander aufgerechnet. Banken, die über den Tag hinweg eine Netto-Minus-Position aufgebaut haben, überweisen von ihrem Reservenkonto bei ihrer zuständigen Federal Reserve Bank auf das Konto des New York Clearing House bei der Federal Reserve Bank of New York. Banken mit einem Netto-Überschuß erhalten eine Gutschrift. Alle diese Transfers erfolgen über FEDWIRE. Die Verbuchung, das Settlement, der Zahlungen wird also nicht von CHIPS selbst vorgenommen, sondern erfolgt letztlich in den Büchern des Federal Reserve Systems. CHIPS ist demnach quasi eine Art Verbindungsglied der internationalen Banken zum Settlementprozeß des Federal Reseve Systems. Banken, die nicht selbst an das Federal Reserve System angeschlossen sind, können das Settlement über 11 von CHIPS dafür vorgesehenen Banken vollziehen.

Die meisten der CHIPS-Transaktionen haben ihren Ursprung in internationalen Finanzgeschäften und weniger im internationalen Handel. Im Vordergrund stehen Dollarkredite, Devisengeschäfte, Eurodollartransaktionen oder Eurowertpapiertransaktionen.

---

96 Zum genauen Mechanismus vgl. S. Preston: Moving Towards CHIPS Same Day Settlement. In: Ausgabe Technik, Beilage zu Heft 6 der Zeitschrift für das gesamte Kreditwesen, 1981, S. 24 f.

97 Gilbert, a.a.O., S.4.

Es besteht eine enge Verbindung zwischen SWIFT und CHIPS. Die Interfaces zwischen den beiden Netzen sind weitgehend automatisiert.[98] Etwa 80 % aller CHIPS Zahlungsvorgänge gehen auf SWIFT Nachrichten zurück.

Auch im Falle von CHIPS zeigen sich wiederum die erheblichen Kostenvorteile der Telekommunikation. Eine CHIPS Transaktion kostet lediglich ca. 30 Cents, unabhängig vom Wert der Transaktion.

CHAPS (Clearing House Automated Payments System) ist das britische Pendant zu CHIPS. Revell berichtet, daß ursprünglich die Hoffnung bestand, daß sich dieses Zahlungsnetz den Namen Financial Institutions Settlements House (FISH) geben würde. Unter Benutzung beider Abkürzungen wäre es dann möglich gewesen, dem englischen Nationalgericht FISH und CHIPS auch in der Finanzwelt zur wohlverdienten Geltung zu verhelfen.

Ebenso wie CHIPS ausschließlich Dollar Transaktionen dient, dient CHAPS ausschließlich Zahlungen in Pfund Sterling. Die Mitgliedschaft steht nur den 11 britischen Clearing Banks offen. Die bekanntesten Namen unter diesen Banken sind National Westminster, Barclays, Midland Bank und Lloyds Bank.

2.8 Informationsdienste, speziell Reuters

In der obigen Abbildung von Revell fehlt eine Verbindung zur Außenwelt, nämlich die zu Informationsdiensten wie Reuters, Telekurs, Telerate, AP-Dow Jones, Dun and Bradstreet, etc.[99] Da Information der zentrale Input einer Bank ist, ist gerade diese Kommunikationsbeziehung sehr wichtig. Bei der Commerzbank sind 700 Terminals über den zentralen Host Rechner in Frankfurt direkt mit Reuters und Telerate verbunden.[100] Die von den Informationsdiensten übernommenen Daten werden durch eigene Software noch weiter analytisch aufbereitet. Jeder Anlageberater kann bei der Beratung eines Kunden auf diesen Informationspool zurückgreifen. Selbstverständlich werden Informationen auch aus anderen Quellen bezogen, etwa von internationalen Organisationen oder der Bundesbank. Strategisch am wichtigsten dürften jedoch die von der Bank selbst generierten Informationen, etwa über Kunden oder bestimmte neue Finanzprodukte sein. Die Ge-

---

[98] Steiner, Teixeira, a.a.O., S. 157.
[99] G. Otremba, W. Ruge, W. Schwuchow, U. Winand: Online-Datenbankdienste in der Bundesrepublik Deutschland, Eine Angebotsanalyse. Diskussionsbeitrag zur Telekommunikationsforschung Nr. 26, Wisschenschaftliches Institut für Kommunikationsdienste, Bad Honnef, November 1986, S. 35 ff.
[100] Pfeiffer, Wieland, a.a.O., S. 106.

samtheit all dieser Informationen bildet den zentralen Informationspool einer Bank und stellt vermutlich ihr wichtigstes Kapital dar.

Einige der großen Informationsanbieter entwickeln sich immer mehr zu Handelssystemen. Den Banken und Börsen entsteht hier eine direkte Konkurrenz. Wenn die Finanzabteilung eines Großunternehmens über ein Reuters-Terminal direkt mit anderen Großunternehmen Wertpapiere handeln kann, besteht kein Bedarf mehr für die Dienste von Brokern oder Banken. Hohe Bankgebühren verstärken diesen Trend zur Umgehung von Banken und Börsen.[101] Stellvertretend für die Entwicklung der Informationsdienste zu Handelssystemen sei hier die Agentur Reuters betrachtet.[102]

Reuters ist heute der weltgrößte Anbieter von Real-Time Wirtschafts- und Finanznachrichten. Es gibt ungefähr 200 000 Reuters Terminals in rund 130 Ländern. Diese Terminals sind speziell auf die Dienstleistungen von Reuters zugeschnitten und müssen von dem Unternehmen gemietet werden. Sie verschaffen Zugriff auf Reuters' Datenbank, die die Quotierungen fast jedes Finanzmarktes der Welt enthält. Grundlage der Reuters Dienstleistungen ist eines der größten privaten Kommunikationsnetze der Welt. Der Gedanke lag nahe, dieses vorhandene Kommunikationsnetz nicht nur zur Übertragung der aktuellen Kurse zu benutzen, sondern den Kunden auch zu ermöglichen, gleich einen Handel abzuschließen. Dazu war lediglich erforderlich, die Kommunikationskanäle interaktiv zu machen. Durch die Erhebung von Transaktionsgebühren wurde es möglich, aus dem vorhandenen Netz einen zusätzlichen Gewinn zu ziehen.

Das von Reuters für den Bereich des Devisenhandels entwickelte Handelssystem ist heute marktführend und war ein wesentlicher Faktor für das Wachstum des Unternehmens. Maßgeblich zu diesem Erfolg beigetragen hat natürlich die Freigabe der Wechselkurse, die entsprechende Arbitragemöglichkeiten schuf. Das jetzige System mit dem Namen Reuters Money Dealing Service stellt über Computerverbindungen den Kontakt zwischen den einzelnen Händlern her, ermöglicht ihnen den Handel abzuschließen und druckt bei beiden Partnern sofort Bestätigungen des Handels aus.[103] Jeder Händler verfügt über einen Bildschirm, der in drei Teile geteilt ist. Teil 1 zeigt die aktuellen Kurse, Teil 2 zeigt Nachrichten, die die Kurse beeinflussen könnten, und Teil 3 dient dem Kon-

---

101 Vgl. D. Zigas, G. Weiss, et.al.: The Future of Wall Street - Why Our Financial System Will Never be the Same. In: Business Week, November 5, 1990, S. 43 ff.

102 Zu Reuters vgl. auch S. Gölz: Wettbewerbsvorteile durch Informationstechnik. In Wirtschaftswissenschaftliches Studium (WiSt) Heft 8, August 1988, S. 419 f.

103 M. Maremont, W. Glasgall: Reuters After the Crash: Slowing Down to a Gallop. In: Business Week, December 21, 1987, S. 50 ff.

takt mit anderen Händlern und dem Aushandeln und Abschließen eines Geschäftes.[104] Weltweit werden über Reuters Terminals rund ein Drittel aller Spotmarkt Devisentransaktionen abgewickelt.[105] Etwa 1500 Banken sind an das System angeschlossen. Reuters ist gerade dabei, eine Weiterentwicklung dieses Handelssystems einzuführen, das den Namen Dealing 2000, Phase 2, trägt.[106]

Reuters betreibt auch Instinet, ein elektronisches Order Matching System, das Aktien von etwa 10 000 Firmen in den USA und in Europa handelt. Globex ist ein Joint Venture mit der Chicago Mercantile Exchange, dem Chicago Board of Trade, der Sidney Futures Exchange und dem Marché à Terme International de France, um Futures nach Geschäftsschluß der Chicagoer Börse zu handeln.[107] Während der Tageszeit hingegen findet kein Handel über dieses System statt, um eine Konkurrenz zur Börse selbst zu vermeiden. Ein ähnliches System für den Bereich der Optionen existiert als Joint Venture mit der Chicago Board Options Exchange, der American Stock Exchange und der Cincinnati Stock Exchange. Reuters plant, diese ganzen Handelssysteme schließlich in ein einziges weltweites Handelssystem zu integrieren. Mithilfe eines einzigen Bildschirms könnten dann Investoren auf der ganzen Welt Transaktionen in Aktien, Optionen und Futures ausführen und noch dazu sämtliche relevanten Informationen abrufen und analytisch aufbereiten. Reuters wäre dann quasi der Betreiber eines weltweiten elektronischen Finanzmarktes. Kein anderes Unternehmen scheint diesem Ziel ähnlich nahe zu sein.[108]

Telerate ist der größte Konkurrent von Reuters. Das Unternehmen ist zu 70 % im Besitz von Dow Jones und hat ca. 75 000 Terminals in Betrieb. Telerate ist auf den Handel in Staatspapieren spezialisiert und erfuhr deshalb naturgemäß ein starkes Wachstum in der Periode der zunehmenden Staatsverschuldung in der Reagan Ära.[109]

Bei der Betrachtung eines Unternehmens wie Reuters stellt sich von selbst die Frage, ob nicht die Gefahr besteht, daß eines Tages ein einziges Unternehmen die Infrastruktur für alle Finanztransaktionen monopolisiert. Ähnliche Fragen stellen sich übrigens in anderen Wirtschaftsbereichen, wie etwa dem Reisemarkt, wo einige elektronische Reservierungssysteme dominante Stellungen erlangen. In dem Maße, in dem Märkte in immer mehr

---

[104] Revell, a.a.O., S. 56.

[105] M. Miller, M. Winkler: Computerized Trading Starts to Make Inroads on Financial Markets. In: Wall Street Journal, 27. 4. 1989.

[106] Vgl. M. Maremont: Reuters unveils supertrading. In: Business Week, February 17, 1992, S. 34.

[107] R. Spillmann: Wallstreet und der Computer. In: Finanz und Wirtschaft, 5.10.1991, S. 1.

[108] Zigas, Weiss, et. al., loc. cit.

[109] Miller, Winkler, loc.cit.

Branchen zu elektronischen Märkten werden, wird sich diese Thematik immer mehr in den Vordergrund schieben. Netze, wie das von Reuters, verursachen schon auf der technischen Ebene erhebliche fixe Kosten. Fixe Kosten entstehen aber auch auf der Ebene des Informationssammelns und -aufbereitens. Man darf deshalb vermuten, daß Reuters imstande ist, erhebliche Größenvorteile auszunutzen. Hinzukommen die bekannten Externalitäten jedes Kommunikationsnetzes, die nach dem Erreichen einer kritischen Masse dazu führen, daß sich ein Netz bei den Konsumenten durchsetzt. Es bleibt abzuwarten, welche Richtung die Entwicklung im Bereich der Finanzmärkte nehmen wird. Es ist nicht auszuschließen, daß neben sehr großen Betreibern von Marktplätzen auch kleinere Marktbetreiber ihren Platz finden werden. In Deutschland beispielsweise gibt es auch verhältnismäßig kleine Informationsanbieter, die mit Reuters konkurrieren. Hierzu gehört etwa der Satellitendienst Hermes II, der aufgrund seiner spezifischen Technologie sehr viel billiger und deshalb auch für den Privatmann von größerem Interesse ist, als die großen Konkurrenten.[110] Hermes II ist allerdings nur ein Informations-, kein Handelssystem.

In der Beziehung zwischen Reuters und den Banken ist das Machtverhältnis nicht ganz klar. Zwar liefert Reuters den Banken Informationen, umgekehrt ist aber Reuters in einigen Bereichen seinerseits darauf angewiesen, Informationen von den Banken zu erhalten. Rund 1500 Finanzunuternehmen in 50 Ländern geben Daten dezentral in Reuters Dienste ein.[111] Teilweise gehen die neuen Kurse sogar Real-Time, d.h. unmittelbar nach Abschluß eines Geschäftes in die Informationsdienste ein. Insofern ist auch Reuters von den Banken abhängig. Einige Institute versuchen deshalb bereits die Preise von Reuters zu drücken.[112]

Damit soll die Diskussion der gegenwärtigen, typischen Telekommunikationsinfrastruktur einer Bank abgeschlossen sein. Die Darstellung bezog sich auf die Situation, wie sie sich im Augenblick darstellt. Wenn die in Kapitel 1 diskutierte Theorie richtig ist, darf vermutet werden, daß, sich hier noch erhebliche Verschiebungen ergeben werden. Das gerade besprochene Beispiel von Reuters deutet in diese Richtung.

---

[110] I. Reichlin, A. Winkelnkemper: Pfadfinder für die Post. In: hightech 2/90.

[111] R. Hilzenbecher: Mit dem Computer rund um die Uhr spekulieren. In: Süddeutsche Zeitung, 12.6.1987, Beilage Banking International, S. 9.

[112] Davies, a.a.O., S. 13.

Kapitel 4: Telematik und Spezialisierung im Bankwesen

1. Einleitung

Die Finanzmärkte befinden sich seit geraumer Zeit in einer Phase hoher Turbulenz: Die Intermediäre entwickeln kontinuierlich neue Finanzinstrumente; sogenannte Non-Banks oder Near-Banks dringen in die Geschäftsfelder der "klassischen" Institute ein; umgekehrt betätigen sich die traditionellen Geldhäuser plötzlich in Gebieten, die keineswegs zu ihren angestammten Geschäftsbereichen gehören; Börsen und Banken werden immer stärker elektronisiert; teilweise werden beide Arten von Institutionen gänzlich umgangen, indem beispielsweise Großunternehmen in eigener Regie Wertpapiere emittieren oder Wertpapiere untereinander handeln; bestehende Regulierungen werden abgebaut; die klassischen Formen der Aufgabenteilung zwischen den Unternehmen des Finanzbereichs, wie etwa zwischen Banken und Versicherungen, werden aufgehoben.

Gleichzeitig sind die Finanzmärkte stark gewachsen. Zum einen haben sie sich geographisch ausgedehnt. Dieses Phänomen wird mit dem Begriff der Globalisierung umschrieben. Zum anderen wachsen sie aber auch auf nationaler Ebene. Die Kunden der Banken sind vermögender und anspruchsvoller geworden. Sie fragen mehr Banktransaktionen nach. Sie sind nicht mehr mit dem herkömmlichen "Vanillie-Eis"-Banking zufrieden, sondern verlangen individuelle Beratung, gößeren Transaktionskomfort und maßgeschneiderte Anlagemöglichkeiten. Das gleiche gilt für die Unternehmen.

Die Vielfalt der auf den Finanzmärkten zu beobachtenden Entwicklungen macht es schwer, die Übersicht zu behalten. Es lassen sich jedoch vier besonders wichtige Grundtendenzen unterscheiden: die zunehmende Elektronisierung, die Zunahme an Produkten, sowie die Globalisierung und Deregulierung der Märkte. Die Telekommunikation hat für eine Markterweiterung und damit für eine Verschärfung des Wettbewerbs gesorgt. Darüberhinaus hat sie neue Finanzprodukte ermöglicht, deren Produktion früher zu kostspielig gewesen wäre. Fortschritte in der Finanzierungstheorie haben zu einer Art von Alchemie der Finanzinstrumente geführt, bei der Finanzinstrumente in ihre Bestandteile zerlegt und zu neuen Produkten wieder zusammengefügt werden. Im Verein mit der Telekommunikation war damit die Basis für den Strom an neuen Produkten gelegt, der gegenwärtig die Finanzmärkte charakterisiert. Auch die Globalisierung der Finanzmärkte ist aufs engste mit der Telematik verknüpft. Sie bedeutet, daß Finanzgeschäfte heute 24

Stunden am Tag an jedem Finanzzentrum der Welt getätigt werden können. In einem solchen Umfeld sind viele nationale Regulierungen nicht mehr zu halten, da aufgrund der zur Verfügung stehenden Technik vielfältige Umgehungsmöglichkeiten existieren. Die Erkenntnis dieser Tatsache hat zwar weltweit zu einem Abbau bestehender Regulierungen geführt, aber auch den Ruf nach einer Internationalisierung der Regulierung ausgelöst.[1]

Es wird immer wieder beklagt, daß es bis heute nur wenig Versuche gibt, diese Teilentwicklungen auf den Finanzmärkten mithilfe eines theoretischen Rasters zu ordnen.[2] Die meisten Arbeiten zum Strukturwandel auf den Finanzmärkten erschöpfen sich in der Beschreibung oder bilden nur Teilaspekte theoretisch ab, wie etwa in der Finanzierungstheorie oder der Mikro-Theorie der Börse.[3] In der vorliegenden Arbeit wird die in Kapitel 1 entwickelte Form des Smith-Stigler-Coase Paradigmas als ein möglicher Kandidat für ein solches theoretisches Raster vorgeschlagen. Wie in Kapitel 1 dargelegt, sagt dieses Paradigma etwas darüber aus, wie sich Industrien entwickeln, die sich einem starken Wachstum ihrer Absatzmärkte ausgesetzt sehen. Verläuft dieses Wachstum stetig und ohne große Unsicherheit, ist eine zunehmende Spezialisierung und Desintegration zu erwarten. Ist hingegen das Wachstum mit erheblichen Unsicherheiten darüber verknüpft, welche Produkte und Prozesse letztendlich erfolgreich sein werden, erhöht dies die Transaktionskosten. Dies wirkt den durch das Marktwachstum hervorgerufenen zentrifugalen Kräften wiederum entgegen.

Es wird jedoch kaum jemals in einer Industrie der Fall auftreten, daß mit einem Schlag alle Bereiche des Produktionsprozesses gleichzeitig größerer Unsicherheit unterworfen werden. In einigen Produktionsbereichen wird das Marktwachstum auf relativ stabile Erwartungen über die zukünftige Entwicklung stoßen, in anderen hingegen nicht. Im ersten Fall werden die durch die Markterweiterung ausgelösten Tendenzen zur Desintegration dominieren. Im zweiten Fall werden hohe Transaktionskosten diesen Tendenzen entgegenwirken. Es ist also in jedem Einzelfall konkret zu untersuchen, welche der Kräfte

---

1 Vgl. etwa die Bemühungen des Cooke-Kommittees zur Vereinheitlichung der Bankenregulierung oder die gegenwärtigen Anstrengungen zu einer Vereinheitlichung der Börsenaufsicht. Zur Internationalisierung der Bankenregulierung vgl. z.B. R. Bryant: International Financial Intermediation. Washington 1987. Zum Thema einer internationalen Börsenaufsicht vgl. z.B. J. Grundfest: Internationalization of the World's Securities Markets: Economic Causes and Regulatory Consequences or Beware of the Über-Regulator. Stanford Law School, John M. Olin Program in Law and Economics, Working Paper No. 68, August 1990.

2 Vgl. z.B. A. Santomero: The Changing Structure of Financial Institutions - A Review Essay. In: Journal of Monetary Economics, Vol. 24, 1989, S. 321 ff.

3 Zur Mikro-Theorie der Börse vgl. S. Cohen, S. Maier et al.: The Microstructure of Securities Markets. Englewood Cliffs 1986. Vgl. auch R. Schwartz: Equity Markets. New York 1988.

überwiegen. Solche Untersuchungen sollen im folgenden anhand einiger ausgewählter Beispiele angestellt werden.

Dabei werden zwei Ziele angestrebt. Erstens sollen Erkenntnisse über den gegenwärtigen Wandel im Bankwesen gewonnen werden. Vor allem aber soll, zweitens, das Smith-Stigler-Coase Paradigma auf seine Tragfähigkeit überprüft werden. Das Bankwesen wurde deshalb ausgesucht, weil hier die Voraussetzungen für einen solchen Test (nämlich Marktwachstum bei einem hohen Grad an innerindustrieller Turbulenz) in nahezu idealer Weise gegeben sind.

Dabei ist auf eine gravierende Schwäche der Analyse sofort hinzuweisen. Der empirische Beleg für die Richtigkeit des Smith-Stigler-Coase Paradigmas erfolgt lediglich anhand von Fallstudien. Fallstudien sind aber mit Recht als "Eingeständnis des Mißerfolgs" bezeichnet worden.[4] Vorzuziehen wäre eine Reihe statistisch aussagekräftiger Tests. Die Durchführung solcher systematischen Tests ist jedoch gegenwärtig noch nicht möglich. Wie stets bei großen Umwälzungen in einer Industrie existieren auch hier noch keine öffentlich zugängliche, aussagefähige Daten. Um den beiden McKinsey Mitarbeitern Steiner und Teixeira das Wort zu geben: "Although there are reams of banking statistics, few address what we really need to know - namely how much technology exists in each line of business and how the economics have been affected."[5] Dies kann nicht verwundern. Gerade in einer Phase des Wandels werden unternehmensstrategisch bedeutsame Daten, wie sie hier erforderlich wären, unter Verschluß gehalten. Eine Beschränkung auf Fallbeispiele war deshalb nicht vermeidbar. Im Sinne der methodologischen Position Poppers[6] entspricht die hier betriebene Empirie dem Stadium der Entwicklung falsifizierbarer Hypothesen, mit denen das Smith-Stigler-Coase Paradigma getestet werden kann. Anhand einer konkreten Industrie und einer konkreten historischen Situation werden aus dem zu testenden Smith-Stigler-Coase Paradigma plausible Hypothesen abgeleitet, die - wie von Popper gefordert - prinzipiell an der Erfahrung scheitern können. Der Test selbst, der darüber entscheidet, steht noch aus. Er kann erst durchgeführt werden, wenn eine genügend reichhaltige Datenbasis zur Verfügung steht.

---

4 G. Stigler: The Economies of Scale. In: Ders.: The Organization of Industry. Chicago 1968, Kapitel 7, S. 85.

5 Steiner, Teixeira, a.a.O., S. xviii.

6 Vgl. z.B. K.R. Popper: Conjectures and Refutations. Fourth Edition. London 1972, Chapter 1. Besonders prägnant faßt Popper seine Position zusammen in: K.R. Popper: Die Logik der Sozialwissenschaften. In: Kölner Zeitschrift für Soziologie und Sozialpsychologie, 14. Jg., Heft 2, 1962, S. 233 ff. Auch abgedruckt in K. R. Popper: Auf der Suche nach einer besseren Welt. München, Zürich, 1987, S. 79 ff.

2. Vier Ebenen des Einsatzes der Telematik

Die Diskussion im vorigen Kapitel zeigte, daß der Einsatz der Telematik in einer Bank mehrere Ebenen umfaßt: Die Ebene der Computer- und Nachrichtentechnik, die Ebene der Anwendungsprogramme und die Ebene, auf der diese Anwendungsprogramme tatsächlich in Produkte und Dienstleistungen umgewandelt werden. Aufgrund des starken Wachstums der Nachfrage nach Bankdienstleistungen hat die Nachfrage nach Produkten und Diensten auf allen diesen Ebenen ebenfalls stark zugenommen. Das Smith-Stigler-Coase Paradigma sagt voraus, daß als Folge dieses Wachstums auf allen drei Ebenen neue Märkte entstehen werden, wenn nicht hohe Transaktionskosten das verhindern. Wir werden im folgenden das Smith-Stigler-Coase Paradigma auf jede dieser Ebenen anwenden und die Frage stellen, ob es die auf den einzelnen Ebenen tatsächlich zu beobachtenden Integrations- bzw. Desintegrationsaktivitäten zu erklären vermag.

Die erste Ebene besteht vor allem aus der gesamten Datenverarbeitungshardware. Hierzu zählen die Großrechner in den Rechenzentren, die diversen Terminals in den Filialen, Kontoauszugsdrucker, Beleglese- und -sortiergeräte, Geldausgabeautomaten usw. Zur ersten Ebene zählt aber auch die Telekommunikationsinfrastruktur. In den meisten Fällen basiert diese Infrastruktur auf Übertragungswegen, die von Telekommunikationsunternehmen angemietet werden. Es kann aber auch sein, daß Teile der physischen Übertragungswege der Bank selbst gehören, wie etwa Vermittlungseinrichtungen und Kommunikationsrechner.

Im ganz überwiegenden Teil der Telekommunikationsliteratur wird von der ersten Ebene der Hardware und der Übertragungswege direkt zur Ebene der Dienste übergegangen. Diese Dienste werden durch die in den Rechnern gespeicherte Anwendungssoftware ermöglicht. Häufig wird hier die Analogie der Eisenbahn gebraucht. Sind die Übertragungswege der Ebene 1 den Schienen und Weichen vergleichbar, so entsprechen die Anwendungsprogramme den darauf fahrenden Zügen.

Francois Bar hat vor kurzem als erster darauf hingewiesen, daß diese Sichtweise Gefahr läuft, einen wichtigen Sachverhalt außer Acht zu lassen.[7] Es gibt nämlich zwischen der Stufe der Hardware und der Stufe der Anwendungssoftware die wichtige Ebene derjenigen Software, die das Netz steuert. Diese Ebene wird zumeist als Management- oder Kontroll-Ebene bezeichnet. Bar weist nun darauf hin, daß es zwischen der Anwendungs-

---

[7] F. Bar: Configuring the Telecommunications Infrastructure for the Computer Age: The Economics of Network Control. Dissertation an der University of California at Berkeley, 1990, vervielfältigt.

software und der Kontrollsoftware Wechsel- bzw. Austauschbeziehungen gibt. Die dadurch eröffnete Flexibilität bei der Gestaltung der Telematik-Infrastruktur einer Bank hat zwei Komponenten. Zum einen die Komponente der Anwendungsflexibilität. Das bedeutet Flexibilität hinsichtlich der Art und Weise, in der ein bestimmter Dienst über eine grundsätzlich *gleichbleibende* Netzkonfiguration erbracht wird. Die andere Art der Flexibilität ist die Konfigurationsflexibilität. Sie bezieht sich auf die Leichtigkeit, mit der die Grundstruktur eines bestimmten Netzes bei einer organisatorischen Umgestaltung oder zur Erbringung eines neuen Produktes je nach Anwendung *verändert* werden kann.[8] Was hier gemeint ist, wird am Beispiel des Broadcasting von Börsenkursen deutlich, das im vorherigen Kapitel besprochen wurde. Aus Sicht der Banken wäre es wünschenswert, wenn alle Filialen die aktuellsten Börsenkurse gleichzeitig erhalten könnten. Der hierarchische Aufbau der meisten Bankennetze steht dem aber entgegen. (Vgl. die Abbildung des Netzes der Commerzbank im vorigen Kapitel.) Wie berichtet, experimentieren einige Banken damit, aktuelle Börsenkurse per Satellit an alle Filialen in Real Time gleichzeitig zu verteilen. Dies bedeutet, daß die Banken zusätzlich zu ihren terrestrischen Systemen Satellitenverbindungen einsetzen. Es wäre aber auch denkbar, mittels geeigneter Software und zusätzlicher Mietleitungen das terrestrische Netz so zu rekonfigurieren, daß diese Anwendung keine Probleme macht. Die Leichtigkeit, mit der eine solche Änderung möglich ist, ist ein Maß für die Konfigurationsflexibilität.

Die Frage, welche Faktoren über die Konfigurationsflexibilität bestimmen, führt sehr stark in den Problemkreis der Regulierung des Telekommunikationswesens hinein. Konfigurationsflexibilität bedeutet bei Mietleitungsnetzen, daß der Anwender in der Lage sein muß, seinem Netz sehr schnell neue Leitungen hinzuzufügen oder bestehende Verbindungen aufzugeben. Diese Möglichkeit hängt natürlich von der Geschwindigkeit ab, mit der die Telekommunikationsunternehmen entsprechende Mietleitungen zur Verfügung stellen können. Hinzu kommt, daß Konfigurationsflexibilität auch gewisse Spielräume auf der Vermittlungsebene des Netzes voraussetzt. Dies wirft aber in einigen Ländern Fragen des Netzmonopols auf, da vielerorts Vermittlungen zum Netz gezählt werden. In den USA ist diese Problematik eng mit der Diskussion um die sogenannte ONA (Open Network Architecture) verknüpft, in Europa mit der ONP (Open Network Provision) Initiative der EG Kommission.

Die Studien, die im Rahmen des bereits erwähnten OECD/BRIE Projektes durchgeführt wurden, zeigen, daß die Unternehmen, sowohl die Anwendungs- als auch die Konfigu-

---

[8] Bar, a.a.O., S. 7.

rationsflexibilität strategisch einsetzen. Selbst wenn also die Telekommunikationsinfrastruktur einer Bank auf Mietleitungen beruht, sind die spezielle Gestalt und die technischen Fähigkeiten des Netzes immer noch Sache der Bank. Die Kontrollebene des Netzes sei als Ebene 2 bezeichnet.

Nach dieser notgedrungen etwas ausführlicheren Diskussion der Kontrollebene können die übrigen Ebenen kurz abgehandelt werden. Die dritte Ebene des Telematik-Einsatzes ist die der Anwendungssoftware. Wie im vorigen Kapitel dargestellt, laufen auf den Großrechnern der Banken mehrere Tausend Anwendungsprogramme. Die entsprechende Software wird teilweise von den Banken selbst erstellt, teils über den Markt bezogen. Welche Faktoren die jeweilige Entscheidung bestimmen, wird uns noch ausführlich beschäftigen.

Die vierte Ebene schließlich ist die, wo - um es etwas paradox zu formulieren - die Anwendungsprogramme angewandt werden. Auf dieser Ebene werden die Möglichkeiten der Telematik in erkennbare Produkte und Dienstleistungen umgemünzt. Zu diesen Produkten, die im allgemeinen unter dem Sammelbegriff Electronic Banking zusammengefaßt werden, existiert mittlerweile eine umfangreiche Literatur.[9] Es sei hier deshalb darauf verzichtet, diese Literatur zu duplizieren. Wo im folgenden auf einzelne Produkte eingegangen wird, wird die Beschreibung nur auf die wesentlichsten Aspekte eingehen. Im Vordergrund dieser Arbeit soll stets der industriestrukturelle Gesichtspunkt der Spezialisierung und der Arbeitsteilung zwischen Unternehmen stehen.

Dieses Problem wird nun auf jeder der genannten Ebenen anhand von Beispielen diskutiert werden. Dabei wird die Diskussion auf den unteren Ebenen sich noch relativ stark an der Technik orientieren. In dem Maße aber, wie die höheren Ebenen erreicht werden, werden immer mehr rein bankökonomische Fragen im Vordergrund stehen.

3. Die Ebene 1 und das Smith-Stigler-Coase Paradigma

Wir beginnen mit der Ebene der Telematik-Hardware. Die entscheidende Frage lautet hier: Wird sich die jetzt bestehende Arbeitsteilung zwischen der Hardwarebranche und den Banken fortsetzen oder ist zu erwarten, daß einzelne Banken in Zukunft Teile ihrer Hardware selbst produzieren? Diese Frage erscheint auf den ersten Blick absurd. Banking und Computerbau scheinen zu weit auseinanderzuliegen, als daß eine solche Frage

---

9 Vgl. z.B. P. Bernhardt, W. Dambmann: Elektronisches Geld. Frankfurt 1979. Vgl. auch H. Godschalk: Computergeld. Frankfurt a.M. 1983. Vgl. ferner die bereits zitierte Monographie von Revell.

sinnvoll sein könnte. Dennoch produziert zum Beispiel die Citibank ihre Bankautomaten vermittels einer Tochtergesellschaft selbst.[10] Ist dies eine Ausnahme oder könnte sich Ähnliches bei anderen Geräten ereignen? Welche Auskunft kann das Smith-Stigler-Coase Paradigma zu dieser Frage geben?

Man kann zwischen Bankautomaten und Geldautomaten unterscheiden. Geldautomaten dienen lediglich dem Erhalt von Bargeld, während Bankautomaten weitere Transaktionsarten zulassen. Geldautomaten gestatten nur die Wahl zwischen einigen wenigen standardisierten Ausgabebeträgen, während Bankautomaten Geld in beliebigen Beträgen ausgeben können. Darüberhinaus können Bankautomaten den Kontostand eines Kunden anzeigen, Überweisungen vornehmen, Einzahlungen akzeptieren, die Bestellung für ein neues Scheckbuch entgegennehmen oder auch einen Kleinkredit vergeben. (Letzteres geschieht auf der Basis von Daten des Kunden und spezifischer statistischer Programme der Bank.[11]) Der nächste Entwicklungsschritt wird vermutlich darin bestehen, daß Bankautomaten auch Schecks lesen können und den entsprechenden Betrag entweder sofort in bar auszahlen oder dem Konto des Kunden gutschreiben. Der Unterschied zwischen beiden Automatentypen drückt sich im Englischen durch die beiden Begriffe Automatic Teller Machine (ATM) und Cash Dispenser (CD) aus. In Deutschland dominiert die Form des Geldausgabeautomaten.[12] In den USA und Japan hingegen, wo weit mehr Geräte im Betrieb sind, überwiegt der Bankautomat.

Geldausgabe- und Bankautomaten senken Kosten sowohl auf seiten der Banken als auch auf seiten der Kunden. Auf seiten der Bank werden zum einen die Kundenberater von Routineaufgaben entlastet. Zum anderen sinken die Bearbeitungskosten einer Transaktion weil keine papiergebundenen Belege mehr im Spiel sind. Das Einlesen in die DV der Bank entfällt. Auf seiten der Kunden bedeuten Bankautomaten geringere Kosten der Nutzung von Bankdienstleistungen. Der Zeitverlust durch das Anstehen vor Schaltern entfällt. Hinzu kommt die größere zeitliche Flexibilität, da Bankautomaten auch außerhalb der Geschäftszeiten der Bank benutzt werden können.[13]

---

10 Vgl. Steiner, Teixeira, a.a.O., S. 95 ff., und Bernhardt, Dambmann, a.a.O., S. 98 f.

11 Auf diese sogenannten Credit-Scoring-Modelle kommen wir weiter unten noch zurück.

12 Terrahe, a.a.O., S. 12.

13 Diese gesunkenen Kosten des Bargelderhalts scheinen übrigens dazu zu führen, daß die Kunden gegenüber früher kleinere Beträge abheben, dies dafür aber öfter. Dieser empirische Befund steht in perfekter Übereinstimmung mit den "Lagerhaltungsmodellen" der Geldnachfrage im Sinne des klassischen Modells von Baumol. Zum empirischen Befund vgl. Steiner, Teixeira, a.a.O., S.94. Zum theoretischen Modell vgl. W. Baumol: The Transaction Demand for Cash: An Inventory Theoretic Approach. In: Quarterly Journal of Economics, Vol. 66, 1952, S. 545 ff. Diese Entwicklung hat na-

Diese Vorteile der Bankautomaten haben dazu geführt, daß die Nachfrage nach Bankautomaten von seiten der Banken stark gewachsen ist. Die gerade zitierten Zahlen machen das deutlich. Bei wachsenden Märkten sagt aber das Smith-Stigler-Coase Paradigma eine Zunahme der intraindustriellen Arbeitsteilung voraus, sofern es nicht gleichzeitig zu einer starken Erhöhung der Transaktionskosten im Vergleich zu den Managementkosten kommt.

Ist dies bei der Citibank der Fall? Was bewegt die Citibank als einzige Bank ihre Bankautomaten selbst zu produzieren? Natürlich kann man hier nur spekulieren, aber die Antwort hängt mit hoher Wahrscheinlichkeit damit zusammen, daß die Bankautomaten der Citibank sich deutlich von denen der Konkurrenz unterscheiden. Sie sind keine Standardprodukte, sondern zeichnen sich durch besondere Nutzerfreundlichkeit aus. Sie basieren auf einer Touch-Screen-Technologie, haben mehrfarbige Bildschirme und gestatten 55 Transaktionsarten in drei verschiedenen Sprachen, Englisch, Spanisch und Chinesisch.

Der Erfolg dieses Bedienungskomforts spricht für sich selbst. Nutzen bei den übrigen Banken etwa 40% der Kontoinhaber den Bankautomaten, so sind es bei der Citibank 80%.[14] Dieser Wettbewerbsvorsprung schlägt unmittelbar auf die Kosten der Citibank durch, denn je mehr Kunden die Bankautomaten benutzen, desto mehr Transaktionen können zur Gänze papierlos verlaufen und desto weniger Arbeitskraft wird an den Bankschaltern in Anspruch genommen. Darüber hinaus werden neue Kunden geworben, die bei der Citibank Konten eröffnen.[15]

---

türlich auf seiten der Bank wieder eine Erhöhung des Transaktionsvolumens zur Folge und könnte eventuell sogar dazu führen, daß die Kosteneinsparungen durch Geldautomaten wieder kompensiert werden. Es verdient auch darauf hingewiesen zu werden, daß den privaten Gewinnen der Automatennutzung ein (vermutlich geringer) volkswirtschaftlicher Verlust gegenübersteht. Aufgrund der schnellen Abnutzung von Geldscheinen werden diese für Bankautomaten schneller unbrauchbar. Soll die Benutzung von Bankautomaten gefördert werden, müssen demnach Geldscheine früher als bisher aus dem Verkehr gezogen werden. Das heißt, daß die Kosten der Geldversorgung der Volkswirtschaft zunehmen.

14 Steiner, Teixeira, a.a.O., S.91 und 95 ff. 1987 haben die Citibank und die Dai-Ichi Kangyo Bank in Japan ein Abkommen geschlossen, das eine gegenseitige Vernetzung der Bankautomatensysteme beider Banken vorsieht. Auf diese Art und Weise haben die amerikanischen Kunden der Citibank Zugang zu rund 1 500 Bankautomaten der Dai-Ichi Kangyo Bank. (Chorafas, Steinmann: Implementing Networks ..., a.a.O., S. 31.

15 Es gibt mittlerweile eine umfangreiche Literatur, die sich der strategischen Bedeutung von Bankautomaten widmet. Hierbei spielt vor allem die Frage eine Rolle, inwieweit und unter welchen Bedingungen sich die Banken gegenseitig Zugang zu ihren Automatennetzen gewähren sollen. Vgl. stellvertretend C. Matutes, A. J. Padilla: Shared ATM Networks and Banking Competition. In: European Economic Review, Vol. 38, 1994, S. 1113 ff. N. Economides: Compatibility and the Creation of

Die Kehrseite dieses Erfolges sind jedoch die hohen Kosten der Automaten. Es wird geschätzt, daß die Citibank etwa 50-100 Millionen Dollar eingespart hätte, wenn sie statt ihrer eigenen Bankautomaten Standardgeräte von IBM installiert hätte. Das liegt mit daran, daß die Citibank nur für den Eigenbedarf produziert. Dadurch kann sie nicht die gleichen Economies of Scale erzielen wie ein Hersteller, der den gesamten Bankenmarkt versorgt. Die Citibank hat also einen Wettbewerbsvorteil, der durch geringere Economies of Scale bei der Geräteproduktion bezahlt werden muß.

Warum tritt dann aber die Citibank nicht in Konkurrenz zu den herkömmlichen Herstellern von Bankenautomaten und versorgt den gesamten Markt mit ihrer Art von Terminals? Dadurch würde sie ja ein höheres Maß an Economies of Scale erzielen können.

Diese Fragestellung führt unmittelbar in den Kern des Smith-Stigler-Coase Paradigmas. Zu fragen ist: (1) Warum produziert die Citibank nicht für den gesamten Markt? (2) Warum läßt sie ihre Bankautomaten nicht von einem unabhängigen Hersteller produzieren (selbst wenn der Umfang der Produktion verhältnismäßig klein ist)?

Die These dieser Arbeit ist, daß die die Antwort auf beide Fragen mit den Problemen des Informationsaustausches zusammenhängt, die in Kapitel 1 erörtert wurden. Offenbar ist es der Citibank gelungen, Innovationsvorsprünge hinsichtlich der Nutzerfreundlichkeit von Bankautomaten zu erringen. Wäre dies nicht der Fall, sondern ginge es der Citibank lediglich darum, statt einer verhältnismäßig standardisierten Form von Bankautomaten eine speziellere Art einzusetzen, wäre nicht zu erklären, warum sie die Automaten in einer eigenen Tochterfirma produziert. Sie könnte diese Aufgabe jederzeit einem unabhängigen Unternehmen übertragen. Daß sie diese Lösung aber gerade nicht gewählt hat, hat vermutlich zweierlei Gründe: (1) Sie wollte sich die entsprechenden Innovationsrenten sichern, d.h. sie wollte verhindern, daß die entsprechende Information den Konkurrenten vorzeitigt bekannt wurde; (2) der Informationsaustausch zwischen der Bank und einer eigenen Herstellertochter ist leichter, denn die Tochter wird auf neue Ideen der Bank schneller reagieren und umgekehrt die Bank auf neue Ideen des Herstellers. Geheimhaltung und Schnelligkeit waren aber für die Aufrechterhaltung der Innovationsrente von großer Bedeutung. Im Fall der Bankautomaten gibt es erhebliche Umstellungskosten (Switching Costs) von einem Automatensystem auf das andere. Bankautomaten- und erst

---

Shared Networks. In: M. Guerin-Calvet, S. Wildman (Hrg.): Electronic Services Networks, A Business and Public Policy Challenge. New York et al. 1991, S. 39 ff. In dieser Arbeit wird nur der Bereich der Endgeräte betrachtet. Natürlich hat aber die Nutzerfreundlichkeit der Automaten Einfluß auf die schließliche Größe des Automatennetzes einer Bank und gewinnt damit für die gerade genannte Frage an Bedeutung.

recht ganze Bankautomatensysteme sind sehr kostspielig. Ist ein bestimmtes System erst einmal installiert, kann nicht von heute auf morgen auf ein anderes System gewechselt werden. Die Citibank hatte also ein Interesse daran, ihre Konkurrenten weiter in ihre herkömmlichen Systeme investieren zu lassen. Auf diese Weise konnte sie damit rechnen, daß ihre Innovationsrente eine Weile erhalten bleiben würde.

Möglicherweise wäre es auch (ähnlich wie im in Kapitel 1 zitierten Fisher Body/General Motors Fall) schwierig gewesen, einen unabhängigen Hersteller vom wirtschaftlichen Erfolg der Citibank-Automaten zu überzeugen. Eine solche Überzeugungsarbeit wäre erforderlich gewesen, da die Citibank ein hohes Volumen an Bankautomaten einsetzt, weshalb das betreffende Unternehmen sein Schicksal weitgehend vom Erfolg dieser einen Art von Automaten abhängig gemacht hätte.

Natürlich ist nicht auszuschließen, daß die vertikale Integration der Citibank in die Herstellung von Bankautomaten ein ökonomischer Irrtum ist. Dies wird sich im Wettbewerb mit den anderen Automatennetzen zeigen, die auf standardisierteren und von unabhängigen Hardwareherstellern bezogen Produkten beruhen. Setzt sich jedoch der Ansatz der Citibank durch, wird sich - in der Sprache von Kapitel 1 - der Markt für Bankautomaten von einem relativ ruhigen, stetig wachsenden Markt zu einem turbulenten, innovativen Markt entwickelt haben.

Warum versuchen die Banken nicht auch in anderen Bereichen Wettbewerbsvorsprünge durch die Eigenfertigung von Hardware zu erlangen, etwa durch spezielle Terminals, Schecksortierer oder Belegleser?

Der offenbare Unterschied zwischen dem Fall der Bankautomaten und der übrigen Hardware scheint darin zu bestehen, daß die übrige Hardware sehr viel standardisierter ist als die Bankautomaten. Auch bei Lesegeräten und Großrechnern gibt es eine sehr rasche technische Entwicklung, doch ist relativ klar, was diese Geräte leisten sollen und hinsichtlich welcher Parameter technische Verbesserungen zu erwarten sind. Wie hingegen das Beispiel der Citibank zeigt, ist beim Markt für Bankautomaten noch nicht klar, ob sich Standard- oder maßgeschneiderte Produkte durchsetzen werden. Der Markt scheint noch durch hohe Unsicherheit geprägt, sowohl in Bezug auf die Qualitätsmerkmale des Produkts als auch auf die Technik.[16] In der Sprache von Kapitel 1 kann man sagen, daß für den Großteil der Bankenhardware die Situation die eines großen, stetig

---

16 "The machines are not static, but are evolving. They have potential for significantly improved functionality and user-friendliness." (Steiner, Teixeira, a.a.O., S. 92.)

wachsenden Marktes mit raschem aber voraussehbarem Wandel ist. Der Markt für Bankautomaten hingegen ist ein großer, schnell wachsender Markt mit einem hohen Maß an Unberechenbarkeit. Die Transaktionskosten sind dementsprechend bei maßgeschneiderten Bankautomaten hoch, im Fall der übrigen Hardware gering. Die zusätzlichen Managementkosten einer integrierten Lösung wären sehr viel größer als die Transaktionskosten der Marktlösung.

Warum aber wären die Managementkosten so hoch? Diese Frage führt zurück zu Kapitel 1, wo der Themenbereich des Unternehmens als Verkörperung einer bestimmten Art von Wissen diskutiert wurde. Wie dort in Anlehnung an Edith Penrose gesagt wurde, definiert dieses Wissen gewissermaßen die "Fähigkeiten" eines Unternehmens. Solange dieser Pool an Wissen noch Verbundvorteile hervorruft, solange wird ein Unternehmen seine Aktivitätspalette noch ausdehnen. Nun hat aber das Wissen, das in einer Bank verkörpert ist, sicherlich nur geringe Überschneidungen mit dem Wissen, das in der Computerproduktion Verwertung findet. Die wissensinduzierten Verbundvorteile sind also hier gering.

Diese Überlegungen deuten darauf hin, daß die Rückwärtsintegration von Banken in die Herstellung von Hardware eher die Ausnahme bleiben wird. Der ganz überwiegende Teil der Bankenhardware ist relativ standardisiert. Die Banken setzen durchweg die gleichen, oder zumindest sehr ähnliche Geräte ein. Wettbewerbsvorsprünge lassen sich in diesem Bereich kaum erzielen. Ein Fortschritt in der Computertechnik kommt sofort allen Kunden in gleicher Weise zugute. Die niedrigen Pro-Stück-Kosten, die bei voller Ausschöpfung der Economies of Scale möglich werden, dominieren hier die (ohnedies relativ geringen) Transaktionskosten.

Dies wird sehr deutlich am Beispiel der im Überweisungsverkehr eingesetzten Hardware. Die Banken sahen sich im Bereich des Zahlungsverkehrs in den letzten Jahrzehnten einem exponentiell steigenden Wachstum an Transaktionen gegenüber. Dies resultierte in einem gewaltigen Volumen an kleinen Zahlungen, die meisten davon per Scheck oder Überweisung. Der überwiegende Teil der DV-Investitionen gilt immer noch der Rationalisierung dieses Bereichs.[17] Dennoch ist hier die Automatisierung noch nicht so weit fortgeschritten, wie das wünschenswert wäre, da das Kundeninterface noch nicht elektronisiert ist. Wäre dies der Fall, könnte ein Überweisungsvorgang gleich von vorneherein

---

17 Rund 70 % aller DV-Investitionen der Banken richteten sich auf die Rationalisierung des Zahlungsverkehrs. Vgl. Steiner, Teixeira, a.a.O., S. 79.

elektronisch ablaufen, ohne den Medienbruch, den die Zwischenschaltung von Papier darstellt.

Dieser Medienbruch ist deshalb ein so großes Problem, weil er ein erhebliches Ausmaß an manueller Tätigkeit nach sich zieht. Meistenteils müssen heute noch die Daten einer Überweisung am Schalter per Hand in Formulare eingetragen werden. Früher mußten sie dann in einem weiteren Arbeitsschritt manuell in die DV der Bank eingetippt werden. Heute geschieht das Einlesen der Daten durch den Einsatz von Lesegeräten, die Magnettinte oder optische Tinte lesen können. Die ersten Geräte dieser Art kamen Anfang der 60er Jahre auf den Markt. Sie lesen die Beleg- oder Scheckdaten und leiten diese weiter. Ferner lichten sie die Belege und Schecks auf Mikrofilm ab und sortieren sie.[18] Die Lesefähigkeit verbessert sich zunehmend. Es gibt mittlerweile Lesegeräte, die auch handgeschriebene Großbuchstaben erkennen können.

Man erkennt an diesem Beispiel, daß es für eine Bank ökonomisch unsinnig wäre, ihre eigenen Lese- und Sortiergeräte zu produzieren. Es ist allen Beteiligten relativ klar, was diese Geräte leisten sollen und in welcher Richtung der technische Fortschritt zu erwarten ist. Die Verbesserungen sind rein technischer Natur. Bankspezifisches Wissen spielt bei ihrer Erzielung kaum eine Rolle. Die Transaktionskosten zwischen einem Computerunternehmen und einer Bank sind in diesem Bereich so gering, daß die Economies of Scale der Computerindustrie alle anderen Erwägungen überlagern. Bei diesen Geräten gilt also die Zentralaussage von Stiglers ursprünglichem Aufsatz, daß wachsende Märkte zu einer Zunahme der vertikalen Desintegration führen.

Dennoch könnte es sehr wohl Bereiche geben, in denen sich das Beispiel der Citibank-Automaten wiederholt. Zu denken wäre hier beispielsweise an spezielle Terminals für die Finanzmanager der Großkunden (Treasury Workstations) einer Bank oder für die eigenen Kundenberater. Zumeist ist hier jedoch die Bedienerfreundlichkeit eher eine Sache der Software. Es gibt bereits jetzt von den Banken zur Verfügung gestellte Software, die es gestattet, auf einem einzigen PC Terminal die gesamte Finanzverwaltung, inklusive der Lohnbuchhaltung und alle Ein- und Auszahlungsvorgänge zu bearbeiten. Hier wäre also eher eine Eigenerstellung der Software anstatt der Hardware zu erwarten.

---

18 Revell, a.a.O., S. 104.

4. Vertikale Integration und Mehrwertdienste

Auch in bezug auf Ebene 2 und 3 kann wieder gefragt werden, ob Telekommunikationsnetze in Eigenregie betrieben oder ob die Dienste solcher Netze von spezialisierten Unternehmen über den Markt bezogen werden sollen. Unternehmen, die auf der Basis von Mietleitungsnetzen spezielle Telekommunikationsdienste anbieten, werden als Mehrwertdienste (Value Added Services) bezeichnet.[19] Sie fügen den reinen Mietleitungen, die sie von einem Telekommunikationsunternehmen beziehen, einen "Mehrwert" hinzu.

Ein Beispiel ist das im vorigen Kapitel besprochene SWIFT Netz. Ein anderes Beispiel sind telefonische Ansagedienste, wie etwa der Straßenzustandsbericht. Hier ist es der normale Fernsprechdienst, dem ein Mehrwert hinzugefügt wird.[20]

Die Mehrwertdienste sind ein besonders beeindruckendes Beispiel für den markterweiternden Effekt der Telekommunikation. Mehrwertdienste entstehen dadurch, daß die Telekommunikation die Rechenkapazität des Computers mobil macht.[21] Der einzelne Computer bzw. das einzelne Rechenzentrum erhält dadurch quasi einen größeren Aktionsradius. Der Markt für das einzelne Computerservice-Büro wächst. In Übereinstimmung mit der Theorie von Smith und Stigler hat dies zu einer immer größer werdenden Spezialisierung im Bereich der Computeranwendungen geführt. Rechenzentren vertreiben mithilfe ihrer Hardware und bestimmter spezialisierter Software bestimmte Dienste über große Entfernungen hinweg. Beispiele hierfür sind Reservierungssysteme oder Anwendungen im Bereich der Transportlogistik und im Finanzwesen. So ist etwa die Autorisierung von Kreditkarten- oder Point-of- Sale Transaktionen ein Mehrwertdienst. Hierbei betreibt ein Telematik Unternehmen ein Telekommunikationsnetz zwischen den beim Händler installierten Terminals und der Autorisierungszentrale, die überprüft, ob für eine bestimmte Transaktion auch eine hinreichende Deckung auf dem Konto des Kunden vorhanden ist. Der Betreiber des Mehrwertdienstes hat dabei vor allem die Aufgabe, die Autorisierungsnachrichten ordnungsgemäß zu übermitteln. Eventuell übernimmt er aber auch die Ermittlung und das Inkasso der Autorisierungsgebühr sowie den Anschluß und

---

19 Vgl. C.C. von Weizsäcker: Die wirtschaftliche Bedeutung von Mehrwertdiensten. Köln 1987, vervielfältigt.

20 In der Litertur ist strittig, wie der Begriff der Mehrwertdienste definiert werden soll. Die hier gewählte Definition ist sehr weit. Andere Definitionen wollen verhindern, daß "die gesamte Volkswirtschaft" als Mehwertdienst definiert wird und orientieren sich deshalb stärker an rein telekommunikativen Merkmalen. Zu dieser Diskussion vgl. E. Witte, M. Dowling: Value-added services - regulation and reality in the Federal Republic of Germany. In: Telecommunications Policy, October 1991, S. 437 ff.; M. Stoetzer: Der Markt für Mehrwertdienste: Ein kritischer Überblick. Diskussionsbeitrag Nr. 69, Wissenschaftliches Institut für Kommunikationsdienste, Bad Honnef, Juli 1991.

21 Vgl. C.C. von Weizsäcker: Die Lokomotive des Informationszeitalters, a.a.O.

die Wartung der Endgeräte des Autorisierungsnetzes.[22] Ein anderes Beispiel bieten Rechenzentren, die einen Großteil der Transaktionsbearbeitung übernehmen, die im Back-Office[23] der Banken abläuft.

Mehrwertdienste spielen in modernen Volkswirtschaften eine immer größere Rolle. Der Markt für Mehrwertdienste wächst in allen hochindustrialisierten Ländern mit Zuwachsraten von 20-30%. C.C. von Weizsäcker hat in einer Studie über die wirtschaftliche Bedeutung von Mehrwertdiensten prognostiziert, daß im Jahr 2007 etwa 5% des Sozialproduktes der deutschen Wirtschaft im Mehrwertdienstsektor verdient werden.[24]

In dem Maße wie die Nachfrage nach Bankdienstleistungen zugenommen hat und weiter zunimmt, ist auch der Markt für bankenspezifische Mehrwertdienste stark gewachsen. Dabei ist speziell für Deutschland zu berücksichtigen, daß gegenwärtig noch ein hoher Teil an Mehrwertdiensten für den unternehmensinternen Eigenbedarf oder auf genossenschaftlicher Basis eines geschlossenen Clubs (wie etwa das deutsche Segment des SWIFT-Netzes) produziert wird.[25]

Im Grunde sind fast alle der über ein bankinternes Netz laufenden Dienste Mehrwertdienste. Wenn also eine Bank ein eigenes Telematik-Netz betreibt, dann hat sie de facto

---

22 In Deutschland müssen die in diesem Bereich zugelassenen Wettbewerber alle diese Funktionen übernehmen. Vgl. hiezu E. Flassig: Elektronisches Bezahlen - Eine Mehrwertdiensentwicklung in Deutschland. In: Zeitschrift für Post und Telekommunikation 8/1991, S. 25 ff. IBM und die Deutsche Bundespost Telekom haben das Gemeinschaftsunternehmen Telecash Service GmbH gegründet, um diesen Mehrwertdienst in Deutschland anzubieten.

23 In der bankbetrieblichen Literatur werden die Tätigkeitsbereiche in einer Bank in drei Klassen eingeteilt. Der erste Bereich ist der Geschäfts-, Kunden oder Leistungsbereich. Er repräsentiert die Schnittstelle der Bank mit der Außenwelt, ist also gewissermaßen der Distributionsbereich einer Bank. Die Mitarbeiter in diesem Bereich treten an den Bankschaltern mit den Kunden in Kontakt, führen an den Börsen und Devisenmärkten Transaktionen durch oder schließen mit Großkunden Kreditverträge ab. Der zweite Bereich ist der Hilfs- und Verwaltungsbereich. Er repräsentiert den "Maschinenraum" der Bank. Im englischen Sprachgebrauch wird dieser Bereich als Back-Office-Bereich bezeichnet. Scherzhaft heißt es, das Back-Office befinde sich dort, wo der Teppich aufhört und das Linoleum anfängt. Hier werden Transaktionen verbucht, Schecks verarbeitet, Überweisungen an andere Banken vorgenommen usw. Der dritte Bereich schließlich ist der des Managements. Dort werden die unternehmenspolitischen Entscheidungen gefällt und langfristige Strategien entworfen. Jeder dieser drei Bereiche wird in spezifischer Art und Weise durch die Telematik unterstützt und in jedem dieser Bereiche führt die Telematik zu immer mehr Spezialisierung und Arbeitsteilung. Offenbar sind unsere Ebenen 1 und 2 eng mit dem Back-Office Bereich verknüpft. In Gestalt von Kontoauszugsdruckern, Bankautomaten oder der Endgeräte des Home-Banking bildet Ebene 1 aber auch einen Teil des Front-Office. Auch Ebene 2 kann in den Bereich des Front-Office hereinragen, etwa in der Gestalt von Anlegersoftware, die im Rahmen des Home-Banking benutzt werden kann (s.u.). Ebene 3 hingegen ist ausschließlich mit dem Front-Office verbunden.

24 C.C. von Weizsäcker: Die wirtschaftliche Bedeutung von Mehrwertdiensten, a.a.O.

25 Zur "Club-Lösung" vgl. Pfeiffer, Wieland, a.a.O., S. 22 ff.

in den Bereich der Mehrwertdienste vertikal integriert. Es wäre im Prinzip durchaus denkbar, daß auch unabhängige Telematik-Dienstleister der Bank diese Dienstleistungen verkaufen könnten. Die Deutsche Bank hat zu diesem Zweck bereits eine Tochtergesellschaft gegründet, die Deutsche Gesellschaft für Netzwerkdienste, die international bankspezifische Mehrwertdienste anbieten soll. Ein anderes Beispiel ist die Firma GEISCO, die nicht nur reine Telekommunikationsdienste, sondern auch Cash-Managementdienste an verschiedene Banken verkauft.[26] Auch das Beispiel des SWIFT-Netzes zeigt, daß es jetzt schon Bereiche gibt, in denen ein über den Markt angebotenes Netz mit dem internen Netz einer Bank konkurriert. Bei transaktionsbezogenen Nachrichten hat eine Bank die Wahl, ob sie eine solche Nachricht über SWIFT oder ihr eigenes Netz senden möchte. In bezug auf Zahlungen stehen die bankinternen Netze in Konkurrenz zu Netzen wie CHIPS und CHAPS. Es ist denkbar, daß sich diese Konkurrenz bald auch auf andere Gebiete ausdehnt, weil Betreiber von Mehrwertdiensten in Zukunft Telekommunikationsdienste anbieten werden, die speziell auf die Bedürfnisse von Banken zugeschnitten sind. Wie im vorangegangenen Kapitel bereits geschildert, unternimmt SWIFT selbst Anstrengungen in diese Richtung.

Es ist zu fragen, ob eine Bank in einem solchen Regime auf ein eigenes Telekommunikations(mietleitungs)netz verzichten könnte. Anders formuliert, inwieweit werden die Banken in Zukunft noch in den Bereich der Mehrwertdienste vertikal integriert sein? Gegenwärtig sind sie es ganz offenbar noch in hohem Maße. Wir wollen wiederum versuchen, diese Frage im Rahmen des Smith-Stigler-Coase Paradigmas zu analysieren.[27]

Das Smith-Stigler-Coase Paradigma besagt, daß bei wachsenden Märkten, Scale-Aktivitäten immer mehr von unabhängigen Unternehmen ausgeübt werden, sofern hohe Transaktionskosten dem nicht entgegenstehen.

Das Betreiben eines Mehrwertdienstes ist in der Tat eine Aktivität, die durch Economies of Scale gekennzeichnet ist. Man benötigt dazu eine Infrastruktur von Rechnern, ein Mietleitungsnetz und spezielle Anwendungssoftware, bzw. ein spezielles Know-How bei der Erstellung einer ganz bestimmten Art von Anwendungssoftware. Wiederum gilt, daß die Kosten pro übertragener Nachricht mit steigendem Volumen der insgesamt übertragenen Nachrichten sinken. Außerdem scheint richtig zu sein, daß Größenvorteile bei der

---

26 Baark, Falch, Skouby, a.a.O., S. 143.

27 Hier wird von dem Faktor Regulierung abstrahiert, was eigentlich nicht ganz richtig ist. Gerade in Deutschland haben bisher Regulierungen das Enstehen eines Marktes für Mehrwertdienste verhindert. Vgl. G. Pfeiffer, B. Wieland: a.a.O., und E. Witte, M. Dowling, a.a.O.

Ausnutzung des Know-Hows im Erstellen von Anwendungssoftware bestehen. Das Wissen, das in diesem Bereich einmal erworben wurde, kann über verschiedene ähnliche Lösungen verteilt werden. Damit sinken die Kosten pro Lösung.

Das scheint auf den ersten Blick den Schluß nahezulegen, daß Banken immer mehr dazu übergehen werden, auf unabhängige Anbieter von banktypischen Telematik-Leistungen zurückzugreifen. Dieser Eindruck ist jedoch nur zum Teil richtig. Er beruht auf dem oben erwähnten Versäumnis, die Ebene der Anwendungssoftware von der Ebene der Kontroll- und Netzmanagementsoftware zu trennen. Wie dort bereits gesagt, sehen die Banken (bzw. die Unternehmen ganz allgemein), daß zwischen diesen beiden Bereichen Austauschmöglichkeiten existieren, die zu individuellen Lösungen und damit zu erheblichen Wettbewerbsvorsprüngen führen können. Der Fall liegt also wiederum sehr ähnlich, wie bei den Bankautomaten der Citibank. Es ist abzuwägen zwischen einer verhältnismäßig standardisierten Lösung, die über den Markt von einem Mehrwertdiensteanbieter bezogen werden könnte, und einer individuellen Lösung, die womöglich Wettbewerbsvorsprünge verschafft. Je individueller, d.h. je maßgeschneiderter die Lösungen jedoch werden, umso weniger wird die gerade geschilderte Kostendegression im Softwarebereich wirksam werden.

Könnte nicht aber auch die individuelle Lösung über den Markt bezogen werden? Das heißt, könnte nicht ein unabhängiges Telematik-Unternehmen damit beauftragt werden, für eine Bank eine maßgeschneiderte Lösung zu erstellen? Die Antwort auf diese Frage hat zwei Aspekte. Zum einen gehen, wie gesagt, bei einer maßgeschneiderten Lösung Economies of Scale verloren. Das außenstehende Unternehmen hat nicht mehr den großen Kostenvorteil gegenüber der internen Lösung. Zum anderen bestehen hier wiederum die Probleme der Vertraulichkeit strategisch bedeutsamer Information und vor allem das Problem des raschen Informationsaustausches zwischen Bank und Telematik-Unternehmen bzw. Abteilung.

In der Sprache des Kapitel 1 haben wir es gegenwärtig bei dem Markt für bankspezifische Mehrwertdienste mit einem schnell wachsenden, großen Markt zu tun, der durch starke technische Unsicherheit gekennzeichnet ist. Diese Unsicherheit mag sich in Zukunft verringern, gegenwärtig ist sie jedoch noch hoch. Die Banken experimentieren mit individuellen Lösungen, durch die sie Wettbewerbsvorsprünge zu erhalten hoffen. Solange dies der Fall ist, ist zu erwarten, daß die industrielle Arbeitsteilung in diesem Bereich gering sein wird. Dies liegt daran, daß die Kosten des Informationsaustausches hoch sind. Zum einen gibt es Vertraulichkeitsprobleme, zum anderen muß in einer Phase des Experimentierens eine schnelle Reaktion auf Neuentwicklungen, also ein schneller Informationsaustausch (im Sinne von Kapitel 1) möglich sein. Die Banken werden deshalb ganz überwiegend weiterhin ihre eigenen Datennetze betreiben und nur bei relativ standardisierten Dienstleistungen auf spezielle Telematik-Unternehmen zurückgreifen, wie etwa beim Processing im Bereich des Back-Office. Das schließt jedoch nicht aus, daß später einmal, in einer Phase, in der die technische Unsicherheit, die mit den neuen Informations- und Kommunikationstechniken verbunden ist, einer größeren Klarheit gewichen ist, die Banken verstärkt unabhängige Mehrwertdiensteanbieter in Anspruch nehmen werden.

Kleinere Banken, die sich den Aufwand eigener Mehrwertdienste nicht leisten können, sind bereits heute auf den Markt angewiesen. Sie werden vermutlich auch in der Zukunft nur relativ standardisierte Produkte und Dienstleistungen anbieten können. Die großen Banken werden hier mit hoher Wahrscheinlichkeit einen permanenten Wettbewerbsvorsprung erringen. Auch strategische Allianzen der kleinen Banken werden aufgrund ihrer geringeren Flexibilität daran vermutlich wenig ändern können.

4. Beispiele für vertikale Integration und Mehrwertdienste

Die vorangehende Diskussion war sehr allgemein. Deshalb sollen in diesem Abschnitt einige konkrete Beispiele diskutiert werden. Die Beispiele werden zunächst vorgestellt und dann interpretiert. Es kann aber hier schon vorweggenommen werden, daß das Erklärungsmuster im Grunde dasselbe ist, wie bisher.

Mehrwertdienste, mit denen die Banken Wettbewerbsvorteile erlangen können, unterscheiden sich vor allem durch die dabei verwendete Anwendersoftware. Innovative Software verkörpert quasi die Innovationsrenten einer Bank. Insofern entstehen wieder die bereits geschilderten Probleme des Informationsaustausches (im Sinne von Kapitel 1), die tendenziell zu hohen Transaktionskosten führen und damit einer Marktlösung entgegenstehen. Nicht überraschend zählen deshalb in Deutschland die Großbanken vom Produktionsvolumen her zu den größten Softwarehäusern.[28]

---

[28] So der Leiter des Konzernstabs Organisation der Dresdner Bank Dr. G. Frank in einem Vortrag am 9.6.1991 in der Tele-Akademie des Südwestfunks, schriftliche Fasung, S. 6.

4.1. Cash Management Systeme

Das erste Beispiel ist der Bereich der Cash-Management-Systeme.[29] Ein solcher Dienst ist eine Art von elektronischer Kontoführung, die der Kunde vermittels eines per Telefon-, Daten oder Mietleitung an die DV der Bank angeschlossenen PC selbst durchführen kann. Der Zentralrechner der Bank liefert die Basisdaten für diese Kontoführung. Beim Transcash Service des Bankhauses Trinkaus und Burkhardt beispielsweise kann acht bis zehnmal pro Tag ein Informationspaket abgerufen werden, das zum einen Wirtschaftsdaten ganz allgemein enthält und zum anderen Daten, die sich ausschließlich auf den Kunden beziehen. Softwaretechnische Grundlage dieser Informationsübertragung ist ein File Transfer Programm, das ein wesentlicher Bestandteil von Transcash ist. Ein Dialog mit dem Zentralrechner findet nur während des Austauschs der Datenpakete statt. Das File Programm steuert die Leitungsverbindung, und bricht sie nach erfolgter Übertragung sofort ab. Diese Lösung ist für den Kunden wesentlich kostengünstiger als wenn er die Informationen auf Mietleitungsbasis in einem echten Dialog mit dem Zentralrechner abfragen würde.[30] Man hat hier wieder ein gutes Beispiel für die Interdependenz zwischen Ebene 2 und 3 und wie diese Interdependenz in die konkrete Gestalt eines Produktes eingeht.

Der Kunde kann entsprechend der erhaltenen Informationen reagieren und per Datenübertragung Aufträge an die Bank weiterleiten. Zu den allgemeinen Daten gehören Börsennachrichten, Trendmeldungen, Konjunkturdaten oder Preisindizes. Zu den Geschäftsdaten gehört in erster Linie ein Überblick über den aktuellen Stand aller Konten weltweit. Selbstverständlich können auch die einzelnen Konten selbst eingesehen werden. Gezeigt werden nicht nur die Schlußsalden des Vortages, sondern auch die Tagesumsätze des laufenden Tages und die Umsätze der letzten 30 Tage. Abrufbar sind auch die Fremdwährungsbestände, die sich aus den Kontobewegungen ergeben. Der Cash-Management Dienst führt die gegenwärtigen und zu erwartenden Fremdwährungssalden vor und analysiert deren mutmaßliche Wertentwicklung (gegenüber der DM) innerhalb einer Woche. Abrufbar sind auch bestehende Devisenhandelskontrakte, diskontierte Wechsel, der Bestand an Daueraufträgen oder vorgemerkte, gesperrte Schecks. Die bestehenden Wertpapierdepots werden mit aktuellen Kursen bewertet, ferner ihre Entwicklung über die letzten 30 Tage nachgezeichnet und die getätigten Umsätze der letzten 30 Tage dokumentiert. Die mit Standardaufträgen des Kunden zusammanhängenden Daten werden gespei-

---

29 Eine ausführliche Diskussion von Cash-Management-Systemen findet der Leser in T. Jetter: Cash-Management-Systeme. Wiesbaden 1987.

30 IBM Nachrichten 37, 1987, Heft 289, S. 49 ff, S. 50.

chert, und können per Knopfdruck wieder aktiviert werden. Der entsprechende Auftrag kann dann sofort in unveränderter Form noch einmal ausgeführt oder aber ohne großen Arbeitsaufwand modifiziert werden. Bei Auslandstransaktionen können die notwendigen Meldungen vom Bankhaus direkt aufbereitet und an die Bundesbank geschickt werden. Außerdem erlaubt das System elektronischen Briefverkehr mit der Bank.[31]

Die wichtigsten Leistungen eines Cash-Management-Systems bestehen jedoch im sogenannten Pooling und Netting.[32]

Das Pooling ist eine Art von Konsolidierung aller Konten, die ein Unternehmen bei einer Bank unterhält. Die täglichen Überschüsse aller Transaktionskonten eines Unternehmens werden auf ein gemeinsames Zielkonto gelegt. Dadurch werden positive und negative Kontensalden so weit als möglich ausgeglichen. Auf diese Weise kann das betreffende Unternehmen auf seine liquiden Mittel optimale Zinserträge erzielen. Das Pooling muß nicht notwendigerweise auf die Konten einer einzigen Währung beschränkt bleiben. Gerade bei multinational operierenden Unternehmen wird es sich beim Pooling immer um ein Multiwährungs-Pooling handeln. In diesem Fall, werden an die Software der jeweiligen Bank höhere Anforderungen gestellt, da noch zusätzlich diverse Umrechnungen erforderlich sind.

Das Netting ist eine Art von unternehmensinternem Clearing. Die Forderungen und Verbindlichkeiten der einzelnen Unternehmensteile gegeneinander werden aufgerechnet, so daß nur noch die verbleibenden Spitzen in effektive Zahlungsströme umgesetzt werden müssen. Besonders bei einem multinationalen Unternehmen kann dies die Kosten des unternehmensinternen Zahlungsverkehrs deutlich verringern.

Ein Cash-Management System der geschilderten Art ist ein typischer Mehrwertdienst. Ganz offenbar hängt der Komfort und damit der Wettbewerbserfolg eines solchen Systems in hohem Maße von der dabei verwendeten Systemsoftware und dem Telekommunikations-Know-How der betreffenden Bank ab. Obwohl sich in Deutschland die Systeme wohl mehr oder weniger gleichen[33], stehen in Großbritannien und in den USA die verschiedenen Anbieter in starker Konkurrenz zueinander. Die Leistungen differieren je nach Bank und nach verwendeter Software. So kann beispielsweise der Bereich der De-

---

31 IBM Nachrichten, a.a.O.
32 Vgl. Jetter, a.a.O., S. 42 ff.
33 Terrahe, a.a.O., S. 16.

visentransaktionen durch ein Risikomanagementprogramm ergänzt werden,[34] oder die Treasury Seite durch ein Portfolio-Selektionsmodell, das errechnet, wieviel der flüssigen Mittel eines Unternehmens in bar, wieviel in Depositen und wieviel in Wertpapieren gehalten werden sollten. Solche Zusatzleistungen können wettbewerbsentscheidend sein.[35,36]

4.2. Portfolioverwaltung und -überwachung für Dritte

Als weiteres Beispiel für den Wettbewerb auf der Ebene 3 sei die State Street Boston Corporation angeführt.[37] Diese Bank ist nur dem Namen nach noch eine Bank. Sie hat so gut wie alle "klassischen" Bankaktivitäten aufgegeben und ist heute im Grunde der Anbieter eines speziellen Finanz-Mehrwertdienstes. Dieser Mehrwertdienst besteht in der Verwaltung und Überwachung der Portefeuilles von Versicherungen, Pensionsfonds oder Investmentfonds. Auch dieses Geschäft ist hoch komplex. Die zu verwaltenden Portefeuilles umfassen eine große Zahl von Titeln, deren Wert sich fortlaufend ändert. Der Verwalter des Portefeuilles muß diese fortwährenden Änderungen registrieren, die Wertveränderungen verbuchen und den geänderten Gesamtwert des Portefeuilles ermitteln. Außerdem werden die Portefeuilles von den Portfeuillemanagern permanent umgeschichtet. Bei Investmentfonds kommt noch hinzu, daß die Eigentumsanteile am Portefeuille des Fonds dokumentiert werden müssen. Da sich auch hier permanent Veränderungen vollziehen, ist diese Dokumentation ein sehr komplexer Vorgang. In dem Maße, in dem sich neben den herkömmlichen Fonds auch Indexfonds durchsetzten, ist die Vielschichtigkeit des Geschäftes von State Street Boston noch weiter gestiegen.

---

34 Revell, a.a.O., S. 53.

35 Einen Überblick über verschiedene in Großbritannien verfügbare Cash-Management Systeme gibt E. Snowton: Systems are streamlined to woe treasurers. In: Financial Times, October 16, 1986, Financial Times Survey, Information Technology in Finance, p.ii.

36 Aus der Produktvielfalt ergibt sich aber für viele Kunden aber auch ein Problem, weil Konten oft bei verschiedenen Banken gehalten werden. Das kann bedeuten, daß der Finanzmanager eines Unternehmens mehrere Cash-Management-Systeme, eventuell sogar mit verschiedenen Terminals nebeneinander betreiben muß. Die Kunden - auch in Deutschland - fordern hier eine Kooperation der Banken, um einheitliche Lösungen zu schaffen. Zumindest in Europa zögern jedoch die Banken bisher, diesen Wünschen nachzukommen, da dies bedeuten würde, daß sie Kundendaten in die DV der Konkurrenz einspeisen müßten. (Vgl. Snowton, a.a.O.) Die Lösung liegt möglicherweise in der Einschaltung eines branchenfremden Datenverarbeitungsunternehmens. (Terrahe, a.a.O., S. 16) Der Endpunkt dieser Entwicklung ist die Treasury Workstation, eine Softwarelösung, bei der der Schatzmeister eines Unternehmens nur noch ein einziges Terminal vor sich hat, das alle elektronischen Finanzfunktionen kombiniert, also etwa das Cash-Management mit Lohnzahlungen und der Kontrolle der Fälligkeit von eingehenden und ausgehenden Zahlungen. Einige Beobachter meinen, daß die Banken mit diesem Angebot ihr angestammtes Geschäftsfeld verlassen und in offene Konkurrenz zu den Softwareunternehmen treten. (Jetter, a.a.O., S. 54.)

State Street Boston verwaltet heute etwa 10% aller Wertpapiere in der Welt. Das Unternehmen hat diese Stellung erreicht durch sein spezielles Processing-Know-How, das weitgehend eine Funktion der verwendeten Software auf den Ebenen 2 und 3 ist.[38] Diese Software wurde in Eigenregie entwickelt. Als Folge der hohen Investitionen in Hard- und Software ist das Geschäft der Portfolioverwaltung durch beträchtliche Economies of Scale gekennzeichnet.[39]

Mit der zunehmenden Globalisierung der Finanzmärkte nehmen die hier geschilderten Aktivitäten eine internationale Dimension an. Dementsprechend ist das Feld der "Global Custody" entstanden. Auch hier findet der Wettbewerb vor allem auf der Software-Ebene statt.[40] Ein Unternehmen, das in diesem Bereich erfolgreich sein will, muß z.B. über ein Multiwährungssystem verfügen, das es erlaubt, den gerade gültigen Kurs jedes beliebigen Papiers im Portfolio, in jeder beliebigen Währung zum gerade gültigen Wechselkurs auszudrücken. Das System muß z.B. darüber Auskunft geben können, ob es gerade günstiger ist, eine bestimmte Summe von DM mit Yen oder Dollars zu kaufen, oder welche Währung gerade am besten zum Kauf einer bestimmten Aktie in London benutzt werden soll. Die hier aufzubringenden Kosten für Entwicklung und Wartung der Software sind erheblich. Es ist zu erwarten, daß aufgrund der damit verbundenen starken Economies of Scale in diesem Geschäftsbereich auf Dauer nur wenige Unternehmen überlebensfähig sein werden.

4.3. Großkundendienste

Die großen Kunden der Banken fordern eine immer stärkere Elektronisierung ihres Bankenverkehrs. Die Banken reagieren auf diesen Wunsch, indem sie den Großkunden quasi einen direkten elektronisierten Zugang zum Back Office eröffnen. Die erheblichen Fortschritte, die dabei erzielt worden sind, zeigen sich in zwei Zahlen. Während die *Anzahl* der Transaktionen heute noch zu über 90% papiergebunden ist, verhält es sich hinsichtlich des wertmäßigen *Volumens* genau umgekehrt.[41]

Die großen Unternehmen müssen viele regelmäßige Zahlungen, wie etwa Gehaltszahlungen, bewältigen. In den Unternehmen selbst wird bei der Vorbereitung dieser Zahlun-

---

37 Steiner, Teixeira, a.a.O., S. 210 ff.
38 Steiner, Teixeira, a.a.O. S. 69 und S. 216
39 Steiner, Teixeira, a.a.O., S. 182.
40 M. Arend: Global Custodians Exhibit High-Tech Savvy. In: Wall Street Computer Review, August 1990, S. 29 ff.
41 Solomon, a.a.O., S. 208.

gen von der Datenverarbeitung Gebrauch gemacht. Die Firmen sind deshalb in der Lage, die entsprechenden Daten bereits auf Magnetbändern oder Disketten anzuliefern, die dann direkt in die DV der Bank eingelesen werden können. Schneller und kostengünstiger ist es jedoch, wenn beide Datenverarbeitungssysteme durch Datenleitungen so verbunden sind, daß der physische Transport von Datenträgern entfällt. Hier bestehen aber wieder die Kompatibilitätsprobleme zwischen verschiedenen Datenverarbeitungssystemen, die im vorigen Kapitel bereits angesprochen wurden. Die Banken sind deshalb gezwungen, hier jeden einzelnen Fall gesondert zu betrachten. Die Lösungen, die gefunden werden, sind zumeist maßgeschneidert. Sie erfordern häufig spezielle Software und das Eingehen auf besondere Hardwareprobleme des Kunden. Aus Sicht der Telekommunikation erbringen die Banken hier typische Mehwertdienstleistungen. Sie errichten und betreiben eine Telekommunikationsverbindung, die es verschiedenen Computersystemen erlaubt, "miteinander zu sprechen." Die Aktivitäten der Midland Bank in diesem Bereich wurden bereits im vorangegangenen Kapitel geschildert, ebenso das BRAIN-Netz der Sumitomo Bank. Die Mellon Bank erbringt über Großkundendienste dieser Art hinaus Telematik Dienstleistungen für andere Banken. 1989 verkaufte sie Telematik Dienstleistungen an 500 andere Banken. Das hat dazu geführt, daß die Computer und Kommunikationsabteilung das zweitprofitabelste Profitcenter dieser Bank ist.[42] Aus Sicht des Smith-Stigler-Coase Paradigmas bedeutet dies, daß die Mellon Bank durch die Produktion für den Markt die Economies of Scale ihrer Telematik Abteilung weiter ausschöpft als wenn nur für den Eigenbedarf produziert würde.

Ist die elektronische Anbindung des Großkunden einmal erreicht, können dem Kunden neben der Abwicklung des Zahlungsverkehrs eine Vielzahl weiterer Dienstleistungen zur Verfügung gestellt werden. Solche Dienstleistungen umfassen den elektronischen Bezug von Nachrichten und Berichten, Analysehilfen auf der Basis von bankeigener Software, die Automatisierung des mit dem Außenhandel verbundenen Papierkriegs und des internationalen Zahlungsverkehrs, usw.

4.4. Home Banking

Nicht nur Großkunden oder Firmenkunden können in elektronischer Form an ihre Bank herantreten. Auch der Kleinkunde hat diese Möglichkeit über das Medium des Home Banking. Home Banking ist sehr häufig an einen der öffentlichen Videotex Dienste ge-

42 Chorafas, Steinmann: Expert Systems in Banking, a.a.O., S. 61.

koppelt, wie etwa an den Bildschirmtext-Dienst der DBP Telekom[43], oder an ein interaktives Kabelfernsehsystem, wie in den USA oder Japan. Möglich ist aber auch, Home Banking über den eigenen PC zu betreiben, der mithilfe eines Modems über Telephonleitungen mit der DV der Bank verbunden ist. Die einzelnen Dienste, die von den Banken im Bereich des Home Banking angeboten werden, differieren von Anbieter zu Anbieter. Zum Standardrepertoire gehören Informationsdienste, Kontostandsabfragen, Überweisungen, Depotabfragen und Bewertung des Depots, sowie Modellrechnungen im Spar- und Kreditbereich. Bei einigen Instituten ist es auch möglich, Kaufaufträge für Wertpapiere zu erteilen oder Daueraufträge einzurichten, zu löschen oder zu ändern.[44] Es ist nicht undenkbar, daß Home Banking in Zukunft die Bankautomaten zu einem gewissen Grad ersetzen könnte. Bankautomaten würden dann nur noch als Geldausgabeautomaten genutzt werden, während alle komplizierteren Transaktionen zu Hause erfolgen.

Für das Home Banking gibt es auch unabhängig von den Banken auf dem Markt allerlei Zusatzsoftware. So etwa Software, die Fälligkeiten überwacht oder Modellrechnungen für Investitionen durchführt, z.B. in Gestalt verschiedener Ammortisations- oder Steuermodelle. Einen Schwerpunkt bilden Portfolioanalysen. Je nach theoretischer Vorliebe kann der Home Banker diese Analysen auf Grundlage der Chartanalyse, der Fundamentalanalyse oder sonstiger Modelle vornehmen. Die Programme unterscheiden sich teilweise stark hinsichtlich des Komforts der graphischen Aufbereitung. Einige der Programme senden bei "Gefahr im Verzug" Kauf und Verkaufsignale aus. Im deutschsprachigen Raum gibt es gegenwärtig über 70 solcher Programmpakete auf dem Markt.[45]

Um ihre Aufgabe erfüllen zu können, müssen die Programme natürlich mit den aktuellen Wertpapierkursen gefüttert werden. Sehr aufwendig und fehlerträchtig ist die manuelle Eingabe. Die meisten Programme bieten deshalb eine automatische Übernahmemöglichkeit von Börsenkursen. Diese können den Informationsdiensten der Banken entstammen, aber auch durch Abonnement von privaten Diensten für Kleinanleger wie Hermes II bezogen werden. (Vgl. Kapitel 3)[46]

Home-Banking-Dienste werden nicht nur von Banken angeboten. Der Warenhauskonzern Sears Roebuck, der in zunehmendem Maße in das Bankgeschäft eindringt, betreibt

---

43 Hierbei ist der Kunde über ein BTX-Terminal (z.B. gekoppelt an einen Fernseher) über Telefon mit einem externem Gateway-Rechner des BTX-Systems verbunden, der die Daten seinerseits an die Bankcomputer weiterleitet. Auch PCs können an BTX angeschlossen werden.

44 Terrahe, a.a.O., S. 20.

45 Genaueres hierzu bei P. Jobst: Rendite auf Knopfdruck. In: Finanz und Wirtschaft, 9.6.1990, S. 31.

46 Zu den möglichen Informationsquellen, vgl. Jobst, a.a.o.

seit Oktober 1988 in Zusammenarbeit mit IBM einen Home-Banking-Dienst namens Prodigy. Dieser Dienst zeichnet sich angeblich durch eine hohe Nutzerfreundlichkeit aus und scheint bisher sehr viel erfolgreicher zu sein als fast alle seine Vorgänger, ist jedoch bisher noch nicht profitabel[47].

4.5. Expertensysteme im Bankwesen

Die gerade aufgeführten Beispiele haben die zentrale Bedeutung der Software für bestimmte Bankdienstleistungen verdeutlicht. Auch sogenannte Expertensysteme sind Softwareprogramme, die von den Banken in zunehmendem Maße eingesetzt werden.

Grob gesprochen sind Expertensysteme Softwareprogramme, die durch das Erfahrungswissen von Experten angereichert werden.[48] Dabei wird versucht, die Gedankenprozesse eines Experten, etwa eines Devisenhändlers, auf einem bestimmten Gebiet nachzubilden. Man versucht, das Erfahrungswissen des Experten in ein System von Regeln und Gesetzen zu gießen, das dann in die betreffende Software eingebracht wird. Expertensysteme unterscheiden sich dadurch von den herkömmlichen Softwareprogrammen, daß sie keinen wohldefinierten, Stufe für Stufe vorgehenden Algorithmus enthalten, der ein bestimmtes Problem löst. Sie enthalten vielmehr eine Ansammlung von "Wenn ... dann"-Regeln, die einem Nutzer sagen, was er in einer bestimmten Situation tun soll. Die Anzahl dieser Regeln kann von einem Dutzend bis zu mehreren Tausend reichen. Expertensysteme eignen sich vor allem zur Anwendung komplexer Probleme, in denen es "die" richtige Antwort nicht gibt und in denen viele Informationen sich gegenseitig beeinflussen.[49]

Wesentlicher Bestandteil beim Erstellen eines Expertensystems ist das Sammeln des relevanten Erfahrungs- und Hintergrundwissen des Experten in einer Datenbank. Das Expertensystem ist dann in der Lage, in einer bestimmten Problemsituation dieses Wissen zu aktivieren und anzuwenden. Expertensysteme stellen in einer bestimmten Situation sinnvolle Fragen, geben Ratschläge und begründen sie auch. Auf diese Weise kann das Know-How und die Erfahrung der besten Fachleute auf einem Gebiet *allen* Mitarbeitern

---

47 Zur Nutzerfreundlichkeit vgl. Solomon, a.a.O., S. 223. Zur geringen Rentabilität vgl. M.Görtz: Baby Bells schicken Zeitungen übers Telefon. In: Finanz und Wirtschaft, 22.1.1992.

48 Vgl. hierzu Chorafas, Steinmann. Implementing Networks ..., a.a.O., S.185.

49 Vgl. A. Kupfer: Now, live experts on a floppy disk. In: Fortune, October 12, 1987, S. 47 ff.; Chorafas, Steinmann: Implementing Networks ....., a.a.O., Kapitel 10; Steiner, Teixeira, a.a.O., S. 199 ff. Siehe auch: E. Kurz: Wissen im Wettbewerb, Expertensysteme - Entwicklungsstand, Trends und Anwendungen. In: net 45 (1991), Heft 5, S. 196 ff.

einer Bank, also auch den weniger hochklassigen, zur Verfügung gestellt werden. Ebenso ist es mithilfe von Expertensystemen möglich, einem Unternehmen das Erfahrungswissen von ausscheidenden Mitarbeitern zu erhalten.[50]

Diese Kodifizierung von Expertenwissen findet nicht nur im Bankwesen oder der industriellen Produktion Anwendung. Das erste einem weiteren Kreis bekannt gewordene Expertensystem diente an der Stanford Medical School der medizinischen Diagnose. In China wird seit einiger Zeit ein großangelegtes Projekt unternommen, mit dem Ziel, das jahrtausendealte Wissen chinesischer Landärzte durch Expertensysteme nutzbar zu machen.

Der Nachteil der Expertensysteme besteht in ihrem extrem hohen Bedarf an Rechnerkapazität. Dies liegt eben gerade daran, daß Expertensysteme "nichtprozedural" sind. Sie benötigen in vielen Fällen die Rechenkapazität sogenannter Supercomputer, wie sie etwa von der Firma Cray hergestellt werden. Weiterhin stellt sich in jedem Einzelfall immer wieder die Frage, ob ein Expertensysteme auch genügend viele Regeln enthält, um die Fähigkeiten eines menschlichen Experten abbilden zu können, und ob es hinreichend flexibel ist, um mit den verschiedenen möglichen Umweltsituationen fertig zu werden.

Expertensysteme gehören zu jenem Forschungsbereich, der mit dem Namen künstliche Intelligenz (KI) umschrieben wird. Während beim Entwurf von Expertensystemen vor allem auf praktische Anwendbarkeit abgezielt wird, geht es im Bereich der künstlichen Intelligenz um sehr viel weiterreichende theoretische Fragen, wie etwa um die Fähigkeit zu formalen Deduktionen, zur Bilderkennung, oder um die Beherrschung und Übersetzung von natürlichen Sprachen, um nur einige Forschungsfelder herauszugreifen.

Im Bereich des Bankwesens gibt es verschiedene Anwendungsfelder für Expertensysteme. Vor allem die japanischen und amerikanischen Banken sind hier sehr aktiv, die deutschen Banken hingegen sehr zurückhaltend.[51] In Japan und den USA werden Expertensysteme z.B. in der Anlageberatung, der Kreditvergabe, beim Devisenhandel, der Risiko-

---

50 A. Kupfer, a.a.O. Darauf bezieht sich der Titel seines Artikels.

51 In einer vom Schweizer Bankverein in Auftrag gegebenen Untersuchung von insgesamt 105 Finanzinstituten kommen Chorafas und Steinmann zum Ergebnis, daß die deutschen Banken weit zurückliegen. (D.Chorafas, H.Steinmann: Expert Systems in Banking, a.a.O., Kapitel 7.) Schwarze und Rosenhagen haben bei 24 deutschen Banken eine Umfrage durchgeführt. Dabei stellte sich heraus, daß sieben Institute Expertensysteme bereits im Einsatz haben, ein Institut ein Expertensystem gerade entwickelt und zwei Banken ein Expertensystem planen. Vgl. J. Schwarze, K. Rosenhagen: Expertensysteme in der Kreditwürdigkeitsprüfung. In: Wirtschaftswissenschaftliches Studium (WiSt), Heft 6, Juni 1993, S. 291 ff und S. 306 ff.

analyse oder im Bereich von Mergers und Acquisitions ebenso eingesetzt, wie zur Verbesserung der Nutzerfreundlichkeit von Bankautomaten, zur Fehlerkontrolle, zur Übersetzung von Telex- in SWIFT-Nachrichten, für die Diagnose und Wartung der Telematiknetze und zur Ausbildung von Mitarbeitern. Dies sind nur einige der Einsatzgebiete.[52] Expertensysteme sind vielleicht der bisher bedeutsamste Schritt auf dem Weg zur "Industrialisierung des Bankwesens". Ähnlich wie die heutige Automobilproduktion hochautomatisiert und mit einem geringen Einsatz an Personal abläuft, könnte in der Zukunft das Bankwesen weitgehend durch automatisierte Abläufe gekennzeichnet sein. Dies ist allerdings einstweilen noch Zukunftsmusik.

Einige Beispiele für den Einsatz von Expertensystemen im Finanzwesen seien kurz besprochen.

Besonders bekannt geworden ist das Autorisierungssystem von American Express (Authoriser's Assistant). Einer der Wettbewerbsvorteile, den American Express gegenüber den anderen Kartensystemen besitzt, ist der Verzicht auf im voraus festgelegte Transaktionslimits. Dies macht es aber erforderlich, hohe Transaktionen des einzelnen Kunden zu autorisieren. In der überwiegenden Zahl der Fälle geschieht dies auf automatischem Wege unter Verwendung von Standardsoftware. Stellt sich bei der Standardautorisierung aber heraus, daß der Kreditkarteninhaber sein normales Ausgabenniveau überschreitet oder daß er Dinge kauft, die vorzugsweise mit gestohlenen Karten erworben werden, wird eine weitere Autorisierung nachgeschaltet.[53] Wenn z.B. die Beträge, die vermittels einer Karte in Restaurants ausgegeben wurden, bisher durchweg in der Gegend von 50-80 DM lagen, plötzlich aber auf durchschnittlich 200-300 DM in Luxusrestaurants auf allen fünf Kontinenten ansteigen, besteht der Verdacht, daß die betreffende Karte gestohlen wurde. Die Nutzung der Karte entspricht dann nicht mehr dem Nutzungsprofil des Karteninhabers. In einem derartigen Fall mußten bisher die Autorisierer von American Express darüber entscheiden, ob sie die betreffende Transaktion zulassen wollten oder nicht. Diese Entscheidung hatte in etwa 90 Sekunden zu erfolgen, ein Zeitlimit, das sich das Unternehmen selbst vorgegeben hatte. Bis zur Einführung von Authoriser's Assistant mußte der betreffende Mitarbeiter von American Express, um seine Entscheidung zu fällen, bis zu 16 Datenbildschirmseiten überprüfen, auf denen das bisher

---

52 Für weitere Einsatzbereiche ziehe man die gerade zitierte Studie von Chorafas und Steinmann zu Rate.

53 Ein praktisches Beispiel berichtet D. Casserley: Facing Up to the Risks. New York, 1991, S.76. Casserley, ein Mitarbeiter von McKinsey, war aufgrund ungünstiger Umstände gezwungen, mit seiner Kreditkarte ein Flugzeug zu chartern, um zu einem dringenden Kundentermin zu kommen. Dies führte - verständlicherweise - zum Rückruf von American Express.

über den Kunden angesammelte Datenmaterial erschien. Nach Überprüfung dieses Datenmaterials konnte der Mitarbeiter die Transaktion genehmigen, sie ablehnen oder aber um Bestätigung der Identität des Kunden bitten.

Mithilfe des Expertensystems gelang es zum einen, die Bearbeitungszeit drastisch zu verringern. Das Expertensystem kondensiert nunmehr die relevante Information auf eine einzige Bildschirmseite und gibt eine entsprechende Empfehlung. Ist der Mitarbeiter von dieser Empfehlung nicht überzeugt, kann er das System auffordern, seine Entscheidung zu begründen. Der andere große Erfolg des Expertensystems bestand in einer drastischen Senkung der Fehlerquote um 75%. Als Fehler zählen dabei ebensosehr fälschlicherweise abgelehnte Transaktionen wie bewilligte. Denn jede fälschlicherweise abgelehnte Transaktion kann die Abwanderung eines möglicherweise vielversprechenden Kunden bedeuten. Die Anzahl der abgelehnten Kredite ist nach der Einführung von Authoriser's Assistant um ein Drittel gefallen, gleichzeitig ist aber die Anzahl der Kreditausfälle gesunken. Ähnliche Systeme gibt es heute bei der Citibank, bei der Mitsubishi Bank und in England bei Marks und Spencer.

Um das System bei American Express einzurichten, beobachteten Fachleute der Firma Inference Co. über einen großen Zeitraum hinweg die erfolgreichsten Autorisierer bei der Arbeit und führten Gespräche mit ihnen. Untersucht wurde, welche Art von Daten von ihnen in erster Linie herangezogen wurden, worauf sich ihre Augen beim Erscheinen einer Bildschirmseite zuerst richteten etc. Diese Beobachtungen wurden in ein System von Regeln verdichtet, die von Inference dann in ein Softwareprogramm umgesetzt wurden.

Autoriser's Assistant wurde deshalb etwas ausführlicher beschrieben, um die Arbeitsweise und den Entwicklungsprozeß von Expertensystemen zu verdeutlichen. Ähnliche Systeme werden z.B. von Morgan Stanley im Bereich der Mergers und Acquisitions angewandt. Ein Expertensystem, das auf den sinnigen Namen "Plumpicker" hört, ist im wesentlichen eine intelligente Datenbank. Wenn ein Kunde den Wunsch äußert, ein Unternehmen mit ganz bestimmten Eigenschaften zu übernehmen, sucht Plumpicker aus einer Fülle von öffentlichen und privaten Datenbanken nach verschiedenen Kriterien ein geeignetes Übernahmeobjekt heraus. Umgekehrt, hilft ein anderes Expertensystem, "White Knight", einem Unternehmen Schutzpartner gegen feindliche Übernahmen zu finden.

Expertensysteme werden auch im Wertpapier- und Devisenhandel eingesetzt. Die Firma Data Logic hat beispielsweise ein derartiges System bei der Midland Bank eingerichtet. Es analysiert unter anderem die Position der Bank auf den verschiedenen Devisen- und

Wertpapiermärkten; es macht Voraussagen über die Entwicklung der entsprechenden Kurse und damit über die in Zukunft zu erwartende Position der Bank; weiterhin unterstützt das System die Händler auch bei Options- und Termingeschäften und findet Arbitrage-Möglichkeiten.[54] Eine hohe Zahl amerikanischer und japanischer Banken bedient sich ähnlicher Systeme.

Ein weiteres Anwendungsbeispiel ist die Kreditvergabe an private Kunden.[55] Dies kann ein besonders komplexes Unterfangen werden, wenn dabei allerlei Regulierungen beachtet werden müssen. In den USA gibt es beispielsweise einen großen Markt für Studentenkredite. Solche Kredite werden von den Banken auf der Basis von Bürgschaften privater oder auch staatlicher Institutionen vergeben. Dieses Geschäft ist enorm komplex, da die Konditionen von Student zu Student je nach Fachrichtung und persönlichen Lebensumständen unterschiedlich sind. Außerdem differieren teilweise die Richtlinien für die Vergabe solcher Kredite von Bundesstaat zu Bundesstaat. Hinzukommt, daß die für einen Kredit bürgenden staatlichen Stellen von den Banken eine besonders schnelle und sorgfältige Abwicklung erwarten, um Betrug zu verhindern. Einige Banken haben in diesem Bereich dominierende Stellungen durch die Entwicklung spezieller, ganz auf dieses Geschäft zugeschnittener Software erlangt. Einer der Marktführer auf diesem Gebiet ist die in North Carolina und Georgia beheimatete First Wachovia Corporation. Es heißt, daß zur Duplizierung ihrer entsprechenden Software ein Aufwand von 20 Millionen Dollar getrieben werden müßte.[56] Die First Wachovia genießt hier zusammen mit einer Handvoll weiterer Banken einen kaum mehr einzuholenden Wettbewerbsvorsprung.

Es ist klar, daß die Entwicklung eines solchen Know-Hows nicht an die spezielle Kundengruppe der Studenten gebunden ist. Andere Kundengruppen kommen für eine solche Spezialisierung ebenfalls in Frage, etwa Auto- oder Hauskäufer. Die französische Caisse d'Epargne hat ein Expertensystem für die Vergabe von Krediten für den Eigenheimbau erarbeitet. In Frankreich wird der Eigenheimbau vom Staat unterstützt. Die Vergabe der entsprechenden subventionierten Kredite ist - ähnlich wie im gerade geschilderten Fall der Studentenkredite - an vielfältige Regularien gebunden. Das TIPI System der Caisse d'Epargne erlaubt eine sehr viel raschere Bearbeitung der eingehenden Kreditanträge. Das System selbst trifft keine Entscheidung über die Kreditvergabe, überprüft aber ob der Antrag korrekt gestellt wurde, ob alle Informationen vorliegen und führt alle not-

---

54 J. Nisse: US projects are ahead by two years. In: Financial Times, October 16, 1986, Financial Times Survey, Information Technology in Finance, p. 10.

55 Hierzu ausführlich J. Schwarze, K. Rosenhagen, a.a.O.

56 Steiner, Teixeira, a.a.O., S. 58.

wendigen Berechnungen durch. Auf diese Weise können jetzt Angestellte ohne jede Erfahrung bei der Vergabe von Eigenheimkrediten Anträge bearbeiten.[57]

Auch bei einfachen Konsumentenkrediten können Expertensysteme eine wichtige Rolle spielen. Bei der Diskussion der Bankautomaten wurde bereits darauf hingewiesen, daß diese Geräte bereits Kleinkredite vergeben können. Das geschieht auf der Basis von Daten, die der Kunde selbst eingibt. Grundlage der Kreditvergabe sind hier spezielle statistische Programme, sogenannte Scoring Modelle oder Mustererkennungsprogramme, die aus den Daten des Kunden Informationen über die Ausfallwahrscheinlichkeit des jeweiligen Kredits ableiten.[58] Bei der Vergabe solcher Standardkredite bedienen sich sowohl die Banken als auch die Kredikartenorganisationen sogenannter Credit Scoring- oder Mustererkennungsmodelle.[59] Die Anwendung von Scoring Modellen bedeutet, daß die Kredite nicht mehr auf der Grundlage der Einzelfallbetrachtung eines Kunden vergeben werden, sondern auf der Basis statistischer Modelle. Diese Modelle sind objektiver und konsistenter als die Einzelfallanalysen eines Kundenberaters. Sie erlauben daher der Bank eine bessere Optimierung ihres Kreditportfolios. Darüberhinaus wird die Arbeitskraft der Kundenberater für wichtigere Aufgaben gespart. Wie gerade gesagt, können auf der Basis dieser Modelle auch Bankautomaten Kredite vergeben. Die Credit Scoring Modelle sind heute so hochentwickelt, daß sie nicht nur zur Kreditvergabe eingesetzt werden können. Sie werden ganz allgemein zur Selektion des vorteilhaftesten Kundenportfolios gebraucht. Dabei ermitteln sie nicht nur das Risiko, das ein bestimmter neuer Kunde darstellen wird, sondern auch seine zu erwartende Gewinnträchtigkeit. Ein Institut könnte also einen Kunden abweisen, obwohl er ein geringes Risiko darstellt, wenn z.B. sein erwartetes Transaktionsvolumen zu gering ist. Auf diese Weise kann sich eine Bank ihr optimales Kundenportfolio zusammenstellen. Einige Banken (z.B. die Citibank) investieren sehr stark in diese Modelle. Zu ihrer Implementierung sind nicht nur hohe Entwicklungsaufwendungen notwendig, sondern auch Investitionen in eine umfassende Datenbank, die nach allen möglichen Kriterien auswertungsfähig ist. Expertensysteme können diese Programme noch erheblich verbessern.

Andere Einsatzbereiche für Expertensysteme sind das bereits erwähnte Computer Aided Consulting im Front Office Bereich, besonders bei der Anlageberatung. Aufgrund der von einem Kundenberater in das System eingegebenen Information entwirft das

---

57 Chorafas, Steinmann: Expert Systems in Banking, a.a.O., S. 222 f.

58 Zu diesen Credit-Scoring Modellen vgl. R. Ingerling: Das Credit-Scoring-System im Konsumentenkreditgeschäft. Berlin (Erich Schmidt Verlag) 1980, mit ausführlicher Bibliographie. Vgl. auch Casserley, a.a.O., S. 72.

59 Steiner, Teixeira, a.a.O., S. 127 und 138 f.

Expertensystem ein persönliches Profil des Kunden, nach Geschlecht, Alter, Lebensumständen, Risikobereitschaft etc. und sucht dann die geeignete Anlagemöglichkeit heraus.

Im Zusammenhang mit einer integrierten Kundendatei bieten Expertensysteme die vielfältigsten Möglichkeiten der Kundenberatung und des "Cross-Selling." Damit ist ein Bereich angesprochen, der in Zukunft immer größere Bedeutung erhalten wird, nämlich die Auswertung vorhandener Kundendaten. Im Prinzip generiert jede Transaktion eines Kunden neue Informationen über ihn. Die meisten Banken sind jedoch mangels geeigneter Software bisher nur sehr unzureichend in der Lage, die bereits bestehenden Informationen, geschweige denn die täglich hinzukommenden, über ihre Kunden unternehmensstrategisch auszuwerten.

Die große Schwierigkeit besteht darin, die verschiedenen Daten so in eine einheitliche Datenbank zu integrieren, daß sie nach allen möglichen Gesichtspunkten ausgewertet werden können. So würden z.B. die Manager einer Bank gerne per Knopfdruck Fragen beantworten wie: Welche Landwirtschaftsbetriebe in einer bestimmten Region werden dieses Jahr vermutlich einen Kredit beanspruchen? Oder: Wieviele unserer Kunden werden wir wahrscheinlich für dieses oder jenes neue Finanzinstrument interessieren können?

Zur Beantwortung solcher Fragen steht im Prinzip bereits eine Software-Technologie, die sogenannte relationale Datenbanktechnologie zur Verfügung. Das Problem besteht jedoch in der Erstellung dieser Software, die die Kundendaten in intelligenter Weise nach verschiedenen Mustern miteinander verknüpft, und in der Einbindung des Systems in die bereits bestehenden Managementinformationssysteme. Neben den konzeptionellen Schwierigkeiten, die dabei zu bewältigen sind, entstehen weitere gewaltige Kosten, da die Implementierung des Systems eine Unsumme an Mann-Monaten erfordert. Nach Einschätzung der Experten wird die Bewältigung dieser Probleme in den kommenden Jahren im Bereich der Banktechnologie die schwierigste Aufgabe sein.[60]

---

60 A. Cane: Expectations are now more realistic. In: Financial Times, October 16, 1986, Financial Times Survey, Information Technology in Finance, p. 1. Eng mit dieser Thematik verbunden ist die Thematik der verschiedenen, in einer Bank verwendeten Softwarebestandteile ganz allgemein. So werden z.B. ähnliche Softwaremodule für ganz verschiedene Produkte verwendet, obwohl die einzelnen Module sich im Prinzip sehr ähnlich sein mögen. Ein Zinsberechnungsmodul für einen Studentenkredit etwa, wird Ähnlichkeiten zu einem Zinsberechnungsmodul für einen Hypothekarkredit aufweisen. Die wichtige Aufgabe besteht nun darin, diese ähnlichen Module in einen einzigen Modul zu integrieren. Es ist zu erwarten, daß die Banken, die diese Aufgabe als erste bewältigen, erhebliche Wettbewerbsvorsprünge haben werden. Vgl. Steiner, Teixeira, a.a.O., S.207.

Name	Entwickler	Anwendung
	Badische Landesbausparkasse, IBM	Bonitätsanalyse
	HYPO Bank, FU München, Bav. Akademie der Wissenschaften	Kreditwürdigkeitsprüfung für Ratenkredite
	Westdeutsche Landesbank	Kreditwürdigkeitsprüfung inländischer Unternehmen
ASK	INFORM GmbH, Aachen	Beurteilung der Kreditwürdigkeit eines Privatkunden
Authorizer's Assistent	American Express Co.	Kreditkarten-Autorisierung
BIK	Betriebswirtschaftliches Institut der Dt. Kreditgenossenschaften, Nixdorf	Bilanzanalyse
BILEX	Universität Erlangen-Nürnberg	Bilanzanalyse: Zweijahresanalyse und Ursachenanalyse
BONITEX	SNI AG, Forschungsinstitut f. anwendungsorientierte Wissensverarbeitung	Bonitätsprüfung bei der Vergabe von Privatkrediten
BONNY	Bay. Sparkassen- und Giroverband Universität Regensburg	Bestimmung der Bonität von Privatkunden
BVEX	Universität Erlangen-Nürnberg	Branchenvergleich auf der Basis von Jahresabschlüssen
BankAdviser	Belgische Großbank	Kundenbewertung und Bonitätsanalyse von Firmenkunden
CODEX	Commerzbank AG	Bonitätsanalyse mittelständischer Privatkunden
COGENSYS	Cogensys Corporation	Bilanzanalyse
DAISY	Nederlandse Middenstandsbank	Baufinanzierung
DIHB-PC	Westdeutsche Landesbank	Förderprogrammberatung
EVENT	Banque Hervet, Frankreich	Kreditwürdigkeitsprüfung von Firmenkunden
Euro-Expert	Westdeutsche Landesbank	EG-Förderprogrammberatung
GENO-STAR	Westdeutsche Genossenschaftszentralbank, TU Berlin, IBM	Beratung im Bereich öffentlicher Finanzierungshilfen
GuV-Analyse	Universität Erlangen-Nürnberg	Analyse der Gewinn- und Verlustrechnung
KIWI	Berliner Bank SNI AG	Unterstützung bei der Kreditvergabe an Privatkunden
Lending Adviser	Syntelligence, Sunnyvale, CA, USA Chemical Bank, New York	Risiko-Beurteilung von Firmenkunden
MOZART	Credito Italiano Olivetti	Ermittlung von Bonität und optimaler Kreditform
SOKRAS	Bayerisches Kreditinstitut	Auswahl von Sonderkrediten für Investitionsvorhaben
WOBS	Raiffeisen Datennetz, Wien	Wohnungsbaufinanzierung

Abbildung 4.1.: Herkunft bekannter Expertensysteme bei der Kreditwürdigkeitsprüfung. Quelle: Schwarze, Rosenhagen, a.a.O.

Im Gegensatz zu den bisher behandelten Beispielen, ist bei den Expertensystemen festzustellen, daß die benötigte Software nicht überwiegend von den Banken selbst erstellt wird, sondern daß in erheblichem Maße externer Sachverstand herangezogen wird. So wurde, wie gerade erwähnt, die Software für Authoriser's Assistant von der Firma Inference Co. geschrieben. Auch die Computer Hersteller wie DEC, Fujitsu, Hitachi oder IBM erstellen speziell auf das Bankwesen zugeschnittene Expertensysteme.[61] Die Mitsubishi Bank und Nomura Securities haben eigene Forschungsinsitute gegründet, die Expertensysteme auch an andere Banken und Investmenthäuser verkaufen.[62] Es gibt also einen Markt für Expertensysteme. Einige Banken haben sich jedoch umgekehrt ganz bewußt entschlossen, eigene Wege zu gehen.[63] Die Tabelle auf der vorigen Seite zeigt die Herkunft einiger bekannter Expertensysteme im Bereich der Kreditwürdigkeitsprüfung.

Wie ist es zu erklären, daß die Banken angesichts der offenbaren strategischen Bedeutung von Expertensystemen dennoch in vielen Fällen Softwarehäuser von außen heranziehen? Warum geschieht dies nicht auch im Fall der vorher geschilderten Beispiele? Diese Frage leitet zur Interpretation der angeführten Beispiele über.

4.6. Interpretation der Beispiele

Die behandelten Beispiele fallen in zwei Klassen. In die Klasse der zuletzt besprochenen Expertensysteme und in die Klasse der übrigen, davor behandelten Softwareanwendungen. Abgesehen von den Expertensystemen wurde in allen Fällen die Software selbst angefertigt und nicht über den Markt zugekauft. Bei den Expertensystemen hingegen war zu beobachten, daß nicht nur interne Lösungen zu verzeichnen sind, sondern daß auch auf den Markt zurückgegriffen wird.

Betrachten wir zunächst die zuerst geschilderten Beispiele und dann die scheinbar eine Ausnahme bildenden Expertensysteme.

In den zuerst geschilderten Fällen ist die Software sozusagen die Verkörperung von Innovationsrenten in einem sich rasch entwickelnden Markt, in dem noch nicht klar ist, in welche Weise die Banken auf die technischen Möglichkeiten reagieren sollen, die sich durch die Informations- und Kommunikationstechniken bieten. Die Banken haben ein

---

61 Siehe Chorafas, Steinmann: Expert Systems in Banking, S.112 ff.

62 Chorafas, Steinmann, ebenda S.110.

63 So etwa Sanyo Securities, die ihr vielbeachtetes SIRNIS-System, eine interaktive Kombination mehrerer Teilexpertensysteme, in Eigenregie entwickelt haben. Vgl. Chorafas, Steinmann: Implementing Networks ..., a.a.O., S.135 und Chorafas, Steinmann. Expert Systems in Banking, a.a.O., S. 90 ff.

hohes Interesse daran, diese Software geheimzuhalten. Die Kosten der Geheimhaltung wären aber prohibitiv, wenn ihre Entwicklung einem unabhängigen Softwarebureau übertragen würde. Die Begründung dieser Aussage führt uns zurück zu Kapitel 1. Das Bureau hätte alle Anreize, zumindest Teile der speziellen Softwarelösungen selbst auf dem Markt anzubieten oder unter der Hand an die Konkurrenten zu verkaufen.[64] Das Aushandeln von Verträgen, die dieses Verhalten wirksam verhindern, wäre extrem teuer. Natürlich ist einzuräumen, daß es auch für die Software-Fachleute der Banken selbst Anreize zum Vertrauensbruch gibt. Hier besteht jedoch eine Kontrolle durch die Kollegen, die an der Erstellung der Software mitgearbeitet haben. Die Identifikation der "undichten Stelle" ist leichter. Dementsprechend sind auch die Sanktionsmechanismen treffsicherer. Zwar wird auch ein Softwarehaus, das das Vertrauen seiner Kunden mißbraucht, Geschäft verlieren, doch bleiben immer noch genügend nicht-vertrauliche Aufträge übrig. Hinzukommt, daß nach einer Weile Gras über die Angelegenheit wächst. Der Marktwert eines Mitarbeiters hingegen, dem wegen eines Vertrauensbruches gekündigt wurde, sinkt rapide. Umgekehrt bringt ein Verhalten, das der Bank einen Wettbewerbsvorsprung verschafft, Belohnungen innerhalb des Unternehmens. Der Marktwert eines als loyal und tüchtig bekannten Mitarbeiters steigt. Wie in Kapitel 1 gesagt, führt darüberhinaus die Inhouse-Lösung zu sozialpsychologisch begründeten Identifikationsprozessen, die Vertrauensbrüchen von vorneherein entgegenwirken.

Diese Überlegungen deuten darauf hin, daß die Integrationslösung, also die Eigenproduktion der Software durch eigene Fachleute, unter Berücksichtigung der Transaktionskosten letztlich billiger ist als die Marktlösung. Natürlich wird auf Dauer eine absolute Geheimhaltung auch bei Eigenproduktion nicht gelingen. Es kann aber ausreichen, wenn die Geheimhaltung zumindest für eine gewisse Zeit gelingt.

Man muß sich klar machen, daß bei dieser Argumentation Transaktionskostenüberlegungen Größenvorteilsüberlegungen überlagern. Unabhängige Softwarebureaus sind nämlich wahrscheinlich in der Lage, bei der Produktion von Anwendungsprogrammen Größenvorteile zu erzielen. Dies gilt selbst wenn es sich bei dem Anwendungsprogramm um eine "maßgeschneiderte" Anwendung handeln sollte. Auch ein Schneider erzielt Größenvorteile, obwohl er möglicherweise nur Maßanzüge anfertigt, weil er eben weiß, wie man Anzüge macht und in jahrelanger Praxis eine spezielle Geschicklichkeit darin erworben hat. Ebenso wird ein auf den Finanzbereich spezialisiertes Softwarebüreau Größenvorteile erzielen, selbst wenn es eine Spezialanwendung fertigt. Die interne Software-

---

64 Vgl. D. Casserley, a.a.O., S. 285.

abteilung der Bank hingegen entwickelt ihre Software nur ein einziges Mal. Allerdings ist hier natürlich zu berücksichtigen, daß sich das Entwicklungs-Know-How der Softwareabteilung im täglichen Betrieb auszahlt. Einerseits lassen sich dadurch Wettbewerbsvorsprünge in diesem Bereich weiter ausbauen, andererseits können damit die (erheblichen) Kosten für Pflege und Weiterentwicklung der Software gesenkt werden. Es gibt also auch hier gewisse Scale-Effekte. Dominierend dürften jedoch die gerade geschilderten Vertraulichkeitsproblemen sein.

Auch der Bereich der Bankensoftware ist ein schnell wachsender (im Moment noch weitgehend innerer) Markt mit raschem Wandel und technologischer Unsicherheit. (Hier wird auch der Bereich der Software zur Technologie gezählt.) Die technologische Unsicherheit bedeutet, daß die Software in einigen innovativen Bereichen noch nicht standardisiert ist, weshalb in diesen Bereichen noch Innovationsrenten zu erzielen sind. Dies schafft wiederum die geschilderten Vertraulichkeitsprobleme, die gleichbedeutend mit hohen Transaktionskosten bei einer Marktlösung sind. Also wird die Integrationslösung vorgezogen.

Die These von der strategischen Bedeutung der Software wird allerdings von einigen Autoren bestritten. Gestützt auf Interviews mit drei amerikanischen Banken meinen Sharma und Shrivastava, daß die mit der Software verknüpften Vertraulichkeitsprobleme durch Verträge gelöst werden könnten.[65] Die von ihnen untersuchten Banken stellen jedoch sehr spezielle Fälle dar. Bankers Trust betreibt kein Outsourcing, weil diese Bank selbst zu einem bedeutenden Dienstleister in diesem Bereich werden will. Das Hauptproblem der First Fidelity Bank war die Integration von DV-Systemen aufgekaufter anderer Banken. Hierfür besaß FFB nicht das nötige Know-How. FFB war darüberhinaus niemals im Bereich neuer Produkte innovativ. Continental hat die Standard-Aufgaben im DV-Bereich ausgelagert, um sich auf neue strategisch wichtige Aufgaben konzentrieren zu können. Alle diese Fälle bestätigen also eher die hier vorgetragene Analyse als ihr zu widersprechen.

Man könnte ferner auf den Gedanken kommen, daß zumindest eines der zuerst geschilderten Beispiele dem Smith-Stigler-Coase Paradigma widerspricht. Dies ist das Beispiel des Home Banking. Wie dargestellt, bestehen Home Banking Dienste sowohl aus Transaktionsdienstleistungen, wie Überweisungen etc., als auch aus Anlage- und Analyseprogrammen. Bei den meisten Banken sind zumindest Grundformen solcher Programme

65 Sharma, Shrivastava, a.a.O.

Bestandteil des Home-Banking Dienstes. Der Kunde kann aber, wie geschildert, solche Software Programme auch über den Markt beziehen. Die Frage ist, warum die Banken diesen Bestandteil des Home Banking selbst produzieren, anstatt ihn fertig über den Markt einzukaufen.

Die Home-Banking Programme der Banken richten sich im Gegensatz zu vielen Programmen, die am Markt verfügbar sind, weniger an den Tüftler und Hobby-Investor als an den Durchschnittskunden. Der Produktdifferenzierungsvorteil, der bei dieser Art von Programmen zu erringen ist, kann deshalb nicht in speziellen Sondereigenschaften liegen, sondern nur in der Benutzerfreundlichkeit des jeweiligen Programms. Das Beispiel des gerade zitierten Prodigy-Dienstes von Sears Roebuck und IBM zeigt (ebenso wie die bereits besprochenen Bankautomaten der Citibank), daß die Nutzerfreundlichkeit erhebliche Wettbewerbsvorsprünge verschaffen kann. Software, die einen Wettbewerbsvorsprung dieser Art verschafft, wird stets in Eigenregie produziert und nicht einem unabhängigen Unternehmen anvertraut werden. Dann bestünde nämlich wiederum die Gefahr, daß die Innovationsrente, die mit einem besonders nutzerfreundlichen Home-Banking Dienst verbunden ist, verlorenginge.

In je größerem Maße die Banken also in die Nutzerfreundlichkeit ihres Home Banking Dienstes investieren, desto mehr werden sie auf Eigenproduktion entsprechender Software setzen. Im Augenblick sind allerdings die Zukunftserwartungen an Home Banking verhältnismäßig gering. Die bisher durchgeführten Versuche sind nicht sehr erfolgreich verlaufen. Dies liegt vermutlich in erster Linie daran, daß vom Kunden erhebliche Anfangsinvestitionen in die Hardware getätigt werden müssen. Ferner muß der Kunde, wenn er Bargeld erhalten will, letzendlich doch den Weg zur Bank antreten. Dann kann er aber gleich die anderen Transaktionen miterledigen. Aufgrund der geringen Erwartungen, die in das Home Banking gesetzt werden, scheint der Wettbewerb der Banken untereinander in diesem Bereich noch nicht allzu intensiv zu sein. Die Situation des Home-Banking ist also die eines kleinen Marktes mit hoher technologischer Unsicherheit. Wie nach dem Smith-Stigler-Coase-Paradigma nicht anders zu erwarten, dominiert die vertikale Integration.

Nimmt man alle diese Überlegungen zusammen, ist nicht zu verwundern, daß die Banken in der Tat Software zum ganz überwiegenden Teil nicht über den Markt beziehen, sondern in Eigenregie entwickeln. Steiner und Teixeira berichten, daß in den USA die Kosten für über den Markt bezogene Software lediglich 5% der gesamten Telematik Ausgaben ausmachen. Dabei entfallen bereits 3% auf Systemsoftware, so daß für die eigentliche Anwendungssoftware nur rund 2% übrig bleiben.[66] Es ist aber andereseits nun wiederum nicht auszuschließen, daß die Banken in die andere Richtung übertreiben und zuviel an Software selbst entwickeln. Laut Steiner/Teixeira haben die großen Institute sogar für relativ standardisierte Vorgänge, wie etwa die Kontoführung, eigene Software entwickelt. Es ist nicht einzusehen, warum solche Standardsoftware nicht vom Markt bezogen werden sollte. Das gilt vor allem für den Back-Office Bereich, der überwiegend durch relativ standardisierte Abläufe gekennzeichnet ist. Siemens-Nixdorf etwa bietet in Deutschland mit dem Produkt "Kordoba" ein solches Software-Paket bereits an.[67]

Die Banken selbst haben diese Problematik bereits klar erkannt. Bemühungen richten sich auf eine größere Standardisierung der einzelnen Softwaremodule. Gegenwärtig werden zum Beispiel für ähnliche Funktionen, etwa die Zinsberechnung, in den verschiedenen Geschäftssparten unterschiedliche Module verwendet. Zu wünschen wäre, daß für die gleiche Funktion ein Standardmodul existierte, der dann, je nach Anwendung, geeignet ergänzt werden könnte. Auf diese Weise könnte teure Redundanz aus der Anwendungssoftware einer Bank entfernt werden. Hinzu kommt ein weiterer Faktor: Bestünde die gesamte Software einer Bank zum großen Teil aus solchen Standardmodulen, wäre es bei einer neuen Anwendung nicht mehr erforderlich, alle Teile der zugehörigen Software neu zu schreiben. Es würde genügen, lediglich einige der Module gegen neue auszutauschen. Die Entwicklung geht dementsprechend dahin, die Software einer Bank in Elementarbausteine zu zerlegen, die dann in einer Datenbank abgelegt werden können. Bei einer neuen Anwendung kann dann auf dieses "Teilelager" zurückgegriffen und die wiederverwendbaren Teile erneut nutzbar gemacht werden.[68]

Die mit diesem Ansatz verbundene höhere Standardisierung der Software-Module bedeutet aus ökonomischer Sicht die Möglichkeit zur Realisierung von Economies of Scale. Ganz im Einklang mit dem Smith-Stigler-Coase Paradigma wird deshalb erwartet, daß eine unabhängige Zulieferindustrie für Module entstehen wird.[69]

---

66 Steiner, Teixeira, a.a.O., S. 36.

67 "Kordoba bietet alle Standardfunktionen der wesentlichen Geschäftssparten der Universal-Kreditinsitute. Die geltenden Vorschriften, Gesetze und Normen für das Bankgeschäft sind voll im System berücksichtigt. Die Kunden- und Kontoverarbeitung ist in 12 Produktsegmente gegliedert. Sie können entweder einzeln oder kombiniert oder als Gesamtpaket eingesetzt werden." (Siemens-Nixdorf: Die Software für Kreditinstitute - Kordoba das kundenorientierte Dialogsystem für Bankgeschäfte, Firmenprospekt.) Kordoba scheint allerdings auf Siemens-Nixdorf Rechner zugeschnitten zu sein.

68 Frank, a.a.O., S. 14.

69 Frank, a.a.O., S. 14.

Zu allen diesen Überlegungen scheint nun der Fall der Expertensysteme im Widerspruch zu stehen. Zwar gibt es auch hier ein hohes Maß an Eigenfertigung, doch wird ebenso auf am Markt erhältliche Produkte zurückgegriffen. Wie ist das zu erklären?

Die Antwort hat zwei Teile.

Erstens ist zu fragen, in welchem Bereich das Expertensystem eingesetzt wird. Nicht alle Einsatzbereiche sind durch strategisch bedeutsames Wissen gekennzeichnet. In einigen Bereichen wird lediglich allgemein bekanntes Know-How in ein Expertensystem gegossen. Was einen guten Anlageberater ausmacht, ist allgemein bekannt. Wenn also im Bereich der Anlageberatung ein Expertensystem installiert wird, bedeutet dies nur, daß das Wissen der besten Anlageberater einer Bank auch allen anderen Anlageberatern verfügbar gemacht wird. Expertensysteme dieser Art sind durchaus den oben geschilderten Standard-Hardwareprodukten zu vergleichen. Sie dienen der rationelleren und qualitätsmäßig besseren Abwicklung im Grunde bekannter Vorgänge. Insofern dominieren in diesen Fällen die Kostenvorteile durch die Ausnutzung von Größenvorteilen bei Fremdfertigung die Transaktionskosten. Wettbewerbsvorteile erwachsen hier hauptsächlich aus dem zeitlichen Vorsprung, mit dem eine Bank solche Systeme installiert.

Zweitens ist die Errichtung eines Expertensystems vielfach eine einmalige Investition (siehe Authoriser's Assistant). Es würde sich in vielen Fällen für eine Bank nicht lohnen, eine eigene KI-Abteilung zu unterhalten. Geschieht dies dennoch, dann offenbar, wie im Falle des Mitsubishi Research Institutes oder des Nomura Research Institutes, in der Form von getrennten Forschungsinstituten oder Tochtergesellschaften, die auch an andere Banken liefern. Die Frage des drohenden Verlustes von Innovationsrenten löst sich zum großen Teil durch den erheblichen zeitlichen Aufwand, der zur Installation eines Expertensystems erforderlich ist. Ein komplexes Expertensystem wie Authoriser's Assistant kann nicht sofort von der Konkurrenz dupliziert werden. Das verhindert neben dem Zeitaufwand auch die gegenwärtige Knappheit an einschlägigen Fachleuten. Deshalb kann eine Bank einen Innovationsvorsprung möglicherweise über einen erheblichen Zeitraum hinweg aufrechterhalten, der bereits ausreichen mag, um die Wettbewerbsposition gegenüber den Konkurrenten erheblich zu verbessern. Die Konstellation von Knappheit der einschlägigen Fachleute und langen Produktions- und Installationszeiten von Expertensystemen scheint also zumindest in einem gewissen Umfang Schutz vor dem Verlust von Innovationsrenten zu bieten. Die Transaktionskosten mit einem unabhängigen Zulieferer fallen hier deshalb nicht in dem gleichen Maße ins Gewicht, wie in den Fällen, wo Software verhältnismäßig leicht zu reproduzieren ist. Auch der Fall der

Expertensysteme scheint sich also dem Erklärungsmuster des Smith-Stigler-Coase Paradigmas zu fügen.

5. Die Desintegration des Back-Office

Wir haben bis jetzt das Smith-Stigler-Coase Paradigma auf jede der vier Ebenen des Telematik-Einsatzes gesondert angewandt. Im nächsten Schritt soll anhand von zwei Beispielen, dem Bereich der Kreditkarten und der Wertpapiere, gezeigt werden, wie die Interaktion auf allen diesen Ebenen gleichzeitig zu einer immer größeren Spezialisierung im Back-Office Bereich der Banken führt.[70]

Dabei zeigt sich wiederum das gleiche Muster wie bisher fast immer. Die zunehmende Automatisierung führt zu hohen Investitionen in Hardware und Software. Aufgrund der Möglichkeit, Computer per Telekommunikation zu vernetzen, wird diese Rechnerkapazität mobil. Dies bedeutet wiederum, daß mehr Nachfrager diese Rechnerkapazität nutzen und deshalb auf den Aufbau eines eigenen Rechenzentrums verzichten können. Der Markt für Rechnerleistungen hat sich erweitert. Dadurch wird es möglich, Economies of Scale auszunutzen und spezielle Dienstleistungsfirmen können entstehen.

Ganz im Sinne von Adam Smith's klassischer Analyse des Zusammenhangs von Transportkosten und Arbeitsteilung können wir deshalb erwarten, daß auch der Back-Office Bereich durch eine immer stärkere vertikale Desintegration gekennzeichnet sein wird. Da hier relativ bekannte und standardisierte Vorgänge ablaufen, ist auch nicht zu erwarten, daß hohe Transaktionskosten diesem Trend entgegenwirken.

In Übereinstimmung mit dieser Analyse begann sich in den letzten Jahren für die Banken ganz allgemein zu zeigen, daß der bisher eher über die Schulter angesehene Back-Office Bereich zu einer bedeutsamen Einnahmequelle werden konnte. Im Gegensatz zum üblichen Geschäft der Banken war der Verkauf von Back-Office Funktionen durch geringe Nachfrage- und Preisschwankungen und eine hohe Verzinsung des eingesetzten Kapitals gekennzeichnet. Einige Banken reagierten auf diese Erkenntnis sehr schnell. So etwa Bankers Trust. Bankers Trust trennte sich anfang der 80er Jahre gänzlich von seinen Retail-Aktivitäten und unterteilte die Bank in zwei Teilbereiche. Der eine Bereich, Financial Services, wurde zuständig für Geschäftskunden, das internationale Geschäft und neue

---

70 Ein weiterer interessanter Bereich wäre das Dokumentengeschäft im Außenhandel. Vgl. R. Strecker: Automation Is Still an Advantage in Global Banking Services. In: Information Strategy: The Executive's Journal, Fall 1990, S. 5 ff.

Märkte. Der andere Bereich, Profitco, verkauft Cash-Management Systeme, das Processing von Transaktionen im Zahlungsverkehr und im Wertpapierbereich und die Verwaltung von Wertpapierportfolios für Dritte (etwa Investmentfonds oder Pensionsfonds). In ähnlicher Weise hat die Chemical Bank ihre Financial Services Division gegründet und Chase Manhattan Infoserv. Alle diese Abteilungen verkaufen Back-Office Funktionen an Dritte.[71]

Teilweise werden Back-Office Leistungen über erhebliche Entfernungen hinweg erbracht. Einige amerikanische Banken mit Töchtern in Europa nutzen die Telekommunikation, um die bei den Töchtern anfallenden Processing Aktivitäten in den Vereinigten Staaten durchzuführen. J. P. Morgan beispielsweise hat alle Rechenvorgänge aus London abgezogen, und in sein Rechenzentrum in Delaware verlegt. Towers Perrin, ein Finanzdienstleister mit Hauptsitz in New York, läßt Processing-Vorgänge, die in Europa anfallen, nachts in Philadelphia ausführen. Dieser Schritt war vorteilhaft, weil das Rechenzentrum in Philadelphia Überkapazitäten hatte, vor allem in den Nachtstunden. Auf diese Weise konnte Towers Perrin die Kosten seines Rechenzentrums in Working (UK) einsparen. Mitte der 80er Jahre richteten einige dänische Banken per Satellit Datenverbindungen zwischen ihren Filialen in Grönland und ihren Rechenzentren in Kopenhagen ein. Mithilfe dieser Datenleitungen wird nun das gesamte Back-Office-Processing der grönländischen Filialen in Kopenhagen durchgeführt.[72]

Offenbar stimmen diese Tatsachen gut mit den Aussagen des Smith-Stigler-Coase Paradigmas zusammen. Die Back-Office Operations haben sich nach ihrer weitgehenden Automatisierung zu typischen Scale-Aktivitäten entwickelt. Banken, deren Eigenbedarf nicht ausreicht, um die Economies of Scale voll auszuschöpfen, verkaufen deshalb Back-Office Leistungen an den Markt. Da dieses Produkt relativ standardisiert ist, kommt es nur in einigen Bereichen (wie etwa beim Processing komplizierter Finanzinstrumente) zu Problemen des Informationsaustausches und damit zu hohen Transaktionskosten.[73]

Warum spalten dann aber z.B. Bankers Trust, Chemical Bank und Chase Manhattan ihre Back-Office Operations nicht ab? Offenbar denken sie bereits in diese Richtung, wenngleich unter den Top Managern noch Meinungsverschiedenheiten bestehen.[74] Das Smith-

---

71 P. Penrose: The back office takes a bow. In: Banking Technology, July/August 1990, S. 24 ff.

72 Baark, Falch, Skouby, a.a.O., S.3.

73 I. Schmerken: Wall Street's Back Offices: The 1990s Avant Garde. In: Wall Street Computer Review, February 1990, S. 44.

74 P. Penrose, a.a.O., S. 26.

Stigler-Coase Paradigma sagt voraus, daß der Wettbewerb sie vermutlich bald zu diesem Schritt zwingen wird.

Anhand zweier Beispiele, der Plastikkarten und der Wertpapiertransaktionen soll nun dieser Trend zur Arbeitsteilung bei den für den Kunden unsichtbaren Produktionsprozessen verdeutlicht werden.

5.1. Plastikkarten

Der Bereich der Plastikkarten[75] weist seit Jahren in fast allen industrialisierten Ländern ein stetiges Wachstum auf. Aus Sicht des Smith-Stigler-Coase Paradigmas ist daher nicht überraschend, daß diese Finanzdienstleistung durch ein hohes Maß an Arbeitsteilung zwischen spezialisierten Unternehmen gekennzeichnet ist. Allerdings bemerkt der Kunde

---

75 Man kann 4 Arten von Plastikkarten unterscheiden: (1)Die Bankkarte. Bei diesen Karten gibt es ein oberes monatliches Transaktionslimit. Die Karte ist an ein Girokonto gekoppelt, was die kurzfristige Inanspruchnahme eines Überziehungskredits im Rahmen der vereinbarten Kreditlinie ermöglicht. (2) Die klassische Kreditkarte. Hier werden alle Transaktionen gesammelt und monatlich abgerechnet. Die Käufe werden einem Bank- oder auch anderen Konto direkt belastet. Es gibt kein Transaktionslimit. Die Bezahlung muß innerhalb von etwa 25 Tagen erfolgen, was de facto der Gewährung eines kurzfristigen Kredits gleichkommt. Im allgemeinen gibt es aber darüberhinaus keine Möglichkeit, die Zahlung zu verschieben. American Express ist heute die bedeutendste der noch verbliebenen klassischen Kreditkarten. Diners und Carte Blanche wurden von der Citicorp aufgekauft und in ihr Bankkartensystem integriert. Vgl. Solomon, a.a.O., S. 218. (3) Handelskarten. Diese Kartenart wird von Firmen ausgegeben, etwa von Kauf- und Warenhäusern. Bei Bezahlung mit dieser Karte wird von einem bestehenden Kundenkonto abgebucht. In vielen Fällen wird eine automatische Ratenzahlung ermöglicht. Einige "Non-Banks" haben auf diese Weise den Einstieg in den Bereich der Finanzdienstleistungen vollzogen. (4) Smart Cards. Hier unterscheidet man wieder zwei Unterarten. Bei der ersten Art wird die Karte mit einem Mikroprozessor ausgestattet, der Informationen aufnehmen und aktualisieren kann. Die Speicherkapazität dieses Chips ist sehr viel größer als die eines Magnetstreifens. Der Chip kann auch einfache logische Operationen und Rechnungen ausführen. Ein einfaches Beispiel für eine Chipkarte ist die Telefonkarte, bei der vorausbezahlte Telefoneinheiten auf der Karte gespeichert sind, und Zug um Zug gelöscht werden. Die zweite Spielart der Smart Card beruht auf der Technik der Holographie. Der entscheidende Unterschied zwischen einer Magnetkarte und einer Mikrochipkarte besteht darin, daß die Magnetkarte auf den Zugang zu einem Bank-Computer angewiesen ist. Die Chipkarte hingegen ist "intelligent" und kann mit einem relativ einfachen Off-Line Terminal bereits mehrere Transaktionen ausführen. So könnte z.B. der Kontostand eines Kunden auf einer solchen Karte gespeichert sein oder ein bestimmter Geldbetrag. Bonitätsprüfungen sind bei dieser Kartenart nicht mehr erforderlich. Auch einfache Programme könnten auf der Karte gespeichert sein, z.B. Portfoliobewertungsprogramme. Die Marktchancen dieser Kartenart ist eine Frage der Produktionskosten. Bei kleinen Stückzahlen sind diese Kosten vermutlich noch zu hoch. Eine mögliche Lösung bestünde darin, diese Karten wiederverwendbar zu machen. So könnte man daran denken, daß eine Karte "wiederaufgeladen" wird, wenn der auf ihr gespeicherte Geldbetrag ausgegeben worden ist. (Vgl. Revell, a.a.O., S.36. Zur Chipkarte vgl. M. Hegenbarth: Was sind Chipkarten? In: Nachrichtentechnische Zeitschrift (ntz), Bd. 43 (1990), H. 10, S. 714 ff. Zu Kreditkarten ganz allgemein vgl. G. Weisensee: Die Kreditkarte-ein amerikanisches Phänomen. Bern 1970; A. Keller: Kreditkarten. Diessenhofen 1981. T.Russell: The Economics of Bank Credit Cards. New York 1975.)

nichts von dieser Arbeitsteilung. Für ihn besteht der Eindruck, er werde nur von einem einzigen Unternehmen bedient, nämlich dem Emittenten der Karte.

Die vielen Aktivitäten, die zusammenspielen müssen, um einen Kreditkartenservice zu ermöglichen, lassen sich grob gesprochen in drei Teilbereiche untergliedern:[76]

(1) Die Betreuung der Händler oder Dienstleister und die Belegverarbeitung.

Zur Betreuung der Händler gehört zunächst die Autorisierung des Kunden. Wurde früher vom Händler bei gewissen Summen telefonisch nachgefragt, ob ein bestimmter Kunde kreditwürdig sei, erhält er heute in vielen Fällen ein Zusatzgerät, das den on-line Zugriff auf eine entsprechende Datenbank gestattet. In den USA spezialisieren sich einige Unternehmen völlig auf diesen Bereich und überlassen die übrigen Tätigkeiten der Händlerbetreuung anderen Unternehmen. Die Autorisierung erfordert spezielle Software und Rechnerkapazität. Die dadurch entstehenden Fixkostenblöcke führen zu Größenvorteilen.[77] In Deutschland übernimmt z.B. das Alldata-Rechenzentrum in München die Autorisierung für American Express, Diners, Visa und die mit diesen Karten verbundenen Unternehmen.[78] Es gibt aber auch die Möglichkeit, daß die Autorisierung direkt bei der kontoführenden Bank oder Kreditkartengesellschaft erfolgt.

Zum Händlergeschäft gehört weiterhin das Sammeln und Weiterleiten der Belege. Dieser Bereich war früher naturgemäß die Domäne der am Geschäftsort des Händlers ansässigen, lokalen Banken, bei denen der betreffende Händler sein Konto unterhielt. Mittlerweile gehen aber immer mehr Händler dazu über, die Daten gleich bei der Transaktion elektronisch zu erfassen. Diese Daten können dann über ein Telekommunikationsnetz direkt weitergeleitet werden, so daß der Umweg über eine Bank entfällt. Deshalb ist zumindest in den USA auch dieser Teil des Kreditkartengeschäfts zu einem Spezialgebiet geworden. In dem Maße, wie die Datenerfassung immer weiter elektronisiert wird, spielt die Telematik eine immer größere Rolle. Der damit verbundene hohe Fixkostenblock ruft auch hier wieder Größenvorteile hervor. Das Händlergeschäft ist dementsprechend unter

---

76 Man kann auch noch den Bereich der Produktentwicklung, des Marketing und des Inkasso hinzurechnen. Um die Darstellung auf das wirklich Wesentliche zu beschränken wurden diese Gebiete hier vernachlässigt. Auch in diesen Bereichen wird jedoch die Telematik intensiv eingesetzt.

77 Steiner, Teixeira, a.a.O., S.134.

78 K. Böhme: Geldkartensysteme auf neuen Wegen - verpaßte Gelegenheiten oder neue Chancen?, In:bank und markt, Heft 3, 1988, S. 5 ff.

starken Konzentrationsdruck geraten. Einige der alteingesessenen Banken haben unter diesem Druck dieses Geschäft aufgegeben.[79]

Der nächste Schritt bei der Abwicklung einer Kreditkartentransaktion besteht in der Verarbeitung der Belege, der Kontoführung, dem Erstellen der monatlichen Rechnung, dem Drucken der Rechnung und ihrem Versand. In vielen Ländern müssen noch die gesamten Belegdaten per Hand auf Datenträger übertragen werden, bevor die elektronische Verarbeitung beginnen kann. In den fortgeschrittneren Ländern jedoch wird der Großteil der Daten optisch eingelesen. In dem Maße, wie die Händler die Daten gleich bei der Transaktion erfassen, ist überhaupt keine manuelle Tätigkeit mehr erforderlich.

Um einen Eindruck von den Größenvorteilen zu vermitteln, die mit Processing-Vorgängen dieser Art verbunden sind, sei hier ein Beispiel angeführt, das nicht dem Kreditkartenbereich entstammt, aber doch eine gewisse Ähnlichkeit mit dem Processing der Kreditkartenbelege aufweist. Die Beraterfirma Booz Allen hat Economies of Scale bei der Schecksortierung geschätzt. Dabei zeigten sich sehr ausgeprägte Größenvorteile, die erst bei einem monatlichen Volumen von 25 Millionen Schecks abflachten.[80] Dieses Beispiel vermittelt eine ungefähre Vorstellung von den Stückzahlen, um die es hier geht.

Sind die Transaktionsdaten in die DV eingelesen, besteht der nächste Schritt in ihrer Verarbeitung, der Verbuchung auf den entsprechenden Kundenkonten und der Weiterleitung der zu zahlenden Beträge an den Kreditkartenemittenten. Dies kann durch den physischen Transport von Datenträgern oder durch Datenfernübertragung geschehen. Auch bei diesem Bündel von Dienstleistungen handelt es sich letztlich wiederum um einen typischen Telekommunikations-Mehrwertdienst. Ein Unternehmen mietet Datenleitungen an und erbringt damit und mit eigener DV-Hardware eine telekommunikative Dienstleistung.

Auch für diesen Bereich gibt es einen eigenen Markt mit spezialisierten Unternehmen. Das Processing von Kreditkarten ist sehr DV-intensiv und durch ausgeprägte Economies of Scale gekennzeichnet.

In Übereinstimmung mit dem Smith-Stigler-Coase Paradigma führen in den USA nur die ganz großen Kartenemittenten wie American Express, Diners, Discover (Sears-

---

79 Steiner, Teixeira, a.a.O., S. 133.

80 H. Totonis, R. Spitler: Operating Services: New Lines of Business. In: Bank Management, August 1990, S. 16-24.

Roebuck), Citibank, Chase Manhattan usw. die Belegverarbeitung, das "Processing", selber durch. Ihr eigenes Volumen ist so groß, daß sie bereits als einzelnes Unternehmen den effizienten Aktivitätsumfang erreichen. Für jene Anbieter hingegen, deren Eigenbedarf zu gering ist, um die prinzipiell erzielbaren Economies of Scale voll auszuschöpfen, stehen (wiederum in Übereinstimmung mit dem Smith-Stigler-Coase Paradigma) spezialisierte Drittfirmen zur Verfügung, die das Processing für sie durchführen. Rund 41% des Processing Marktes entfallen auf solche Drittfirmen. Für die USA schätzen Steiner und Teixeira, daß ein Kreditkartenemittent etwa 10 Millionen Karten ausgegeben haben muß, um diesen effizienten Aktivitätsumfang zu erreichen. Deshalb haben die kleineren Emittenten keine andere Wahl, als Drittfirmen zu beauftragen. Einige der "Third Party Processors" wenden sich ganz ausdrücklich an die kleinen Kartenemittenten.[81]

Man erkennt gerade an diesem Beispiel sehr gut, was es bedeutet, daß durch die Telekommunikation die Rechenkapazität der Großcomputer mobil geworden ist. Die kleineren Kreditkartenemittenten können ihr Processing von Drittfirmen durchführen lassen, die dadurch den effizienten Aktivitätsumfang erreichen. Mehr noch, sie müssen es tun, da der Wettbewerb dazu zwingt, die billigste Lösung zu wählen. Inhouse Lösungen sind nur noch bei den größten Anbietern konkurrenzfähig.

Der Processing-Markt weist eine hohe Konzentration auf. In den USA vereinen die beiden Spitzenreiter bereits über 60% des gesamten Marktes auf sich. Dafür gibt es mehrere Gründe. Erstens sind die Investitionssummen in Hardware und Software beachtlich. Zweitens entstehen auf seiten des Kunden bedeutende Kosten der Substitution (Switching Costs), wenn ein Third Party Processor durch einen anderen ersetzt wird. Drittens ist das Geschäft offensichtlich durch erhebliches Know-How charakterisiert. Es gibt also in diesem Markt verschiedene Sunk-Cost-Elemente, die zu hohen Marktzutrittsbarrieren führen.

Auch in der Beziehung zum Karteninhaber sind im Kreditkartengeschäft eine Vielzahl von Leistungen zu erbringen. Wir fassen sie hier zusammen unter dem Oberbegriff:

(2) Kontakt zum Kunden. Hierzu gehört die Erbringung zusätzlicher mit der Karte verbundener Dienstleistungen, die Entgegennahme von Beschwerden, und die Kreditvergabe. Handelt es sich bei der Karte um eine Bankkarte und bleibt der Kunde innerhalb

81 Vergleiche das Programm der Banc One mit der CUNA, einem Verband von amerikanischen Kreditgenossenschaften, Steiner, Teixeira, a.a.O., Chapter 9.

seiner von der Bank gewährten Kreditlinie, erhält er den Kredit ohne weitere Rücksprache als Überziehungskredit. Geht der Kredit jedoch über die Kreditlinie hinaus, kann ein Gespräch mit der Bank erforderlich werden. Handelt es sich bei der betreffenden Karte um eine Kreditkarte ohne Koppelung an ein laufendes Bankkonto, muß der entsprechende Kreditkartenemittent über den Kredit entscheiden.

Wie oben bereits geschildert, bedienen sich sowohl die Banken als auch die Kredikartenorganisationen bei der Vergabe solcher Standardkredite sogenannter Credit Scoring- oder Mustererkennungsmodelle.

Aber auch der mit einer Karte verbundene Kundendienst wird heute in starkem Maße von der Telekommunikation unterstützt. Einige Kreditkartenemittenten bieten einen umfangreichen Katalog von Zusatzleistungen zur Karte an. Das hat zur Folge, daß diese Unternehmen täglich eine wahre Flut von Telefonanrufen entgegennehmen müssen. American Express beispielsweise führt allein in den USA pro Jahr etwa 23 Millionen Kundentelefonate. Dies entspricht einer Tagesleistung von etwa 40 000 Telefonaten pro Tag. Ohne Computerunterstützung wäre es für einen Kundenberater völlig unmöglich, die Übersicht über alle von ihm bearbeiteten Vorgänge zu behalten. American Express hat deshalb eine hochkomplexe und sehr teure Software entwickelt, die dies ermöglicht.[82] Hohe Softwarekosten entstehen auch, wenn die Karte mit zusätzlichen, rein finanziellen Sonderleistungen ausgestattet werden soll, etwa Rabatten für bestimmte Unternehmen oder einer variablen Kreditverzinsung.

Damit sind die Aktivitäten auf der Händler und der Kundenseite besprochen. Hinzukommt noch:

(3) Die Abwicklung des Zahlungsverkehrs, insbesondere das Clearing. In Übersee geschieht dies überwiegend über die Netze von Visa und Mastercard, in Deutschland über die GZS, die ein Rechenzentrum und ein Telekommunikationsnetz, das Eurocard Data Communications System (edcs) betreibt.[83]

Wir haben bei der Diskussion der einzelnen Aktivitätsbereiche bereits gesehen, wie sehr sie dem Smith-Stigler-Coase Modell entsprechen. Viele Kreditkartenemittenten nehmen nur den Aktivitätsbereich des Kundenverkehrs und der Kreditvergabe selbst wahr. Bei

---

82 Steiner, Teixeira, a.a.O., S. 129.

83 Zu den internationalen Kreditkartennetzen vgl. H. Dorner: Das Kreditkartengeschäft. Frankfurt a.M., 1991, S. 94 ff.

den anderen Bereichen greifen sie auf Spezialunternehmen zurück. Einige Banken haben systematisch ihre Aktivitäten in diesen Bereichen an andere Unternehmen verkauft. Dabei ist das zu beobachtende Grundmuster der Entwicklung stets gleich. In dem Maß wie eine bestimmte Aktivität elektronisiert werden kann, beginnen Investitionen in Datenverarbeitungsanlagen, in Software und in ein Telekommunikationsnetz die entscheidende Rolle zu spielen. Dadurch entstehen Fixkosten, die ihrerseits Economies of Scale hervorrufen. In Übereinstimmung mit dem Smith-Stigler-Coase Paradigma beginnen sich Unternehmen, auf diese Scale-Aktivitäten zu spezialisieren. Es entstehen neue Märkte. Da es in keinem der genannten Teilbereiche des Kreditkartengeschäfts große Vertraulichkeitsprobleme gibt, kann die vertikale Integration problemlos aufgegeben werden.

Es stellt sich aber die Frage, warum die großen Kreditkartenemittenten ihr Processing nicht gleichfalls über den Markt durchführen. Der wichtige Punkt hierbei ist, daß diese Emittenten bereits selbst den mindesteffizienten Umfang des Processing erreichen. Das bedeutet, daß ein unabhängiges Unternehmen ganz allein für einen einzigen Emittenten produzieren würde. In einem solchen Fall unterscheiden sich zusätzliche Management- und Transaktionskosten nicht sehr stark. Die Grenzen der Arbeitsteilung zwischen dem Processing und den übrigen Aktivitäten sind klar definiert, es besteht ein eingespieltes Nebeneinander, das von einer Marktbeziehung kaum zu unterscheiden ist. Lediglich der eingespieltere Kommunikationsfluß mag dann den Ausschlag dafür geben, die Integration beizubehalten. Speziell bei Banken mag im Gegensatz zu den reinen Kreditkarteninstitutionen noch hinzukommen, daß gerade der Bereich der Datenverarbeitung, die Quelle für Verbundvorteile mit anderen Produkten und Dienstleistungen ist. Wenn bei diesen anderen Produkten und Dienstleistungen nun aber wiederum die Transaktionskosten eindeutig höher als die zusätzlichen Managementkosten sind, ist die Integrationslösung ohnehin angezeigt.

5.2. Wertpapiere

Auf das Wertpapiergeschäft ist die Smith-Stigler-Coase Hypothese bereits vor dieser Arbeit angewandt worden. Minnerop und Stoll haben in einem Aufsatz aus dem Jahr 1986 eindeutig auf Smith und Stigler bezug genommen.[84]

Die Autoren unterscheiden unter anderem folgende Teilgebiete des Wertpapiergeschäfts:

---

84 H. Minnerop, H. Stoll: Technological Change in the Back Office: Implications for Structure and Regulation of the Securities Industry. In A. Saunders, L. White: Technology and the Regulation of Financial Markets, Lexington, Mass. 1986, S. 31 ff..

(1) Den Kundenkontakt. Hier geht es um die üblichen Funktionen der Kundenberatung, der Eröffnung und Betreung von Kundenkonten, der Bereitstellung von Information und der Entgegenname von Kauf- und Verkaufsorders. Dieser Bereich ist sehr arbeitsintensiv und verhältnismäßig wenig elektronisiert. Er weist nur geringe Größenvorteile auf.

Hat ein Kunde einen Kauf- oder Verkaufsauftrag erteilt, sind folgende weitere Schritte erforderlich:

(2) Die Auftragsausführung. Dazu muß der Auftrag zunächst an die richtige Börse und an den richtigen Kursmakler bzw. Market Maker weitergeleitet werden. Dabei spielt auch eine Rolle, ob es sich um einen großen oder kleinen Auftrag handelt oder ob die Order limitiert oder unlimitiert ist. An der New York Stock Exchange beispielsweise gelangen Kleinaufträge über das DOT (Designated- Order-Turn-Around)-System vollautomatisch zum zuständigen Spezialisten. Ähnliches leistet ja auch das bereits erwähnte Order-Routing System BOSS an der Frankfurter Börse. Soll der Auftrag im Over-the-Counter Market ausgeführt werden, muß er zum richtigen Over-the-Counter Dealer gelangen. Ist die Order an den richtigen Transaktionsort gelangt und ausgeführt worden, muß sie dokumentarisch festgehalten werden. An manchen Märkten, bzw. Marktsegmenten ist dieser Vorgang bereits vollständig automatisiert, an anderen steht noch die manuelle Abwicklung im Vordergrund.

(3) Die Bestätigung der Transaktion für den Kunden. Hierbei wird der Kunde davon informiert, daß die Transaktion stattgefunden hat, und zu welchen Bedingungen sie vollzogen worden ist. Ferner wird eine Rechnung ausgestellt, gedruckt und versandt. Auch diese Vorgänge sind mittlerweile stark automatisiert.

(4) Clearing und Settlement. Diese Funktion beinhaltet den Vergleich und die Verständigung mit der Marktgegenseite des Kunden hinsichtlich Preis und Quantität. Sie wird von speziellen Clearing-Firmen übernommen und verläuft zumeist über elektronische Verbindungen zu den Clearing Häusern der entsprechenden Börsen. Beide Transaktionspartner, bzw. ihre Broker oder Banken, senden dem Clearing House per Datenübertragung eine Computerdokumentation der Transaktion zu. Das Clearing House vergleicht daraufhin, ob beide Seiten auch tatsächlich über die Inhalte der Transaktion einig sind und legt die jeweiligen Zahlungen fest. Der nächste Schritt, das Settlement, besteht dann in der Bezahlung durch den Käufer und der Auszahlung des Verkaufserlöses an den Verkäufer, sowie der Übertragung der Papiere und der Aktualisierung der Konten bzw. Depots. Zumeist werden die Papiere nicht mehr physisch hin und her geschickt. Sie sind

zentral gelagert (immobilisiert) und der Besitzerwechsel erfolgt lediglich durch eine Umbuchung innerhalb eines computergestützten Buchführungssystems. Staatspapiere etwa sind zumeist bei der Federal Reserve immobilisiert, die meisten Aktien und Bonds bei darauf spezialisierten Unternehmen, insbesondere der Depository Trust Company (DTC).[85] In Deutschland übernimmt diese Funktion der Deutsche Kassenverein. Das elektronische Clearinghouse weist das Unternehmen an, den Besitzerwechsel vorzunehmen, und der Kunde wird dann davon unterrichtet.

Darüberhinaus wird versucht, dort, wo dies möglich und gesetzlich zulässig ist, Papierzertifikate durch Eintragungen auf Magnetbändern zu ersetzen. Es werden also von vorneherein gar keine Papierzertifikate ausgegeben. Dies verringert die Kosten der Emission und Verwaltung von Papieren erheblich und senkt damit Transaktionskosten.[86]

Die Funktionen (2) bis (3) sind typische Back-Office Funktionen. Sie werden, wie ja schon angeklungen ist, zu einem großen Teil von Spezialfirmen angeboten. Je komplizierter die zugrundeliegenden Finanzinstrumente sind, desto komplexer werden die hier auszuführenden Aufgaben. Dies gilt insbesondere für das Clearing. Viele Unternehmen etablieren sich deshalb in solchen Spezialnischen, da sie hier über das reine Processing hinaus einen erheblichen Mehrwert schaffen können, den die Kunden auch bereit sind, entsprechend zu honorieren.[87]

Es kann also sein, daß ein bestimmter Kaufauftrag von einem Broker oder einer Bank A angenommen wird und von einem anderen Broker B an den richtigen Transaktionsort weitergeleitet wird. Dort wird der Auftrag ausgeführt und dann für die Geschäftsparteien von einem (oder zwei) darauf spezialisierten Dienstleistungsunternehmen C bestätigt. Die Verrechnung und Verbuchung der Transaktion wiederum mag durch eine vierte Firma D erfolgen. Die Wertpapiere, um die es geht, mögen bei einem fünften Unternehmen E gelagert sein, das den Besitzerwechsel verbucht.[88]

Diese Arbeitsteilung entspricht dem generellen Trend. Natürlich gibt es aber Unternehmen, die nicht nur eine, sondern mehrere dieser Funktionen wahrnmehmen. Einige der großen Investmentbanken verkaufen das ganze Bündel der Dienstleistungen (2) - (4) an kleinere Broker oder Investmentbanken. Man darf hier nicht in eine zu einseitige Be-

---

85 Minnerop, Stoll, a.a.O., S. 37. Die DTC ist eine Genossenschaft mit über 175 Mitgliedern.

86 Steiner, Teixeira, a.a.O., S. 181.

87 Schmerken, a.a.O., S. 62

88 Minnerop, Stoll, S. 39. Einen noch sehr viel weitergehenden Eindruck von dem Ausmaß der Spezialisierung, das hier bereits erreicht ist, vermittelt der bereits zitierte Artikel von I. Schmerken.

trachtungsweise verfallen. Die EDV Einrichtungen einer Bank und das damit verbundene Know-How sind eine Ressource, die sehr oft nicht nur für einen Zweck, sondern für mehrere Zwecke genutzt werden kann. Wie in Kapitel 1 dargelegt wurde, ergeben sich in einer solchen Situation Verbundvorteile zwischen diesen Zwecken oder Produkten.

Die geschilderter Spezialisierung hat sich auch statistisch niedergeschlagen. Minnerop und Stoll präsentieren Daten, die zeigen, daß die Anzahl aller Wertpapierfirmen insgesamt von 1974 bis 1984 erheblich zugenommen hat. Diese Zunahme bezieht sich aber nur auf Unternehmen der Stufe (1), also des Kundenkontaktes. Dies ist nicht verwunderlich, da in diesem Bereich die Größenvorteile gering sind. In den anderen Bereichen, die im Gegensatz dazu aufgrund der hohen DV-Fixkostenblöcke starke Größenvorteile aufweisen, hat die Anzahl der Unternehmen im Trend abgenommen. Dieses Ergebnis ist mit dem Smith-Stigler-Coase Paradigma konsistent. Das klar ausgeprägte Wachstum der Zahl der Unternehmen in der Branche entspricht dem Wachstum des Marktes. Ungeachtet dieses Marktwachstums ist aber die Zahl der Unternehmen, die Back-Office-Aktivitäten durchführen, gesunken. Dies deutet auf gestiegene Größenvorteile in diesem Bereich hin und auf eine gestiegene Spezialisierung der im Markt verbliebenen Unternehmen.

Damit sei die Diskussion um Spezialisierung, Arbeitsteilung und Telematik im Produktions- und Distributionsbereich des Bankwesens abgeschlossen. Wie eingangs gesagt, kann eine Diskussion anhand von Beispielen keinen hieb- und stichfesten Beleg für die Gültigkeit des Smith-Stigler-Coase Paradigmas geben. Immerhin liefert aber eine solche Diskussion einen ersten Eindruck von der Plausibilität einer bestimmten Theorie. Soweit ersichtlich, schneidet das Smith-Stigler-Coase Paradigma hierbei nicht schlecht ab.

Das scheint auch in bezug auf die Ergebnisse der bereits erwähnten neuen Studie des Wissenschaftlichen Instituts für Kommunikationsdienste zu gelten.[89] Wie bereits gesagt, handelt es sich bei dieser Studie um eine repräsentative Befragung deutscher Banken über ihren Einsatz der Telematik. Dabei wurde auch danach gefragt, in welchem Umfang ausgewählte Telematik-Dienste in Eigenregie erbracht, bzw. fremdbezogen werden. Als wichtiger Einflußfaktor zeigte sich hier vor allem die Größe eines Institutes. Größere Banken tendieren eher zur Eigenfertigung als kleine. Dies dürfte damit zusammenhängen, daß große Banken eher in der Lage sind, Größenvorteile auszuschöpfen als kleine. Ferner bringt das Wissenschaftliche Institut für Kommunikationsdienste die Eigenfertigung bei den Großbanken mit einer "Strategie der Technologieführerschaft" in Verbindung. Auch dies paßt gut zum Smith-Stigler-Coase Paradigma.

---

[89] Mahler, a.a.O., hier S. 78 ff.

Kapitel 5: Auswirkungen auf die Industriestruktur des Bankwesens. Mehrfinanzunternehmen oder Spezialbanken?

1. Einleitung

Im vorigen Kapitel wurde vor allem die Spezialisierung im Produktionsbereich der Banken dargestellt. Es wurde gezeigt, daß immer mehr Teilfunktionen des bankbetrieblichen Produktionsprozesses unabhängigen Zulieferern übertragen werden und daß dadurch die Arbeitsteilung im Bankwesen zunimmt. An einigen Stellen wurde darüberhinaus dargelegt, daß einzelne Banken sich nicht nur auf der Ebene der Zwischenprodukte und Zwischendienstleistungen spezialisieren, sondern auch auf der Ebene der Endprodukte bzw. der Enddienstleistungen. Man kann nun fragen, ob auch diese Art der Spezialisierung immer mehr um sich greifen wird. Wird es auch im Bankwesen zu einer ähnlichen Entwicklung kommen wie in der Kleinfeuerwaffenindustrie im England des vorigen Jahrhunderts (Kapitel 1), wo die Rolle des Unternehmers im wesentlichen auf die Rolle des Endverkäufers und der Bündelung von Leistungen reduziert war? Diese Frage führt direkt ins Zentrum der gegenwärtigen Debatte um die "Allfinanz".

Es würde den Rahmen der vorliegenden Arbeit sprengen, zu dieser Debatte erschöpfend Stellung nehmen zu wollen. Die bankbetriebswirtschaftliche Literatur zu diesem Thema ist dermaßen umfassend, daß nur eine gesonderte Untersuchung diesem Problemkreis gerecht werden kann.[1] Andererseits bliebe eine Diskussion der in Zukunft zu erwartenden Spezialisierung im Bankwesen unvollständig, wenn sie sich nicht auch mit dieser Frage befassen würde. Deshalb sollen hier zumindest die wichtigsten Pro- und Kontra-Argumente vorgestellt und aus industrieökonomischer Sicht kommentiert werden.

Man muß in der Debatte um das Thema Allfinanz vs. Spezialbanken zwei Perspektiven unterscheiden. Die eine Perspektive ist rein regulatorischer Natur und bezieht sich eher auf die Frage Universalbanken vs. Spezialbanken. Sie fragt, ob eine Bankenregulierung, die ein Trennbankensystem etwa nach amerikanischem Muster beinhaltet, besser sei als eine Regulierung, die Universalbanken nach deutschem Muster zuläßt (bei dem die Banken sowohl das Depositen- und Kreditgeschäft als auch das Effektenemissions- und De-

---

1 Eine erste Orientierung vermittelt der von H. J. Krümmel, H. Rehm und D. Simmert herausgegebenen Band Allfinanz - Strukturwandel an den Märkten für Finanzdienstleistungen. Beihefte zu Kredit und Kapital, Heft 11. Berlin 1991. Dieser Band enthält auch umfassende bibliographische Angaben.

potgeschäft betreiben dürfen). Von dieser rein regulatorischen Perspektive zu trennen ist die Frage, ob sich *im Wettbewerb* (also nicht durch regulatorisches *fiat*) in Zukunft eher spezialisierte Institute oder Universalbanken oder gar "Finanzsupermärkte" durchsetzen werden. Dies ist die Frage nach dem Wettbewerbsergebnis innerhalb eines Regulierungsrahmens, der soviel Wettbewerb als möglich zuläßt. In diesem Kapitel soll ausschließlich diese zweite Frage behandelt werden.

In der deutschen Diskussion wird das Wort Allfinanz in verschiedener Bedeutung gebraucht.[2] In der am häufigsten zu findenden Bedeutung wird darunter die Integration von Versicherungs- oder von Bauspar- oder Investmentleistungen in das herkömmliche Banksortiment verstanden. Ein solches erweitertes Angebot wird dem spezialisierten Angebot gegenübergestellt, in dem ein Institut sich ausschließlich auf die klassischen Bank- oder Versicherungsdienstleistungen konzentriert.[3] In einer anderen Bedeutung wird unter Allfinanz eine Art von "Finanz-Warenhaus" oder "Finanz-Supermarkt" verstanden. Hierbei bekommt "...sozusagen die gute alte 'Tendenz zur Universalbank' einen Zug ins Perfektionistische."[4] Schließlich gibt es noch jenes Verständnis, in dem der Begriff Allfinanz bedeutet "alles in einer bestimmten Leistungssparte."

Die Fragestellung der vorliegenden Arbeit ist allgemeiner als die Frage der Integration einzelner Finanzdienstleistungen in das üblicherweise angebotene Bankensortiment. Wie die vorangegangenen Kapitel gezeigt haben, geht es hier um die Frage nach der Spezialisierung ganz allgemein. Für diese Fragestellung scheint eine andere Begriffsbildung zweckmäßiger, die aber sämtliche der eben genannten Interpretationen des Wortes Allfinanz unter sich begreift. In Anlehnung an die Sprechweise der Industrieökonomik wollen wir hier von Mehrprodukt- oder besser Vielproduktbanken und Spezialbanken sprechen.[5]

---

2 Vgl. H. J. Krümmel: Allfinanz und die sortimentspolitischen Grundlagen des Privatkundengeschäfts. In: H. J. Krümmel, H. Rehm, D. Simmert (Hrg.), a.a.O., S. 33 ff., hier S.37.

3 Auch die sogenannten Near- oder Nonbanks können zu Allfinanzunternehmen werden. So z.B. der Warenhauskonzern Sears-Roebuck, nach Bessler heute der Welt größter Anbieter von Finanzdienstleistungen. Vgl. W. Bessler: Financial Conglomerates in the United States. In: H. J. Krümmel, H. Rehm und D. Simmert (Hrg.), a.a.O., S. 265 ff., hier S.287. Zur Rolle von Non- und Near-Banks ganz allgemein vgl. K. Stammer: Nichtbanken als Substitutionskonkurrenten auf dem Bankleistungsmarkt - Eine vergleichende Analyse für das deutsche und US-amerikanische Bankensystem. Frankfurt a.M. 1987.

4 Krümmel, a.a.O., S.38.

5 Diese Sprechweise entspricht dem von Süchting und Büschgen erwähnten Begriff Mehrfinanz. Vgl. J. Süchting: Zur Organisation von Allfinanzangeboten. In: H. J. Krümmel, H. Rehm und D. Simmert (Hrg.), a.a.O., S. 177 ff., hier S. 177. Vgl. H. E. Büschgen: Finanzmarktintegration und Bankenwettbewerb: Einzelwirtschaftliche Aspekte. In: J. Siebke (Hrg.) Finanzintermediation, Bankenregulierung und Finanzmarktintegration. Schriften des Vereins für Socialpolitik, N.F., Bd. 204. Berlin 1991, S. 99-123, hier S. 99. Die hier gewählte analytische Perspektive entspricht auch dem Ansatz zweier weiterer Aufsätze in dem gerade genannten, von Krümmel, Rehn und Simmert herausgege-

Unter einer Vielproduktbank wird dabei ein Institut mit einem breiten Produktsortiment verstanden, das natürlich auch Versicherungsleistungen und andere ursprünglich "bankfremde" Finanzdienstleistungen beinhalten mag. Unter einer Spezialbank hingegen sei hier eine Bank verstanden, die ihr Angebot auf einige wenige oder im Extremfall sogar nur ein Produkt konzentriert. Mit dem Wort Produkt sollen hier hier sowohl Finanzinstrumente als auch Dienstleistungen gemeint sein. Damit soll nicht unterstellt werden, dieser Unterschied sei ohne Bedeutung. Was gemeint ist, wird aber immer aus dem Zusammenhang hervorgehen.

Ferner sei hier angenommen, daß es bei der Frage breites oder enges Produktsortiment immer um Eigenproduktion geht. Die bankbetriebswirtschaftliche Literatur unterscheidet verschiedene Organisationsformen, innerhalb derer Allfinanzdienstleistungen auf dem Markt angeboten werden können. Bei der Kooperation beispielsweise werden lediglich die Vertriebswege gemeinsam genutzt. "Hierbei handelt es sich gewissermaßen um Fremdbezug von Finanzdienstleistungen anderer selbständiger Anbieter mit dem Ziel der Ergänzung des eigenen Programms ..."[6] Bei der Integrations- oder Konzernstrategie werden demgegenüber ".... neue Leistungsarten ins bisherige Leistungsprogramm der Bank oder des Bankkonzerns eingefügt als originäre Leistungen der Bank, von ihr selbst erstellt oder übertragen einem neu errichteten oder erworbenen Tochterinstitut."[7] Wenn hier von einer Mehrproduktbank gesprochen wird, dann immer in dieser zweiten Bedeutung. (Weiter unten werden wir uns allerdings mit der Rolle von "Bündlungsspezialisten" befassen, also von Unternehmen, deren Angebot darin besteht, bereits produzierte Finanzdienstleistungen zu einem auf den einzelnen Kunden speziell zugeschnittenen Gesamtpaket zusammenzustellen.)

Die Frage nach den Wettbewerbsvorteilen von Vielprodukt- und Spezialbanken gliedert sich in drei Unterfragen. Die ersten beiden Fragen beziehen sich auf die Angebotsseite des Bankensektors, die dritte auf die Nachfrageseite. Es sind: (1) die Frage nach der Existenz und dem Ausmaß von Verbundvorteilen (Economies of Scope), (2) die Frage

---

benen Sammelband: M. Graf von der Schulenburg: Organisations- und Steuerungsfragen aus der Sicht einer Großsparkasse (S. 221 ff.); W. Bessler: Financial Conglomerates in the United States (S. 265 ff.).

6 Vgl. Büschgen, a.a.O., S. 114.

7 Büschgen, a.a.O., S. 114. Vgl hierzu auch J. Süchting, a.a.O., und D. Farny: Allfinanz - das betriebswirtschaftliche Konzept, in dem bereits zitierten, von Krümmel, Rehm und Simmert herausgegebenen Sammelband, S. 161 ff.

nach der Existenz und dem Ausmaß von Diversifikationsvorteilen[8] und (3) die Frage nach den Transaktionskosteneinsparungen auf seiten des Kunden als Folge des "Angebots aus einer Hand". Alle drei Arten von Synergieeffekten sollen nun erörtert werden. Dabei wird die Frage nach den Verbundvorteilen anhand zweier verschiedener Ansätze diskutiert.

Der erste Ansatz besteht im ökonometrischen Nachweis von Verbundvorteilen anhand einer vorher geschätzten Kostenfunktion. Dieser Ansatz wird vor allem in den USA seit Mitte der 50er Jahre verfolgt. In allerneuester Zeit sind jedoch auch in Europa derartige Untersuchungen angefertigt worden. Ein Überblick über die ökonometrischen Studien wird ergeben, daß ihre Aussagekraft bisher begrenzt ist. Es scheint, daß diese Art von Studien durch andere Arten von empirischen Analysen ergänzt werden sollte, etwa durch Stiglers Survivor Test.

Dies gilt auch deshalb, weil neuere empirische Studien zeigen, daß das Ausmaß der bisher geschätzten Größen- und Verbundvorteile vom Ausmaß der ökonometrisch feststellbaren Ineffizienz im Bankwesen weit übertroffen wird. Es würde hier zu weit führen, auf die Methodik dieser Ineffizienz-Studien einzugehen. Grob gesprochen wird dabei die Abweichung der tatsächlich beobachteten Kosten von einer idealen Kostengrenze gemessen, die aus den Kostendaten der in einer bestimmten Größenklasse effizientesten Banken gewonnen wurde. Geschätzt werden sowohl die technische Ineffizienz (es wird gleichmäßig mehr von allen Inputs eingesetzt als technologisch nötig) als auch die allokative Ineffizienz (die Produktionsfaktoren werden nicht im Einklang mit ihren Preisverhältnissen eingesetzt). Berger und Humphrey[9] weisen nach, daß die derart gemessene Ineffizienz im amerikanischen Bankwesen bei durchschnittlich 25% der Durchschnittskosten liegt. Eine neue ökonometrische Studie des Schweizer Bankwesens weist einen noch höheren Grad an Ineffizienz nach.[10] Die empirisch festgestellten Größen- und Verbundvorteile liegen demgegenüber in den bisherigen Studien bei maximal 5%.

Die Annahme der Effizienz, die der herkömmlichen Methodik der empirischen Studien zu Größen- und Verbundvorteilen zugrunde liegt, muß also als sehr fragwürdig bezeichnet

---

8 Der Leser mag sich fragen, ob nicht Diversifikationsvorteile dasselbe sind wie Verbundnachteile (Diseconomies of Scope). Diversifikationsvorteile sollen sich hier jedoch auf den Aspekt der Risikostreuung beziehen.

9 A. Berger, D. Humphrey: The Dominance of Inefficiencies Over Scale and Product Economies in Banking. In: Journal of Monetary Economics, Vol. 28, 1991, S. 117 ff.

10 G. Sheldon: Skalenerträge, Verbundvorteile und Ineffizienz im Schweizer Bankgewerbe. In: ifo-Studien, 38. Jg., S. 351 ff.

werden. Bei einer Verstärkung des Wettbewerbs im amerikanischen oder Schweizer Bankwesen ist mit einer Konsolidierung der Industriestruktur zu rechnen, die eher auf ungenutzte Effizienzpotentiale als auf unausgenutzte Größen- oder Verbundvorteile zurückzuführen wäre.

Der zweite Ansatz ist der bankbetriebswirtschaftliche Ansatz. Er ist weit weniger aggregiert als der ökonometrische Ansatz und untersucht im einzelnen die betriebswirtschaftlichen Quellen für Verbundvorteile. Der Vorteil dieser Vorgehensweise liegt in ihrer größeren Durchsichtigkeit und vermutlich auch in einer höheren Plausibilität der Ergebnisse. Der Preis, der dafür zu zahlen ist, besteht in der geringeren statistischen Aussagekraft dieser Analysen.

2. Ökonometrische Studien zu Größen- und Verbundvorteilen

Verbundvorteile sind eine Eigenschaft der Kostenfunktion eines Unternehmens. Produziert ein Unternehmen beispielsweise zwei Produkte 1 und 2, dann ist die Produktion des Outputs $y = (y_1, y_2)$ durch Verbundvorteile gekennzeichnet, wenn für die Kostenfunktion C des Unternehmens gilt:

$$C(y_1, y_2) < C(y_1, 0) + C(0, y_2).$$

Dadurch, daß die beiden Produkte 1 und 2 gemeinsam in einem Unternehmen produziert werden, entstehen geringere Gesamtkosten als dies bei getrennter Produktion in zwei Unternehmen der Fall wäre. Diese Definition kann auf beliebig viele Produkte ausgedehnt werden.[11] Weist eine bestimmte Kostenfunktion Economies of Scope auf, dann führt Diversifikation zu geringeren Stückkosten in jeder Produktsparte.

Mithilfe ökonometrischer Verfahren ist es möglich, die Kostenfunktion einer Bank zu schätzen und auf Verbundvorteile zu untersuchen. In Studien dieser Art wird im ersten Schritt anhand vorliegender Kostendaten eine Mehr-Produkt-Kostenfunktion geschätzt, die dann im zweiten Schritt auf die Existenz von Größen- oder Verbundvorteilen untersucht wird. Dieser Abschnitt bringt eine Einführung in die Methodik und einen Überblick über die wichtigsten Resultate dieser Studien.[12] Auf ökonometrische Detailfragen soll

---

[11] W. Baumol, J. Panzar, R. Willig: Contestable Markets and the Theory of Industry Structure. Revised Edition. San Diego et al. 1988, S. 71.

[12] Der Verfasser hat alle ihm zugängliche in den Fachzeitschriften veröffentlichten Studien berücksichtigt. Darüberhinaus existieren Studien in Working-Papers verschiedener Federal Reseve Banks. Diese Studien wurden, soweit möglich, aus zweiter Hand zitiert. Ähnliche Überblicke sind G. Tichy: Bankengröße und Effizienz. In: Kredit und Kapital, 23. Jahrg., 1990, Heft 3, S. 358 ff. W. Bessler:

dabei so weit als möglich verzichtet werden. Der an diesen Fragen interessierte Leser sei auf die Orginalarbeiten verwiesen.

Ökonometrische Studien zu Größen- und Verbundvorteilen im Bankwesen werden seit Mitte der 50er Jahre vor allem in den USA durchgeführt.[13] Untersucht wurden bisher überwiegend Commercial Banks, keine den deutschen Universalbanken vergleichbaren Institute.[14] Die Ergebnisse können also nicht direkt auf deutsche Verhältnisse übertragen werden. Für Deutschland gibt es bisher nur eine Untersuchung der bayerischen Genossenschaftsbanken.[15] Umfassendere Studien wurden hingegen in der Schweiz und Frankreich unternommen.[16]

Methodisch haben die Studien in etwa die gleichen Phasen durchlaufen, wie in anderen Branchen.[17] Die verschiedenen Entwicklungsphasen beziehen sich dabei einesteils auf die funktionale Form der geschätzten Kostenfunktion, andernteils auf die Spezifikation von Inputs und Outputs. Eine weitere Entwicklungslinie besteht in der Ergänzung der reinen Größen- und Verbundvorteilsschätzungen durch Effizienzuntersuchungen. Wie bereits gesagt, wird hierbei auf ökonometrischem Weg versucht, die Abweichung eines Unternehmens von seinen hypothetisch effizienten Kosten zu schätzen. Diesem Entwicklungsstrang soll hier nicht nachgegangen werden.

Financial Conglomerates in the United States, a.a.O., Abschnitt III. Ein Überblick in Buchlänge ist J. Kolari, A. Zardkoohi: Bank Costs, Structure and Performance. Lexington 1987.

13 Einen Überblick über diese älteren Studien gibt R. Gilbert: Studies of Costs in Commercial Banking. In: Journal of Money, Credit, and Banking, Vol. 16, November 1984, S. 636 ff. Studien dieser Art wurden auch für kanadische, britische und israelische Kreditinstitute durchgeführt.

14 Untersucht wurden auch Sparkassen, Bausparkassen, und Kreditgenossenschaften. Zu Sparkassen vgl. L. Mester: A Multiproduct Cost Study of Savings and Loans. In: Journal of Finance, Vol. 42, 1987, S. 423 ff. Zu Bausparkassen vgl. Ph. Hardwick: Economies of Scale in Building Societies. In: Applied Economics, Vol. 21, 1989, S. 1291 ff. (zitiert nach G. Tichy: Bankengröße und Effizienz, a.a.O.). Zu Kreditgenossenschaften vgl. J. Murray, R. White: Economies of Scale and Economies of Scope in Multiproduct Financial Institutions: A Study of British Columbia Credit Unions. In: Journal of Finance, Vol. 38, 1983, S. 887 ff. Ferner H. Kim: Economies of Scale and Economies of Scope in Multiproduct Financial Institutions: Further Evidence from Credit Unions. In: Journal of Money, Credit, and Banking, Vol. 18, 1986, S. 220 ff.

15 G. Lang, P. Welzel: Skalenerträge und Verbundvorteile im Bankensektor - Empirische Bestimmung für die bayerischen Genossenschaftsbanken. Erscheint demnächst in ifo-Studien.

16 Die französischen Studien kennt der Autor nur aus zweiter Hand. Vgl. OECD: Banks Under Stress. Paris 1992, S. 169. Es sei deshalb darauf verzichtet, ihre Ergebnisse zu referieren.

17 Man vergleiche etwa die Geschichte der Economies-of-Scale-Studien im Bereich der Telekommunikation. Siehe hierzu: J. Rosse: Written Testemony in United States vs. AT&T. Vervielfältigt, Stanford University, 1981. F. Kiss, B. Lefebvre: Econometric Models of Telecommunications Firms - A Survey. In: Revue Economique, No.2, Mars 1987, S. 307 ff. D. Evans, J. Heckman: Natural Monopoly. In: D. Evans (Hrg.): Breaking Up Bell, New York 1983, S. 127 ff. D. Elixmann: Econometric Estimation of Production Structures: The Case of the German Telecommunications Carrier. Diskussionsbeitrag Nr. 57 des Wissenschaftlichen Instituts für Kommunikationsdienste, Bad Honnef 1990.

2.1. Schätzfunktionen

In den ersten Studien des Bankwesens wurde noch eine Produktionstechnologie vom Typ der verallgemeinerten Cobb-Douglas- oder der CES-Funktion unterstellt.[18] Nimmt man an, eine Bank produziere einen Output Q mit den Inputs Kapital (K) und Arbeit (L), kann die verallgemeinerte Cobb-Douglas Funktion geschrieben werden als:

$$Q = A\,K^a\,L^b.$$

Die zu dieser Produktionstechnologie gehörende duale Kostenfunktion hat die Form:

$$C(Q) = XQ^{\alpha}r^{\beta}w^{\delta}, \alpha, \beta, \delta \in \mathbf{R}$$

Hierbei bezeichnet r die Kapital- und w die Arbeitskosten. Die Parameter X, α, β und δ hängen von den Exponenten a und b der ursprünglichen Cobb-Douglas-Produktionsfunktion ab.[19]

Mit der Verwendung dieser Schätzfunktion wurde jedoch ein U-förmiger Verlauf der Durchschnittskostenfunktion von vorneherein ausgeschlossen. Die Durchschnittskostenkurve ist entweder durchweg steigend oder durchweg fallend. Ferner mußten entweder alle Outputs einer Bank zu einer einzigen Größe aggregiert oder aber für jede Leistungsart eine gesonderte Schätzung durchgeführt werden.[20] Beide Vorgehensweisen sind problematisch. Theoretische Arbeiten haben gezeigt, daß die Outputs eines Unternehmens nur unter ganz bestimmten Bedingungen an die Kostenfunktion zu einem einzigen Aggregat zusammengefaßt werden dürfen.[21] Gesonderte Schätzungen für jede Leistungssparte einer Bank ihrerseits setzen eine Aufteilung der Gemeinkosten voraus.

---

18 Die zwei bekanntesten Studien der Frühphase sind die von Benston und Bell/Murphy. Vgl. G. Benston: Economies of Scale and Marginal Costs in Banking Operations. In: The National Banking Review, 2, June 1967, S. 507 ff. Ders.: Branch Banking and Economies of Scale. In: Journal of Finance, May 1965, S. 312 ff. Ders.: The Optimal Banking Structure: Theory and Evidence. In: Journal of Bank Research, Winter 1973, S. 220 ff. F. Bell, N. Murphy: Economies of Scale and Division of Labor in Commercial Banking. In: Southern Economic Journal, Vol. 35, No. 2, 1968.

19 Vgl. H. Varian: Mikroökonomie. München, Wien, 1981, S. 16. Vgl. auch Kolari, Zardkoohi, a.a.O., S. 43 ff.

20 So etwa in der bereits zitierten Untersuchung von Benston.

21 Die Kostenfunktion muß separabel sein, d.h. sie muß in der Form $C(\mathbf{Q}) = C(h(\mathbf{Q}), w_1, w_2, \ldots, w_n)$ geschrieben werden können. Vgl. M. Fuss, L. Waverman: Regulation and the Multiproduct Firm: The Case of Telecommunications in Canada. In: G. Fromm (Hrg.): Studies in Public Regulation, Cambridge, Mass., 1983, S. 277 ff. hier S. 290.

Letztlich sind aber alle solche Aufteilungen ökonomisch willkürlich.[22] Schließlich ist klar, daß mit diesem Ansatz keine Verbundvorteile erfaßt werden können.

Glücklicherweise hatte in der Zwischenzeit durch die Arbeiten von Baumol, Panzar und Willig[23] die mikroökonomische Produktionstheorie einen wichtigen Fortschritt gemacht. Die Autoren hatten das Instrumentarium der Mikroökonomie so erweitert, daß nunmehr auch die Produktions- und Kostenstrukturen von Mehrproduktunternehmen genauer als bisher analysierbar waren. Banken sind aber in der Tat Mehrproduktunternehmen, bei denen darüber hinaus das Phänomen der Verbundvorteile eine wichtige Rolle spielt. So ist z.B. zu erwarten, daß Kreditwürdigkeitsprüfungen billiger werden, wenn der betreffende Kreditnehmer bereits alle seine Konten bei der betreffenden Bank unterhält. Ausgehend von der Theorie von Baumol, Panzar und Willig gelang es, den Begriff der Verbundvorteile exakt zu fassen und für empirisch zu schätzende Mehrprodukt-Kostenfunktionen testbare Bedingungen für das Vorliegen produktspezifischer Größenvorteile und von Verbundvorteilen zu formulieren.[24]

Man ersetzte deshalb im nächsten Stadium der empirischen Schätzungen - analog zur Entwicklung in anderen Branchen - die Cobb-Douglas-Funktion durch die Translogfunktion, die als Taylor-Entwicklung zweiter Ordnung einer zweimal differenzierbaren Kostenfunktion der Form

$$\ln C = f(\ln y_1, \ldots, \ln y_n, \ln w_1, \ldots, \ln w_m)$$

---

22 Vgl. hierzu Fuss, Waverman, a.a.O., S. 284. Vgl. auch B. Wieland: Die Entflechtung des amerikanischen Fernmeldemonopols. Berlin, Heidelberg, New York, 1985, S. 108 ff. Zum Problem der Aggregation der verschiedenen Dienstleistungen einer Bank in einen einzigen Output vgl. M. Kim: Banking Technology and the Existence of a Consistent Output Aggregate. In: Journal of Monetary Economics, Vol. 18, 1986, S. 181 ff.

23 Die Synthese dieser Arbeiten ist das bereits zitierte Buch von W. Baumol, J. Panzar, R. Willig: Contestable Markets and the Theory of Industry Structure.

24 Dabei wurde auch klar, daß rein mathematisch die einfache Translogfunktion Verbundvorteile nur im Inneren der Funktion erfassen kann. Nimmt nämlich ein Output den Wert Null an, ist die Translogfunktion nicht definiert. Vgl. Baumol, Panzar, Willig a.a.O., S. 449 f. In anderen Branchen gingen deshalb alle weiteren Studien von der sogenannten hybriden Translogfunktion aus. In den meisten der neuesten Studien wird eine bestimmte Form der hybriden Translogfunktion, geschätzt, die durch eine Box-Cox Transformation der einfachen Translogfunktion entsteht. Eine andere Möglichkeit besteht darin, Null stets durch Werte wie etwa 0,001 zu ersetzen. Vgl. z.B. T. Gilligan, M. Smirlock, W. Marshall: Scale and Scope Economies in the Multiproduct Banking Firm. In: Journal of Monetary Economics, Vol. 13, May 1984, S. 393 ff., Fn. 9. Diese Vorgehensweise ist allerdings nicht ganz unproblematisch. Vgl. A. Berger, G. Hanweck, D. Humphrey: Competitive Viability in Banking - Scale, Scope, and Product Mix Economies. In: Journal of Monetary Economics, Vol. 20, S. 501 ff., hier S. 517.

aufgefaßt werden kann. Hierbei ist $\mathbf{y} = (y_1, y_2, \ldots, y_n)$ der Vektor der erstellten n Outputs. $\mathbf{w} = (w_1, w_2, \ldots, w_m)$ ist der Vektor der m Inputpreise.

Die Translogfunktion lautet:

$$\begin{aligned}\ln C(y,w) &= a_0 + \sum_i a_i * \ln y_i + \sum_k b_k * \ln w_k \\ &+ \tfrac{1}{2}\sum_i\sum_j c_{ij} * \ln y_i * \ln y_j + \tfrac{1}{2}\sum_k\sum_h d_{kh} * \ln w_k * \ln w_h \\ &+ \sum_i\sum_k f_{ik} * \ln y_i * \ln w_k + \varepsilon\end{aligned}$$

Die Parameter $a_0, \ldots, a_n$, $b_1, \ldots, b_m$, $c_{11}, \ldots, c_{nn}$, $d_{11}, \ldots, d_{mm}$, $f_{11}, \ldots, f_{nm}$, sind zu schätzen. ε ist der Störterm. Der gewählte Approximationspunkt ist gewöhnlich das Stichprobenmittel aller Variablen, das auf 1 normiert wird.[25] Alle exogenen Variablen werden als Abweichungen von ihren jeweiligen Stichprobenmitteln gemessen.

Die Funktion kann noch durch andere Variablen ergänzt werden, etwa durch eine Variable für den technischen Fortschritt oder eine Variable, die berücksichtigt, ob es sich bei einem Institut um eine Bank mit oder ohne Filialen außerhalb des Hauptsitzes der Bank handelt (Unit Bank oder Branch Bank). Aufgrund bestehender Regulierungen ist es in den USA nicht in allen Staaten erlaubt, Filialen außerhalb des Hauptsitzes einer Bank zu eröffnen.[26] In den Staaten, wo dies aber erlaubt ist, kann eine Bank vermeiden, auf der Filialebene in den Bereich abnehmender Skalenerträge zu gelangen, indem sie immer dann, wenn die optimale Betriebsgröße einer Filiale erreicht wird, eine neue Zweigstelle aufmacht. Daraus folgt allerdings noch nicht, daß die Bank auch auf der Unternehmensebene konstante oder zunehmende Skalenerträge aufweist. So können vor allem die Koordinationskosten der verschiedenen Filialen stark steigen. Deshalb ist es von Bedeutung, ob man Größenvorteile auf der Filal- oder der Unternehmensebene mißt.

Einige Studien berücksichtigen auch die mittlere Größe der einzelnen Konten oder Kredite. Auch dies ist sinnvoll, da es Anhaltspunkte dafür gibt, daß die durchschnittliche Einlage und der durchschnittliche Kredit bei einer großen Bank höher ist als bei einer

---

[25] Auf diese Weise fallen in der Taylor-Entwicklung die Terme mit ln(1) weg.

[26] Vgl. hierzu z.B. T. Campbell: Money and Capital Markets. O.O., Harper Collins Publishers, 1988, S. 328 f. Vgl. auch R. Litan: What Should Banks Do? Washington (Brookings Institution) 1987, S.24.

kleinen Bank und daß Banken bei großen Einlagen und Krediten einen höheren Dienstleistungsaufwand bzw. Überwachungsaufwand betreiben als bei kleinen.[27]

Die Translogfunktion enthält verhältnismäßig viele zu schätzende Parameter. Mit der Vermehrung der Zahl der Outputs wäst die Anzahl dieser Parameter extrem stark an. Deshalb tritt häufig die Situation auf, daß nicht genügend viele Daten vorliegen, um eine statistisch zuverlässige Schätzung vorzunehmen. Die Anzahl der Freiheitsgrade ist dann unter Umständen nicht mehr hoch genug. Der Ausweg aus dieser Situation besteht darin, die Anzahl der freien Parameter durch die Ausnutzung von a priori als richtig angenommenen Eigenschaften der Kostenfunktion zu verringern. Die sogenannten Symmetriebedingungen beinhalten die Identitäten $c_{ij} = c_{ji}$, für alle i und j, und $d_{kh} = d_{hk}$, für alle k und h. Aus der Homogenität der Kostenfunktion vom Grade 1 in den Inputpreisen folgt:

$$\sum_k b_k = 1;$$
$$\sum_h d_{kh} = 0, \text{ für alle } k = 1,2,\ldots,m;$$
$$\sum_k f_{ik} = 0, \text{ für alle } i = 1,2,\ldots,n.$$

Ein bekannter Satz aus der Produktionstheorie, Shepards Lemma, besagt, daß

$$\frac{\delta C}{\delta w_j} = x_j,$$

wobei x_j die eingesetzte Menge des Faktors Nummer j ist. Daraus folgt:

$$\frac{\delta \ln C}{\delta \ln w_j} = \frac{\delta C w_j}{\delta w_j C} = \frac{w_j x_j}{C}, \; j = 1,\ldots,m$$

Der letzte Bruch in dieser Gleichung entspricht aber dem Anteil der Kosten des Faktors Nummer j an den Gesamtkosten C. Deshalb heißen die derart gewonnenen Gleichungen auch Kostenanteilsgleichungen. Wenn wir definieren:

$$M_j = \frac{w_j x_j}{C}, \; j = 1,2,\ldots,m$$

so muß gelten:

$$M_j = b_j + \sum_h d_{jh} \ln w_j + \sum_i f_{ij} \ln y_i, \; j = 1,2,\ldots,m$$

---

27 Benston, Hanweck, Humphrey, a.a.O., S. 439.

M_j ist aber durch die Daten vorgegeben. Dies bedeutet, daß wir mithilfe von Shepherds Lemma m neue Gleichungen gewonnen haben, die gemeinsam mit der Translogfunktion (unter Einbeziehung der abgeleiteten Parameterbedingungen) geschätzt werden können. Es ist jedoch zu beachten, daß

$$\sum_j Mj = 1.$$

Um zu gewährleisten, daß das zu schätzende Gleichungssystem linear unabhängig ist, muß deshalb eine der Kostengleichungen fallengelassen werden.[28]

Durch diese Vorgehensweise kann der Umfang der benötigten Datenmenge reduziert, bzw. die Anzahl der Freiheitsgrade erhöht werden. Bei sehr umfangreichen Datenmengen kann auf Kunstgriffe dieser Art verzichtet werden. Sie sind nicht ganz unproblematisch, da sie an die Kostenfunktion von vorneherein theoretisch begründete (obgleich sehr schwache) Bedingungen stellen, anstatt die Daten für sich sprechen zu lassen.

Neuerdings haben einige Forscher eine sehr allgemeine flexible Form der Kostenfunktion geschätzt, die unter bestimmten Parameterbedingungen zur Cobb-Douglas Funktion degeneriert. Ihre Schätzungen zeigen, daß sie diesen Fall statistisch nicht ablehnen können. Dies würde aber bedeuten, daß man wieder am Ausgangspunkt des Forschungsprogramms ist. Es wird gegenwärtig darüber diskutiert, ob die Ergebnisse der zuletztgenannten Studien richtig oder falsch sind.[29]

2.2. Die geschätzten Kenngrößen

Die geschätzte Mehrprodukt-Kostenfunktion soll nun auf Größenvorteile und Verbundvorteile untersucht werden. Um die Diskussion dieser Kenngrößen zu veranschaulichen, sei auf das folgende, der Arbeit von Berger, Hanweck und Humphrey entnommene Diagramm zurückgegriffen.[30]

---

28 Aus rein mathematischer, aber auch aus ökonometrischer Sicht ist es gleichgültig, welche der Kostenanteilsgleichungen fortgelassen wird.

29 Zu dieser Diskussion vgl. C. Lawrence: Banking Costs, Generalized Functional Forms, and Estimation of Economies of Scale and Scope. In: Journal of Money, Credit, and Banking, Vol. 21, No. 3, 1989, S. 369 ff. J. Clark: Estimation of Economies of Scale in Banking Using a Generalized Functional Form. In: Journal of Money, Credit, and Banking, Vol. 16, February 1984, S. 52 ff. B. Killbridge, B. McDonald, R. Miller: A Reexamination of Economies of Scale in Banking Using a Generalized Functional Form. In: Journal of Money, Credit, and Banking, Vol. 18, 1986, S. 519 ff.

30 A. Berger, G. Hanweck, D. Humphrey: Competitive Viability in Banking - Scale, Scope, and Product Mix Economies. In: Journal of Monetary Economics, Vol. 20, S. 501 ff.

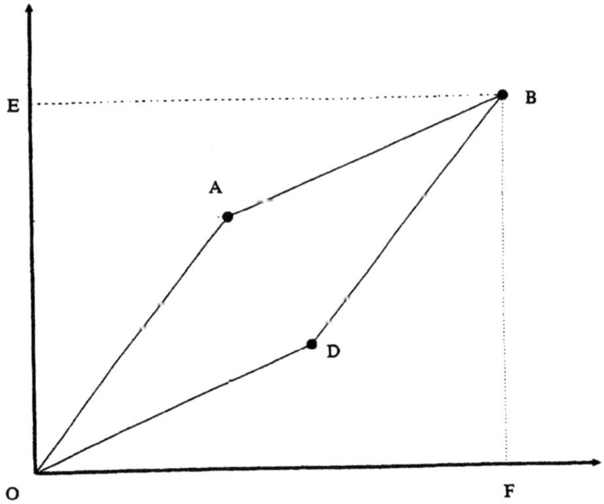

Abbildung 5.1.: Ökonometrische Kenngrößen

Diese Abbildung bezieht sich auf den Fall von zwei Bankdienstleistungen, deren Quantitäten auf den beiden Achsen abgetragen sind. Die Kostenfunktion spannt sich über dieser Outputebene in Richtung des Lesers auf. Die Punkte A, B und D stehen für drei verschiedene Kombinationen y^A, y^B, y^D, der beiden Outputkategorien, die von drei verschiedenen Banken angeboten werden.

Größenvorteile werden im Mehrproduktfall immer über einem Strahl des Typs 0B oder OA gemessen. Will man also die Größenvorteile bei einem bestimmten Output y = $(y_1, y_2, \ldots, y_n)$ messen, müssen alle Outputkomponenten um den gleichen Prozentsatz vergrößert werden. Wächst bei diesem Vorgang die Kostenfunktion um einen geringeren Prozentsatz, liegen Größenvorteile vor. Mathematisch lautet der Ausdruck für die Skalenelastizität:

$$S = \sum_i \frac{\delta \ln c}{\delta \ln y_i}.$$

Größenvorteile liegen vor, wenn S < 1 ist. Größennachteile liegen vor, wenn S > 1 ist und konstante Skalenerträge, wenn S = 1 gilt. Größenvorteile in diesem Sinn, werden als globale Größenvorteile bezeichnet. Daneben gibt es noch die sogenannten produktspezifischen Skalenerträge. Hierbei wird die Elastizität der Kostenfunktion bezüglich nur eines einzigen Outputs gemessen, wobei alle anderen Outputs konstant gehalten werden. Mathematisch wird die dabei zu testende Bedingung unter Zuhilfenahme des Begriffs der Zusatzkosten (Incremental Cost) formuliert. Die Zusatzkosten des j-ten Outputs werden gegeben durch:

$$IC_j(\mathbf{y}) = C(y_1,y_2, ..., y_n) - C(y_1,y_2,....,y_{j-1}, 0, y_{j+1},.....,y_n).$$

Die durchschnittlichen Zusatzkosten AIC_j des Outputs Nummer j sind dementsprechend

$$AIC_j(\mathbf{y}) = IC_j(\mathbf{y})/y_j.$$

Die produktspezifische Skalenelastizität ergibt sich dann als

$$SIC_j = \frac{IC(y)}{y_j C_i},$$

wobei C_i für die partielle Ableitung der Kostenfunktion nach y_i steht (also den Grenzkosten von y_i entspricht). Auch hier liegen zunehmende, abnehmende oder konstante produktspezifische Skalenerträge vor, je nachdem ob SIC größer, kleiner oder gleich 1 ist.

Betrachten wir nun Verbundvorteile bezüglich der beiden in der Abbildung dargestellten Produkte. Wir wollen wissen, ob z.B. die Produktion des Outputs B durch Verbundvorteile gekennzeichnet ist oder nicht. Die Menge aller Produktkombinationen, die zusammen den Output B ergeben, wird durch die Ecken A und D der Menge aller möglichen Parallelogramme des Typs 0ABD dargestellt. Ein Sonderfall ist das Rechteck 0EBF, wo sich eine Bank jeweils auf eine der beiden Outputkategorien spezialisiert. Dies ist der Referenzfall, an dem die Definition der Verbundvorteile im Sinne von Baumol, Panzar und Willig ansetzt. Verbundvorteile bei der Produktion des Outputbündels $\mathbf{y}^B$ liegen vor, wenn

$$C(y_1^B, y_2^B) < C(y_1^B, 0) + C(0, y_2^B)$$

gilt. Die Produktion von $\mathbf{y}^B$ in zwei auf nur ein Produkt spezialisierten Banken ist dann teurer als wenn eine Bank beide Outputkategorien produziert. Das Ausmaß dieser Verbundvorteile bei einem bestimmten Output **y** wird gemessen durch den Ausdruck

$$SCOPE(\mathbf{y}) = C(y_1,0) + C(0,y_2) - C(y_1, y_2) / C(y_1,y_2).$$

Je nachdem, ob SCOPE größer oder kleiner als 0 ist, existieren Verbundvorteile bzw. Verbundnachteile.

Ein mit dem Begriff der Verbundvorteile verwandter Begriff ist der der Kostenkomplementarität. Kostenkomplementarität zwischen zwei Outputkategorien i und j liegt liegt vor, wenn

$$\frac{\delta^2 C}{\delta y_i \delta y_j} < 0,$$

für alle y_i und $y_j \in \mathbf{R}$ gilt. Das bedeutet also, daß die Grenzkosten des Produktes Nummer i abnehmen, wenn die Produktion des Gutes Nummer j gesteigert wird.

Betrachtet man für einen bestimmten Outputvektor **y** alle Outputvektoren $\mathbf{y}' \leq \mathbf{y}$ und kann man dann zeigen, daß für alle diese Teiloutputs die Bedingung der Kostenkomplementarität für alle Paare y_i und y_j erfüllt ist, dann weist die betrachtete Kostenfunktion C Verbundvorteile auf.[31] In der obigen Abbildung müßte man dazu nachweisen, daß alle Punkte innerhalb des Rechtecks 0EBF der Bedingung der Kostenkomplementarität genügen.

Berger, Hanweck und Humphrey[32] argumentieren, daß Größen- und Verbundvorteile in der gerade besprochenen Form zur Beurteilung wettbewerbs- oder unternehmenspolitischer Fragen nicht sehr hilfreich sind. Es wird selten der Fall sein, daß Banken die Zusammensetzung ihres Outputs konstant halten, wenn sie expandieren. In den allermeisten Fällen wird eine Bank etwa bei einem Outputmix der Art A beginnen und dann beispielsweise in Richtung B expandieren. Ebenso wird es nach Ansicht von Berger, Hanweck und Humphrey selten zu einer so absoluten Spezialisierung von Banken kommen wie es der Begriff der Verbundvorteile vorsieht. Wettbewerbs- und unternehmenspolitisch relevant sind zumeist Fragen wie die, ob zwei "relativ spezialisierte" Banken des Typs A und D den Output von Bank B kostengünstiger produzieren können als Bank B alleine.

Die Autoren schlagen deshalb zwei weitere Kenngrößen vor, die Effekte dieser Art berücksichtigen können. Diese beiden Begriffe sind die Expansionspfad-Skalenelastizität und die Expansionspfad-Subadditivität. Zur Definition dieser beiden Meßgrößen wird unterstellt, daß die zu untersuchenden Banken in Größenklassen unterteilt worden sind.

---

31 Vgl. Proposition 4B1 auf S. 75 in W. Baumol, J. Panzar, R. Willig, a.a.O. Diese Proposition macht von einer schwächeren Bedingung, der sogenannten schwachen Kostenkomplementarität, Gebrauch, bei der die strikte Ungleichheit in der Definition der Kostenkomplementarität nur auf einer Menge mit positivem Maß (im Sinne der Maßtheorie) erfüllt sein muß.

32 Berger, Hanweck, Humphrey, a.a.O.

Ferner wird angenommen, daß die Bank B und die beiden Banken A und D in unmittelbar benachbarten Größenklassen liegen. Die Expansionspfad-Skalenelastizität mißt dann die Skalenelastizität der Kostenfunktion auf einem Pfad wie dem von B nach A. Mathematisch wird sie gegeben durch

$$EPSCE(y^A, y^B) = \delta \ln[C(y^A + t(y^A - y^B)) - C(y^A)] / \delta \ln t\Big|_{t=1}$$

$$= \sum[((y_i^B - y_i^A)/y_i^B) \; / \; ((C(y^B) - C(y^A))/C(y^B)] * \delta \ln C(y^B)/\delta \ln y_i \, .$$

Die Expansionspfad-Subadditivität ihrerseits fragt nicht mehr nach allen prinzipiell möglichen Partitionen des Outputs von Bank B in kleinere Outputs, sondern nur nach jenen aus der nächst kleineren Größenklasse, also beispielsweise nach y^A und y^D. Dann wird definiert:

$$EPSCUB(y^B) = [C(y^A) + C(y^D) - C(y^B)] \; / \; C(y^B) \, .$$

Ist $EPSCUB(y^B) < 0$, können die beiden "relativ spezialisierten" Banken A und D gemeinsam den Output y^B billiger produzieren als Bank B alleine.

Den beiden Maßzahlen EPSCE und EPSUB liegt also die Vorstellung zugrunde, daß in der Realität eine Bank immer nur von den nächst kleineren Banken in ihrer Existenz bedroht wird. Es ist fraglich, ob diese Annahme zutrifft, wenn man z.B. an den Marktzutritt von Non- oder Near-Banks denkt.

2.3. Spezifikation von Inputs und Outputs

Ein zentrales Problem aller Untersuchungen ist die richtige Spezifikation der Outputs und Inputs. Die wichtigste Schwierigkeit entsteht aus der Frage, ob die Einlagen der Kunden als Inputs oder als Outputs der Banken anzusehen sind. Ihre Beantwortung hängt davon ab, ob man sich innerhalb der Theorie der Bank eher dem Produktions- oder dem Intermediärsansatz anschließt.[33] Beim Produktionsansatz wird die Bank als Produktionsbetrieb aufgefaßt, der mithilfe von Kapital und Arbeit Einlagen und Kredite (bzw. ganz allgemein Finanzinstrumente) herstellt. Beim Intermediärsansatz hingegen wird die Vermittlerleistung der Bank in den Mittelpunkt gestellt. Die Bank nimmt Geld in der Form von Einlagen entgegen und transformiert sie in Kredite und Investitionen. Einlagen sind nach

33 Vgl. z.B. A. Noulas, S. Ray, S. Miller: Returns to Scale and Input Substitution for Large U.S. Banks. In: Journal of Money, Credit, and Banking, Vol. 22, 1990, S. 94 ff. Tichy, a.a.O., S. 361 f. Sheldon, a.a.O., S. 22.

diesem Ansatz Vorleistungen und die darauf zu zahlenden Zinsen Kosten dieser Vorleistung. Die einzelnen Studien gehen bei der Entscheidung zwischen Produktions- und Intermediärsansatz unterschiedliche Wege. Bisweilen werden auch beide Ansätze nebeneinandergestellt. Dabei ergeben sich in Bezug auf das Ausmaß der Skalenerträge unterschiedliche Ergebnisse, allerdings nicht in systematischer Weise.

Hat man sich für einen der Ansätze entschieden, enstehen weitere Probleme bei der numerischen Spezifikation der Outputs und Inputs. Die ersten Studien gingen von Größen wie Anzahl der pro Jahr durchschnittlich geführten Konten und Anzahl der pro Jahr durchschnittlich vergebenen Kredite aus. Andere Studien ersetzten die Anzahl der Konten und Kredite durch ihr jeweiliges monetäres Volumen. Weiterhin wurden verschiedene Indices für den Gesamtoutput einer Commercial Bank konstruiert, so z.B. ein Divisia Index, der die Anzahl der eben genannten Konten und Kredite mit ihren jeweiligen Kostenanteilen gewichtet.[34]

Eine weitere Frage ist, wieviel Outputs einer Bank überhaupt gesondert berücksichtigt werden können. Ein Blick auf die oben angegebene funktionale Form der Translog-Funktion zeigt, daß die Anzahl der zu schätzenden Parameter mit der Anzahl der Outputs sehr stark steigt. Dadurch kann sich, wie bereits erwähnt, die Anzahl der zur Verfügung stehenden Freiheitsgrade zu stark verringern. Da jedes Produkt mit seinem linearen, quadratischen und Kreuzprodukt in die Schätzfunktion eingeht, können sich darüber hinaus Multikollinearitätsprobleme ergeben.[35] Die bisher durchgeführten Studien arbeiten deshalb mit nicht mehr als sieben verschiedenen Outputs. Typische Outputkategorien sind etwa Sichteinlagen, Termineinlagen, Sparkonten, Hypothekarkredite, Firmenkredite und Konsumentenkredite.

2.4. Daten

Probleme ergeben sich auch aus dem jeweils verwendeten Datensatz. Dies bezieht sich sowohl auf die Dimension Unternehmensgröße als auch auf die Dimension Zeit. Der überwiegende Teil der Studien benutzt den Datensatz des Functional Cost Analysis Programms des Federal Reserve Systems, der überwiegend kleine und mittelgroße Banken umfaßt.[36] Die größten Banken der USA sind in diesem Sample nicht enthalten. Es

34 Diesen Index benutzen G. Benston, G. Hanweck, D. Humphrey: Scale Econonies in Banking: A Restructuring and Reassessment. In: Journal of Money, Credit, and Banking, Vol. 14, 1982, S. 435 ff.

35 Tichy, a.a.O., S. 362.

36 An diesem Programm nehmen die Banken auf freiwilliger Basis teil. Es umfaßt Banken mit einer Bilanzsumme bis zu etwa 1 Milliarde Dollar in den 70er Jahren, bzw. jetzt bis etwa 2 Mrd. Dollar.

hat sich aber gezeigt, daß die Einbeziehung von Großbanken das Ergebnis entscheidend verändern kann. Wir kommen darauf gleich zurück.

Ähnlichen Einfluß hat die Dimension Zeit. Die meisten Studien verwenden FCA-Daten aus den 70ern bzw. den frühen 80ern. Gerade in den 80er Jahren haben sich aber entscheidende Veränderungen im amerikanischen Bankwesen vollzogen. Wichtige Regulierungen wurden abgebaut und der Einsatz der Telematik beschleunigte sich bei einer gleichzeitig hohen Rate des technischen Fortschritts. Gropper zeigt, daß bei Verwendung des FCA-Datensatzes aus einer späteren Periode (1979 bis 1986) die Größenvorteile Jahr für Jahr zunehmen.[37]

2.5. Ergebnisse

Nun zu den Ergebnissen der Studien. Die frühen Untersuchungen kommen zu dem Ergebnis, daß Größenvorteile nur bei kleinen Banken mit einem Einlagenvolumen (Total Deposits) von bis zu 50 Millionen Dollar existieren. Dieses Ergebnis ist quer durch alle Studien verhältnismäßig robust. Zwei Studien finden darüberhinaus Diseconomies of Scale bei Unternehmensgrößen über 50 Millionen Dollar.[38] In den anderen Arbeiten nähert sich die Durchschnittskostenkurve lediglich einer Asymptote. Die geringe mindestoptimale Betriebsgröße hängt vermutlich sehr stark mit dem gewählten Datensatz zusammen. Gropper zeigt in seiner bereits erwähnten Untersuchung, daß sich die Ergebnisse entscheidend verändern, wenn man Daten aus den Jahren 1979 bis 1986 zugrundelegt. In allen diesen Jahren finden sich globale Größenvorteile bei Banken mit einer Bilanzsumme bis zu 100 Millionen Dollar. In den späteren Jahren des Untersuchungszeitraums weisen dann sogar noch Banken mit Bilanzsummen bis zu 500 Millionen Dollar noch Größenvorteile auf.[39]

Zu Größenvorteilen bei noch sehr viel höheren Unternehmensgrößen, nämlich bis zu 2,5 Mrd. Dollar Bilanzsumme (und konstanten Skalenerträgen bei Unternehmensgrößen darüber hinaus), kommt aber auch die Untersuchung von Lawrence und Shay, obwohl sie

---

Vgl. D. Gropper: An Empirical Investigation of Changes in Scale Economies for the Commercial Banking Firm, 1979-1986. In: Journal of Money, Credit, and Banking, Vol. 23, 1991, S. 718 ff., hier S. 721.

37 Gropper, a.a.O.

38 Die bereits zitierte Studien von Benston, Hanweck, Humphrey, S. 443 und 446, und T. Gilligan, M. Smirlock: An Empirical Study of Joint Production and Scale Economies in Commercial Banking. In: Journal of Banking and Finance, Vol. 8, 1984, S. 67 ff.

39 Dies ist das Ergebnis bei Unit-Banks. Auch bei Branch Banks nehmen die Größenvorteile über die Zeit hinweg zu, allerdings nur bis zu einer Bilanzsumme von 100-200 Millionen Dollar.

auf FCA-Daten aus den Jahren 1977 bis 1982 beruht.[40] Lawrence und Shay führen ihr Ergebnis darauf zurück, daß sie explizit Computerkosten in ihre Untersuchung einbeziehen.

Legt man einen Datensatz zugrunde, der die mittelgroßen Banken stärker berücksichtigt, ergibt sich kein einheitliches Bild. Von insgesamt 15 Studien finden 7 konstante Skalenerträge, 5 abnehmende Skalenerträge und 3 zunehmende Sklalenerträge. Von den 12 Untersuchungen, die konstante bzw. sinkende Größenvorteile nachweisen, folgen 4 dem Intermediärsansatz. Von den drei Studien hingegen, die zu steigenden Skalenerträgen kommen, folgt eine dem Produktionsansatz.[41]

Berger, Hanweck und Humphrey schätzen außer globalen Größenvorteilen auch das von ihnen entwickelte Maß der Expansionspfad-Skalenelastizität. Interessanterweise zeigt sich dabei, daß dieses Maß bei zunehmenden Größenklassen mehrfach zwischen Economies und Diseconomies hin und her pendelt. Bei starkem Wettbewerb dürfte dies eigentlich nur dann der Fall sein, wenn die Kosteneffekte auf der Angebotsseite durch gegenläufige Effekte auf der Nachfrageseite oder durch Risikodiversifikationseffekte überkompensiert werden. Der Konsument mag bestimmte Bündelungen von Finanzdienstleistungen als so vorteilhaft empfinden, daß er bereit ist, dafür einen höheren Preis zu zahlen, als es bei einem rein kostenmäßig effizienten Produktmix zu geschehen hätte. Wäre dies nicht der Fall, bliebe nur die Annahme, daß der Wettbewerb im Bankwesen nicht genügend scharf ist. Wenn beispielsweise in der obigen Abbildung auf dem Pfad von A nach B Diseconomies festzustellen wären, könnte die Bank B auf Dauer dem Wettbewerb nicht standhalten.

Drei neuere Studien beschäftigen sich ausschließlich mit Großbanken. Der Untersuchung von Noulas, Ray und Miller liegt ein Sample von 330 Banken mit Daten aus dem Jahr 1986 zugrunde. Es enthält nur Banken ab 1 Mrd. Bilanzsumme. Die Autoren schließen sich dem Intermediärsansatz an und finden globale Größenvorteile bei Banken bis zu einer Bilanzsumme von 3 Milliarden Dollar.[42] Diseconomies of Scale setzen erst bei Bilanzsummen zwischen 6 und 10 Mrd. Dollar ein. Auch Hunter, Timme und Yang legen ihrer Untersuchung Daten aus dem Jahr 1986 zugrunde. Werden Depositen als Inputs aufgefaßt (Intermediärsansatz), finden sie steigende globale Größenvorteile bei Banken

---

40 C. Lawrence, R. Shay: Technology and Financial Intermediation in Multiproduct Banking Firms: An Econometric Study of U.S. Banks, 1979-1982, in C. Lawrence, R. Shay (Hrg.): Technological Innovation, Regulation and the Monetary Economy. Cambridge, Mass., 1986.

41 Vgl. Tichy, a.a.O., S. 364.

42 A. Noulas, S. Ray, S. Miller, a.a.O.

bis zu einer Bilanzsumme von 5 Milliarden und konstante Skalenerträge bei Bilanzsummen zwischen 5 und 10 Milliarden Dollar. Bei noch größeren Banken sind dann allerdings immer größer werdende Diseconomies festzustellen. Werden hingegen Depositen als Outputs aufgefaßt (Produktionsansatz), sind konstante Skalenerträge bis etwa 3 Mrd. Dollar Bilanzsumme und dann abnehmende Größenvorteile feststellbar. Zwischen 3 und 25 Milliarden Dollar Bilanzsumme nehmen die Skalenerträge allerdings nur geringfügig ab, über 25 Milliarden jedoch deutlich. Tichy zitiert eine weitere Studie von Shaffer, die durchweg steigende Skalenerträge findet, allerdings unter Verwendung eines von der Translog-Funktion abweichenden Schätzansatzes.[43] Hunter, Timme und Yang schätzen auch das von Berger, Hanweck und Humphrey entwickelte Maß für die Expansionspfad-Skalenelastizität. Wie schon bei Berger, Hanweck und Humphrey selbst, schwankt dieses Maß zwischen Economies und Diseconomies, so daß kein eindeutiger Befund ablesbar ist.

In einer neuen Arbeit führen McAllister und McManus[44] die unklaren Befunde bei der Ermittlung von Größenvorteilen auf zwei Faktoren zurück. Zum einen sei die Translog-Funktion damit überfordert, die Produktionstechnologie sowohl von großen als auch von kleinen Banken abzubilden. In ihrer eigenen empirischen Studie ersetzen deshalb McAllister und McManus die Translog-Funktion durch nichtparametrische Schätzverfahren ersetzen. Zum anderen bleibe nach ihrer Auffassung in den bisherigen Studien ein wichtiger Faktor unberücksichtigt, der mit der Größe einer Bank variiert, nämlich das Portfoliorisiko der Bank. Größere Banken seien in der Lage, ihr Portfolio besser zu diversifizieren. Dementsprechend müßten diese Banken ihre Portfeuilles mit weniger Eigenkapital unterlegen, um ein gegebenes Risikoniveau zu halten. Deshalb seien die Durchschnittskosten für die Aufrechterhaltung eines bestimmten Riskoniveaus bei großen Banken geringer als bei kleinen. Es gebe also neben den bisher untersuchten rein produktionstechenischen Größenvorteilen auch finanztechnisch verursachte Größenvorteile.

Unter Berücksichtigung dieses Faktors kommen McAllister und McManus zum Ergebnis, daß die mindestoptimale Betriebsgröße für Banken bei einer Bilanzsumme von etwa 500 Millionen Dollar erreicht sei. Danach ergeben sich konstante Durchschnittskosten bis zur Größe von 10 Milliarden Dollar. Banken dieser Größe bildeten die obere Grenze in ihrem Datensatz.

---

43 Tichy, a.a.O., S. 363.

44 P. McAllister, D. McManus: Resolving the Scale Efficiency Puzzle in Banking. In: Journal of Banking and Finance, Vol. 17, Nos. 2-3, 1993, S. 389 ff.

Nun zum Thema der Verbundvorteile. Hier ist die Situation sehr viel unklarer als bei den Größenvorteilen. Einige der bekannten Studien können Verbundvorteile nachweisen, allerdings durchweg nur in geringem Ausmaß.[45] Die übrigen Studien stellen keine Verbundvorteile oder sogar Verbundnachteile fest. Schwer wiegt, daß die beiden methodisch am weitesten fortgeschrittenen Studien, nämlich die von Berger, Hanweck und Humphrey allenfalls leichte und die von Hunter, Timme und Yang keine Verbundvorteile feststellen.

Beide zuletzt genannten Untersuchungen schätzen auch das von Berger, Hanweck und Humphrey entwickelte Maß der Expansionspfad-Subadditivität. Beide Studien finden keine Expansionspfad-Subadditivität. Bei Berger, Hanweck, Humphrey könnten 3-6% an Kosten eingespart werden, wenn der Output einer Bank von zwei spezialisierteren Banken der nächst niedrigeren Größenklasse produziert würde. Nach Hunter, Timme und Yang würden sich für Banken der obersten Größenklasse die Kosten bei einer derartigen Aufspaltung um ca. 7% verringern. Bei den Größenklassen darunter sind die Kostengewinne geringer. Dies gilt, wenn Depositen als Outputs aufgefaßt werden. Behandelt man sie als Inputs, ergibt sich Expansionspfad-Subadditivität bei den Großbanken bis zu 10 Mrd. Dollar Bilanzsumme und ab da (leichte) Expansionspfad-Superadditivität.

Hunter, Timme und Yang führen außerdem noch einen an Evans/Heckman angelehnten Subadditivitätstest durch.[46] Auch das Ergebnis dieses Tests deutet auf Verbundnachteile hin. Insgesamt scheint damit die empirische Evidenz eher gegen als für Verbundvorteile zu sprechen.

Der Begriff der Verbundvorteile bezieht sich immer auf das gesamte Sortiment einer Bank. Man kann aber auch fragen, ob sich nicht zwischen Teilkombinationen der Outputs Synergieeffekte nachweisen lassen. Dies geschieht mithilfe des oben eingeführten Begriffs der Kostenkomplementarität. Auch hier weist aber das Ergebnis nicht in eine eindeutige Richtung. Kostenkomplementarität zwischen Einlagen und Krediten finden

---

45 Zu den Studien die Economies of Scope nachweisen können, gehören T. Gilligan et al. loc. cit.; Benston, Hanweck, Humphrey, a.a.O.; M. Kim, a.a.O., und C. Lawrence, R. Shay a.a.O. Zu den Studien, die keine Verbundvorteile nachweisen können, gehören insbesondere die von A. Berger, G. Hanweck, D. Humphrey, a.a.O. und W. Hunter, S. Timme, W. Yang: An Examination of Cost Subadditivity and Multiproduct Production in Large U.S.Banks. In: Journal of Money, Credit, and Banking, Vol. 22, No.4, November 1990, S. 504 ff. Eine weitere (unveröffentlichte) Studie, die keine Verbundvorteile nachweisen kann stammt von LeCompte und Smith (zitiert in Lawrence, a.a.O.).

46 Vgl. D. Evans, J. Heckman: A Test for Subadditivity of the Cost Function with an Application to the Bell System. In: American Economic Review, Vol. 74, 1984, S. 211 ff.

drei Studien.[47] Einige Untersuchungen weisen auch für weitere Produktgruppen Kostenkomplementarität nach, etwa zwischen Kosumentenkrediten und Hypothekarkrediten[48] oder zwischen Investitionen und Einlagen.[49] Es ist aber zu beachten, daß dies immer nur isolierte Ergebnisse einzelner Studien sind. Es gibt hier kaum einmal den Fall, daß ein Ergebnis von mehreren Studien nachgewiesen wird.

Einige Autoren führen die Unklarheiten beim Studium der Verbundvorteile darauf zurück, daß die Translog-Funktion für diesen Zweck nicht geeignet sei, da sie für Outputs von Null nicht definiert ist. Ein Versuch, diese Schwierigkeit zu beheben, besteht in einer sogenannten Box-Cox Transformation der Outputvariablen. Bei dieser Transformation wird in der Translog-Funktion die Variable y_i durch $(y_i^\alpha - 1)/\alpha$ ersetzt. Ist also $y_i = 0$, ergibt sich für die transformierte Variable der Wert - $1/\alpha$. Cebenoyan benutzt eine derart transformierte Translog-Funktion, um Verbundvorteile anhand des FCA - Samples für das Jahr 1983 zu schätzen.[50] Er behandelt dabei Depositen als Output und untersucht Verbundvorteile zwischen Sichteinlagen, Termineinlagen, Hypothekarkrediten, Ratenkrediten und Industriekrediten. Sein Ergebnis besteht im Nachweis starker Verbundnachteile für dieses Produktmix.

Eine von der Translog- Funktion verschiedene Schätzfunktion, die zur Feststellung von Verbundvorteilen besonders geeignet sein soll, benutzen Pulley und Braunstein.[51] Ihre Untersuchung bezieht sich auf ein Sample von 205 Banken mit einer Bilanzsumme von mehr als 1 Mrd. Dollar und stammt aus dem Jahr 1988. Die Autoren unterscheiden 4 Output-Kategorien: (1) Sichteinlagen, Sparkonten und Termineinlagen in geringen Denominationen; (2) Hypothekarkredite; (3) Handels- und Industriekredite; (4) Kosumentenkredite (hierzu gehören auch Kreditkarten-Kredite). Die verwendeten Input-Preise sind Kapitalkosten, Arbeitskosten und Zinskosten. (Pulley und Braunstein fassen also Einlagen als Inputs auf.) Resultat der Studie sind deutlich ausgeprägte Verbundnachteile. Bei getrennter Produktion ließen sich etwa 38% an Kosteneinsparungen erzielen.

Abschließend verdienen die zwei Schweizer und die einzige bisher vorliegende deutsche Untersuchung noch eine gesonderte Diskussion, da sie die ersten europäischen Studien

---

47 Vgl. z.B. Lawrence, Shay, a.a.O.; Gilligan, Smirlock, Marshall, a.a.O.; Kolari, Zardkoohi, a.a.O.

48 Murray, White, a.a.O.

49 Lawrence, Shay, a.a.O.

50 S. Cebenoyan: Scope Economies in Banking: The Hybrid Box-Cox Function. In: The Financial Review, Vol. 25, No. 1, February 1990, S. 115 ff.

51 L. Pulley, Y. Braunstein: A Composite Cost Function for Multiproduct Firms with an Application to Economies of Scope in Banking. In: The Review of Economics and Statistics, Vol. 74, May 1992, S. 221 ff.

zum Thema darstellen und da sie neben den Aktivitäten einer reinen Commercial Bank auch Geschäftsfelder des Investment-Banking einbeziehen.[52] Sheldon folgt dem Intermediärsansatz. Seine Datenbasis sind die Bilanzen und die Erfolgsrechnungen von 477 Schweizer Banken aus den Jahren 1987-1990. Das große Problem dieser Daten bilden die stillen Reserven, die die Aussagekraft von Bilanzen und Erfolgsrechnungen beeinträchtigen. Sheldon arbeitet mit 7 Bankleistungsarten und 3 Inputs. Die sieben Outputs sind: (1) Kontokorrentkredite ohne Deckung, feste Vorschüsse und Darlehen ohne Deckung, (2) Kontokorrentkredite mit nichthypothekarischer Deckung, feste Vorschüsse und Darlehen mit nichthypothekarischer Deckung, (3) Hypothekaranlagen und Kontokorrentkredite mit hypothekarischer Deckung, feste Vorschüsse und Darlehen mit hypothekarischer Deckung, (4) Bankkredite auf Zeit, Wechsel und Geldmarktpapiere, (5) Aktien und dauernde Beteiligungen, (6) Bestand an Bankgebäuden und anderen Liegenschaften, (7) Kommissionserträge. Die Kategorien (1) - (4) sind dem klassischen Kommerzgeschäft zuzurechnen, die Kategorien (5) und (7) dem Finanz- oder Investmentgeschäft. Etwas irritierend wirken die Kategorien (5) und (6), die als Bestandsgrößen gemessen werden. Sheldon berichtet, daß der Versuch, diese Outputs über ihre Erträge zu messen, aufgrund von Wertberichtigungen bisweilen zu negativen Outputs führt, was mit dem Translogansatz unvereinbar ist. Die drei Inputs umfassen - entsprechend dem Intermediärsansatz - zunächst (1) Bankeinlagen, (2) Beschäftigte und (3) Geschäfts- und Bürokosten. Hier irritiert die Kategorie (3), die eigentlich nicht durch Kosten, sondern durch Mengen repräsentiert werden sollte. Entsprechende Mengenangaben standen jedoch nicht zur Verfügung, so daß die Kosten als Proxy verwendet werden mußten.

Die Banken der Stichprobe wurden in zehn Größenklassen eingeteilt. In die kleinste Größenklasse fallen alle Banken mit einer Bilanzsumme unter 30 Millionen Schweizer Franken, in die größte Banken mit einer Bilanzsumme über 2,5 Milliarden Schweizer Franken. Sheldon schätzt globale Skalenerträge, sowie Verbundvorteile zwischen dem Kommerz- und dem Finanzgeschäft insgesamt. Ferner schätzt er die beiden von Berger, Hanweck und Humphrey entwickelten Maße EPSCE und EPSUB. Er findet globale Größenvorteile, die erst in der obersten Größenklasse (also oberhalb einer Bilanzsumme von 2,5 Mrd. Franken) ausgeschöpft sind. Ferner findet er leichte Economies of Scope zwischen dem Kommerz- und dem Finanzgeschäft. EPSCE schwankt auch bei Sheldon leicht hin und her, gerät aber erst in der obersten Größenklasse über den Wert Eins. In den darunterliegenden Größenklassen liegen also durchweg Expansionspfad-Skalenerträge vor. Die Berechnung von EPSUB zeigt deutlich ausgeprägte Expansionspfad-

---

52 Vgl. Sheldon, a.a.O., und Lang, Welzel, a.a.O.

Subadditivität. Würde eine repräsentative Bank einer bestimmten Größenklasse sich in zwei spezialisiertere Teilbanken der nächst niedrigeren Größenklasse aufspalten, würden die Kosten der Produktion ihres Outputs um durchschnittlich 20% steigen. Bei diesen Ergebnissen ist allerdings im Auge zu behalten, daß Sheldon im zweiten Teil seiner Arbeit erhebliche Ineffizienzen im Schweizer Bankensystem nachweist.

Die Untersuchung von Hermann und Maurer basiert auf Daten der Erfolgsrechnung von 636 Schweizer Banken des Jahres 1989.[53] Auch sie schließen sich dem Intermediärsansatz an, arbeiten aber nur mit zwei Outputkategorien, nämlich dem Kommerz- und dem Finanzgeschäft insgesamt. Im Gegensatz zu Sheldon finden sie praktisch konstante globale Skalenerträge über alle fünf von ihnen betrachtete Größenklassen. Ferner weisen sie zunehmende produktspezifische Skalenerträge in beiden Outputkategorien nach. Verbundnachteile liegen bei kleinen Banken vor. Banken der zwei obersten Größenklassen hingegen weisen Verbundvorteile auf. Für große Banken stimmt also der Befund von Sheldon und Hermann/Maurer annähernd überein.

Das Ergebnis, daß größere Banken Verbundvorteile aufweisen, kleinere aber nicht, kann damit zusammenhängen, daß die großen Banken in der Lage sind, Ressourcen mit hohen fixen Kosten einzusetzen, die für mehrere Leistungsbereiche einer Bank gemeinsam genutzt werden können. In diesem Zusammenhang verdient die Studie von Lawrence und Shay[54] noch einmal besonderes Interesse. Sie berücksichtigt nämlich in besonderem Maße Kosten des Telematik-Einsatzes, speziell Kosten des Einsatzes von Computern. Die Gesamtkosten setzen sich bei Lawrence und Shay zusammen aus Löhnen und Gehältern, Zinsen auf die Einlagen der Banken und tatsächlichen oder geschätzten Ausgaben für die von einer Bank in Anspruch genommenen EDV-Leistungen.[55] Es ergibt sich, daß (geringe) Größenvorteile selbst bei höheren Unternehmensgrößen (bis zu 2,5 Milliarden Dollar) noch bestehen und daß signifikante Verbundvorteile nachgewiesen werden können. Wenn also die Schweizer Großbanken die Telematik in stärkerem Maße einsetzen als die kleineren Schweizer Banken, dann erscheint das Ergebnis von Hermann/Maurer nicht unplausibel.

---

53 W. Hermann, M. Maurer: Kostenvorteile im Schweizerischen Universalbankensystem. In: Schweizerische Zeitschrift für Volkswirtschaft und Statistik, Bd. 127, S. 563 ff.

54 C. Lawrence, R. Shay, a.a.O.

55 Man fragt sich, ob das die einzigen Kapitalkosten sind, die berücksichtigt werden. Lawrence and Shay berichten, daß sie auf die Einbeziehung anderer Kostenarten wie "Supplies and Materials" verzichtet haben, da diese nach ihrer Ansicht nicht ins Gewicht fallen. Wie steht es aber z.B. mit der Miete von Gebäuden, etc.? Wie in Kapitel 2 der vorliegenden Arbeit gesagt wurde, machen die Telematik Kosten höchstens 20% der Betriebskosten bei Banken aus.

Schließlich sei noch die erste deutsche Untersuchung zu diesem Thema, die Studie von Lang und Welzel erwähnt.[56] Diese Studie basiert, wie bereits erwähnt, auf einem Datensatz, der nur die bayerischen Genossenschaftsbanken umfaßt. Die Autoren finden sowohl Skalenerträge als Verbundvorteile, weisen aber in einer Nachfolgestudie eine erhebliche Kostenineffizienz nach, die das Ausmaß der Skalenerträge und Verbundvorteile deutlich übertrifft.[57] So erfreulich die Tatsache ist, daß nunmehr auch eine deutsche Studie zu Größen- und Verbundvorteilen im Bankwesen vorliegt, so sehr ist doch die Aussagekraft der Studie durch den geringen Umfang des Datensets begrenzt.

2.6. Schlußfolgerungen

Insgesamt scheinen sich aus dieser Übersicht folgende Ergebnisse herauszudestillieren. Globale Größenvorteile existieren bei kleinen Banken. Bei mittleren Banken ist die Situation unklar. Allerdings scheinen sich bei der Verwendung neuerer Datensätze auch für diese Institutsgruppe zunehmende Skalenerträge zu ergeben. Bei den Großbanken deuten die Untersuchungen auf zunehmende bzw. konstante Größenvorteile bis maximal 10 Mrd. Dollar Bilanzsumme hin.

Bei den Verbundvorteilen ergibt sich kein einheitliches Bild. Die neueren amerikanischen Studien deuten auf Verbundnachteile innerhalb des Kommerzgeschäftes hin. Dieser Befund ergibt sich auch, wenn man das neue von Berger, Hanweck und Humphrey entwickelte Maß der Expansionspfad-Subadditivität heranzieht.

Umgekehrt kommen aber die beiden Schweizer Studien zu Verbundvorteilen zwischen Kommerzgeschäft und Investmentbanking insgesamt. Hermann/Maurer weisen darüber hinaus für beide Bereiche auch produktspezifische Skalenerträge nach.

Zusammenfassend läßt sich sagen, daß im Vergleich zu dem forschungsmäßigen Aufwand, der in diesen Studien getrieben wird, das Ergebnis doch eher enttäuschend ist. Die Resultate weisen nur einen sehr geringen Grad an Robustheit auf, vielfach widersprechen sie sich direkt. Die Erfahrungen, die in anderen Industrien mit Studien dieser Art gemacht wurden (Telekommunikation, Energie), scheinen diesen Befund zu bestätigen. Auch in bezug auf diese Art von Untersuchungen gilt wohl Stiglers Diktum: "We have

---

56 Lang, Welzel, a.a.O.

57 G. Lang, P. Welzel: Strukturschwäche oder X-Ineffizienz? Cost-Frontier Analyse der bayerischen Genossenschaftsbanken. In: Volkswirtschaftliche Diskussionsreihe, Beitrag 118, Institut für Volkswirtschaftslehre, Universität Augsburg, August 1994.

been dangerously close to denying Lincoln, for all economists have been ignorant of the optimum size of the firm in almost every industry all of the time ...."[58]

Stigler hat deshalb vorgeschlagen, an die Stelle derartiger Studien den von ihm sogenannten Survivor Test zu setzen. Dieser Test besteht grob gesprochen darin, die Unternehmen der zu untersuchenden Industrie in Größenklassen zu sortieren und dann über einen verhältnismäßig langen Zeitraum zu beobachten, welcher Anteil des Gesamtoutputs von den Firmen in jeder Größenklasse produziert wird. Wenn der Anteil einer Größenklasse permanent fällt, dann ist die entsprechende Unternehmensgröße ineffizient und wird über kurz oder lang vom Markt verschwinden.

Nach diesem Argument sind jene Unternehmensgrößen effizient, die an *alle* Umweltbedingungen, inklusive Regulierung, hoher Innovationsrate, unsicherer Nachfrage etc., optimal angepaßt sind. Es kommt also auf einen ganzen Kranz von ökonomischen Faktoren an, nicht allein auf die Kostenstrukturen eines Unternehmens.

Dies gilt insbesondere für die Nachfragebedingungen, denen sich ein Unternehmen gegenübersieht. Die gerade referierten Studien berücksichtigen in bezug auf Verbundvorteile nur die Angebotsseite. Verbundvorteile können jedoch auch auf der Nachfrageseite entstehen. Das "Angebot aus einer Hand" senkt beim Kunden Transaktions- und Informationskosten. Dies ist ja in der Tat eines der entscheidenden Argumente der Befürworter von Allfinanzangeboten. Wir kommen in Abschnitt 5 ausführlich darauf zurück. Natürlich bleibt hier die Frage, ob diese Vorteile auf seiten des Kunden groß genug sind, um die Kostenvorteile überzukompensieren, die durch eine Spezialisierung der Institute möglich werden. Letztlich kann darüber nur der Wettbewerb entscheiden. Diesem Gedanken entspricht der Survivor Test vollkommen. Analog zum Vorgehen in anderen Industrien[59] sollte deshalb auch im Bankwesen die künftige empirische Forschung darauf gerichtet werden, wie dieser Test für die Ermittlung von optimalen Größenordnungen von Banken nutzbar gemacht werden könnte.

---

58 G. Stigler: The Economies of Scale. In: Journal of Law and Economics, Vol. 1, 1958. Wiederabgedruckt als Kapitel 7 in: G. Stigler: The Organization of Industry. Chicago 1968. Das Zitat findet sich auf S. 71 der Buchfassung.

59 Siehe etwa T. Keeler: Deregulation and Scale Economies in the U.S. Trucking Industry: An Econometric Extension of the Survivor Principle. In: Journal of Law and Economics, Vol.32, 1989, S. 229 ff.

3. Bankbetriebswirtschaftliche Überlegungen zum Thema Verbundvorteile

In Deutschland ist die Diskussion um Verbundvorteile bisher weitgehend auf einer weniger hoch aggregierten Ebene geführt worden als es in den ökonometrischen Studien der Fall ist. Welche betriebswirtschaftlichen Gründe für die Existenz von Verbundvorteilen gibt es?

Büschgen[60] beispielsweise unterscheidet als mögliche Quellen von Verbundvorteilen auf der Anbieterseite

- Synergieeeffekte im technischen und organisatorischen Bereich,

- Synergieeffekte bei der Distribution

  und

- Synergieeffekte durch die Nutzung bestehender Kundenverbindungen

  und Kundeninformationen.

Fortschritte in den Managementtechniken und im Bereich der Informationswirtschaft (insbesondere im Controlling) - unterstützt durch die neuen Informations- und Kommunikationstechniken - machen es nach Büschgen heute leichter, diese Synergieefekte auch tatsächlich auszunutzen. Die Koordinationskosten der innerbetrieblichen Bündelung von Aktivitäten seien stark gesunken. "Im Zug dieser Entwicklung wurde die innerbetriebliche Koordination der Erstellung und Distribution eines umfangreicheren Leistungsprogramms erst konkurrenzfähig, verglichen mit der Koordination über den Markt, so daß Finanzinstitute, die ein breites Programm bieten, dies durchaus zu Kosten und in einer Qualität können, die mit Spezialanbietern konkurrieren."[61]

Die gerade genannten Synergieeeffekte ergeben sich nach Büschgen, wenn Finanzdienstleistungen hinsichtlich Leistungssubstanz, Leistungserstellung und Leistungsdistribution stark verwandt sind.

---

60 H.E. Büschgen: "Allfinanz" am Finanzdienstleistungsmarkt der Zukunft: Leistungspolitik und Marktpositionierung als unternehmerische Herausforderung. Vortrag gehalten auf dem Kongreß "Die deutsche Postbank im Wettbewerb" des Wissenschaftlichen Instituts für Kommunikationsdienste, Bad Honnef, in Bonn am 9. Oktober 1991, Manuskript, S. 3.

61 Büschgen, a.a.O., S. 4.

Betrachten wir zunächst den Bereich der Leistungserstellung, also der Produktion von Finanzdienstleistungen. Einander ähnliche Finanzdienstleistungen "... lassen sich abwickeln mit dem gegebenen Personal, dem vorhandenen Bestand an Produkt- und Problemwissen, durch Nutzung des informationswirtschaftlichen Potentials, der EDV-hard und insbesondere -software."[62] Diese gemeinsame Nutzung unternehmensinterner Ressourcen ruft Verbundvorteile hervor.

Andere Autoren argumentieren ähnlich. Litan[63] beispielsweise behauptet, Verbundvorteile ergäben sich aus der wichtigen Rolle der Telematik im modernen Bankwesen. Er sieht in der Telematik eine Ressource, die Größenvorteile hervorruft. Wenn eine solche Ressource für mehrere Produktkategorien genutzt werden kann, entstehen Verbundvorteile. Da die Telematik im Bankwesen aber ganz offensichtlich in fast allen Geschäftsbereichen eingesetzt wird, - so Litan - müssen auch im Bankwesen Verbundvorteile anzutreffen sein.

Viele Autoren betrachten diese Art der Argumentation mit Skepsis. Auch Büschgen spricht von ihr als einer "frommen Hoffnung".[64] Der Leser der vorangegangenen beiden Kapitel dieser Arbeit dürfte diese Skepsis - zumindest in bezug auf die Rolle der Telematik - teilen. Gerade die Telematik, so wurde dort gezeigt, führt zu einer immer stärkeren Spezialisierung. Es ist eine zu starke Vereinfachung, die Telematik-Ausstattung einer Bank einfach nur im Sinne einer großen Agglomeration von Hardware zu begreifen. Wie wir gesehen haben, spielt die Software mittlerweile eine sehr viel größere Rolle als die Hardware. Die Software ist aber zumindest gegenwärtig noch in hohem Maße produktspezifisch. Das Argument Litans kann also nicht überzeugen.

Kommen wir damit zur zweiten von Büschgen genannten Quelle von Verbundvorteilen, den Synergien im Bereich der Distribution.

Diese Synergien entstehen dadurch, daß für verschiedene Finanzinstrumente ein gemeinsames Marketing betrieben und gemeinsame Distributionswege genutzt werden können. So können beispielsweise über das Filialnetz einer Bank nicht nur Bankdienstleistungen, sondern auch Versicherungsleistungen vertrieben werden. Das gleiche gilt für den Stamm der im Außendienst tätigen Kundenberater eines Finanzunternehmens (etwa einer Versicherung).

---

62 Büschgen, a.a.O., S. 3.
63 R. Litan, a.a.O., S.77.
64 Ähnlich auch Krümmel, a.a.O., S.45 f., Süchting, a.a.O., Graf von der Schulenburg, a.a.O., S. 229.

In bezug auf das Marketing mag dieses Argument zutreffen. In bezug auf die Distribution werden jedoch in der Literatur erhebliche Zweifel angemeldet.[65] Wer nur ein wenig Erfahrung mit der Anlageberatung von Banken gesammelt hat, wird diese Zweifel teilen. Es ist schwer vorstellbar, daß das offensichtlich schon in seinem eigenen Bereich überforderte Personal auch noch in der Lage sein sollte, bei anderen Finanzprodukten kompetente Beratung zu leisten. Gerade angesichts der zunehmenden Komplexität dieser Produkte ist dies wenig wahrscheinlich, selbst wenn man die Möglichkeit einbezieht, daß die Kundenberater informationstechnisch unterstützt werden.

Eine sehr viel bedeutsamere Quelle für Synergieeffekte als die zwei bisher genannten ist vermutlich die Nutzung von Kundeninformationen, die im Tagesgeschäft gewonnen werden. Bei der Besprechung der Expertensysteme im vorigen Kapitel ergab sich bereits Gelegenheit, darauf hinzuweisen. Das tägliche Geschäft führt zu einem gewaltigen Pool an nutzbarer Information, der nach den verschiedensten Gesichtspunkten ausgewertet werden kann. Beispielsweise verfügt dasjenige Institut, welches das Gehaltskonto eines Kunden führt, im Prinzip über alle Informationen, um ihm rechtzeitig einen Dispositionskredit anzubieten oder einen Anlagevorschlag zu machen. Aus den Daten lassen sich aber möglicherweise auch Informationen über zu versichernde Risiken gewinnen. Ebenso kann die vorhandene Kundeninformation genutzt werden, um dem Kunden neue, bisher von ihm noch nicht nachgefragte Produkte und Dienstleistungen anzubieten (Cross-Selling). Der Informationspool einer Bank, der im täglichen Geschäft einer Bank quasi als Kuppelprodukt entsteht, ist also eine Ressource, die für viele Finanzdienstleistungen genutzt werden kann, und damit eine Quelle für Verbundvorteile.

Man darf jedoch nicht übersehen, daß die aktive Nutzung dieser Ressource einstweilen noch erhebliche Kosten verursacht, die den kostendämpfenden Effekt der Ausnutzung von Verbundvorteilen teilweise, wenn nicht vollständig, kompensieren. Dies wurde in Kapitel 4 bei der Diskussion relationaler Datenbanken schon geschildert. Es sind zumindest zur Zeit noch ganz erhebliche Aufwendungen erforderlich, um solche Datenbanken zu installieren. Hinzukommt die Frage, bis zu welchem Grad der Disaggregation es sich lohnt, die Kundendaten auszuwerten. Wenn dies bis auf die Ebene des Einzelkunden und der einzelnen Kleinkreditvergabe erfolgen soll, wie im gerade geschilderten Beispiel, ist möglicherweise unter Kosten-Nutzen Gesichtspunkten das herkömmlichen Verfahren,

---

65 Vgl. z.B. Süchting, a.a.O., S.184, oder Farny, a.a.O., S.169 unten. Büschgen spricht davon, daß es den "übermenschlichen Allfinanz-allround-Berater" nicht geben könne "... außer vielleicht in seinem Selbstverständis" ("Allfinanz" am Finanzdienstleistungsmarkt der Zukunft, a.a.O., S.6.).

bei dem der Kunde den Kredit oder das Anlageinstrument von sich selbst aus nachfragt, vorzuziehen.

Selbst wenn man aber einmal unterstellt, die Verbundvorteile aus der Mehrfachnutzung der Kundendaten seien tatsächlich sehr ausgeprägt, erhebt sich die Frage, ob dies zwangsläufig zur Unternehmensform der Vielproduktbank führen muß. Solche Daten könnten nämlich auch gehandelt werden. Gegenwärtig geschieht dies schon. Die Dai-Ichi Kangyo Bank verkauft die Informationen, die sie in ihrem Kreditkartengeschäft über die Zahlungs- und Konsumgewohnheiten ihrer Kunden gewinnt, an Einzelhandelsketten und an Versand- und Warenhäuser. Ähnliche Aktivitäten betreibt American Express.[66]

Man erinnere sich an das von Teece stammende Beispiel des Orangenhains in Kapitel 1. Dieses Beispiel zeigte, daß die Ressource, die für die Existenz von Verbundvorteilen verantwortlich ist, durchaus nicht in der Hand desjenigen Unternehmens sein muß, das mit ihrer Hilfe die Endprodukte fertigt. Der Boden konnte einem unabhängigen Grundbesitzer gehören, der ihn zum Teil dem Orangenbauern, zum Teil dem Schafzüchter vermietete. Er konnte aber ebensogut im Besitz einer der beiden zuletztgenannten Parteien sein, die ihn der jeweils anderen Partei vermietete. Das einzige, was einer solchen Lösung entgegenstand, waren zu hohe Transaktionskosten.

Auch in bezug auf die Kundendaten einer Bank wäre ein Handel prinzipiell denkbar, sofern ihn nicht hohe Transaktionskosten unmöglich machen. Wie in Kapitel 1 ausführlich besprochen, sind in der Tat mit dem Handel von Information sehr häufig hohe Transaktionskosten verbunden. Die Frage ist, ob das auch hier der Fall ist. Angesichts der gerade zitierten Beispiele (Dai-Ichi Bank und American Express) scheinen Zweifel angebracht.

Käme es zu einem funktionsfähigen Markt für Kundendaten, entfiele auch ein wichtiges Argument gegen Trennbankenmodelle nach Art des sogenannten Chicago-Plans, wie sie im nächsten Kapitel vorgestellt werden. Diese Modelle enthalten eine Zweiteilung in reine Transaktionsbanken und Banken, die alle übrigen Geschäfte ausführen. Es wäre im Prinzip durchaus vorstellbar, daß eine solche Transaktionsbank gegen einen bestimmten Preis alle täglich bei ihr anfallenden Transaktionsdaten per Telekommunikation zu einer der Nicht-Transaktionsbanken überspielt. Schwierigkeiten beim Aushandeln des Preises dürfte es eigentlich nicht geben, da die kaufende Bank in der Lage sein wird, den Wert, den die zu erwerbende Information für sie hat, relativ genau einzuschätzen. Ein viel

66 Vgl. Schmalenbach-Gesellschaft, Arbeitskreis "Planung in Banken"(Hrg.): Finanzwettbewerb in den 90er Jahren: Thesen und Informationen. Wiesbaden 1992, S. 31 und S. 36.

schwerwiegenderes Problem dürften Vertraulichkeitsprobleme und Datenschutzbestimmungen sein. Einige Kunden werden nicht wollen, daß Daten über ihre finanzielle Situation an andere weitergegeben werden.[67] Dies wird nicht nur für Privatkunden gelten, sondern vor allem auch auch für Firmenkunden. Hier könnte man aber daran denken, dem Kunden das Recht abzukaufen, seine Transaktionsdaten weiterleiten zu dürfen. Jeder Kunde könnte dann entscheiden, wieviel ihm die Vertraulichkeit seiner Daten wert ist.

Wie steht es aber mit dem Informationshandel, wenn dieses extreme Trennbankenmodell verlassen wird und die Kundeninformationen nicht bei einer reinen Transaktionsbank anfallen, sondern bei einer Bank, die darüberhinaus andere Geschäfte durchführt. Wird eine solche Bank ihre Daten an andere Banken verkaufen wollen? Wie hoch werden die Transaktionskosten bei einem solchen Informationshandel sein?

Prinzipiell steht die Bank, die im Besitz der Kundendaten ist, vor der Frage, ob sie eine bestimmte Dienstleistung oder ein bestimmtes Produkt mithilfe dieser Daten selbst anbieten soll, oder ob sie dieses Feld einer anderen Bank überläßt und ihr zu diesem Zweck ihre Kundendaten verkauft. Diese Frage kann hier natürlich nicht mit einigen wenigen Sätzen beantwortet werden. Sie knüpft an jene Literatur an, in der ein Unternehmen im Besitz eines strategischen Inputs ist und überlegt, ob und zu welchem Preis es diesen Input an seine Konkurrenten verkaufen soll.[68] Es ist nicht von vorneherein klar, daß dies in keinem Fall geschehen wird. Es kann einen Preis geben, bei dem die Transaktion für beide Unternehmen vorteilhaft ist.

Wird aber bei einer solchen Betrachtungsweise nicht ein ganz wesentlicher Unterschied zwischen einem normalen Input und dem Input Information übersehen? Während normale Inputs durch ihre Nutzung aufgezehrt werden, kann Information immer wieder verwendet werden. Mehr noch, ist sie einmal auf dem Markt, kann ihre Weiterverbreitung kaum mehr verhindert werden.

---

67 Die Barclays Bank hat ihre Kunden ausdrücklich um Genehmigung gebeten, ihre Daten auch nur im eigenen Konzern zur Verkaufs- und Vertriebsförderung weiterzugeben. (Schmalenbach Gesellschaft, a.a.O., S. 31.)

68 Im Bereich der Telekommunikation etwa ist das Ortsnetz ein strategischer Input. Konkurrenz im Telephonfernverkehr ist unmöglich, wenn einer der Wettbewerber die Ortsnetze besitzt und den übrigen Unternehmen den Zugang zu ihnen verweigert. In den USA entstand deshalb während der Deregulierungsdebatte die Frage nach der Berechnung optimaler Zugangsgebühren (Access Charges), die es dem Betreiber der Ortsnetze gestatten, auf seine Kosten zu kommen, die aber gleichzeitig Wettbewerb im Fernverkehr ermöglichen. Eine aktuelle Darstellung dieses Problemkreises ist W. Baumol, J.G. Sidak: Toward Competition in Local Telephony. Cambridge, Mass. 1994.

Hierzu ist jedoch zu sagen, daß die erwerbende Bank von sich aus alle Anreize haben wird, die eingekaufte Information geheimzuhalten. Sie wird sie keinesfalls zum Nulltarif weiterverbreiten, sondern allenfalls zu einem positiven und vermutlich nicht geringen Preis weiterverkaufen. Die Weiterverkaufsmöglichkeit würde im ursprünglichen Verkaufspreis berücksichtigt werden. Ähnliches ist heute bereits im Consulting-Bereich zu finden, wo die ersten Druckexemplare einer Studie aus vergleichbaren Gründen einen extrem hohen Preis haben. Der Consultant weiß, daß er Raubkopien nicht verhindern kann und hält sich deshalb am ersten Käufer schadlos. Dieser Käufer wiederum wird aufgrund des hohen Kaufpreises, den er entrichten mußte, nicht jedermann beliebig an den Informationen der Studie teilhaben lassen.

Diese wenigen Bemerkungen können die Frage nicht beantworten, ob Verbundvorteile aus der Nutzung einer Kundendatei in der Zukunft die Entstehung von Vielproduktbanken fördern oder nicht. Sie säen aber immerhin Zweifel daran, daß die Entwicklung zur Vielproduktbank - zumindest aus diesem Grund - zwangsläufig ist. Es wäre, wie gesagt, ebensogut denkbar, daß sich Spezialbanken die benötigte Information von anderen Banken oder sogar von Informationshändlern kaufen. Ähnliches geschieht ja schon in anderen Branchen.

Wenden wir uns nun der nächste Begründung für die Vorteilhaftigkeit von Vielproduktbanken zu, der Existenz von Diversifikationsvorteilen.

4. Risikostreuung

Daß Diversifizierung zur Verminderung von Risiko führt, folgt aus den bekannten Argumenten der Portfoliotheorie. Verschiedene Autoren haben versucht, für das Bankwesen diese Diversifikationsvorteile tatsächlich zu beziffern. Dabei wird zum einen untersucht, wie die Volatilität der Bankgewinne durch Diversifikation beinflußt wird, zum anderen, wie sich das Konkursrisiko einer Bank verändert.

Um die Vorgehensweise dieser Studien an einem Beispiel zu erläutern, sei hier die besonders bekannt gewordene Analyse[69] von Litan dargestellt. Er untersucht, wie sich das Portfefeuillerisiko einer klassischen amerikanischen Commercial Bank verändern würde, wenn es ihr gestattet wäre, auch in andere Finanzdienstleistungen zu diversifizieren. Er geht dabei folgendermaßen vor: Unter Verwendung von Daten der amerikanischen Steuerbehörde (dem Internal Revenue Service) errechnet er über den Zeitraum 1965-

---

69 Litan, a.a.O., S. 81 ff.

1982 die Varianz der Gewinne von Commercial Banks und anderer Unternehmen des Finanzsektors, wie Wertpapierhäusern oder Versicherungen.[70] Diese Varianzen interpretiert Litan als eine Maßzahl für das mit der jeweiligen Aktivität verbundene Risiko. Die Gewinnraten, als Prozent aller eingesetzten Aktiva, messen den Ertrag. Im Sinne der Portfoliotheorie von Markowitz bildet Litan nun die Menge aller prinzipiell möglichen Kombinationen von Aktivitäten und errechnet daraus die Teilmenge der effizienten Portefeuilles.[71] Aus diesen Portefeuilles wählt er wiederum jene aus, die Commercial Banking enthalten. Sein Ergebnis lautet, daß eine Commercial Bank, der es erlaubt gewesen wäre, in andere Geschäftsbereiche zu diversifizieren, bei gleichbleibendem Gewinn ihr Risiko um 27% hätte verringern können. Alternativ dazu hätte sie (bei gleichbleibendem Risiko) ihren Gewinn um 47% steigern können.

Kwast[72] untersucht mit einer ähnlichen Methodik die Diversifikationsgewinne, die entstünden, wenn Commercial Banks und Bank Holdings der Eintritt in das Wertpapiergeschäft gestattet würde. Resultat der Studie ist, daß solche Gewinne zwar existieren, daß ihr Ausmaß jedoch gering ist.

Eine ähnliche Untersuchung stellt auch Rose an.[73] Auch er kommt zu dem Schluß, daß Diversifizierung das Ertragsrisiko von Commercial Banks verringern würde. Das gilt vor allem für die Diversifikation in den Versicherungsbereich und in den Bereich der Datenverarbeitung. Risikomindernd würde nach Rose auch die Hinzunahme von gänzlich finanzfremden Geschäftsfeldern sein, wie etwa Kommunikationsdienste oder Rundfunk und Fernsehen. Gegenwärtig ist eine solche Diversifizierung aber nicht mit der amerikanischen Bankenregulierung vereinbar.[74]

---

70 Die genauen Geschäftsfelder sind Savings and Loans, Personal Credit, Business Credit, Securities, Commodities, Life Insurance, Mutual Insurance, Other Insurance, Insurance Agents, Subdividers and Developers. Vgl. Litan S. 86.

71 Vgl. z.B. G. Franke, H. Hax: Finanzwirtschaft des Unternehmens und Kapitalmarkt. Berlin, Heidelberg, New York, 1988, Kapitel V, Abschnitt 2.2.1.

72 M. Kwast: The Impact of Underwriting and Dealing on Bank Returns and Risks. In: Journal of Banking and Finance, Vol. 13, 1989, S. 101 ff.

73 P. Rose: Diversification of the Banking Firm. In: Financial Review, Vol. 24, May 1989, S. 251 ff.

74 In früheren Jahrhunderten waren übrigens solche Diversifikationen nicht ungewöhnlich. So waren die frühen italienischen Bankiers der Renaissance durchweg zugleich auch im Handel (und in anderen Sparten) tätig. Die Medici beispielsweise handelten in Wolle, Alaun, Tuch, Gewürzen, Olivenöl, Zitrusfrüchten, Seide, Brokat, Juwelen und Silbergeschirren. (Vgl. C. P. Kindleberger: International Banks and International Business in Historical Perspective. In: C.P. Kindleberger: Multinational Excursions, Cambridge, Mass. 1984, S. 155 ff., hier S. 155 f.) Berühmt geworden ist die enge Verbindung der Bank von Amsterdam mit der holländischen Ostindien Kompanie. Diese enge Beziehung verleitete schließlich sogar die Bank das Vertrauen ihrer Kunden zu mißbrauchen, indem sie den Versuch machte, der Kompanie aus finanziellen Schwierigkeiten zu helfen. Beide Unternehmen

Wall geht der Frage nach, ob die Non-Bank-Töchter von amerikanischen Bank-Holding Companies deren Konkursrisiko vergrößert haben.[75] Er stellt fest, daß *im Durchschnitt* das Konkursrisiko sinkt, jedoch in sehr geringem Ausmaß. Darüberhinaus ist der Unterschied zu den nichtdiversifizierten Banken statistisch nicht signifikant. Wall bemerkt allerdings zu Recht, daß ein Ergebnis, das sich auf den Durchschnitt der Banken bezieht, für Fragen der Regulierung nicht unbedingt maßgebend ist. Von Interesse ist vielmehr, wie sich statistisch gesehen die Risikosituation bei jenen Banken ändern würde, die bereits ohne Non-Bank-Töchter ein höheres Konkursrisiko als der Durchschnitt aufweisen. Wall kann nachweisen, daß sich durch Diversifizierung das Konkursrisiko der riskantesten Banken verringert. (Umgekehrt erhöht es sich bei den am wenigsten riskanten Banken.) Wiederum ist jedoch dieser Effekt sehr schwach.

Auch Brewer bestätigt in zwei Studien die These von den risikomindernden Effekten der Diversifizierung in Non-Bank-Bereiche.[76] Demgegenüber kommen Boyd und Graham[77] zu einem differenzierteren Ergebnis. Die Diversifikation von Commercial Banks in das Wertpapier- und Immobiliengeschäft würde nach ihren Befunden die Volatilität der Gewinne und das Konkursrisiko vergrößern. Würden die Banken hingegen in den Bereich der Lebensversicherung diversifizieren, würden Ertrags- und Konkursrisiko sinken.

Eine entscheidende Schwäche dieser Art von Untersuchungen ist, daß sie die diversifizierende Bank quasi im Sinne eines Investmentfonds auffassen, der in bestimmte Unternehmen investiert, ohne dabei aber selbst in den betreffenden Geschäftsfeldern tätig zu werden. Gibt man diese Annahme auf, kann das Ergebnis ganz anders aussehen. Dann kann es nämlich eventuell sogar zu Verbundnachteilen kommen, die die Portfolioeffekte überkompensieren. Solche Verbundnachteile können etwa dadurch entstehen, daß das Wissen

---

gingen jedoch bankrott. Fallissements dieser Art mögen dazu geführt haben, daß sich in der Folgezeit eine stärkere Trennung zwischen Finanz- und Nichtfinanzgeschäften durchsetzte.

75 L. Wall: Has Bank Holding Companies' Diversification Affected their Risk of Failure? In: Journal of Economics and Business, Vol. 39, 1987, S. 313 ff. Der Bank Holding Company Act und die Regulation Y des Federal Reserve Systems definieren Non-Bank Aktivitäten als Finanzdienstleistungen "closely related to banking or managing or controlling banks as to be a proper incident thereto." (Zitiert nach E. Brewer: The Risks of Banks Expanding their Permissible Nonbanking Activities. In: Financial Review, Vol. 25, November 1990, S. 517 ff., hier S. 518.) Zu den Non-Bank Aktivitäten zählen Datenverarbeitung, Versicherungen, Brokerage etc.

76 E. Brewer: The Risks of Banks Expanding their Permissible Nonbanking Activities. In: Financial Review, Vol. 25, November 1990, S. 517 ff.. Ders.: Relationship Between Bank Holding Company Risk and Nonbank Activity. I+n: Journal of Economics and Business, Vol. 41, 1989, S. 337 ff.

77 J. Boyd, S. Graham: The Profitability and Risk Effects of Allowing Bank Holding Companies to Merge with other Financial Firms: A Simulation Study. In: Federal Reserve Bank of Minneapolis Quarterly Review, Spring 1988, S. 3 ff.

und die Erfahrung einer Bank nicht ausreichen, um in anderen Feldern aktiv zu werden. (Vgl. hierzu die Diskussion um das in einem Unternehmen verkörperte Wissen in Kapitel 1) Das Risiko kann dadurch wieder sehr stark steigen. Nach Ansicht vieler Beobachter hat ein derartiger Effekt erheblich zur Savings-and-Loans Krise in den Vereinigten Staaten beigetragen. Dadurch daß die Manager der Savings-and-Loans Institutions als Folge der Deregulierung nicht mehr strikt an ihr eigentliches Fachgebiet, die Investition in Grund und Boden, gebunden waren, konnten sie in Geschäftsfelder investieren, in denen sie keinerlei Erfahrung hatten. Das Ergebnis waren zahllose Schieflagen. Hier hat sich also das Risiko durch Diversifikation nicht vermindert, sondern erhöht.[78,79]

Ein weiterer Kritikpunkt trifft den Teil der Studien, die nicht (wie etwa die Untersuchung Litans) verschiedene mögliche Kombinationen zwischen Commercial Banking und anderen Geschäftsfeldern simulieren, sondern von bereits existierenden Bank-Holdings ausgehen. Diese Studien legen zwangsläufig den gegenwärtigen Regulierungsrahmen des amerikanischen Bankwesens zugrunde. Es ist nicht klar, welche Diversifikationsaktivitäten die Banken in einem weniger regulierten Umfeld in Angriff nehmen würden. Weiterhin ist zu berücksichtigen, daß heute nur rund 7% der Gesamtinvestitionen der Bank-Holdings in ihre Non-Bank-Töchter fließen. Der geringe statistische Einfluß der Risiken bei den Non-Bank-Töchtern auf das Gesamtrisiko der Holdings (etwa in der Studie von Wall) könnte bereits aus dieser ungleichen Größenverteilung zu erkären sein.[80]

Ähnlich wie im Fall der Economies-of-Scale Studien ist also auch die Aussagekraft dieser Studien zur Zeit noch als gering zu bewerten. Vielleicht würden länderübergreifende, institutionell vergleichende Studien (zwischen Ländern mit bzw. ohne Trennbanksystem) zu klareren Resultaten führen.

Soviel zu den Faktoren, die auf der Angebotsseite des Bankwesens die Enstehung von Vielproduktbanken beeinflussen. Wenden wir uns nun der Nachfrageseite zu.

---

78 Allerdings ist dieser Effekt nur schwer von den adversen Anreizeffekten der Depositenversicherung zu trennen. Da die Manager der Savings-and-Loans wußten, daß ihre Depositen versichert sind, mag bei vielen die Risikofreude größer gewesen sein als es ohne eine solche Versicherung der Fall gewesen wäre.

79 Auch Litan sieht diese Gefahren der Diversifikation sehr klar. Er widmet ihnen sogar ein ganzes Kapitel. (Vgl. Litan, a.a.O., Kapitel 4.)

80 Wall, a.a.O., S. 322.

5. Transaktionskosten und das "Angebot aus einer Hand"

Büschgen beklagt zu Recht, daß die Diskussion um die Allfinanz sich zu stark auf die Angebotsseite konzentriere. Letztlich sei es die Nachfrageseite, die darüber entscheide, ob sich ein bestimmtes Angebot am Markt durchsetze oder nicht. Das bedeute aber, daß zu fragen sei, "... warum Nachfragesegmente ein vollständiges Finanzdienstleistungsangebot von einem Institut der Summe der Angebote von Spezialanbietern vorziehen, warum also Allfinanz das akquisitorische Potential eines Instituts erhöht, um neue Kunden zu gewinnen oder - realitätsnäher - sich die bisherigen im Wettbewerb sichern zu können."[81]

Die Antwort auf diese Frage sei aus den typischen Merkmalen der Finanzdienstleistung zu gewinnen. Finanzdienstleistungen seien (in der Sprache der Informationsökonomie) Vertrauensgüter. Der Nachfrager könne die Qualität einer solchen Dienstleistung nicht durch Begutachtung vor dem Kauf überprüfen. Aus diesem Grunde seien hier Reputationseffekte von entscheidender Bedeutung. Der Kunde werde bereit sein, die guten Erfahrungen, die er mit einer Bank bei den Kernleistungen gemacht habe, auch auf andere Leistungen zu übertragen. Auf diese Weise spare er Informations- und Transaktionskosten. Dabei, so Büschgen, gehe es bei bestehender Bankaufsicht und Einlagensicherung weniger um die Bonität eines bestimmten Gutes als um "das Vertrauen auf Leistungspotenz des Anbieters".[82]

Die ausschlaggebenden Transaktionskosten für den Nachfrager seien aber vor allem die Kosten der Portfoliobildung. "Fragt er Einzelleistungen nach bei verschiedenen spezialisierten Anbietern, hat er das packaging selbst vorzunehmen. Dies setzt Informationen voraus zu den wesentlichen Eigenschaften der Finanzkontrakte, die an Finanzdienstleistungsteilmärkten angeboten werden, sowie über die Entwicklung der Märkte, verlangt Kenntnis zur Problemlösungseignung der Leistungen, zum Einfluß wichtiger Rahmenbedingungen, steuerlicher Vorschriften. Sofern Grenzkosten und Grenzleid dessen - sprich: induzierter Aufwand für Informationsbeschaffung und -auswertung, eigene Arbeit und in Kauf zu nehmende Unbequemlichkeit - größer sind als der Grenznutzen selektiver Nachfrage bei Spezialanbietern, nimmt der Nachfrager die Allfinanzofferte an."[83]

Büschgen weist selbst sofort darauf hin, daß aus diesen Überlegungen noch nicht folgt, daß die Banken das Allfinanzangebot selbst zu erstellen hätten. Es folgt lediglich, daß

---

81 Büschgen: "Allfinanz" am Finanzdienstleistungsmarkt der Zukunft, a.a.O., S. 7.
82 Büschgen, a.a.O., S. 7.
83 Büschgen, a.a.O., S. 8.

sich hier ein Markt für Bündelungsspezialisten auftut, die dem einzelnen Kunden ein Gesamtangebot an Finanzdienstleistungen sozusagen auf den Leib schneidern. Diese Bündelungsspezialisten würden die Finanzdienstleistungen, die sie vermitteln, nicht selbst produzieren. Sie würden sie vielmehr von "Zulieferern" beziehen und über ihr Filialnetz oder telekommunikative Distributionswege vertreiben.

Mit dieser Idee der Bündelungsspezialisten ist man in unmittelbarer Nähe des von Stigler zitierten Beispiels der Kleinwaffenindustrie im England des 19. Jahrhunderts angelangt. Auch dort war der Endverkäufer einer Waffe lediglich ein Bündelungsspezialist. Er besaß (wie in Kapitel 1 erwähnt) kaum jemals eigene Fertigungseinrichtungen, sondern in den meisten Fällen lediglich eine Lagerhalle, in der vorgefertigte Teile zwischengelagert wurden. Die eigentliche Produktion wurde von hochspezialisierten Vorlieferanten durchgeführt. Ganz ähnlich könnte die zukünftige Struktur des Bankwesens aussehen. Um noch einmal Büschgen zu zitieren: "Denkbar demnach eine Entwicklung, in der durch Spezialisten - bei großer Spezialkompetenz und des Erfahrungskurvenvorteils - Leistungserstellung mit hoher Qualität und niedrigen Kosten erfolgt. Nachfrageroptimales Leistungspackaging und Verkauf dessen an Endverbraucher erfolgt gewissermaßen in einer Handelsstufe durch solche Bündelungsspezialisten. Da nicht selbst Anbieter für alles, mag der Nachfrager ihre Vorschläge als objektiver und damit sachgerechter einschätzen als zum Beispiel die der Universalbank; bei ihr könnte er vermuten, daß bei Komposition des Allfinanzpakets Kundennutzen und Bankinteresse kollidieren und durch entsprechende beratenden Einfluß zu seinen Lasten entschieden werden."[84]

Es gibt allerdings einen Wettbewerbsvorteil der "selbstproduzierenden" Allfinanzanbieter gegenüber solchen Bündelungsspezialisten der gegenwärtig noch stark ins Gewicht fällt. Er liegt in dem Kundenzugang, über den sie durch bestehende Kundenbeziehungen im Kernbereich des Bankgeschäftes schon verfügen. Wer sein Gehaltskonto bei einer bestimmten Bank hat, wird aufgrund des oben dargestellten Reputationseffektes eher dazu neigen, das Allfinanzangebot dieser Bank anzunehmen, als auf einen unabhängigen Spezialisten zurückzugreifen. Dies mag richtig sein. Wenn aber die in den vorangegangenen beiden Kapiteln geschilderte Entwicklung sich weiter fortsetzt, ist zu erwarten, daß die *bestehenden* Banken immer mehr Funktionen auslagern und von selbst dazu übergehen, sich auf die Rolle des Bündelungspezialisten zu beschränken. Dann wird auch ein Gehalts- oder Transaktionskonto Teil eines Gesamtbündels an Finanzdienstleistungen sein, das dem Kunden von einem Bündelungsspezialisten angeboten wird.

---

[84] Büschgen, a.a.O., S. 9. Vgl hierzu auch Farny, a.a.O., S. 163.

Aller Wahrscheinlichkeit nach werden solche Bündlungspezialisten ihrerseit spezialisiert sein, und zwar nach Kundensegmenten. Dies entspricht auch der generellen Philosophie des Allfinanzgedankens der ja darauf abzielt, den Kunden "von der Wiege bis zur Bahre" mit einem optimal auf seinen Lebenszyklus zugeschnittenen Paket an Finanzdienstleistungen und -produkten zu betreuen.[85] Diese Bündel an Finanzdienstleistungen werden vermutlich von Kundengruppe zu Kundengruppe stark differieren. Wenn es bei der Betreuung dieser verschiedenen Kundengruppen Größenvorteile gibt, dürfte sich auch auf der Ebene der Bündelungspezialisten eine Arbeitsteilung ergeben. Wie weit diese Arbeitsteilung ausdifferenziert sein wird, hängt nach dem Smith-Stigler-Coase Paradigma wiederum von der Größe des Marktes ab. Als Folge der Telekommunikation kann heute der Aktionsradius eines Bündelungsspezialisten sehr groß sein. Es ist ist deshalb zu vermuten, daß die Arbeitsteilung nach Kundengruppen weit ausdifferenziert sein wird.

Bündelungsspezialisten werden jedoch nur bei Privatkunden einen Markt finden. Großunternehmen besitzen heute im Bereich der Finanzdienstleistungen ein Know-How, das sich durchaus mit dem der Banken messen kann. Sie sind extrem kostenbewußt und haben deshalb das "relationshipbanking" durch das "deal based-" oder "transaction based banking" ersetzt.[86] Diese Entwicklung, die sich immer mehr auch auf die mittleren Unternehmen ausweitet, fördert die Spezialisierung im Bankgewerbe. Hinzukommt die Markterweiterung, als Folge der Telekommunikation und als Folge des Abbaus von Handelsbeschränkungen im Markt für Finanzdienstleistungen. Nach dem Smith-Stigler-Coase Paradigma ist unter diesen Bedingungen auch hier ein hoher Grad an Spezialisierung zu erwarten. Das würde bedeuten, daß im Firmenkundengeschäft (im "wholesale-banking") hochspezialisierte, grenzüberschreitende Spezialanbieter die Regel sein werden, nicht "Vollsortimenter".[87]

Damit sei die Diskussion um die "Allfinanz" abgeschlossen. Wie eingangs gesagt, wurde kein vollständiger Literaturüberblick angestrebt. Die wichtigsten Pro- und Contra-Argumente und die Rolle der Telematik dabei dürften dennoch zum Ausdruck gekommen sein.

---

85 Vgl. Farny, a.a.O., S. 167 f.

86 Vgl. Büschgen: Finanzmarktintegration und Bankenwettbewerb, a.a.O., S. 121.

87 Es ist hier nicht möglich, den verschiedenen Bankstrategien nachzugehen, die als Antwort auf die gegenwärtig stattfindende Markterweiterung (insbesondere durch die Schaffung des EG-Binnenmarktes) möglich sind. Vgl. hierzu den bereits zitierten Aufsatz von H.E. Büschgen: Finanzmarktintegration und Bankenwettbewerb. Büschgen erwähnt dabei auch die Möglichkeit, daß die Großunternehmen zum relationship-banking zurückkehren könnten. Dann würde zumindest von der Nachfrageseite her, der Trend zum Spezialanbieter gebremst werden. (Büschgen, a.a.O., S. 106.)

Kapitel 6: Spezialisierung und das nationale Zahlungssystem

1. Einleitung

Dieses Kapitel befaßt sich mit einem Sonderfall der Spezialisierung im Bankwesen. Es ist denkbar, daß der bisher geschilderte Prozeß der Spezialisierung auch zu einer weitgehenden Trennung von Zahlungsverkehr und Kreditvergabe in einer Volkswirtschaft führen könnte. Betrachtet man nämlich ein Zahlungsverkehrssystem rein unter dem Blickwinkel der Telekommunikation, handelt es sich dabei um nichts anderes als einen speziellen Mehrwertdienst. Warum sollten sich nicht Unternehmen finden, die sich auf diese Art von Mehrwertdienst spezialisieren? Warum sollte es darüberhinaus nicht sogar zu Wettbewerb bei dieser spezialisierten Dienstleistung kommen?

Zur Beantwortung dieser Frage ist erstens zu erörtern, ob Wettbewerb bei Zahlungsverkehrssystemen überhaupt auf Dauer existieren könnte oder ob dieser Aktivitätsbereich nicht vielmehr die Charakteristika eines natürlichen Monopols aufweist. Entgegen der bisher in der Literatur überwiegend vertretenen Ansicht, wird hier die These vom natürlichen Monopol verneint.[1] Zweitens ist zu fragen, ob Wetttbewerb nicht nachteilige Wirkungen entfalten würde, wie etwa die Inkompatibilität verschiedener Systeme, ruinösen Wettbewerb usw. Auch diese Frage wird hier verneint.

Damit ist aber noch nicht entschieden, ob nicht geldpolitische Bedenken einem solchen Wettbewerb entgegenstehen. Diese Frage hängt eng mit den Problemen zusammen, die der zunehmende Einsatz der Telematik im Finanzwesen für die Geldpolitik ganz generell aufwirft. Zu diesem Themenkreis existiert mittlerweile eine umfangreiche, wenn auch noch nicht vollständig befriedigende Literatur. Das vorliegende Kapitel wird sich darauf beschränken, die wesentlichen Probleme darzustellen und zu zeigen, daß sie von der Frage, ob Wettbewerb im Bereich der Zahlungsverkehrssysteme stattfindet oder nicht, getrennt werden können.

Eine Trennung von Zahlungsverkehr und Kreditvergabe ist in verschiedenen Regulierungsmodellen für das Bankwesen schon vorgedacht worden. So etwa im sogenannten Chicago-Plan[1] oder auch in einigen neueren Modellen, die in den USA als Reaktion auf die Savings and Loans Krise entwickelt wurden. Der letzte Abschnitt dieses Kapitels dis-

---

1 Der Chicago-Plan wird in Abschnitt 7 näher beschrieben.

kutiert eine besonders bekannt gewordene Variante dieser Überlegungen, das Litan-Modell. Dabei wird vor allem die Frage gestellt, inwieweit dieses Modell in bezug auf die durch die Telematik eröffneten Möglichkeiten der Schaffung von Geldsubstituten stabil ist.

Das vorliegende Kapitel ist aus rein theoretischer Sicht geschrieben. Es gibt jedoch mittlerweile eine Fülle konkreter wirtschaftspolitischer Aktivitäten, insbesondere im Hinblick im Hinblick auf den Binnenmarkt Europa, die der Neuorganisation der nationalen und grenzüberschreitenden Zahlungssysteme gewidmet sind. Dabei gewinnt auch der Gedanke des Wettbewerbs verschiedener Zahlungssysteme immer mehr an Boden. Dem Leser, der sich über die hier vorgetragenen, relativ abstrakten Argumente hinaus einen Überblick über die aktuellen Geschehnisse verschaffen möchte, sei der Aufsatz "Perspektiven des Zahlungsverkehrs in der Europäischen Währungsunion" von H. Rehm empfohlen.[2]

2. Die Banken und das nationale Zahlungssystem

Die meisten Banken sind heute sowohl Zahlungsverkehrsbanken als auch Kreditbanken. Sie vergeben Kredite und nehmen gleichzeitig am nationalen Zahlungsverkehr teil. Diese Koppelung ist jedoch nicht logisch zwingend. Sie mag ökonomisch sinnvoll sein (was gleich zu diskutieren sein wird), sie ist aber nicht unumgänglich. Man könnte sich durchaus ein Bankensystem vorstellen, in dem es reine Zahlungsverkehrsbanken und reine Kreditbanken gibt. Nach Ansicht einiger Ökonomen wäre ein solches System aus geldpolitischen Erwägungen heraus sogar wünschenswert. Im sogenannten Chicago-Plan, der in den 30er Jahren von Mitgliedern der Universität von Chicago erdacht und später von Milton Friedman weiterentwickelt wurde, spielt dieser Gedanke eine zentrale Rolle.

Um die Frage einer möglichen Trennung zwischen Zahlungsverkehr und Kreditvergabe in einem von der Telematik geprägten Finanzsystem zu erörtern, sei zunächst die technische Grundstruktur betrachtet, die ein umfassendes nationales Zahlungsverkehrssystem im elektronischen Zeitalter aufweisen müßte. Sehr vereinfacht sind für ein solches Zahlungsverkehrssystem zwei Dinge erforderlich: Ein Telekommunikationsnetz (entweder auf der Basis eigener physischer Übertragungswege oder auf der Basis von Mietleitungen) und ein zentrales Rechenzentrum, das die notwendigen Clearing-Funktionen übernimmt und die entsprechenden Verbuchungen vollzieht.[3] Die Banken wären an dieses

2 Erschienen in: Kredit und Kapital, 26. Jg., 1993, Heft 2, S. 151 ff.
3 Zum Folgenden vgl. auch T. Godschalk, a.a.O., S. 188 ff., und Flannery, Jaffee, a.a.O., Kapitel 4.

Netz per Mietleitung oder über das öffentliche Datennetz angeschlossen und würden sämtliche Zahlungsvorgänge in das Netz einspeisen. Auch alle anderen Quellen von Zahlungsvorgängen, wie Bankautomaten oder Point-of-Sale Terminals, müßten an das Netz angeschlossen sein. Der oder die zentralen Computer würden dann die einzelnen Zahlungsvorgänge gegeneinander verrechnen und den einzelnen Instituten die zu zahlenden Netto-Beträge mitteilen. Dieser Vorgang entspräche dem klassischen Clearing. Das Settlement, also die tatsächliche Verbuchung der Zahlungen, könnte über das gleiche Netz erfolgen, wenn alle Banken bei diesem Netz Transaktionskonten unterhielten.

Wie in Kapitel 2 beschrieben, funktioniert z.B. CHIPS nach diesem Grundmuster. In Japan wurde nach diesem Modell ein nationales Zahlungssystem, das ZENGIN-System entwickelt, das alle japanischen Banken und die Zentralbank durch ein On-Line-Netzwerk miteinander verbindet.[4] Auch Deutschland bewegt sich auf ein ähnliches Modell zu. Zwar sind noch nicht alle Banken on-line mit der Zentralbank oder den Landeszentralbanken verbunden, doch sind mittlerweile alle Einheiten des Zentralbanksystems elektronisch vernetzt. Wären also auch noch alle Banken an ihre jeweilige Landeszentralbank per Telekommunikation angeschlossen, entspräche die dann erreichte Struktur dem gerade geschilderten Modell weitgehend. Die folgende Replik von Abbildung 3.3. zeigt noch einmal die gegenwärtige Struktur des deutschen Zahlungsverkehrssystems.

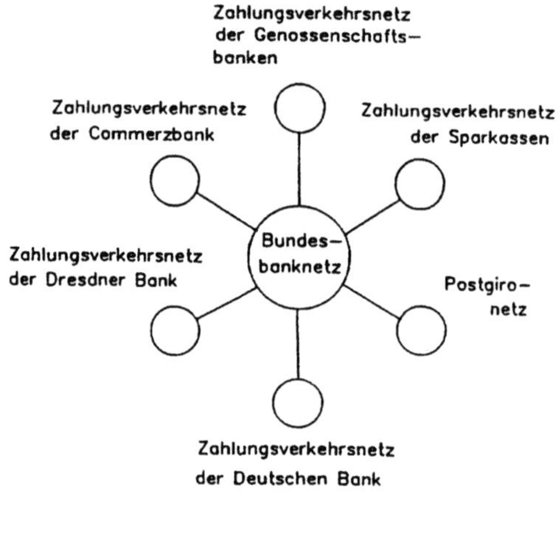

Abbildung 6.1.: Das deutsche Zahlungsverkehrssystem (Quelle: Gertraud Frank, a.a.O., S.30)

4 Godschalk, a.a.O., S. 184. Vgl. auch Bernhardt, Dambmann, a.a.O., S. 110. Auch in den Niederlanden und Schweden wird an einem nationalen elektronischen Zahlungssystem gearbeitet.

Man entnimmt der Abbildung, daß hier die Banken selbst umfangreiche Telekommunikationsnetze betreiben. Es wäre aber auch ein Modell denkbar, in dem der rein technische Betrieb dieser Netze von Dritten erbracht würde. Nach dem, was im vergangenen Kapitel gesagt wurde, wäre dies sogar eine nicht unwahrscheinliche Entwicklung. Mehr noch, es wäre durchaus möglich, daß Unternehmen entstehen, die bereit wären, auch die Clearing und Settlement-Funktionen, die gegenwärtig von der Notenbank ausgeübt werden, zum Teil oder auch gänzlich zu übernehmen. In England gibt es ja schon lange die großen Clearing Banks, die solche Aufgaben wahrnehmen. Es ist nicht unwahrscheinlich, daß einzelne Banken in der Erstellung solcher elektronischer Zahlungsverkehrssysteme ein lukratives Geschäft erblicken werden.[5]

Eine solche Verselbständigung der rein technischen Seite des Zahlungsverkehrs würde gut mit dem Smith-Stigler-Coase Paradigma übereinstimmen. Ein Zahlungsverkehrsnetz der geschilderten Art ist durch hohe Fixkosten gekennzeichnet. Rechenkapazität muß erworben oder gemietet werden, ein Mietleitungsnetz ist zu installieren, und die entsprechende Software muß entwickelt werden. Diese Fixkostenblöcke haben Größenvorteile zur Folge.[6] Hinzu kommen die anderen in der Telekommunikationsliteratur üblicherweise genannten Quellen für Größenvorteile, wie Dichteeffekte und Bündelungsvorteile.[7] Da ein marktmäßiges Angebot von Zahlungsverkehrsleistungen im Geschäftsverhältnis zu den Kreditbanken keine hohen Transaktionskosten mit sich brächte (keine Vertraulichkeitsprobleme, relativ standardisierte Abläufe), legt das Smith-Stigler-Coase Paradigma nahe, daß sich in einer solchen Situation hoher Größenvorteile, die Funktion des Zahlungsverkehrs verselbständigen und über den Markt angeboten wird.

---

5 Dies setzt natürlich voraus, daß die interne Subventionierung des Zahlungsverkehrs, die vielerorts noch üblich ist, aufgegeben und durch ein System kostendeckender Gebühren ersetzt wird. Dies ist eine Forderung, die schon seit längerer Zeit von vielen Ökonomen erhoben wird, unabhängig davon, ob die gegenwärtige Organisation des Zahlungsverkehrs beibehalten wird oder nicht.

6 Es gibt Größenvorteilsstudien zu Teilaspekten des Zahlungsverkehrssystems. Größenvorteile bei Geldausgabe- und Bankautomatennetzen untersucht z.B. D. Walker: Economies of Scale in Electronic Funds Transfer Systems. In: Journal of Banking and Finance, Vol. 2, 1978, S. 65 ff. Größenvorteile beim elektronischen Scheck-Clearing werden geschätzt bei D. Humphrey: Scale Economies at Automated Clearing Houses. In: Journal of Bank Research, Vol. 12, No. 2, Summer 1981, S. 71 ff. Ders: Economies of Scale in Federal Reserve Check Processing Operations. In: Journal of Econometrics, Vol. 15, 1981, S.155 ff. (Weitere Literaturangaben finden sich bei Godschalk, a.a.O., S. 213 ff.). Größenvorteile im Bereich der Datenverabeitung von Banken untersucht W. Longbrake: Computers and the Cost of Producing Banking Services. In: Journal of Bank Research, Autumn 1973, S. 194 ff. Alle Studien finden deutlich ausgeprägte Größenvorteile in den von ihnen jeweils untersuchten Teilbereichen. Humphrey spricht sogar von einem natürlichen Monopol im Bereich des elektronischen Scheck-Clearing.

7 Vgl. B. Wieland: Regulierung der Telekommunikation. In: M. Krakowski (Hrg.):Regulierung in der Bundesrepublik Deutschland. Hamburg 1988, S. 242 ff.

Unter diesen Umständen bestünde der Beitrag der Banken zum Zahlungsverkehr lediglich darin, die Transaktionskonten der Kunden zu verwalten. Würden sich allerdings starke Verbundvorteile zwischen der Kontoverwaltung und der rein technischen Seite des Zahlungsverkehrs zeigen, wäre zu erwarten, daß der oder die Betreiber des Zahlungsverkehrssystems schließlich auch die Kontoführung übernehmen.[8] Ein Kunde würde dann sein Transaktionskonto nicht mehr bei der XY-Bank halten, sondern bei dem Betreiber eines bestimmten Zahlungsverkehrsnetzes. Dieser Betreiber würde damit allerdings im Sinne des Gesetzes zu einer Bank. Möglicherweise handelt es sich aber bei ihm ohnedies schon um eine Geldinstitut, das dieses neue Geschäftsfeld für sich entdeckt und sich entsprechend spezialisiert hat.

Ob alle Kunden ein derartiges Angebot auch wahrnehmen würden, ist nicht sicher. Vermutlich würde es eine große Anzahl von Bankkunden nach wie vor vorziehen, alle Bankdienstleistungen aus einer Hand zu empfangen. Es ist aber denkbar, daß der Betreiber des Zahlungsverkehrssystems die Kontoführung so viel günstiger anbieten könnte, daß die meisten Kunden tatsächlich abwandern. Ähnliches geschieht ja heute schon im Fall der Postbank. Aufgrund der günstigeren Gebühren der Postbank wickeln viele Kunden Zahlungsvorgänge grundsätzlich über die Postbank ab. Denkbar wäre aber auch der Fall, daß die Banken selbst die Kostenvorteile der Zahlungsnetze erkennen und ihnen von sich aus die Verwaltung ihrer Kundenkonten überlassen. Der Kunde selbst müßte davon gar nichts merken. Nach außen hin könnte er immer noch das gleiche Konto bei seiner Hausbank haben, obwohl die Transaktionen und die Kontoführung nicht mehr von der Bank selbst ausgeführt würden.

In beiden Fällen würden die Banken den Zahlungsverkehr aufgeben und sich auf das Kreditgeschäft beschränken. Das könnte selbst für Kontoüberziehungen im Rahmen eines Dispositionskredits gelten. Überzöge ein Kunde sein Konto bei einer Zahlungsverkehrsbank, könnte dies per Telekommunikation sofort seiner Haus*kredit*bank gemeldet werden, die ihm dann einen vorher vereinbarten Überziehungskredit gewähren würde.

---

8 Ein von der technischen Struktur her ähnliches Modell entwickelt A. Storck: Die Technik- und Beratungs-Bank. Frankfurt a.M. 1983. Er plädiert für die Gründung einer landesweiten, genossenschaftlich von allen Banken und der Bundesbank betriebenen elektronischen Transaktionsbank (der "Technikbank"), die alle Routinetransaktionen abwickelt. Die Privatbanken konzentrieren sich dann nur noch auf Beratungsdienstleistungen. Die Monopolstellung der Technikbank steht in scharfem Gegensatz zur weiter unten eingenommenen Haltung, in der Wettbewerb bei den Zahlungssystemen gefordert wird.

Hier könnte jedoch eingewandt werden, daß Zahlungsverkehr und Kreditvergabe unauflöslich miteinander verbunden sind. Zu jeder Zeit müßten bei der Zahlungsverkehrsbank vorübergehend negative Salden auf den Transaktionskonten der Kunden entstehen. Diese Soll-Salden stellten aber einen kurzfristigen Kredit dar. (Wie allgemein bekannt, finden solche kurzfristigen Inanspruchnahmen von Kredit bereits heute fortwährend in den großen Clearing-Netzen statt, wo die Banken über den Tag hinweg enorme Schuldnerpositionen aufbauen.[9]) Keine Bank sei aber bereit (so das Argument) ihren Kunden Blankokredite, womöglicherweise noch in erheblicher Höhe, einzuräumen. Also müsse im voraus festgelegt werden, in welcher Höhe welche Kunden Kredit in Anspruch nehmen dürften. Damit befinde man sich aber bereits wieder im klassischen Kreditgeschäft.

Dieses Argument spricht eher für Verbundvorteile als für eine unauflösliche Symbiose zwischen Zahlungsverkehr und Kreditgeschäft. Wie eben bereits gesagt, wäre es technisch möglich, einen Negativsaldo bei einer Zahlungsverkehrsbank sofort in einen kurzfristigen Kredit bei einer Kreditbank umzuwandeln. Die Frage ist, ob dies auch die kostengünstigste Lösung ist, bzw. ob sie sich im Wettbewerb durchsetzen würde. Dies ist a priori wohl kaum zu entscheiden. Im Falle von relativ "zahlungsverkehrsnahen" Krediten, wie kurzfristigen Überziehungskrediten erscheinen Verbundvorteile zwischen Zahlungsverkehr und Kreditvergabe plausibel. Bei längerfristigen Krediten hingegen, spricht für Verbundvorteile wohl noch am ehesten die Möglichkeit der Mehrfachnutzung von Kundeninformationen, die bei den täglichen Transaktionen gewonnen werden. Die Informationen, die der Zahlungsverkehr über einen Kunden generiert, können bei anderen Geschäften, insbesondere natürlich der Kreditvergabe, erneut genutzt werden. Auch an dieser Argumentation wurden jedoch im vorangegangenen Kapitel Zweifel laut. So wurde darauf hingewiesen, daß die Kosten der Mehrfachnutzung von Informationen im Bankwesen vorerst noch mit erheblichen Kosten verbunden sind. Ferner wurde dargelegt, daß Transaktionsdaten handelbar sind und gegenwärtig schon gehandelt werden. Letztlich wird deshalb nur die Erfahrung darüber Aufschluß geben können, ob sich eine Trennung von Zahlungsverkehrs- und Kreditfunktion ökonomisch durchsetzt oder nicht. Wichtig ist, daß Regulierungen nicht von vorneherein einen Markttest dieser Frage unmöglich machen.

Die geschilderten Zahlungssysteme könnten von den verschiedensten Unternehmen betrieben werden. Dies setzt allerdings voraus, daß Wettbewerb bei solchen Systemen funktioniert. Träfe es hingegen zu, daß das Betreiben eines Zahlungssystems die Charak-

---

9 Unter der Überschrift Payment-Systems Risk ist diese Tatsache seit längerer Zeit Gegenstand öffentlicher Diskussion. Vgl. die Literaturangaben in Fn. 23 in Kapitel 3.

terstika eines natürlichen Monopols aufweist, oder sprächen andere Gründe für ein Monopol, gäbe es nur ein einziges allumfassendes nationales Zahlungssystem, das dann von der Zentralbank oder auch von einem privaten (möglicherweise staatlich regulierten) Unternehmen betrieben würde. Wäre jedoch Wettbewerb funktionsfähig, könnte die Rolle der Zentralbank im Zahlungsverkehr auf die der obersten Clearing- und Settlementstelle beschränkt werden. Die Zentralbank wäre dann die zenrale Schaltstelle, an der alle konkurrierenden Zahlungsverkehrssysteme schließlich zusammenkommen. Der Betrieb der eigentlichen Zahlungsinfrastruktur hingegen wäre Sache der verschiedenen Wettbewerber. Möglicherweise wachsen, wie bereits gesagt, mehrere der bestehenden Banken in diese Rolle hinein, indem sie sich entsprechend spezialisieren. Ebenso in Frage kämen aber Telekommunikationsunternehmen oder Unternehmen aus anderen Wirtschaftsbereichen. Zu diskutieren wäre die Frage, ob die Zentralbank, über ihre Funktion als zentrale Clearingstelle hinaus, auch ihrerseits am Wettbewerb der Zahlungsverkehrssysteme teilnehmen sollte. Dies wäre zu verneinen, wenn ein Konflikt zwischen ihren Regulierungsaufgaben und ihrer Rolle als Wettbewerber zu befürchten wäre. Dazu unten mehr.

Bei diesen Überlegungen wurde bisher stillschweigend immer vorausgesetzt, daß die Zahlungsverkehrssysteme ein homogenes Produkt anbieten, nämlich den klassischen Zahlungsverkehr über Bankdepositen. Dies entspricht jedoch schon heute nicht mehr der Realität. Kreditkartengeschellschaften und die weiter unten noch ausführlich zu besprechenden Geldmarktfonds konkurrieren schon heute mit den bankvermittelten Zahlungssystemen.[10] Bei den Geldmarktfonds werden teilweise schon Zahlungsvorgänge durch direkten Tausch von Anteilen an diesen Fonds abgewickelt. Warum sollten nicht weitere innovative Zahlungsinstrumente erfunden werden, die jeweils auf ihren eigenen Telekommunikationsnetzen angeboten würden? Davon abgesehen, könnten die verschiedenen Zahlungsverkehrsunternehmen über Zusatzleistungen miteinander konkurrieren. Die Citibank beispielsweise bietet ihren Kunden ein Spezialtelefon an, daß mit einer besonderen Vorrichtung versehen ist, über die eine sogenannte Prepaid-Card wieder aufgeladen werden kann.[11] Praktisch bedeutet das, daß der Kunde vermittels dieses Telefons sein Konto bei der Citibank anwählt, seine Karte in das Telephon einführt, und sie durch Wählen einer bestimmmten Nummernfolge mit dem gewünschten Geldbetrag "auflädt".

---

10 Die Kreditkartengesellschaften verstehen sich durchaus in diesem Sinne. Vgl. den allerdings noch sehr vorsichtigen Beitrag von D. Hock: Konkurrenz für Banken oder: Die Zukunft der Finanzmonopole. In: bank und markt, Zeitschrift für Unternehmensführung und Marketing, Sonderausgabe Zahlungsverkehr und Bankgeschäft, 10. Jg., 15.4.1981, S.4 ff.

11 Vgl. E. H. Solomon: Electronic Money and Payments. In: E. H. Solomon: Electronic Money Flows - The Molding of a New Financial Order. Boston et al. 1991, S. 28.

Ideen dieser Art dürften in einem Wettbewerb der Zahlungssysteme eine große Rolle spielen. Ihre Entdeckung würde durch den Wettberb der Zahlungssysteme gefördert. Eine solche Konkurrenz wäre also nicht nur eine Konkurrenz um die billigere, verläßlichere und schnellere Abwicklung von Zahlungsvorgängen, sondern auch ganz entscheidend eine Konkurrenz neuer Zahlungsinstrumente und neuer Zusatzleistungen.

Im folgenden soll nun untersucht werden, ob Wettbewerb bei Zahlungsverkehrssystemen funktionsfähig und volkswirtschaftlich sinnvoll ist. Man kann bei der Erörterung dieser Fragestellung im wesentlichen drei Themenkomplexe unterscheiden:

(1) Die Frage des natürlichen Monopols. Ist der elektronische Zahlungsverkehr ein natürlicher Monopolbereich? Wenn ja, wer soll der Träger des nationalen Zahlungssystems sein? Die Zentralbank? Ein privater Anbieter? Ein Gemeinschaftsunternehmen der Geldinstitute?

(2) Die Frage nach negativen strukturellen Auswirkungen des Wettbewerbs. Droht bei verstärktem Wettbewerb nicht ruinöse Konkurrenz? Ist nicht eine Vielfalt von inkompatiblen Systemen zu erwarten, die die Einheitlichkeit und Funktionsfähigkeit des Zahlungsverkehrs beeinträchtigt? Würde eine Marktöffnung nicht zum Marktzutritt branchenfremder Unternehmen (Non-Banks und Near-Banks) führen? Würden unter einem solchen Regime noch alle Landesteile zu gleichen Bedingungen mit Zahlungsverkehrsleistungen versorgt?

(3) Die Frage negativer geldpolitischer Auswirkungen. Was sind die geldpolitischen Konsequenzen von Wettbewerb im Zahlungsverkehr? Ist es aus geldpolitischen Gründen besser, einen derartigen Wettbewerb zu untersagen und die bestehende Kooperation zwischen Geldinstituten und Zentralbank beizubehalten?

Diese Fragen sollen nun genauer diskutiert werden.

3. Ist das Zahlungssystem ein natürliches Monopol?

Will man diese Frage beantworten, ist zunächst zu unterscheiden, ob die Anbieter von Zahlungsverkehrsleistungen ihre eigene physische Netzinfrastruktur errichten müssen oder ob sie ihren Dienst mithilfe von Mietleitungen erbringen können, die sie von einem Telekommunikationsunternehmen anmieten.

Werden Mietleitungen genutzt, ist die These vom natürlichen Monopol wenig wahrscheinlich. Der Anbieter ist in diesem Fall Anbieter eines Mehrwertdienstes. Die Erfahrung zeigt, daß im Bereich der Mehrwertdienste Wettbewerb funktioniert. In den Ländern, die ihr Telekommunikationswesen liberalisiert haben, gibt es mittlerweile eine Fülle solcher Dienste. Das heißt, daß zumindest von seiten der Netzinfrastruktur keine ökonomischen Kräfte in Richtung auf ein natürliches Monopol ausgehen. Wenn Mietleitungen genutzt werden, muß sich die Vermutung eines natürlichen Monopols auf andere Faktoren stützen, vor allem auf den hohen Fixkostenblock, der durch die benötigte Rechenkapazität und die erforderliche Software hervorgerufen wird. Obwohl hier letztlich nur empirische Studien Aufschluß geben können, ist auch diese Begründung nicht plausibel. In den vergangenen zwei Kapiteln wurden viele Beispiele genannt, wo hohe Fixkosten als Folge von Hardware- und Softwareaufwand eine große Rolle spielten. In keinem dieser Fälle hatte aber ein Unternehmen alle anderen vom Markt verdrängt. Es gibt z.B. in den USA mehrere Bankautomatennetze nebeneinander und mehrere Kreditkartennetze. Ebenso gibt es in anderen Branchen Mehrwertdienste, die ebenfalls einen erheblichen Aufwand an Soft- und Hardware erfordern. Sprichwörtlich sind hier die Reservierungssysteme. Aber auch in diesen Bereichen hat bisher kein Unternehmen eine Monopolposition erreicht. Aus diesen Gründen kann die These vom natürlichen Monopol nicht überzeugen.

Nicht so klar läge der Fall, wenn Zahlungsverkehrsdienste auf der Basis eigener physischer Netze zu erbringen wären.[12] Es wurde lange geglaubt, daß ein physisches Telekommunikationsnetz die Charakteristika eines natürlichen Monopolbereichs aufweist. Neuere ökonometrische Studien haben jedoch auch hier Zweifel gesät, solange es sich nicht um räumlich eng umgrenzte, kabelgebundene Netze handelt. Auch die bisher einzige für den Telekommunikationsbereich der Bundesrepublik Deutschland angestellte ökonometrische Studie kann die These vom natürlichen Monopol nicht bestätigen.[13] Insofern ist selbst bei Errichtung eines eigenen Telekommunikationsnetzes nicht zu erwarten, daß sich auf Dauer nur ein einziger Anbieter im Markt halten könnte. Es bestehen deshalb starke Anhaltspunkte dafür, daß Wettbewerb im Zahlungsverkehr funktionsfähig ist. Er funktioniert sogar de facto schon, wie die verschiedenen Kreditkartengesellschaften in allen Ländern zeigen. Zieht man darüberhinaus die Möglichkeit *europaweit*

---

12 Dazu könnten höchstens Sicherheitsüberlegungen zwingen.

13 D. Elixmann: Econometric Estimation of Production Structures: The Case of the German Telecommunications Carrier. Diskussionsbeitrag Nr. 57 des Wissenschaftlichen Instituts für Kommunikationsdienste, Bad Honnef 1990. Insofern gilt nicht mehr Godschalks Aussage (a.a.O., S. 217), daß der natürliche Monopol-Charakter eines offenen elektronischen Datenübertragungsnetzes "auch in der deutschen Diskussion nahezu unumstritten" sei.

operierender Zahlungsverkehrsunternehmen in Betracht, die in einem einheitlichen europäischen Binnenmarkt durchaus denbar wären, wird die These vom natürlichen Monopol selbst bei der Errichtung eigener Telekommunikationsinfrastrukturen noch unplausibler.[14]

Es wird häufig übersehen, daß darüberhinaus das Argument des natürlichen Monopols noch kein Argument gegen die Zulassung von Wettbewerb ist. Im Gegenteil: Besser als alle a priori Argumente ist gerade der Wettbewerb in der Lage festzustellen, ob ein bestimmter wirtschaftlicher Tätigkeitsbereich ein natürlicher Monopolbereich ist oder nicht.[15] Setzt sich auf Dauer nur ein Unternehmen durch, so handelt es sich in der Tat um ein natürliches Monopol.

Dieser Argumentation wird seit nunmehr zehn Jahren das Phänomen der sogenannten Nicht-Marktzutrittsresistenz (Non-Sustainability) eines natürlichen Monopols entgegengehalten. Dieser Fall tritt auf, wenn die Kostenfunktion des natürlichen Monopols gewisse Charakteristika aufweist, auf die hier nicht näher eingegangen werden soll.[16]

Im vorigen Kapitel dürfte deutlich geworden sein, welche Schwierigkeiten es bereits macht, an einer Kostenfunktion so einfache Eigenschaften wie die Existenz von Größenvorteilen nachzuweisen. A fortiori dürfte es so gut wie unmöglich sein, zu zeigen, daß Unsustainability in einer konkreten Situation tatsächlich vorliegt. Darüberhinaus sind Monopole in der Realität nicht jene fragilen Gebilde, als die sie in der Theorie der Unsustainability geschildert werden. Wie zum Beispiel der Telekommunikationssektor in allen Ländern zeigt, hat Marktzutritt keineswegs zum sofortigen Zusammenbruch der vormaligen Monopole geführt. Dieser Befund ist umso bedeutsamer, als die Theorie der Nicht-Marktzutrittsresistenz gerade zur Verteidigung des Monopols von AT&T entwikkelt wurde.[17] Es erscheint unvernünftig, unter Berufung auf einen theoretisch möglichen,

---

14 Soweit erkennbar, haben aber die bestehenden europäischen Politikinitiativen eher ein europäisches Zahlungsverkehrsmonopol im Auge. Die Begründung ist das Payment-Systems-Risk. Vgl. T. Padoa-Schioppa: Large-Value Payment Systems: a European Perspective. Vortrag auf der 12th Payment Systems International Conference, London, 6 October 1992. Padoa-Schioppa ist Deputy Director General der Zentralbank Italiens.

15 Wie im vorangegangenen Kapitel bereits erwähnt, nennt Stigler dies den Survivor Test. Vgl. G. Stigler: The Economies of Scale. In ders.: The Organization of Industry. Chicago 1968, S. 71 ff.

16 Vgl. W. Baumol, J. Panzar, R. Willig: Contestability and the Theory of Industry Structure. Revised Edition. San Diego 1988. Vgl. auch B. Wieland: Die ökonomische Theorie des natürlichen Monopols. Ders.: Größenvorteile und natürliches Monopol aus empirischer Sicht. Diskussionsbeiträge zur Telekommunikationsforschung, Nr.2 und 13, Wissenschaftliches Institut für Kommunikationsdienste, Bad Honnef, August 1983 und Juni 1985.

17 Vgl. das Vorwort von Elizabeth Bailey zum genannten Buch von Baumol, Panzar und Willig. Zum AT&T-Fall vgl. B. Wieland: Die Entflechtung des amerikanischen Fernmeldemonopols. Berlin, Heidelberg, New York 1985.

in der Realität aber bisher nicht beobachteten - ja wahrscheinlich noch nicht einmal beobachtbaren - Fall den Wettbewerb auszuschließen.

Selbst wenn nun aber der Wettbewerb zeigen sollte, daß nur ein Unternehmen überlebt, sollte dennoch Marktzutritt jederzeit möglich bleiben. Die permanente Marktzutrittsdrohung neuer Konkurrenten übt nämlich auf das sich bereits im Markt befindliche Unternehmen einen permanenten Druck in Richtung Effizienz und in Richtung niedriger Gebühren aus.[18] Dies gilt allerdings nur, wenn keine zu hohen Marktzutrittsbarrieren existieren. Ist der Marktzutritt mit hohen Sunk-Cost verbunden,[19] wird die Marktzutrittsdrohung geringer. Es ist aber nicht zu erwarten, daß im Falle von privaten Zahlungssystemen die Marktzutrittskosten so hoch sind wie etwa bei der Errichtung eines Telekommunikationsnetzes oder eines Eisenbahnnetzes. Mietleitungsnetze verursachen zwar eine hohe monatliche Belastung, sind aber jederzeit wieder auflösbar. Das gleiche gilt für Rechnerkapazität. Eigene Rechner können am Markt wieder verkauft, angemietete Rechenkapazität wieder gekündigt werden. Anders ist es allerdings mit der erforderlichen Software. Doch auch diese Aufwendungen erreichen nicht die Höhe wie in der Telekommunikation oder im Eisenbahnbau.

Diese Überlegungen leiten direkt zu folgender Frage über: Gesetzt, es würde sich im Gegensatz zu dem eben Gesagten dennoch nur ein einziges Zahlungssystem am Markt durchsetzen, wer soll dann der Eigentümer oder Betreiber des Zahlungssystems sein? Die hier vertretene Antwort lautet: Solange Marktzutritt prinzipiell zugelassen ist und solange die Marktzutrittsbarrieren nicht zu hoch sind, ist nicht einzusehen, warum dies nicht ein privater Betreiber sein sollte. Da die permanente Drohung neuen Wettbewerbs ihn zur Effizienz und zu einer kostenorientierten Gebührenpolitik zwingt, ist ein Mißbrauch seiner Monopolstellung nicht zu befürchten. Erst wenn der potentielle Wettbewerb nicht funktionieren sollte, könnte an eine öffentlich-rechtliche Trägerschaft oder an eine Regulierung im Sinne der angelsächsischen Public-Utility-Regulation gedacht werden.[20] Ar-

---

18 Dies ist die Kernaussage der sogenannten Contestability Literatur, deren Bibel das bereits zitierte Buch von Baumol, Panzar und Willig ist. Die zweite Auflage dieses Buches enthält ein neues abschließendes Kapitel über die theoretischen Entwicklungen seit dem ersten Erscheinen dieses Buches im Jahr 1982.

19 Zum Begriff der Sunk-Cost vgl. Baumol, Panzar, Willig, a.a.O. Zum Begriff der Marktzutrittsbarrieren vgl. G. Stigler: Barriers to Entry, Economies of Scale, and Firm Size. In ders.: The Organization of Industry. Chicago 1968, Kapitel 6. Eine weitergehende Analyse von Markzutrittsbarrieren ist C.C. von Weizsäcker: Barriers to Entry: A Theoretical Treatment. Berlin 1980.

20 Diese Position steht in klarem Gegensatz zur Selbstverständlichkeit mit der etwa Godschalk von vorneherein eine Eigentümerfunktion der Zentralbank begrüßt.

gumente für eine Trägerschaft der Zentralbank könnten demnach allenfalls aus geldpolitischer Sicht vorgebracht werden. Darauf wird der nächste Abschnitt näher eingehen.

Wenn diese Überlegungen richtig sind, stellt sich allerdings die Frage, warum es bisher z.B. in Deutschland nicht zu einer Wettbewerbslösung im Zahlungsverkehr gekommen ist, sondern warum kooperative Ansätze vorherrschen. Man könnte auf den Gedanken verfallen, einen Grund hierfür in der von Buchanan begründeten ökonomischen Theorie der Clubs zu suchen.[21]

Nach der Theorie der Clubs schließen sich mehrere Konsumenten eines Gutes (etwa eines Tennisplatzes oder eines Swimming-Pools) zu einer Produktions- und Konsumgemeinschaft zusammen, wenn die Kosten der Erstellung dieses Gutes für einen einzelnen zu hoch sind. Damit ist gemeint, daß die insgesamt einzugehenden Kosten den Nutzen eines einzelnen Konsumenten übersteigen. Werden die Kosten aber geteilt, sinkt der Beitrag des einzelnen Konsumenten so stark, daß das Gut produziert werden kann. Dafür tritt nun aber das Problem der Überfüllung oder Verstopfung auf. Der Konsument hat den Tennisplatz nicht mehr zur alleinigen Verfügung, sondern muß ihn mit den anderen Clubmitgliedern teilen.

Daraus ergibt sich die Notwendigkeit, eine optimale Mitgliedsgröße des Clubs festzulegen. Dieses Optimum ergibt sich bei jener Mitgliederzahl, bei der die zusätzliche Kostensenkung, die durch das letzte aufgenommene Mitglied hervorgerufen wird, den zusätzlichen Nachteilen der Aufnahme dieses Mitglieds (infolge eines weiteren Nutzers des Gutes) entspricht.

Nun ist jedoch in der Realität zu beobachten, daß Güter wie Tennisplätze oder Swimming-Pools auch von privaten Unternehmern angeboten werden. In der Tat, wenn ein Club in der Lage ist, durch einen einheitlichen Mitgliedsbetrag ein solches Gut zu finanzieren, dann gelingt dies auch einem privaten Unternehmer über einen einheitlichen Preis. Warum kommt es dann aber überhaupt zu Clubs? Die wahrscheinlichste Antwort darauf lautet, daß ein Club neben dem gemeinsamen Konsum eines bestimmten Gutes auch noch ein Nebenprodukt abwirft, z.B. bestimmte soziale Kontakte, die die Clublösung interessant machen.

---

21 Vgl. J. Buchanan: An Economic Theory of Clubs. In: Economica, Vol. 32, 1965, S. 1 ff. Einen Überblick über die Theorie der Clubs geben T. Sandler, J. Tschirhart: The Economic Theory of Clubs: An Evaluation Survey. In: Journal of Economic Literature, Vol. 18, 1980, S. 1481 ff.

Auch ein Zahlungsverkehrssystem kann von einem privaten Unternehmer bereitgestellt werden. Wenn es dennoch zu einer genossenschaftsähnlichen Produktionsweise kommt, muß nach der Theorie der Clubs bei dieser Art der Produktion noch ein weiteres Gut als Kuppelprodukt abfallen, das den Clubmitgliedern wertvoll erscheint. Es ist jedoch schwer zu sehen, welcher Art dieses Gut sein sollte. Ginge es beispielsweise um den Austausch neuen technischen Know-Hows, so ließe sich dies auch auf anderem Wege bewerkstelligen (und wird in der Realität auch auf anderem Wege bewerkstelligt). Davon abgesehen, ist zu beobachten, daß bei Kooperationen im Bereich der Telekommunikation zumeist eine unanhängige Gesellschaft eingerichtet wird, die das System tatsächlich betreibt. Die Träger dieser Gesellschaft kommen also gar nicht so häufig in Kontakt.

Auch historisch gesehen liegen die Gründe für die genossenschaftsähnliche Produktionsweise zumeist anders als nach der Theorie der Clubs zu erwarten wäre.[22] Die beteiligten Institute erkennen in der Regel, daß die Größe des Marktes nur für einen einzigen Anbieter ausreicht. Eine clubartige Produktionsweise wird dann gewählt, um die Monopolstellung eines einzigen Unternehmens zu verhindern. Weiterhin haben gerade im Bereich der Telekommunikation Regulierungen zum Schutz des Fernmeldemonopols kooperative Lösungen erzwungen.[23] Es scheint deshalb, daß die Theorie der Clubs zu den wettbewerbspolitischen Fragen, um die es hier geht, kaum etwas beitragen kann.

Soviel zur Frage der Trägerschaft, für den Fall, daß das Zahlungsverkehrssystem eines Landes in der Tat ein natürlicher Monopolbereich ist. Wie aber bereits gesagt, ist es unwahrscheinlich, daß die These vom natürlichen Monopol zutrifft. Im folgenden soll deshalb stets unterstellt werden, daß mehrere private Anbieter von Zahlungssystemen auf dem Markt nebeneinander Platz haben. Dann stellt sich aber als nächstes die Frage, ob Wettbewerb, selbst wenn er möglich wäre, auch erwünscht ist.

4. Ist Wettbewerb wünschenswert?

In einer wettbewerblich orientierten Grundordnung ist eine solche Frage immer ein Kuriosum. Tatsache ist jedoch, daß in den meisten Ländern das Geld- und Kreditwesen

---

22 Vgl. beispielsweise die Begründungen zur "Vereinbarung für das institutsübergreifende Geldausgabeautomaten-System" im Mai 1979, die bei Godschalk, a.a.O., S. 131 ff. zusammengefaßt werden, oder die Entstehungsgeschichte des SWIFT-Netzes. (Die Geschichte des SWIFT-Netzes wird z.B. dargestellt in U. Schürenkrämer: Technologiebewertung des internationalen Datennetzes der Kreditinstitute - SWIFT in Prognose und Realität. Berlin 1987.) Vgl. auch Schmalenbach-Gesellschaft, Arbeitskreis "Planung in Banken" (Hrg.): Finanzwettbewerb in den 90er Jahren - Thesen und Informationen. Wiesbaden 1992, S. 141 (letzter Absatz zum Thema des Outsourcing).

23 In bezug auf Deutschland vgl. hierzu Pfeiffer, Wieland, a.a.O., S. 22 ff.

entweder eine wettbewerbliche Sonderstellung innehat (wie in Deutschland[24]) oder doch zumindest einer sehr starken Regulierung unterliegt. Da der Zahlungsverkehr ein Teil des Geldwesens ist, besteht offenbar eine starke Tendenz, auch ihm eine wettbewerbliche Ausnahmestellung einzuräumen.[25] In Deutschland hat das Kartellamt bisher keinerlei Anlaß gesehen, wettbewerbliche Bedenken gegen Kooperationen der Geldinstitute im Zahlungsverkehr zu erheben. Diese Haltung ist jedoch keineswegs selbstverständlich. Selbst wenn man einmal zugesteht, daß das Geld- und Kreditwesen seine wettbewerbliche Sonderstellung zu Recht einnimmt, ist noch nicht einzusehen, warum dies für alle seine Teilbereiche in gleicher Weise gelten sollte. Im Gegenteil, auch hier sollte die Beweislast bei denjenigen liegen, die den Wettbewerb auszuschalten oder zu beschränken wünschen. Welche Gründe könnten aber dafür sprechen, den Marktzutritt privater Anbieter von Zahlungssystemen zu verbieten?

Es überrascht nicht, daß die vorgebrachten Argumente, die gleichen sind, wie auch in anderen Branchen.[26] Da sie aus der Regulierungsliteratur hinreichend bekannt sind, kann die Diskussion hier kurz sein.

Das Argument des natürlichen Monopols wurde bereits behandelt. Ein weiteres Argument ist das Argument des ruinösen Wettbewerbs. In der hier vorgebrachten Form besagt es, daß die hohen Investitionen, die mit der Errichtung privater Zahlungssysteme verbunden sind, zur Kooperation oder zu einer staatlichen Lösung zwingen. Da der Markt nur eine begrenzte Zahl von Wettbewerbern tragen könne, sei - so das Argument - zu befürchten, daß der Wettbewerb zur Errichtung von Überkapazitäten führe. Diese Überkapazitäten würden einen ruinösen Preiskrieg zur Folge haben, der schließlich nur noch jene Unternehmen übrigließe, die der Markt wirklich tragen könne. Dabei könne es insbesondere dazu kommen, daß die verantwortungsbewußten Unternehmer, die erkennen, daß die niederigen Preise langfristig niemals zu halten sind, den Markt verlassen.[27] Damit seien aber - so das Argument - nicht nur die anfänglichen Investitionen nutzlos

---

24 § 102 des Gesetzes gegen Wettbewerbsbeschränkungen (GWB) stellt die Kreditwirtschaft frei vom Kartellverbot des § 1 GWB, vom Verbot vertraglicher Preis- und Konditionenabsprachen (§ 15 GWB) und vom Verbot von Verbandsempfehlungen (§ 38 GWB, Abs. 1, Nr. 11).

25 Vgl. Godschalk, a.a.O., S. 255 ff.

26 Eine Zusammenfassung findet man bei Godschalk, a.a.O., S. 201. Auf S. 205 spricht sich Godschalk auf der Basis dieser Argumente klar gegen die Zulassung von Wettbewerb aus. Einen zusammenfassende Diskussion der gemeinhin angeführten Pro-Regulierungsargumente findet man z.B. in C.C. von Weizsäcker: C.C. von Weizsäcker: Staatliche Regulierung - positive und normative Theorie. In: Schweizerische Zeitschrift für Volkswirtschaft und Statistik, Heft 3/1982, S. 325 ff.

27 Vgl. von Weizsäcker, a.a.O..

verschwendet, sondern es hätten auch gerade jene Unternehmen den Markt verlassen, bei denen dies aus volkswirtschaftlicher Sicht besonders unerwünscht sei.

Dieses Argument wird in fast allen Industrien vorgebracht, die durch hohe Fixkostenblöcke gekennzeichnet sind. Empirisch begründet wird es mit historischen Beispielen, wie etwa dem Eisenbahnbau in den USA des vorigen Jahrhunderts als z.B. sieben parallele Eisenbahnlinien zwischen Omaha und Chicago verliefen.[28] Ein anderes Beispiel ist die gegenwärtige Situation bei Nachrichtensatelliten, die durch hohe Überkapazitäten gekennzeichnet ist.

Hierzu ist zweierlei festzuhalten:

(1) In einer marktwirtschaftlichen Ordnung werden zu jeder Zeit eine Fülle von Experimenten angestellt. Solche Experimente sind gerade der Lebensnerv einer marktwirtschaftlichen Volkswirtschaft. Auch der Marktzutritt eines Unternehmens ist ein solches Experiment. Natürlich scheitert jeden Tag eine Fülle dieser Experimente und natürlich sind die Ressourcen, die für sie aufgewendet wurden, in einem vordergründigen Sinn verschwendet. Man darf jedoch daraus nicht den Schluß ziehen, daß solche "Verschwendung" verhindert werden müsse. In einem tieferen Sinn trägt sie zur Entwicklung der Volkswirtschaft bei und ist insofern nicht Verschwendung, sondern Investition.

(2) Es ist nicht zu vermuten, daß Unternehmer blindlings in eine Situation der Überkapazität hineinstolpern. Die Kooperationen im Zahlungsverkehr zeigen dies ja gerade. Gerade wenn hohe Investitionen im Spiel sind, ist anzunehmen, daß das zukünftige Marktpotential sehr sorgfältig abgeschätzt wird. Daß dabei Irrtümer auftreten können, die in der Tat zu Überkapazitäten führen, ist eine andere Frage, die zu Punkt (1) zurückführt. Im konkreten Fall privater Zahlungssysteme dürften darüberhinaus, wie bereits erwähnt, die erforderlichen Investitionen nicht so hoch sein, wie in anderen Branchen, da Mietleitungsnetze wieder kündbar und Computerkapazität am Markt wieder veräußerbar ist.

Ein weiteres Argument gegen Wettbewerb ist das der mangelnden Kompatibilität. Es wird vermutet, daß Wettbewerb zu einer Vielzahl verschiedener Systeme mit unterschiedlichen technischen Standards und Formaten führen könnte, die untereinander keine

---

[28] A. Alchian, W. Allen: University Economics. 3rd. ed. Belmont, Ca., 1972, S. 373.

Zahlungen austauschen können. Dieser Austausch ist aber wichtig. Ohne ihn würde jedes Wirtschaftssubjekt bei jedem Zahlungsverkehrssystem ein eigenes Transaktionskonto unterhalten, was einer ökonomisch ineffezienten Situation entspräche.

Auch dieses Argument kann nicht überzeugen. So ist es, erstens, durchaus mit Wettbewerb vereinbar, wenn Standards zentral gesetzt werden. Das kann entweder durch eine dafür zuständige Behörde geschehen oder durch ein Standardisierungsgremium, das von den Wettbewerbern, den Kunden und weiteren interessierten Parteien getragen wird. In anderen Branchen, etwa der Telekommunikation, gibt es für derartige Arrangements bereits Prototypen. Im Bereich des Zahlungsverkehrs scheint es natürlich, der Zentralbank eine solche Standardisierungsfunktion zuzusprechen. Dies allein schon deshalb, weil die die einzelnen Wettbewerber auf jeden Fall in der Lage sein müssen, mit der Zentralbank als oberster Clearingstelle zu kommunizieren. Das macht es ohnehin erforderlich, daß die Notenbank feste Kommunikationsstandards vorgibt. (Es ist dann allerdings fraglich, ob sie dann noch selbst einer der Wettbewerber sein sollte.) Zweitens, ist keineswegs von vorneherein sicher, daß es nicht von selbst zu einer Standardisierung kommt. Zwar liefert die ökonomische Theorie der Standardisierung hier noch keine eindeutigen Aussagen,[29] doch gibt es in der Industriegeschichte eine Fülle von Beispielen, wo sich Standards von selbst, ohne staatlichen Eingriff eingestellt haben. Die bekanntesten Beispiele sind der sogenannte QWERTY-Standard für Schreibmaschinentastaturen,[30] die 33 1/3 Norm für Schallplatten[31] oder der VHS-Standard für Videorecorder.

Mit dem Standardisierungsproblem hängt das Problem der Endgeräte, also der kundenbedienten Terminals des nationalen Zahlungsverkehrssystems zusammen. Nach Ansicht einiger Autoren ist nicht zu erwarten, daß etwa ein Supermarkt allen konkurrierenden Zahlungsverkehrsfirmen erlauben wird, bei ihm Terminals aufzustellen. Allein schon aus

---

29 Zur Einführung in das Thema der Standardisierung vgl. J. Farrell, G. Saloner: Economic Issues in Standardization. Working Paper, No. 393, Massachusetts Insitute of Technology, Department of Economics, October 1985. Vgl. ferner den umfassenden Übersichtsartikel von Paul David und Shane Greenstein: The Economics of Compatibility Standards: An Introduction to Recent Research. Vervielfältigt, Stanford Universität, 1990. Vgl. auch G. Pfeiffer: Kompatibilität und Markt. Baden-Baden 1989. D. Evans, S. Grossman: Integration. In: D. Evans (Hrg.) Breaking up Bell. New York 1983, S. 95 ff., hier S. 107 ff.

30 P. David: Clio and the Economics of QWERTY. In: American Economic Review, Vol. 75, May 1985, S. 332 ff. Davids Darstellung wird kritisiert von S. Liebowitz, S. Margolis: The Fable of the Keys. In: Journal of Law and Economics, Vol. 33, S. 1 ff.

31 Evans, Grossman, a.a.O..

diesem Grunde - so das Argument - sei eine kooperative Lösung im Zahlungsverkehr unumgänglich.[32]

Hieran ist sicherlich richtig, daß Wettbewerb im Zahlungsverkehr auch Wettbewerb bei den Terminals einschließt und daß es deshalb zu mehreren konkurrierenden Terminaltypen kommen könnte. Das Beispiel der Bankautomaten der Citibank im vorigen Kapitel war ein Beispiel für diese Art von Wettbewerb. Es ist jedoch kaum anzunehmen, daß es hier zu einer wahren Flut verschiedener Terminals kommen wird. Vermutlich wird der Anbieterkreis von Zahlungsverkehrssystemen eng umgrenzt bleiben. Diese Anbieter werden nun Anreize haben, dem Supermarkt die Kosten für die Aufstellung der Terminals zumindest zum Teil zu erstatten. So könnte beispielsweise der Aufwand für zusätzlichen Raumbedarf von den Anbietern getragen werden. Ferner könnte es auch Interconnect-Arrangements der einzelnen Wettbewerber untereinander geben. Ebenso, wie jetzt in den USA die konkurrierenden Telefongesellschaften sich gegenseitig Zugang zu ihren Netzen gestatten, könnten sich auch die Anbieter von Zahlungsverkehrssystemen gegenseitig Zugang zu ihren Terminals einräumen. Im Falle von Bankautomaten wird dies in den USA (und in Deutschland) bereits getan. Allerdings können dabei komplizierte Probleme in bezug auf die Höhe der Zugangsgebühren entstehen.[33] Es ist jedoch nicht einzusehen, warum diese Probleme nicht lösbar sein sollten.

Diese Aussagen gelten für Terminals, die den Charakter von Bankautomaten haben. Bei ladenkassenartigen Geräten ist der Betrieb von mehreren Terminals nebeneinander sehr viel unwahrscheinlicher. Es ist in der Tat kaum zu erwarten, daß ein Händler bereit sein wird, für jeden Kunden ein anderes Terminal zu bedienen. Hier wird es vermutlich zu einer Art von Standardgerät kommen müssen, mit dem mit allen Zahlungsverkehrsfirmen gleichzeitig kommuniziert werden kann. Darin wird dieses Terminal dem normalen Telephonapparat gleichen, mit dem ja ebenfalls mit allen konkurrierenden Telefongesellschaften kommuniziert werden kann.

---

32 Vgl. etwa Bernhardt, Dambmann, a.a.O., S. 82 und 136. ("Das Geschäft des Einzelhandels ist der Verkauf von Konsumgütern und nicht die Vermietung von Standflächen für Bankautomaten", S. 85.)

33 Vgl. E.H. Solomon: Banks, Consumers, and the Law. In: Dies. (Hrg): Electronic Money Flows - The Molding of a New Financial Order. Boston et al. 1991, S. 157 ff. Die Ökonomische Theorie des Zusammenschlusses von Bankautomatennetzen diskutiert N. Economides: Compatibility and the Creation of Shared Networks. In: Guerin-Calvet, M., Wildman, S. (Hrg.): Electronic Services Networks, A Business and Public Policy Challenge. New York et al. 1991, S. 39 ff. C. Matutes, A. J. Padilla: Shared ATM Networks and Banking Competition. In: European Economic Review, Vol. 38, 1994, S. 1113 ff.

Schließlich sei das Argument der gleichmäßigen Versorgung mit Zahlungsverkehrsleistungen im Raum aufgegriffen. Hier wird vermutet, daß die Zulassung privater Zahlungsverkehrssysteme dazu führen wird, daß einige Landesteile nur unzureichend oder zu hohen Gebühren versorgt würden. Die privaten Wettbewerber - so das Argument - würden nur die lukrativen Segmente des Zahlungsverkehrs bedienen.

Dieses Argument des "Rosinenpickens" ist insbesondere aus dem Verkehrswesen und der Telekommunikation bekannt. Im Bereich des Zahlungsverkehrs verfängt es jedoch nicht, da die Zahlungssysteme auf Mietleitungsnetzen aufbauen, d.h. eine bereits vorhandene Infrastruktur nutzen. Auch Banken im ländlichen Raum könnten sich per Mietleitung oder über das öffentliche Datennetz an ein privates Zahlungssystem anschließen. Die Entfernungskomponente der Telekommunikationstarife ist heute vernachlässigbar. Insofern gibt es keinen Grund, warum Wettbewerb im Zahlungsverkehr den ländlichen Raum benachteiligen sollte.

Soweit die Diskussion jener Argumente, die nicht im engeren Sinn geldpolitischer Natur sind. Wie wir gesehen haben, stellen sie keine überzeugende Argumentation gegen die Zulassung von Wettbewerb dar. Würde aber privaten Anbietern der Marktzutritt gestattet, so dürfte keine Rolle spielen, aus welcher Branche der Anbieter ursprünglich stammt. Telekommunikationsunternehmen müßten ebenso zugelassen sein, wie Kaufhausketten oder Kabelfernsehgesellschaften. Problematisch ist nicht die "Herkunft" der neuen Wettbewerber, sondern allenfalls ihr Potential zur Quersubventionierung von wettbewerbswidrigen Unterkostenpreisen. Es wäre denkbar - obwohl über eine längere Dauer nicht sehr wahrscheinlich - , daß eine Non-Bank niedrige Gebühren im Zahlungsverkehr durch überhöhte Preise in ihren anderen Geschäftsbereichen finanziert. (Dies setzt natürlich voraus, daß sie dort nur einem eingeschränkten Wettbewerb unterliegt.) Überlegungen dieser Art führen in das Gebiet des "Predatory Pricing", das aus anderen Industrien wohlbekannt ist. Dieses Thema soll hier nicht weiter verfolgt werden.[34] Es genügt darauf hinzuweisen, daß in anderen Branchen regulatorische Mechanismen eingesetzt werden, um derartige Mißbräuche zu verhindern. Hierzu gehört etwa die Verpflichtung zu einem getrennten Rechnungswesen oder die Vorschrift, für die Wettbewerbsaktivitäten eine eigene Tochtergesellschaft einzurichten.

---

34 Zum Thema des Predatory Pricing existiert eine umfassende Literatur. Zur ersten Orientierung vgl. J. Tirole: The Theory of Industrial Organization. Cambridge, Mass., 1988, Chapter 9. Vgl. auch den Übersichtsartikel mit dem Titel Predation, Monopolization and Antitrust, von Ordover und Saloner

Bedenken mögen sich aber in starkem Maße gegen die Kompetenz solcher Non- und Near-Banks richten. Die Erfahrung scheint jedoch zumindest in den USA diese Befürchtungen bisher nicht zu bestätigen. Gefährdungen für "Saftey and Soundness" des Bankwesens kommen hier umgekehrt eher aus dem traditionellen Segment dieser Branche (siehe die Savings- and Loans-Krise oder die internationale Verschuldungskrise). Es ist auch in der Tat nicht einzusehen, warum ein Kaufhauskonzern nicht in der Lage sein sollte, das gleiche kompetente Fachpersonal anzuwerben wie eine Bank. Selbst wenn man sich aber dieser Sicht nicht anschließen mag, besteht immer noch die Möglichkeit, die Wettbewerber strengen, regelmäßig stattfindenden Kontrollen zu unterwerfen. Auch das wäre eine Funktion, die der Zentralbank übertragen werden könnte. Dies würde jedoch, wie schon im Fall der Standardisierung ausschließen, daß sie selbst Wettbewerber ist. Die Zentralbank würde in einem solchen System also die Funktion einer Regulierungsbehörde übernehmen und nicht selbst Anbieter eines Zahlungsverkehrssystems sein.

Es mag gestattet sein, abschließend zu den ordnungspolitischen Problemen ein nichtökonomisches Argument gegen die staatliche Trägerschaft des Zahlungsverkehrs vorzubringen, das aber von größter Bedeutsamkeit ist. Dieses Argument bezieht sich auf den Schutz der Privatsphäre des Bürgers gegenüber dem Staat. In dem Maße nämlich, in dem sich Volkswirtschaften auf die "Cashless Society" hinbewegen, in dem also Bargeld immer mehr durch elektronische Zahlungsmittel abgelöst wird, hinterläßt jede Transaktion eines Bürgers eine elektronische Spur. Im Prinzip könnte in einem solchen Regime auf die Karteien der Einwohnermeldeämter verzichtet werden, da der gegenwärtige Aufenthaltsort einer Person jederzeit anhand seiner Transaktionen feststellbar ist. Ferner wäre es möglich, anhand dieser Transaktionen ein perfektes Persönlichkeitsprofil des Einzelnen zu erstellen. Auch Steuererklärungen wären im Prinzip nicht mehr erforderlich, da das Finanzamt alle erforderlichen Informationen bereits dem Zahlungsverkehrssystem entnehmen könnte. Der Leser ist frei, sich weitere Konsequenzen auszumalen.

Sicherlich ist ein solches Scenario einstweilen noch futuristisch. Ein Stück weit ist es jedoch schon heute realisiert und kann unter Umständen sehr schnell Wirklichkeit werden. Um Tocqueville zu zitieren: "Um jedoch die politische Freiheit zu verlieren, genügt es, sie nicht festzuhalten..."[35] Deshalb sollten diese Überlegungen bereits jetzt in die Diskussion mit einbezogen werden. Konkurrierende private Zahlungssysteme könnten dazu beitragen, ein solches Überwachungsregime zu verhindern. Die Vertraulichkeit wäre bei

---

im Handbook of Industrial Economics (Hrg.: R. Schmalensee, R. Willig). Amsterdam 1989, Chapter 9.

35 Alexis de Tocqueville: Über die Demokratie in Amerika. München 1976 (dtv-Ausgabe), S. 583.

ihnen, wie jetzt schon bei den Banken, einer der entscheidenden Wettbewerbsparameter. Eine weitere wichtige Vorkehrung bietet vermutlich die intelligente Chip-Karte.[36] Diese Karte kann immer wieder (etwa an einem Geldautomaten) mit elektronischen Geldeinheiten aufgeladen werden, die dann bei jeder Transaktion in entsprechender Höhe wieder abgezogen werden. Ein sehr einfacher Vorläufer dieser Art von Karte ist gegenwärtig schon die Telefonkarte. Wird die Chip-Karte so ausgestattet, daß ihre Nutzung anonym möglich ist, wäre schon ein weiterer wichtiger Schritt zum Schutz der Privatsphäre des Bürgers getan. Soll aber die anonyme Nutzung einer solchen Karte möglich sein, wird man sie nicht diebstahl- und mißbrauchssicher machen können. Dies wäre ja nur dann möglich, wenn vor jeder Nutzung eindeutig der Inhaber identifiziert werden könnte, was aber gerade vermieden werden soll. Ist jedoch die Karte nicht gegen Mißbrauch geschützt, wird man sie nicht mit großen Beträgen laden wollen. Das wiederum bedeutet, daß größere Transaktionen in einer Cashless-Society nach wie vor über Zahlungsnetze verlaufen werden. Deshalb ist auch die Chip-Karte kein Grund, eine staatliche Trägerschaft des Zahlungsverkehrs für unbedenklich zu halten.

5. Geldpolitische Aspekte

Nach dieser rein wettbewerbspolitischen Diskussion bleibt die Frage zu beantworten, ob nicht geldpolitische Gründe gegen eine Zulassung von Wettbewerb im Zahlungsverkehr sprechen. Diese Frage wirft eine Fülle von schwierigen Problemen auf, die mit der Rolle des Geldes und der Wirksamkeit der Geldpolitik in einer von der Telematik geprägten Volkswirtschaft ganz allgemein zusammenhängen. Es ist unmöglich, diese Probleme hier erschöpfend zu behandeln. Einige der zentralen Fragestellungen sollen aber zumindest in Ansätzen dargestellt werden.[37]

Die Erfahrungen des letzten Jahrzehnts haben klargemacht, daß es den Banken auf Dauer nicht gelingen wird, Einlagen auf Girokonten nicht (oder nur bei einem gößeren Einlagenvolumen) marktgerecht zu verzinsen. Die geringen Kosten der Datenverarbeitung und -kommunikation machen heute Finanzprodukte möglich, die den Transaktionskomfort eines Girokontos mit einer marktmäßigen Verzinsung kombinieren. Besonders zukunftsweisend sind vermutlich die sogenannten Geldmarktfonds.

---

36 Siehe Fußnote 47 im vorigen Kapitel.

37 Als einführende Literatur sei genannt: B. Herz: Geldpolitik bei finanziellen Innovationen. Frankfurt a.M. 1988. K. Ruckriegel: Finanzinnovationen und nationale Geldpolitik. Bayreuth 1988. Vgl. auch J. Sijben: Financial Innovations, Monetary Policy and Financial Stability. In: Kredit und Kapital, 21. Jg., 1988, S. 45 ff. Aus Sicht der Deutschen Bundesbank: P. Bofinger: Geldpolitische Regulierungen und Finanzinnovationen. In: Aussenwirtschaft, Heft II/III, 1987, S. 251 ff.

Statt ein Girokonto bei einer Bank zu halten, kann hier der Kunde Anteile an einem solchen Fonds erwerben. Die Gelder, die den Fonds auf diese Weise zufließen, investieren sie in kurzlaufende Geldmarktpapiere. Die Anteile der Kunden stellen einen proportionalen Anspruch auf die Erträge und das Vermögen des Fonds dar. Will nun ein Kunde einen Kauf tätigen, etwa einen Fernseher erwerben, geschieht folgendes:[38] Er schreibt in Höhe der benötigten Summe einen Scheck aus, der auf den betreffenden Fonds gezogen ist, oder benutzt eine entsprechende Plastikkarte. Das Rechenzentrum des Fonds errechnet daraufhin, wieviele Anteile des Kunden am Fondsvermögen zum aktuellen Tageskurs verkauft werden müssen. Nun gibt es zwei Möglichkeiten. Verfügt der Fernsehhändler nur über ein Girokonto, werden die betreffenden Anteile verkauft und der entsprechende Geldbetrag dem Girokonto des Fernsehhändlers gutgeschrieben. Es kann aber sein (und wird vermutlich in der Zukunft immer mehr der Fall sein), daß auch der Fernsehhändler Anteilseigner eines Fonds ist. Dann können die beiden Fonds ein Clearing durchführen, in dem Aktiva vom Fonds des Kunden zum Fonds des Fernsehhändlers wandern. Bei dieser zweiten Lösung wird Geld im Sinne von Zentralbankgeld nicht benötigt.

Diese zweite Variante legt nahe, daß es langfristig zu einer radikalen Substitution von Zentralbankgeld durch andere Geldarten kommen könnte. Es ist gegenwärtig noch nicht klar, wie Geldpolitik in einer solchen Welt gestaltet werden müßte oder ob sie überhaupt noch möglich und notwendig ist. (Vgl. die Ausführungen zu den New Monetary Economics im nächsten Abschnitt.) Für die Zwecke dieser Untersuchung möge es genügen, eine etwas weniger langfristige Perspektive einzunehmen. Es sei unterstellt, daß sich zwar Anlageformen nach Art der Geldmarktfonds in starkem Maße durchsetzen werden, und daß es auch in bedeutendem Maß zum direkten Aktivatausch der geschilderten Art kommen wird, daß aber Giral- und auch Bargeld immer noch eine wichtige Rolle spielen. Dies setzt allerdings vermutlich voraus, daß die Depositen eine den Marktverhältnissen zumindest angenäherte Verzinsung aufweisen. Andernfalls wären Bankendeposite gegenüber den anderen Transaktionsinstrumenten nicht mehr konkurrenzfähig und würden bis auf ein minimales Volumen abschmelzen.

Welche geldpolitischen Probleme treten in einer solchen Welt auf?

---

38 Vgl. A. Phillips, M. Berlin: Technology and Financial Services: Regulatory Problems in a Deregulated Environment. Discussion Paper No.8, Fishman Davidson Center for the Study of the Services Sector, The Wharton School, University of Pennsylvania, June 1985, S. 9 f. Vgl. auch C.C. von Weizsäcker: Inwieweit ist es notwendig Kapitalmärkte zu regulieren? In: D. Schneider (Hrg.): Kapitalmarkt und Finanzierung. Schriften des Vereins für Socialpolitik N.F., Bd. 165, Berlin 1987, S. 71 ff. hier S. 76 f.

Der klassische Transmissionsmechanismus geldpolitischer Maßnahmen beruht darauf, daß Depositen und andere Anlageformen eine hinreichend unterschiedliche Verzinsung aufweisen. Verkauft die Notenbank beispielsweise kurzfristige Staatsschuldtitel, steigt deren Rendite. Mit steigenden Zinsen werden die Opportunitätskosten der Geldhaltung größer und das Publikum vermindert die Depositenbestände.

In dem Augenblick, wo Depositen eine marktmäßige Verzinsung aufweisen, greift dieser Mechanismus nicht mehr. Die Nachfrage nach Depositen wird zinsunelastisch.[39] Unterstellt man die übliche Geldnachfragefunktion der Form $M^d = M^d(Y,r)$ bedeutet das, daß die Geldnachfrage ganz überwiegend vom nominalen Einkommen Y bestimmt wird, der Einfluß des Zinses r aber vernachlässigbar ist.[40]

Ein Szenario dieser Art entspricht dem frühen monetaristischen Weltbild einer weitgehend konstanten Umlaufgeschwindigkeit des Geldes, einem stabilen Geldmengenmultiplikator und damit einer makroökonomisch hohen Wirksamkeit von Geldmengenveränderungen. Insofern die Telematik eine marktmäßige Verzinsung der Sichteinlagen erzwingt, scheint sie auf den ersten Blick also die Wirksamkeit der Geldpolitik eher zu fördern als zu verringern.

An dieser Stelle müssen jedoch zwei Arten von Steuerungsproblemen unterschieden werden. Zum einen fragt sich, welches Geldmengenaggregat die Notenbank überhaupt steuern kann. Die Notenbank muß das von ihr als maßgeblich erachtete Geldmengenaggregat im voraus bestimmen und in gewünschter Weise manipulieren können. Unmittelbare Kontrolle hat sie im Grunde nur über die Zentralbankgeldmenge. Die anderen Geldmengenaggregate kann sie nur entsprechend deren Zusammenhang mit der Zentralbankgeldmenge beeinflussen. Zum anderen fragt sich, welchen Zusammenhang die jeweiligen Geldmengenaggregate mit den eigentlich anvisierten makroökonomischen Zielvariablen, wie etwa Bruttoinlandsprodukt (BIP) oder Preisniveau haben.

---

39 Da Bargeld nicht verzinst wird, erstreckt sich dieser Effekt nicht auf das Bargeld. Dies ändert jedoch nichts daran, daß die Geldnachfrage insgesamt zinsunelastischer wird. Rein quantitativ spielt Bargeld gegenüber dem Giralgeld nur eine nebengeordnete Rolle.

40 Im traditionellen IS-LM Diagramm führt dies zu einer steilen LM-Kurve. Im Extremfall, in dem die Geldnachfragefunktion gar keine Zinselastizität mehr aufweist, verläuft die LM-Kurve sogar vertikal. Für eine Analyse der in diesem Abschnitt angesprochenen Probleme im Rahmen des IS-LM Diagramms vgl. J. Tobin: Financial Structure and Monetary Rules In: Kredit und Kapital, Nr. 2, 1983, S. 155 ff. Vgl. auch L. Menkhoff: Makroökonomische Wirkungen der Einführung von Geldmarktfonds. In: Konjunkturpolitik, Heft 6, 1990, S. 378 ff.

In einer Welt, in der nicht nur Bargeld und Depositenguthaben zu Zahlungszwecken genutzt werden, sondern auch viele andere Finanzaktiva, ist die makroökonomisch relevante Geldmenge im voraus nicht mehr klar bestimmbar. Aufgrund der Telematik sind die Substitutionskosten zwischen den einzelnen Finanzaktiva stark gesunken. Deshalb können die Wirtschaftssubjekte in Reaktion auf Finanzinnovationen oder auf den gerade verfolgten Kurs der Geldpolitik zwischen diesen Finanzaktiva umschichten. Damit hat die makroökonomisch relevante Geldmenge gewissermaßen keine klaren Grenzen zu den anderen Finanzaktiva mehr.

Statistisch schlagen sich Umschichtungen zwischen Depositen und anderen liquiden Finanzaktiva in einer höheren Volatilität der Umlaufsgeschwindigkeit (bezüglich M1) und damit in einer verringerten Stabilität der Geldnachfragefunktion (bezüglich M1) nieder, wie sie in den USA seit Mitte der 70er Jahre tatsächlich zu beobachten ist. Damit lockert sich aber der Zusammenhang zwischen M1 und dem Einkommen und dem Preisniveau. Die Möglichkeiten einer makroökonomischen Steuerung auf der Basis von M1 sind geringer geworden.

Die gerade dargestellten Schwierigkeiten stimmen gut zu den Doktrinen einer bestimmten Richtung der Geldtheorie, der sogenannten Liquiditätstheorie.[41] Nach Ansicht der Liquiditätstheoretiker ist die Steuerung der Geldmenge immer schon ein illusorisches Ziel gewesen. Die Menge der von den Wirtschaftssubjekten tatsächlich zu Zahlungszwecken genutzten Finanzaktiva ist plastisch; sie paßt sich der Wirtschaftsaktivität an. Beabsichtigt die Zentralbank eine Kontraktion der Geldmenge, weichen die Wirtschaftssubjekte auf Geldsubstitute aus. Umgekehrt können sie nicht dazu veranlaßt werden, mehr an Geld zu halten, als sie tatsächlich wünschen.[42]

---

41 Dieser Ansatz wurde von Tobin und den Autoren des Radcliffe Reports begründet. Eine gut geschriebene Darstellung der Liquiditätstheorie ist R. Schittko: Der Liquditätsansatz in der Geldtheorie. Bochum (Studienverlag Dr. N. Brockmeyer) 1980. Die klassischen Artikel von Tobin, in denen die "Yale Richtung" der Liquiditätstheorie begründet wird sind: J. Tobin: Commercial Banks as Creators of "Money". In: Deane Carson (Hrg.) Banking and Monetary Studies, Homewood, Ill., 1963, S. 408 ff. J. Tobin, W. Brainard: Financial Intermediaries and the Effectiveness of Monetary Controls. In: American Economic Review, Vol. 53, 1963, S. 383 ff. Ferner: J. Tobin: A General Equilibrium Approach to Monetary Theory. In: Journal of Money, Credit, and Banking, Vol.1, 1969, S. 15 ff. Alle drei Aufsätze sind wiederabgedruckt in Tobins Essays in Economics. Vol. I, Macroeconomics. Chicago 1971.

42 Im Grunde wurde dieser Ansatz bereits von der Banking-Schule im berühmten Streit um die Peelsche Bankakte zwischen der Banking und der Currency Schule im vorigen Jahrhundert vertreten. Der § 4 des in der vorigen Fußnote zitierten Buches von R. Schittko bringt eine ausführliche Darstellung dieser Kontroverse, wobei die Sympathien der Autorin auf der Seite der Banking Schule sind.

Angesichts der neuen Finanzinstrumente, die im letzten Jahrzehnt entstanden sind, scheint diese Position nicht ganz abwegig. Die Umlaufgeschwindigkeit des Geldes ist heute nicht nur nach Ansicht der Liquiditätstheorie, sondern auch nach Ansicht vieler monetaristisch beeinflußter Ökonomen keine konstante Größe mehr. Nach Ansicht der letzteren Gruppe halten sich allerdings ihre Schwankungen in Grenzen,[43] wohingegen die Liquiditätstheoretiker dies bestreiten. Nach ihrer Meinung ist der Zusammenhang zwischen irgendeiner vorab zu Steuerungszwecken definierten Geldmenge und den makroökonomischen Zielgrößen immer nur locker. Sie ziehen aus diesem Sachverhalt den Schluß, daß die Zentralbank sich nicht an Geldmengenzielen, sondern an der Beeinflussung der Zinsen orientieren sollte.[44] Andere Autoren (und zwar sowohl "konservative Keynesianer" als "aufgeklärte Monetaristen") haben vorgeschlagen, sich am nominalen BSP zu orientieren.[45] Bei dieser Politik würde die Zentralbank nicht mehr eine bestimmte Wachstumsrate für ein bestimmtes Geldmengenaggregat ankündigen, sondern vielmehr eine angestrebte Wachstumsrate für das nominale BIP. Die Zentralbank würde darlegen, daß dieses Ziel nach ihrer Ansicht durch etwa x% Wachstum der Geldmenge zu erreichen sei. Zeigt sich im Zeitverlauf, daß das BIP-Ziel verfehlt wird, gibt die Zentralbank eine entsprechende Änderung des angestrebten Geldmengenwachstums bekannt. Der Vorteil dieser Vorschlags besteht darin, daß die Politik der Zentralbank zwar an Regeln gebunden und dadurch für das Publikum berechenbar bleibt, daß aber gleichzeitig die Notenbank den Handlungsspielraum erhält, den sie angesichts der größeren Steuerungsprobleme benötigt.

Mit diesen beiden Vorschlägen sind zwei "liberale" Lösungen der durch die Telematik induzierten geldpolitischen Probleme beschrieben. Sie sind deshalb als liberal zu bezeichnen, weil sie einerseits den Wirtschaftssubjekten die freie Wahl lassen, welche Transaktionsinstrumente sie gebrauchen möchten, und andererseits keine neuen Regulierungen für die Geldsubstitute einführen. Andere Lösungsvorschläge sind restriktiver. Hierzu gehören vor allem Vorschläge, den Gebrauch der Geldmenge M1 auf administrativem Weg aufrechtzuerhalten, bzw. Vorschläge, die geldpolitische Steuerung durch

---

Umgekehrt verteilt sind die Sympathien in der Darstellung von F. A. Lutz: Das Grundproblem der Geldverfassung. In: Ders.: Geld und Währung, Tübingen 1962, S. 28 ff.

43 Vgl. P. Cagan: Regulation and the Monetary Economy. In: C. Lawrence, R. Shay (Hrg.): Technological Innovation, Regulation, and the Monetary Economy. Cambridge, Mass., 1986, S. 196 ff., hier S. 198.

44 J. Tobin: Financial Structure and Monetary Rules, a.a.O., S. 170. Ders.: Closing Comments, in: C. Lawrence, R. Shay, a.a.O., S. 207 f.

45 So z.B. C.C. von Weizsäcker: Ziellos ohne Mengenziel. In: Wirtschaftswoche, 8.1.1988, S. 56 ff. Vgl. auch P. Cagan, a.a.O.

Regulierungen, insbesondere eine Ausdehnung der Mindestreservepflicht auf die neuen Instrumente, zu sichern.

Administrativ kann die Vorherrschaft von M1 auf drei verschiedenen Wegen gewährleistet werden. Erstens, indem man neue Transaktionsinstrumente einfach verbietet.[46] Zweitens, indem man den Zinsabstand zu anderer Transaktionsmedien verringert. Drittens, indem der Zahlungsverkehr verstaatlicht wird.[47] Angesichts der zunehmenden internationalen Verzahnung der Finanzmärkte scheint es unrealistisch, daß sich die zuletzt genannte Lösung lange durchhalten läßt. Es sollen hier deshalb nur die beiden übrigen Möglichkeiten diskutiert werden.

Wenden wir uns zunächst der Möglichkeit zu, die Attraktivität der Geldsubstitute verringern bzw. die Attraktivität von M1 zu steigern. Diskutiert wird hier vor allem die Verzinsung der Mindestreserven.[48] Eine marktgerechte Verzinsung der Zentralbankguthaben der Banken ist schon lange eine Standardforderung der Monetaristen.[49] Unter Wettbewerbsbedingungen führt sie dazu, daß die Banken diese Verzinsung an die Kunden weitergeben. Durch die marktmäßige Verzinsung der Girokonten verringert sich aber das Zinsdifferential zu anderen Anlageformen (auch zu Geldmarktfonds). Dadurch sinkt die Attraktivität dieser anderen Anlageformen. Die Kunden halten einen höheren durchschnittlichen Bestand an Sichtguthaben und die klassischen Steuerungsinstrumente der Geldpolitik können in der üblichen Weise eingesetzt werden.

Dieser Vorschlag wirft jedoch verschiedene Probleme auf. Ein geringeres Problem dürfte in der Tatsache bestehen, daß die Verzinsung der Mindestreserven eine Geldschöpfung beinhaltet. Vermutlich ist der Verzinsungseffekt im Vergleich zum insgesamt umlaufenden Geldvolumen nicht hoch genug, um zu ernsthaften Steuerungsproblemen zu führen. Bedeutsamer ist wahrscheinlich, daß sich die Notenbank mit diesem Vorschlag gewissermaßen den gesamten Geldmarkt "ins Haus holt". Die Bank müßte auf dem Geldmarkt

---

46 So waren bis vor kurzem Geldmarktfonds in Deutschland verboten.

47 In Deutschland war dieser Vorschlag das zentrale Element des sogenannten Gocht-Plans, der Mitte der 70er Jahre von dem damaligen Mitglied des Zentralbankrates R. Gocht vorgebracht wurde. Vgl. Godschalk, a.a.O., S. 281.

48 Eine Verzinsung der Mindestreserven erfolgt heute schon z.B. in Australien, Schweden und Italien. (Vgl. B. Herz, a.a.O., S. 111, Fn. 13.)

49 Vgl. M. Friedman: A Program for Monetary Stability. New York 1960, S. 71 ff. Die Zentralbank würde die Verzinsung der Mindestreserven aus der Verzinsung der von ihr gehaltenen Staatspapiere oder der von den Banken erworbenen Titel bestreiten. Die Regierung ihrerseits kann die Mittel zur Bezahlung der Zinsen nur aus Steuern oder Krediten erhalten. (Friedman, a.a.O., S. 72.) Letztlich wird also die Verzinsung der Mindestreserven vom Steuerzahler finanziert, der sie allerdings in Form höher verzinster Depositen zum Teil wieder zurückerhält.

als eine Art "Super-Market-Maker" agieren, der den gesamten Geldmarkt beherrscht. Es ist nicht klar, ob die Zentralbank diese dominierende Rolle angesichts eines durch das Phänomen der Verbriefung erheblich verbreiterten Geldmarktes tatsächlich ausfüllen kann.[50]

Ein anderer Vorschlag, die geldpolitische Steuerung zu sichern, besteht darin, die Mindestreservepflicht auf alle Geldsubstitute (wie etwa Geldmarktfonds) auszudehnen.

In einer Welt, in der sich Geldmarktfonds und ähnliche Instrumente durchgetzt haben und in der Giroguthaben und Reserven *nicht* marktnah verzinst werden, ist der durchschnittliche Kontostand auf dem Girokonto eines Privatkunden sehr gering.[51] Das Gleiche gilt für die Transaktionskonten von Unternehmen. Cash-Management Systeme erlauben den Unternehmen, einen niedrigen Bodensatz an Geld auf ihren Konten zu halten.[52] Dementsprechend ist die Reservehaltung der Kreditinstitute bei der Zentralbank ebenfalls gering. Da die Mindestreserven nicht verzinst werden, haben die Banken alle Anreize, den Stand der Reserven so niedrig als möglich zu halten. Die klassische Funktion der Mindestreserven als "Anker" der gesamten Liquiditätsversorgung einer Volkswirtschaft ist damit beeinträchtigt. Vor allem die Deutsche Bundesbank hat deshalb aus geldpolitischen Gründen zeitweise eine Ausdehnung der Mindestreservepflicht auf Geldmarktfonds befürwortet. Der Widerstand gegen diese Absicht speiste sich aus der Tatsache, daß nicht verzinste Mindestreserven die Wettbewerbsfähigkeit des jeweiligen heimischen

---

50 Vgl. Menkhoff, a.a.O., S. 394.

51 In den USA und in Frankreich haben die Geldmarktfonds den Banken erhebliches Geschäft abgenommen. Bisher scheint allerdings die Anlage in Geldmarktfonds eher als Substitut für Spareinlagen und Termingelder angesehen zu werden als für Sichteinlagen. (Vgl. M. Laux: Geldmarktfonds in Europa. In: Zeitschrift für das gesamte Kreditwesen, 8/1988, S. 26 ff.) Über die Frage, in welchem Ausmaß Geldmarktfonds sich in Deutschland durchsetzen werden, bestehen unterschiedliche Auffassungen. Auf der einen Seite stehen die "Optimisten" (aus Sicht der Kreditinstitute), die nur eine geringe Wirkung erwarten, da das Universalbankensystem den Wünschen der Nachfrager in hohem Maße gerecht werde, der deutsche Anleger konservativer sei als in anderen Ländern und eine hohe Institutsloyalität aufweise. Auf der anderen Seite stehen die "Pessimisten", die ein erhebliches Nachfragepotential sehen. Sie vermuten, daß innerhalb weniger Jahre Anteile im Wert von rd. 100 Mrd. DM verkauft werden könnten. Dies würde etwa 15% des gegenwärtig in Spareinlagen und Termingeldern unter 4 Jahren angelegten Vermögens entsprechen. Selbst die pessimistische Variante ist also nicht zu pessimistisch. (Vgl. L. Menkhoff: Aufgestautes Nachfragepotential für Geldmarktfonds. In: Wirtschaftsdienst, 1990/X, S. 523 ff.) Eine neuere Ausarbeitung der Schmalenbach-Gesellschaft hält allerdings 20-30% aller bei den Banken deponierten Kundengelder für geldmarktfondsfähig. (Vgl. Schmalenbach-Gesellschaft, Arbeitskreis "Planung in Banken" (Hrg.): Finanzwettbewerb in den 90er Jahren - Thesen und Informationen. Wiesbaden 1992, S.26.) Die Bundesbank nahm gegenüber Geldmarktfonds bis vor kurzem eine restriktive Haltung ein, da sie dadurch die Möglichkeiten der Geldmengensteuerung gefährdet sah. Mittlerweile sind Geldmarktfonds in Deutschland jedoch zugelassen.

52 Vgl. M. Marquis, W. Witte: Cash-Management and the Demand for Money by Firms. In: Journal of Macroeconomics, Vol. 11, 1989, S. 333 ff.

Finanzplatzes beeinträchtigen. Nicht verzinste Mindestreserven wirken nämlich wie eine Steuer auf Bankguthaben. In vielen Ländern werden deshalb heute sehr viel geringere Reservesätze zugrunde gelegt.[53]

Hinzukommt, daß Uneinigkeit darüber herrscht, inwieweit ein Geldsystem eines Ankers tatsächlich bedarf. Tobin etwa argumentiert in einem berühmten Aufsatz, daß der Geldschöpfung der Banken durch die Natur der Intermediation von selbst natürliche Grenzen gesetzt seien.[54] Die Banken würden Depositen nur bis zu jenem Punkt schaffen, an dem deren Grenzkosten (inklusive Zinszahlungen) dem Grenzerlös dieser Einlagen durch Kreditvergabe bzw. Investition entsprechen. Ähnliches gilt vermutlich für Geldmarktfonds.

Es ist nicht Aufgabe der vorliegenden Arbeit, die Gültigkeit der einzelnen geldpolitischen Ansätze zu beurteilen oder den Vor- und Nachteilen der geldpolitischen Vorschläge im einzelnen nachzugehen. Für das Thema der Arbeit ist von Bedeutung, daß keiner der bisher skizzierten Lösungsvorschläge von der Ausgestaltung des Zahlungsverkehrs abhängt. Alle bisher diskutierten Lösungsansätze können mit oder ohne Wettbewerb bei Zahlungsverkehrsystemen verwirklicht werden.

Es gibt jedoch einen Vorschlag, der die geldpolitischen Probleme direkt durch Zugriff auf das Zahlungssystem in Angriff nehmen will. Dieser Vorschlag besteht in der Verstaatlichung des Zahlungsverkehrssystems. Man könnte sich etwa vorstellen, daß die Banken verpflichtet würden, alle Girokonten der Postbank zu übertragen, die ihrerseits unmittelbar der Notenbank unterstellt würde. Die Postbank würde im Gegenzug alle anderen, nicht mit dem Zahlungsverkehr zusammenhängenden Geschäfte den Banken übertragen. Zahlungsmethoden, die nicht von dem Zahlungsverkehrsnetz der Zentralbank Gebrauch machen, müßten verboten werden.

Ein solches Monopol käme einer Mindestreserve von 100% gleich. In einem solchen landesweiten, von der Zentralbank als Monopol betriebenen Zahlungssystem würden sich also die geldpolitischen Steuerungsmöglichkeiten dramatisch erhöhen.

Es ist aber schon aus Gründen der Technik sehr zweifelhaft, ob ein solches Monopol auf Dauer durchzuhalten wäre. Zu erwarten wäre, daß die Wirtschaftssubjekte dieses Mono-

53 Vgl. z.B. J.-P. Kaven: Mindestreserve - eine überholte Zwangsabgabe. In: Zeitschrift für das gesamte Kreditwesen, 23/1990, S. 1157 ff.

54 J. Tobin: Commercial Banks as Creators of "Money", a.a.O.

pol umgehen, indem sie eigene Telekonommunikationsinfrastrukturen errichten oder schon bestehende Telekommunikationsnetze auch für Zahlungsverkehrszwecke nutzen. Letzteres geschieht zwischen und innerhalb von Großunternehmen bereits heute in erheblichem Ausmaß, insbesondere im Bereich nichtmonetärer Verrechnungen.[55] Zahlungszwecken dienen heute aber auch die Netze der Kreditkartenorganisationen oder die internen Netze der Kreditinstitute. Um ein Zahlungsverkehrsmonopol der Notenbank aufrechtzuerhalten, müßten alle Zahlungsaktivitäten dieser Art, jedenfalls sofern sie an der Notenbank vorbeigehen, verboten werden. Dies wiederum würde die permanente Kontrolle sämtlicher Telekommunikationsnetze in einer Volkswirtschaft erforderlich machen, eine heutzutage sehr unrealistische Vorstellung.

Damit lassen sich die Überlegungen der ersten beiden Abschnitte dieses Kapitels folgendermaßen zusammenfassen:

Die geldpolitischen Probleme, die durch den verstärkten Einsatz der Telematik im Finanzwesen entstehen, können auch bei konkurrierenden Zahlungsverkehrssystemen gelöst werden. Ein radikales Zahlungsverkehrsmonopol der Notenbank würde zwar theoretisch diese Probleme gleichfalls lösen, wäre jedoch praktisch nicht durchzuhalten. Es gibt also auch aus geldtheoretischer Sicht keinen Grund gegen einen verstärkten Wettbewerb im Bereich des Zahlungsverkehrs.

Wird ein solcher Wettbewerb zugelassen, legt das Smith-Stigler-Coase Paradigma die Vermutung nahe, daß es bald spezialisierte Betreiber von Zahlungsverkehrssystemen geben wird. Die Banken haben zwei Möglichkeiten. Entweder sie werden selbst zu solchen Betreibern oder sie geben ihre eigenen Telematik-Systeme für den Zahlungsverkehr auf und beziehen diese Leistung über den Markt. Würde sich zudem herausstellen, daß die spezialisierten Zahlungsverkehrssysteme auch die Führung der Konten zu niedrigeren Kosten durchführen können als die Banken, wird es zu einer Trennung in Zahlungsverkehrs- und Kreditbanken kommen. Eine solche Entwicklung könnte selbst dann stattfinden, wenn kein freier Marktzutritt bei Zahlungsverkehrssystemen gestattet würde. Denn auch die bestehenden Banken können sich entsprechend spezialisieren bzw. auch unter den bestehenden Bedingungen könnte die Zentralbank ein Zahlungsverkehrsmonopol errichten.

---

55 Vgl. E.H. Solomon: Todays Money: Image and Reality. In: E.H. Solomon (Hrg.): Electronic Money Flows - The Molding of a New Financial Order, Boston et al. 1991, S. 11 ff.

6. Exkurs: Währungswettbewerb und New Monetary Economics

Zur Vervollständigung der geldpolitischen Diskussion seien nun noch zwei vieldiskutierte geldpolitische Ansätze erwähnt, in denen sich die Probleme der Geldmengensteuerung dadurch lösen, daß es Geld im Sinne von Zentralbankgeld nicht mehr gibt. Beide Ansätze werden häufig in Zusammenhang mit der Telematik diskutiert.

Der erste dieser Ansätze gliedert sich seinerseits in zwei Unterschulen, nämlich den Ansatz der konkurrierenden Währungen im Sinne Hayeks[56] einerseits und im Sinne der Free Banking Schule andererseits.[57] Beide Ansätze kennen zwar noch die Institution des Geldes, wollen seine Ausgabe aber privaten Banken überlassen. Die Free Banking Schule will den Währungswettbewerb an eine Einlösungspflicht in ein Währungsmetall, vorzugsweise Gold, koppeln, während dies bei Hayek und seinen Nachfolgern nicht der Fall ist. Der zweite grundlegende geldtheoretische Ansatz wird gemeinhin unter dem Namen "New Monetary Economics" subsumiert. In dieser Ideenwelt existiert Geld im heutigen Sinne nicht mehr. Zahlungsvorgänge erfolgen durch den direkten Tausch verzinslicher Aktiva, etwa Anteilen in Geldmarktfonds.

Der Ansatz der Währungskonkurrenz ist unabhängig vom Thema der Telematik, obwohl er oft im Zusammenhang mit ihr diskutiert wird. Die Telematik erleichtert die Durchsetzbarkeit dieser Vorschläge, ist aber keine zwingende Voraussetzung dafür. Währungs-

---

56 Priorität gebührt hier den Autoren B. Klein und E. Thompson. Vgl. B. Klein: The Competitive Supply of Money. In: Journal of Money, Credit, and Banking, Vol. 6, 1974, S. 423 ff., und E. Thompson: The Theory of Money and Income Consistent with Orthodox Value Theory. In: G. Horwich, P. Samuelson (Hrg.): Trade, Stability and Macroeconomics. New York 1974, S. 427 ff. Weithin bekannt wurden diese Ideen aber erst, als F. A. von Hayek sie unabhängig von den beiden Autoren erneut zur Debatte stellte. Vgl. F. A. von Hayek: Choice in Currency: A Way to Stop Inflation, London, Institute of Economic Affairs, 1976. Ders.: Denationalization of Money: An Analysis of the Theory and Practice of Concurrent Currencies. 2nd. ed. London (Institute of Economic Affairs) 1977. (In Deutsch erschienen als: Entnationalisierung des Geldes, Eine Analyse der Theorie und Praxis konkurrierender Umlaufsmittel. Tübingen 1977.) Zur Diskussion dieser Überlegungen vgl. z.B. den von P. Salin herausgegebenen Sammelband: Currency Competition and Monetary Union. Den Haag 1984. In diesem Band kommen alle namhaften Protagonisten zu Wort. Vgl. ferner: M. Hellwig: What do we know about Currency Competition? In: Zeitschrift für Wirtschafts- und Sozialwissenschaften, Heft 5, 1985, S. 565 ff.

57 Bekannte Vertreter dieser Richtung sind L. White, G. Selgin und D. Glasner. Vgl. L. White: Free Banking as an Alternative Monetary System. In: B. Siegel (Hrg.): Money in Crisis. Cambridge, Mass., 1984, S. 269 ff. Ders.: Free Banking in Britain - Theory, Experience, and Debate. Cambridge 1984. Vgl. auch G. Selgin, L. White: The Evolution of a Free Banking System. In: Economic Journal, Vol. 25, 1987, S. 439 ff. D. Glasner: Free Banking and Monetary Reform. Cambridge 1989. Die Autoren dieser Richtung verteten eine "österreichische" Sicht der Geldtheorie. Historische Studien (z.B. des schottischen Bankensystems im 18. Jahrhunderts) spielen eine große Rolle. Zentraler Prüfstein einer Geldverfassung ist für diese Autoren stets, ob sich eine solche Verfassung spontan entwickeln würde.

wettbewerb gab es schon als die Telematik noch in weiter Ferne lag, etwa im Schottland des späten 18. Jahrhunderts oder in der Periode des "Wild-Cat"-Banking in den USA im 19. Jahrhundert.

Ohne auf die sehr kontrovers und theoretisch anspruchsvolle Debatte im einzelnen einzugehen, dürfen doch aus empirischer Sicht Zweifel angemeldet werden, daß sich Währungswettbewerb heute durchsetzen würde.[58] Was die Nachfrage nach konkurrierenden Währungen angeht, steht es ja in vielen Ländern den Einwohnern bereits jetzt frei, ihre Geschäfte und Verträge in beliebigen nationalen Währungen abzuschließen. Dennoch ist eine solche Währungssubstitution außer in Ländern mit extrem hoher Inflation bisher nicht festzustellen. (Dies liegt allerdings bisweilen, wie im Fall Deutschlands, an entsprechenden staatlichen Verboten.) Bei "normalen" Inflationsraten scheinen die Bürger den Transaktionskomfort der einheimischen Währung höher zu bewerten als den Wertverlust.

Aber auch in bezug auf die Angebotsseite melden sich Zweifel. Grundgedanke des Hayekschen Vorschlages ist ja die Hoffnung, daß private Anbieter Währungen in konstanter Kaufkraft anbieten würden. Bis zu einem gewissen Grad könnten aber die Finanzintermediäre dies heute schon tun, indem sie indexierte Finanzinstrumente auf den Markt brächten. Dies ist aber nicht der Fall. Es stellt sich natürlich die Frage, warum das so ist. (Im Falle Deutschlands erklärt es sich wiederum aus einem entsprechenden Indexierungsverbot.) Soweit erkennbar, ist diese Frage bisher nur wenig untersucht worden. Das ändert jedoch nichts an dem bestehenden Faktum. Kaufkraftstabile Anlageformen werden heute nicht angeboten, ungeachtet der Fülle an Finanzinnovationen, die in den letzten zehn Jahren das Licht der Welt erblickt haben.

Die zweite oben erwähnte geldpolitische Grundrichtung, die New Monetary Economics, setzen im Gegensatz zum Währungswettbewerb die Existenz der Telematik voraus. Es ist schwer zu sehen, wie die Vorschläge dieser Schule ohne die Rechnerleistung moderner Computer und die Transaktionskostensenkungen der Telekommunikation in die Praxis umgesetzt werden könnten. Die New Monetary Economics sehen eine Welt kommen, in der die Institution des Geldes verschwunden ist.[59,60] Es handelt sich um eine Welt, in

---

58 Vgl. M. Friedman: Currency Competition: A Sceptical View. In: P. Salin (Hrg.), a.a.O., S. 42 ff.

59 Die "klassischen" Beiträge zu diesem Theoriestrang sind: E. Fama: Banking in the Theory of Finance. In: Journal of Monetary Economics, Vol. 6, 1980, S. 39 ff. R. Greenfield, L. Yeager: A Laissez-Faire Approach to Monetary Stability. In: Journal of Money, Credit, and Banking, Vol.15, 1983, S. 302 ff. Beide Aufsätze fußen ihrerseits auf F. Black: Banking and Interest Rates in a World Without Money. In: Journal of Bank Research, 1970, S. 8 ff. Eine kritische Diskussion möglicher Vorläufer gibt S. Sumner: The Forerunners of "New Monetary Economics" Proposals to stabilize the Unit of Account. In: Journal of Money, Credit, and Banking, Vol. 22, 1990, S.109 ff. Weiterhin ist

der sich Instrumente, wie Geldmarktfonds völlig durchgesetzt haben. Zahlungsvorgänge erfolgen in dieser Wirtschaft durch den direkten Tausch von Finanzaktiva, so wie das am Beispiel des Kaufs eines Fernsehers zu Beginn dieses Abschnitts dargestellt wurde. Besonders bekannt geworden ist ein Beitrag von Greenfield/Yeager, in dem die Autoren eine "Cashless Society" analysieren, in der nur noch Anlagefonds existieren, bzw. in der alle Banken zu Anlagefonds geworden sind. Es gibt keine Zentralbank und dementsprechend auch kein Zentralbankgeld mehr.

In einer solchen geldlosen Wirtschaftsordnung stellt sich die Frage, auf welche Weise Preise ausgedrückt werden sollen. Das ist die Frage nach dem Wertmaßstab dieser Volkswirtschaft. Hier greifen Greenfield/Yeager einen Vorschlag von Hall auf, demzufolge der Wertmaßstab in einer Volkswirtschaft unabhängig von dem verwendeten Zahlungsmittel definiert werden sollte.[61] Hall schlägt vor, den Wertmaßstab - ähnlich wie im Fall des Meters - anhand physischer Größen zu definieren. Eine Werteinheit (ein Valun)[62] könnte danach z.B. definiert sein durch: 50 kg Ammonium Nitrat + 40 kg Kupfer + 35 kg Aluminium + 80 qm Sperrholz.[63] Die definierenden Güter wären so gewählt, daß sie nach Qualität und Maßeinheit genau spezifizierbar sind. Darüberhinaus würde man das Güterbündel so umfangreich wählen, daß die Verknappung oder Vermehrung eines einzelnen Gutes in diesem Bündel nur einen geringen Einfluß auf das Gesamtbündel hätte.

Das alles klingt zunächst ganz nach einer Waren-Reserve-Währung. Im Gegensatz zur Waren-Reserve-Währung gibt es aber hier keine Zentralbank, die zur Stabilisierung der Währung Waren lagert und je nach Marktlage kauft und verkauft. Eine Zentralbank und Zentralbankgeld gibt es im Modell von Greenfield/Yeager ja gar nicht. Deshalb gibt es auch keine Einlösepflicht. Niemand kann verlangen, Einheiten des Einheitsbündels aus-

---

zu nennen R. Hall: The Government and the Monetary Unit. Manuskript, Stanford University, Economics Department, 1981. (zitiert nach Greenfield/Yeager, a.a.O.)

60 Kritisch zum Vorschlag von Greenfield/Yeager äußert sich L. White: Competitive Payment Systems and the Unit of Account. In: American Economic Review, Vol. 74, 1984, S. 699 ff. Vgl. auch die Antwort von Greenfield/Yeager: Competitive Payment Systems: Comment. In: American Economic Review, Vol. 76, 1986, S. 848 ff.. Ferner die erneute Erwiderung von White: Competitive Payment Systems: Reply. In der gleichen Nummer, S. 850 ff. Weitere Kommentare von Yeager und White gab es im Anschluß an einen Artikel von T. Mott: A Post Keynesian perspective on a "cashless competitive payments system. In: Journal of Post Keynesian Economics, Vol. XI, 1989, S. 360 ff. Vgl. L. Yeager: A competitive payments system: some objectons considered, und L. White: Alternative perspectives on the cashless competitive payments system. Sie sind im Anschluß an den Artikel von Mott in der gleichen Ausgabe des Journal of Post Keynesian Economics abgedruckt.

61 R. Hall: The Government and the Monetary Unit, a.a.O. (zitiert nach Greenfield, Yeager, a.a.O.)

62 Diesen von "Value Units" abgeleiteten Namen schlägt Yeager vor in L. Yeager: A competitive payments system: some objections considered, a.a.O., S. 371.

63 Greenfield, Yeager, a.a.O., S. 305.

bezahlt zu bekommen. Es gibt lediglich Anlagefonds, die ihre Bestände an Wertpapieren und den Wert ihrer Anteile in Valuns ausdrücken. Ebenso werden alle Preise in der Volkswirtschaft in Valuns berechnet und alle Verträge in Valuns geschlossen. Gezahlt wird entweder, nach dem obigen Muster, durch den Transfer von Wertpapieren oder mit kleingestückelten Fondsanteilen (1 Valun), die wie Noten oder Münzen zirkulieren können. (Es ist also keineswegs so, daß in diesem Modell Coca Cola Automaten durch den Einwurf von Sperrholzplatten bedient werden müssen, wie scherzhaft gemeint wurde.)

In der Greenfield/Yeagerschen Welt gibt es keine Geldpolitik mehr. Das ist einer der erwünschten Effekte. Nach Auffassung der Autoren sind heute Wirtschaftskrisen stets auf Fehler bei der Geldversorgung zurückzuführen. In ihrem Modell hingegen kann es keine Über- oder Unterversorgung der Volkswirtschaft mit Geld geben, ganz einfach weil es Geld gar nicht gibt. Zur Zahlung werden Fondsanteile oder andere verhältnismäßig leicht liquidisierbare Vermögensgegenstände benutzt. Die Menge dieser Zahlungsmittel ist völlig plastisch. Je nach Bedarf dehnt sie sich aus oder zieht sich zusammen.[64] Im Gegensatz dazu stellt sich bei einer durch eine Zentralbank gelenkten Geldversorgung das Gleichgewicht auf dem Geldmarkt unter Umständen erst nach erheblichen Verzögerungen ein. Bei einer zu geringen Geldversorgung etwa müssen sich alle Preise der Wirtschaft nach unten anpassen. Angesichts der in der Realität zu beobachtenden Starrheit der Preise nach unten kann dieser Prozeß erhebliche Zeit beanspruchen und damit zu einer Rezession führen. Bei Greenfield/Yeager hingegen ist eine Anpassung der Preise nicht erforderlich, da sich die Menge an Zahlungsmitteln sofort der Nachfrage danach anpaßt.[65]

Die natürliche Frage, die sich den meisten Lesern von Greenfield/Yeager sofort stellt, ist, ob man erwarten kann, daß sich ein solches Regime in der Praxis jemals durchsetzen wird. Man muß sich nicht, wie White[66], auf die Geschichte des Geldwesens zu berufen, um das für wenig plausibel zu halten. Es ist sehr wahrscheinlich, daß sich eine solche Geld- oder vielmehr Nicht-Geld-Verfassung weder spontan noch als Regierungsprogramm durchsetzen wird. Dazu sind die Anforderungen an den wirtschaftlichen Sachverstand der Bevölkerung zu groß. Angesichts der von Greenfield/Yeager mehrfach beklagten Verständnisprobleme, die ihr Vorschlag bereits bei den Fachkollegen hervorruft, scheint es absurd anzunehmen, daß der Normalbürger damit keine Probleme haben wird. Bei aller Eleganz des Greenfield/Yeagerschen Vorschlages ist wohl niemandem zuzumu-

---

64 Damit gelangen Greenfield/Yeager in unmittelbare Nähe zum oben bereits erwähnten Liquiditätsansatz in der Geldtheorie.

65 Greenfield, Yeager, a.a.O., S. 309 f.

66 Vgl. L. White: Competitive Payment Systems, a.a.O., S. 703 ff.

ten, zuerst ein Volkswirtschaftsstudium abzulegen, um am Zahlungsverkehr teilnehmen zu können. Das heißt selbstverständlich nicht, daß sich nicht Anlagefonds immer weiter durchsetzen werden. Es heißt aber, daß ein völliges Verschwinden von Zentralbankgeld hochgradig unplausibel ist.

7. Regulatorische Trennbankmodelle

Die bisherige Diskussion drehte sich um die Hypothese, daß die technische Entwicklung zu einer Trennung von Kreditvergabe und Zahlungsverkehr in einer Volkswirtschaft führen könnte. Eine ähnliche Trennung wurde von mehreren Ökonomen schon früher, allerdings aus rein normativ-regulatorischer Sicht, vorgedacht. Besonders bekannt geworden ist der eingangs bereits erwähnte Chicago-Plan.[67] Absicht dieses Plans ist, die private Geldschöpfung durch das Bankensystem zu unterbinden, um so eine bessere Steuerung der Geldmenge zu erzielen.

Eine Möglichkeit, dieses Ziel zu erreichen, besteht in der Tat darin, eine strikte Trennung zwischen Zahlungsverkehrsbanken und Kreditbanken herbeizuführen. Dem Plan zufolge müßte jede Bank sich entscheiden, ob sie eine Zahlungsverkehrsbank oder eine Kreditbank sein möchte. Alternativ dazu könnte man auch jeder Bank erlauben, zwei strikt getrennte Töchter zu gründen, eine für den Zahlungsverkehr und eine für die Kreditvergabe. Die Zahlungsverkehrsbanken bzw. die Zahlungsverkehrstöchter sollen nach dem Chicago-Plan Mindestreserven in Höhen von 100% der Einlagen halten. Die Kreditbanken dürften nicht am Zahlungsverkehr teilnehmen. Private Geldschöpfung durch das Bankensystem wäre damit unmöglich.[68]

---

67 Vgl. H. Simons: A Positive Program for Laissez-Faire. In: H. Simons: Economic Policy for a Free Society. Chicago 1948, S.62 f. Ähnliche Ideen wurden aber auch von Ökonomen anderer Universitäten formuliert. Mit besonderer Eloquenz wurden sie z.B. von Irving Fisher vertreten. Vgl. I. Fisher: 100% Money. In: A. Hess, R. Gallman et al.(Hrg.): Outside Readings in Economics. New York 1956, S. 325 ff. Geschichtliche Bemerkungen zum Chicago Plan findet man in W. Allen: Irving Fisher and the 100 Percent Reserve Proposal. In: Journal of Law and Economics, Vol. 36, 1993, S. 703 ff. Vgl. auch A. Hart: The Chicago Plan of Banking Reform. In: F. Lutz, L. Mints (Hrg.): Readings in Monetary Theory. 2nd. ed., London 1956, S. 437 ff. (Der Orginalartikel erschien in der Review of Economic Studies, Vol. 2, 1935, S. 104 ff.) Friedman hat seine Ideen entwickelt in M. Friedman: A Program for Monetary Stability. New York 1960. Auch in Deutschland hat der Chicago-Plan Anhänger gefunden. Besonders bekannte Protagonisten waren F. A. Lutz und Eucken, der den Plan allerdings mit einer Waren-Reserve-Währung kombinieren wollte. Vgl. F. A. Lutz: Das Grundproblem der Geldverfassung (1936). In: Ders.: Geld und Währung, Tübingen 1962, S. 28 ff., und W. Eucken: Grundsätze der Wirtschaftspolitik. 6. durchgesehene Auflage. Tübingen, 1990, S. 258 ff.

68 Vgl. Simons, a.a.O., Friedman, a.a.O., S. 69 f.

Ein ähnliches Modell hat vor einigen Jahren Litan als Beitrag zur gegenwärtigen Debatte um eine grundlegende Reform des amerikanischen Bankwesens vorgeschlagen.[69] Diese Reformdiskussion ist nicht allein Folge der internationalen Schuldenkrise, in die mehrere amerikanische Banken stark verstrickt waren, oder der Savings-and-Loans Krise. Auch die tiefergehenden strukturellen Veränderungen auf den Finanzmärkten haben ganz allgemein die Frage enstehen lassen, ob der bestehende Ordnungrahmen des amerikanischen Finanzwesens noch adäquat ist. Zu nennen sind hier die vielfältigen Finanzinnovationen, mit denen bestehende Regulierungen unterlaufen werden können, oder das Vordringen von Non- und Near-Banks in die angestammten Aktivitätsfelder der klassischen Banken. Es scheint sich immer mehr abzuzeichnen, daß regulatorische Trennlinien, wie etwa die zwischen "Banken" und "Nichtbanken" oder "erlaubten" und "verbotenen" Aktivitäten nicht aufrechtzuerhalten sind. Dies ist alles bekannt und soll hier nicht weiter vertieft werden. Es handelt sich übrigens um Phänomene, die auch aus anderen, sich im technischen Wandel befindenden Branchen wohlbekannt sind.[70]

Litan schlägt vor, den Banken grundsätzlich folgende Organisationsstruktur zu geben:

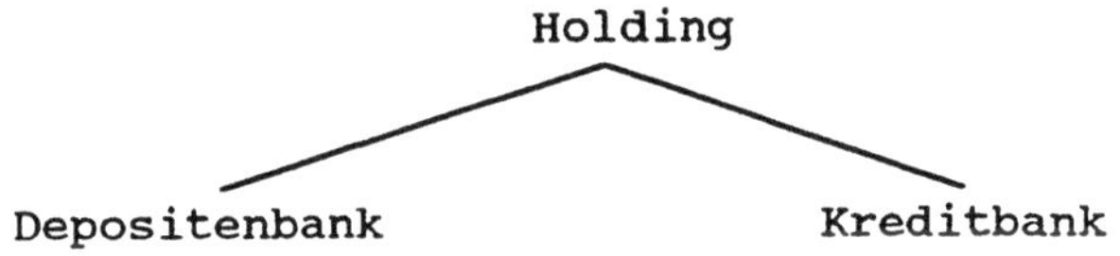

Abbildung 6.2.: Das Litan-Modell

Jede Bank erhält also eine Holding-Struktur mit zwei Tochtergesellschaften, nämlich einer Depositenbank und einer Kreditbank. Sinn dieser strukturellen Trennung ist es, so viel Wettbewerb im Finanzsektor wie möglich zuzulassen, aber gewissermaßen eine "feuersichere Wand" zwischen den Sicht- und Spareinlagen und den übrigen Aktivitäten der Banken zu errichten.

69 Vgl. R. Litan: What Should Banks Do? Washington (Brookings Institution) 1987. Ein Mitarbeiter von McKinsey, Lowell Bryan, hat diesen Vorschlag in einem vielgelesenen Buch wiederholt. Vgl. L. Bryan: Breaking Up The Bank. Homewood, Ill. 1988. Bryan weist in seiner Version des Modells der Verbriefung eine größere Rolle zu als Litan. Ähnliche Trennmodelle wurden schon vor Litan und Bryan von anderen Autoren vorgeschlagen. (Litan S. 174, Fn. 50.) Bereits 1983 hatte die Reagan-Administration ebenfalls ein Trennungsmodell als Gesetzesvorlage eingebracht. Interessanterweise diente dabei offenbar als Inspiration das strukturelle Trennungsmodell der AT&T-Entflechtung. Vgl. Litan, a.a.O., S. 145 f. Zur AT&T-Entflechtung vgl. B. Wieland: Die Entflechtung des amerikanischen Fernmeldemonopols, a.a.O.

70 Vgl. B. Wieland: Probleme bei der schrittweisen Deregulierung eines natürlichen Monopols - das Beispiel AT&T. In: Wirtschaft und Wettbewerb, Heft 2, 1985, S. 93 ff.

Die Tätigkeit der Depositenbank beschränkt sich auf die Entgegennahme von Depositen, für die eine Art 100% Reserve in der Form von Wertpapieren gehalten werden muß. Die Depositenbank darf nur in hochliquide, kurzfristige Papiere erstklassiger Bonität investieren. Kreditvergabe in jeder Form ist ihr untersagt. (Das gilt auch für Dispositionskredite.) Die Depositenbanken können also keine Geldschöpfung betreiben. Sie gleichen sehr stark den Geldmarktfonds.

Die Kreditbank darf Kredite vergeben und auch in andere Finanzgeschäfte, wie das Versicherungs- und Investmentgeschäft diversifizieren. Sie darf alle Aktivitäten ausüben, die auch einer deutschen Universalbank gestattet sind. Allerdings darf sie - im Gegensatz zu einer deutschen Universalbank - dazu nicht auf die Einlagen der Depositenbank zurückgreifen. Das ist gerade der Sinn dieser organisatorischen Struktur. Die Kreditbank kann nur Gelder verwenden, die sie in der Form von staatlich nicht gesicherten Einlagen oder in der Form von Eigenkapital erhalten hat. Es ist ihr also nicht möglich, Depositengelder zur Sanierung notleidender Geschäftsfelder der Kreditbank zu verwenden. Stellt ein Kunde, sein Geld der Kreditbank und nicht der Depositenbank zur Verfügung, weiß er, daß dieses Geld nicht versichert ist und daß er das Verlustrisiko alleine tragen muß. Dieser größeren Unsicherheit steht natürlich die Aussicht auf eine höhere Rendite gegenüber.

Man kann nun verschiedene Varianten des Modells entwerfen, die sich nach der Art der Einlagen, die die Depositenbanken entgegennehmen dürfen, und nach der Art der Wertpapiere, in die sie investieren dürfen, unterscheiden. Nach der restriktivsten Modellversion dürfte die Depositenbank nur Sichteinlagen entgegennehmen. Sie wäre dann eine reine Zahlungsbank, wie sie schon weiter oben dargestellt wurde. In einer weniger restriktiven Form des Modells dürfen auch verhältnismäßig langfristige Einlagen, also z.B. Spargelder, entgegengenommen werden.

Die Einlagen der Depositenbank müssen nach dem Plan von Litan staatlich versichert werden. Dabei hängt die von den Banken zu zahlende Versicherungsprämie vom Risikograd ihres Anlageportefeuilles und ihrer der Höhe ihrer Eigenmittelbestände ab. In jener Modellvariante, in der nur Sichteinlagen akzeptiert werden und nur in kuzlaufende Staatspapiere investiert wird, wäre diese Prämie gleich Null. Je weiter man sich von einem so risikolosen Portfolio entfernt, desto höher wäre die Prämie.

Zahlungsvorgänge dürfen in Litans Modell nur über die Depositenbanken abgewickelt werden. Ferner dürfen die Kreditbanken Transaktionskonten nur bei anderen Depositenbanken halten, nicht aber bei ihren zugehörigen Zahlungsverkehrsschwestern. Mit diesen beiden Regelungen sollen zwei Ziele erreicht werden. Zum einen wird dadurch verhindert, daß die Banken das Ziel des Trennungsmodells unterlaufen, indem die Depositenbank - verbotenerweise - ihr Kreditvergabeverbot ignoriert und der Kreditbank einfach gestattet, tageweise ihr Konto bei ihr in großem Stil zu überziehen. Zum anderen soll das Zahlungsverkehrsrisiko (Payment Systems Risk), das oben schon einmal beiläufig erwähnt wurde, abgebaut werden. Denn bei jedem Transfer, den eine Kreditbank vornehmen möchte, muß sie bei dieser Regelung vorher auf einem Konto bei einer fremden Depositenbank einen entsprechenden Betrag bereitstellen. Dadurch wird verhindert, daß Kreditbanken über den Tag hinweg große Schuldnerpositionen aufbauen, die sie dann womöglich nicht einlösen können.

Welche regulativen Vorteile bietet diese Modell?

Die wichtigste Folge dieses Modells wäre, daß damit auf eine elegante Weise das schwerwiegendste Problem der Bankenregulierung gelöst wäre, die Verhinderung von Runs.[71] Eine reine Zahlungsverkehrsbank wäre in diesem Modell stets zahlungsfähig, da ihre Einlagen ja zu 100 % durch Wertpapiere erstklassiger Bonität gesichert sind. Der Vorteil dieser Lösung des Run-Problems besteht darin, daß hier keine Regulierungen eingeführt werden, die in den übrigen Geschäftsfeldern der Banken nachteilige Wirkungen entfalten.

Einige Autoren argumentieren, daß die Verpflichtung einer 100% Deckung der Depositen durch erstklassige Geldmarktitel zu Umgehungsversuchen führen würde. Goodhart hat mit Blick auf Vorschläge nach Art des Chicago Plans darauf hingewiesen, daß eine 100% Reserve für Depositen im Grunde genommen unhistorisch ist.[72] Sie widerspricht den Grundprinzipien des Banking seit die alten Goldschmiede entdeckten, daß es für sie ein profitables Geschäft war, einen Teil des ihnen anvertrauten Goldes auszuleihen, anstatt es zu 100% in ihren Safes zu halten. Zwar ist die Situation einer Reservehaltung in unverzinslichen Aktiva (Gold oder Zentralbankreserven), wie sie der Chicago Plan vor-

---

71 Die Verhinderung von Runs ist eines der Grundprobleme der Bankenregulierung. Eine konzise Übersicht über dieses Gebiet geben z.B.: E. Baltensperger: Die Regulierung des Bankensektors. In: Wirtschaftswissenschaftliches Studium (WiSt), Heft 2, Februar 1988, S. 53 ff. R. Soltwedel et al.: Deregulierungspotentiale in der Bundesrepublik Deutschland. Kapitel D, Regulierung der Finanzmärkte. Tübingen, 1986. Speziell zu Runs als Problem der Bankenregulierung vgl. C.C. von Weizsäcker: Inwieweit ist es notwendig, Kapitalmärkte zu regulieren?, a.a.O.

72 C. Goodhart: The Evolution of Central Banks. Kapitel 7, S. 87 ff. Cambridge, Mass., 1988. Goodhart spricht hier allerdings von einer 100%-Deckung in Zentralbankreserven. Sein Argument gilt jedoch auch für andere Deckungsformen.

sieht, nicht ganz mit einer Reservehaltung in Geldmarktpapieren zu vergleichen. Doch kann vermutet werden, daß die modernen Bankiers es als hinderlich empfinden werden, die Depositen in einer ganz bestimmten Form, nämlich in erstklassigen Geldmarktpapieren anlegen zu müssen. Angesichts der durch die Telematik erheblich erleichterten Möglichkeiten, andere Finanzaktiva als Geldsubstitute zu benutzen, ist zu erwarten, daß die Kreditbanken des Litanschen Modells oder Non- und Near-Banks bald dazu übergehen werden, zahlungsverkehrsartige Leistungen anzubieten, die der 100%-Deckung in Geldmarktpapieren nicht unterliegen, sondern bei denen auch die Anlage in andere und möglicherweise höher verzinsliche Aktiva möglich ist.

Litan kann auf diesen Einwand allerdings zu Recht erwidern, daß dann dem Publikum bekannt sei, daß seine Einlagen bei der Nutzung solcher Zahlungsformen weniger sicher sind als in den Depositenbanken seines Modells. Die Aufsichtsbehörden könnten sogar noch einen Schritt weiter gehen und diejenigen Institutionen, die tatsächlich in Geldmarktpapiere erstklassiger Bonität investieren (also auch Geldmarktfonds), durch ein Rating für die Wirtschaftssubjekte besonders kenntlich machen. Der Einwand der Umgehungsversuche ist deshalb wohl nicht allzu schwerwiegend.

Eine andere Frage ist, ob für die Sicherungszwecke der Depositenbanken und der Geldmarktfonds heute überhaupt ein genügend hohes Volumen an erstklassigen Geldmarktpapieren zur Verfügung stünde. Litan selbst macht hierzu folgende Rechnung auf.[73] Im Jahr 1985 betrug in den USA der Bestand an Staatspapieren mit einer Laufzeit bis zu 1 Jahr in den Händen privater Anleger 390 Mrd. Dollar. (Dies war übrigens ein historische Höchststand.) Ein Volumen von 99 Mrd. befand sich im Besitz der Federal Reserve Banken. Im Vergleich dazu hielten die 35 größten Kreditbanken der USA zusammen 700 Mrd. Dollar an Krediten. Litan scheint nun in einer Art "Worst Case Scenario" anzunehmen, daß diese 700 Mrd. Dollar ausschließlich durch Einlagen finanziert wurden. Hätten sich zu diesem Zeitpunkt alle diese Banken entschlossen, eine Holding nach dem Litanschen Modell zu bilden, so wären diese Kredite von den Kredit-Töchtern übernommen, die entsprechenden Einlagen aber den Depositenbanken zugeschrieben worden. Die Depositenbanken hätten demzufolge in Höhe von 700 Dollar kurzfristige Staatspapiere nachfragen müssen. Damit wäre aber der Markt überfordert gewesen.

Nun ist zweifellos richtig, daß die 700 Mrd. Dollar von ihren Einlegern nicht automatisch den Depositenbanken übertragen worden wären. Einige Einleger wären bereit gewesen,

---

[73] Litan, a.a.O., S. 109.

für eine höhere Verzinsung ein höheres Risiko einzugehen und hätten ihr Geld deshalb den jeweiligen Kredit-Töchtern zur Verfügung gestellt. Selbst unter Berücksichtung dieser Möglichkeit wäre aber wohl das Angebot an Staatspapieren immer noch zu gering gewesen.

Eine Lösung dieses Problems wird im allgemeinen in der gewaltigen Zunahme an verbrieften Krediten gesehen. Einige Beobachter sind der Auffassung, daß z.B. verbriefte Konsumentenkredite (etwa für den Kauf von Automobilen) als ebenso sicher anzusehen sind, wie Staatspapiere und deshalb eine eventuelle Lücke der eben geschilderten Art schließen können.[74]

Bei der Verbriefung von Krediten werden Kreditforderungen in handelbare Wertpapiere umgewandelt. Es würde den Rahmen der vorliegenden Arbeit sprengen, den vielen Spielarten dieses Phänomens in allen Einzelheiten nachzugehen.[75] Es sei hier lediglich ein typisches Beispiel skizziert, die berühmte Verbriefung, die 1986 von der Finanztochter von General Motors durchgeführt wurde.[76] Grundlage der Transaktion bildete ein Volumen von 4 Mrd. Dollar an Kundenkrediten, die der Finanzierung von Autokäufen dienten. Zur Verbriefung dieses Kreditvolumens wurde ein Spezialunternehmen gegründet, das die Kredite von GM kaufte und diese über eine Wertpapieremmission refinanzierte. Eine der bekanntsten amerikanischen Banken, die First Boston, fungierte für die Emission dieser Papiere als Lead-Underwriter. Um die neuen Papiere zu besichern, übernahm General Motors selbst eine Ausfallgarantie für die ursprünglichen Kredite in Höhe von 5%. Da aus der Vergangenheit bekannt war, daß dieses Ausfallrisiko statistisch gesehen unter 1% lag, war damit die erforderliche Sicherheitsmarge erheblich überschritten. Darüberhinaus hatte die First Boston in die Spezialfirma ein Kapital von von 40 Mio. Dollar eingezahlt. Dies entsprach einer weiteren Sicherung von 1%. Schließlich garantierte Credit Suisse (eine Bank mit einem AAA-Rating) die pünktliche Zahlung von Zinsen und Tilgung mit einer Kreditzusage (einem Standby Letter of Credit). Diese Struktur führte dazu, daß die emittierten Wertpapiere von Standard and Poor's ein AAA-Rating erhielten.

---

74 Diese Ansicht wird z.B. nachdrücklich von Bryan vertreten, vgl. Bryan, a.a.O., S. 86 ff.

75 Zur Verbriefung vgl. L. Bryan, a.a.O., Kapitel 6. Eine lesenswerte Analyse der ökonomischen Kräfte, die zur Verbriefung führen, gibt C. Cumming: The Economics of Securitization. In: Federal Reserve Bank of New York Review, Autumn 1987, S. 11 ff. Vgl. auch A. Dombret: Die Verbriefung als innovative Finanzierungstechnik. Frankfurt a.M. 1988.

76 Die Darstellung lehnt sich an Bryan, a.a.O., S. 73 f. an.

Kehren wir nun zu der Frage zurück, ob die Sicherheit solcher verbriefter Kredite so hoch ist, daß die Depositenbanken sie als vollwertigen Ersatz für Staatspapiere halten können.

Wie gezeigt wurde, sind an einem Verbriefungsprozeß stets eine handvoll Institutionen beteiligt. Darunter sind natürlich auch Banken, die, wie im gerade geschilderten Fall, die verbrieften Kredite garantieren. In Litans Modell müßte diese Rolle den Kreditbanken zufallen. Damit scheint aber doch wieder die Sicherheit der Depositenbank von derjenigen der Kreditbanken abzuhängen und eine Dominoreaktion, in der ein Institut das andere mitreißt, wieder möglich. Was würde etwa in einem Beispiel, wie dem gerade eben geschilderten, geschehen, wenn aufgrund einer drastischen Wirtschaftskrise oder eines Börsenkrachs ein Großteil der zugrundeliegenden Autokredite "faul" würde? Was würde geschehen, wenn nicht nur die Autokredite, sondern noch eine Vielzahl anderer Kreditarten gleichzeitig betroffen wären? Einige mißlungene Verbriefungen sind bereits bekannt geworden. So etwa die von der Equity Programs Investment Coporation (EPIC) im Jahre 1985, in welcher der Hauptgarantiegeber, eine Versicherung, insolvent wurde.[77] Goodhart meint, daß in einem solchen Fall die Zentralbank am Geldmarkt Stützungskäufe durchführen solle. Er verweist auf die japanische Notenbank, die in ähnlicher Weise schon einmal einem Börsencrash entgegengewirkt habe.[78]

Bryan, der in der Verbriefung die zukünftige Grundlage des Finanzsystems sieht, macht auf diese Gefahren selbst aufmerksam. Er räumt ein, daß es in einer Übergangsphase, in der die Underwriter mit der neuen Technologie der Kreditvergabe noch nicht genügen Erfahrung gesammelt haben, im schlimmsten Fall sogar zu einem "Kreditkollaps" kommen könnte.[79] Dennoch gibt er der Verbriefung aus mehreren Gründen den Vorzug vor den bisherigen Formen der Kreditvergabe. Erstens würde die Qualität des Underwriting zunehmen, da stets mehrere Institutionen (darunter auch eine Rating Agency) an dem Prozeß beteiligt seien. Zweitens führe die Verbriefung zu einer besseren Risikodiversifikation. Durch die Poolung von Krediten würden regionale oder branchenmäßige Übergewichte vermieden, die im Kreditportfolio einer allein agierenden Bank auftreten mögen. Hinzu komme, daß durch die Vielzahl der Beteiligten das Risiko auf mehrere Schultern verteilt werde. Drittens seien verbriefte Kredite liquide. In dem Maße, wie sich die Verbriefung allgemein durchsetze, werde das Portfolio einer Bank sehr viel flexibler. Dementsprechend könne es auch schneller einer geänderten Situation angepaßt werden.

---

77 Bryan, a.a.O., S. 86.
78 Goodhart: The Evolution of Central Banks, a.a.O., S. 93.
79 Bryan, a.a.O., S. 87.

Die Gefahr einer Insolvenz aufgrund mangelnder Mobilisierbarkeit von Aktiva werde dadurch geringer.

Es würde die thematischen Grenzen der vorliegenden Arbeit sprengen, diesen Argumenten im einzelnen nachzugehen. Eine fundierte Würdigung des Litan Modells fällt in das Gebiet der normativen Theorie der Bankenregulierung[80]. Hier wurde das Litan Modell lediglich wegen seiner strukturellen Ähnlichkeit zum oben diskutierten Trennmodell zwischen Zahlungsverkehrs- und Kreditbanken vorgestellt.

80 Eine ausführliche Kritik des Litan - Modells ist z.B. L. White: Litan's *What Should Banks Do?*, A Review Essay. In: RAND Journal of Economics, Vol. 19, No. 2, Summer 1988, S. 305 ff.

LITERATURVERZEICHNIS

Adelman, M.: Concept and statistical measurement of vertical integration. In: G. Stigler (Hrg.): Business Concentration and Price Policy. A Conference of the Universities-National Bureau Committee for Economic Research. Princeton 1955, S. 281 ff.

Alchian, A.: Specificity, Specialization, and Coalitions. In: Zeitschrift für die gesamte Staatswissenschaft, Vol. 140, 1984, S. 34 ff.

Alchian, A., Allen, W.: University Economics. 3rd. ed. Belmont Ca., 1972.

Alchian, A., Demsetz, H.: Production, Information Costs, and Economic Organization. In: American Economic Review, Vol. 62, 1972, S. 777 ff.

Alchian, A., Woodward, S.: Reflections on the Theory of the Firm. In: Zeitschrift für die gesamte Staatswissenschaft, Vol. 143, 1987, S. 110 ff.

Allen, W.: Irving Fisher and the 100 Percent Reserve Proposal. In: Journal of Law and Economics, Vol. 36, 1993, S. 703 ff.

Arthur Andersen Consulting: European Banking and Capital Markets. A Strategic Forecast. The Economist Intelligence Unit. London 1993.

Antonelli, C. (Hrg.): The Economics of Information Networks. Amsterdam et al. 1992

Arbeitsgemeinschaft der Deutschen Wertpapierbörsen: Jahresbericht 1991. Frankfurt a.M. 1992.

Arend, M.: Global Custodians Exhibit High-Tech Savvy. In: Wall Street Computer Review, August 1990, S. 29 ff.

Arnold, F. (Hrg.): Handbuch der Telekommunikation. Köln (Deutscher Wirtschaftsdienst) 1989.

Arrow, K.: Economic Welfare and the Allocation of Resources for Invention. In: The Rate and Direction of Inventive Activity: Economic and Social Factors. A Conference of the Universities-National Bureau Committee for Economic Research. Princeton 1962, S. 609 ff..

Asch, S.: Social Psychology. New York 1952.

Baltensperger, E.: Die Regulierung des Bankensektors. In: WiSt (Wirtschafts-wissenschaftliches Studium), Heft 2, Februar 1988, S. 53 ff.

Bank for International Settlements: Payment Systems in Eleven Developed Countries. Basel 1987.

Bar, F. (OECD/BRIE User Group Project): Bank of America. Vervielfältigt, Paris (OECD) 1989.

Bar, F.: Configuring the Telecommunications Infrastructure for the Computer Age: The Economics of Network Control. Vervielfältigte Dissertation der University of California at Berkeley, 1990.

Barras, R.: Interactive Innovation in Financial and Business Services: The Vanguard of the Service Revolution. In: Research Policy, Vol. 19, 1990, S. 215 ff.

Baumol, W.: The Transaction Demand for Cash: An Inventory Theoretic Approach. In: Quarterly Journal of Economics, Vol. 66, 1952, S. 545 ff.

Baumol, W., Panzar, J., Willig, R.: Contestable Markets and the Theory of Industry Structure. Revised Edition. San Diego 1988.

Baumol, W., Sidak, J.G.: Toward Competition in Local Telephony. Cambridge, Mass. 1994.

Becker, J.: Weiterentwicklung der nationalen und internationalen Bankaufsicht. In: J. Siebke (Hrg.): Finanzintermediation, Bankenregulierung und Finanzmarktintegration. Schriften des Vereins für Socialpolitik, N.F. Bd.204, Berlin 1991, S. 65 ff.

Bell, F., Murphy, N.: Costs in Commercial Banking: Quantitative Analysis of Bank Behaviour and Its Relation to Bank Regulation. Research Report No. 41, Federal Reserve Bank of Boston, 1968 (zitiert nach R. Gilbert: Studies of Costs in Commercial Banking. In: Journal of Money, Credit, and Banking, Vol. 16, November 1984, S. 636 ff.)

Benston, G., Hanweck, G., Humphrey, D.: Scale Econonies in Banking: A Restructuring and Reassessment. In: Journal of Money, Credit, and Banking, Vol. 14, November 1982, S. 435 ff.

Benston, G.: The Optimal Banking Structure: Theory and Evidence. In: Journal of Bank Research, Winter 1973, S. 220 ff.

Benston, G.: Branch Banking and Economies of Scale. In: Journal of Finance, May 1965, S. 312 ff.

Benston, G.: Economies of Scale and Marginal Costs in Banking Operations. In: The National Banking Review, 2, June 1967, S. 507 ff.

Benzoni, L., Lebart, L., Rowe, F.: Market Dynamics and Technological Segmentation: The Case of the French Professional Communication Market. In: C. Antonelli (Hrg.): The Economics of Information Networks. Amsterdam et al. 1992, S. 451 ff.

Berger, A. , Humphrey, D. : The Dominance of Inefficiencies Over Scale and Product Mix Economies in Banking. In: Journal of Monetary Economics, Vol. 28, 1991, S. 117 ff.

Berger, A., Hanweck, G., Humphrey, D.: Competitive Viability in Banking - Scale, Scope, and Product Mix Economies. In: Journal of Monetary Economics, Vol. 20, S. 501 ff

Bernhardt, P., Dambmann, W.: Elektronisches Geld. Frankfurt a.M. 1979.

Bessler, W.: Financial Conglomerates in the United States. In: H. J. Krümmel, H. Rehm, D. Simmert (Hrg.): Allfinanz - Strukturwandel an den Märkten für Finanzdienstleistungen. Beihefte zu Kredit und Kapital, Heft 11, Berlin 1991, S. 265 ff.

Birkhoff, G.: Lattice Theory. 3rd. ed. American Mathematical Science Colloquium Publications, 25. Providence, Rhode Island, 1967.

Black, F.: Banking and Interest Rates in a World Without Money. In: Journal of Bank Research, Autumn 1970, S. 8 ff.

Bofinger, P.: Geldpolitische Regulierungen und Finanzinnovationen. In: Aussenwirtschaft, Heft II/III, 1987, S. 251 ff.

Böhme, K.: Geldkartensysteme auf neuen Wegen - verpaßte Gelegenheiten oder neue Chancen? In: Bank und Markt, Heft 3, 1988, S. 5 ff.

Bössmann, E.: Volkswirtschaftliche Probleme der Transaktionskosten. In: Zeitschrift für die gesamte Staatswissenschaft, Vol. 138, 1982, S. 664 ff.

Bössmann, E.: Die ökonomische Analyse von Kommunikationsbeziehungen in Organisationen. Berlin, Heidelberg, New York, 1967.

Bohr, K., Weiß, M.: Bestimmung der optimalen Fertigungstiefe (Tel I und Teil II). In: Wirtschaftsstudium (WiSu), 4/94, S. 341 ff. und 5/94, S. 437 ff.

Borio, C., van den Bergh: The Nature and Management of Payment System Risks: An International Perspective. BIS Economic Papers, No. 36, February 1993. Bank for International Settlements, Basel.

Bourbaki, N.: Éléments de Mathématique. Théorie des Ensembles. Paris 1970.

Boyd, J., Graham, S.: The Profitability and Risk Effects of Allowing Bank Holding Companies to Merge with Other Financial Firms: A Simulation Study. In: Federal Reserve Bank of Minneapolis Quarterly Review, Spring 1988, S. 3 ff.

Brewer, E.: The Risks of Banks Expanding their Permissible Nonbanking Activities. In: Financial Review, Vol. 25, November 1990, S. 517 ff.

Bryan, L.: Breaking Up The Bank. Homewood, Ill., 1988.

Bryant, R.: International Financial Intermediation. Washington (Brookings Institution) 1987.

Buchanan, J.: An Economic Theory of Clubs. In: Economica, Vol. 32, 1965, S. 1 ff.

Büschgen, H. E.: Internationales Finanzmanagement. Frankfurt a. M 1986.

Büschgen, H. E.: "Allfinanz" am Finanzdienstleistungsmarkt der Zukunft. Leistungspolitik und Marktpositionierung als unternehmerische Herausforderung. Vortrag gehalten auf dem Kongreß "Die deutsche Postbank im Wettbewerb" des Wissenschaftlichen Instituts für Kommunikationsdienste, Bad Honnef, in Bonn am 9. Oktober 1991, vervielfältigt.

Büschgen, H. E.: Finanzmarktintegration und Bankenwettbewerb: Einzelwirtschaftliche Aspekte. In: J. Siebke (Hrg.): Finanzintermediation, Bankenregulierung und Finanzmarktintegration. Schriften des Vereins für Socialpolitik, N.F. Bd. 204. Berlin 1991, S. 99 ff.

Büschgen, H. E.: Entwicklungslinien im Umweltszenario der Banken. In: Betriebs-wirtschaftliche Blätter, 38. Jg., 1/1991, S. 10 ff.

Cagan, P.: Regulation and the Monetary Economy. In: C. Lawrence, R. Shay: Technological Innovation, Regulation and the Monetary Economy. Cambridge, Mass., 1986, S. 196 ff.

Campbell, T.: Money and Capital Markets. O.O. (Harper Collins Publishers) 1988.

Cane, A.: Expectations Are Now More Realistic. In: Financial Times, October 16, 1986, Financial Times Survey, Information Technology in Finance, p. 1.

Casserley, D.: Facing Up to the Risks. New York 1991.

Cebenoyan, S.: Scope Economies in Banking: The Hybrid Box-Cox Function. In: The Financial Review, Vol. 25, No. 1, February 1990, S. 115 ff.

Chandler, A.: Scale and Scope. The Dynamics of Industrial Capitalism. Cambridge, Mass., 1990.

Chandler, A.: Organizational Capabilities and the Economic History of the Industrial Enterprise. In: Journal of Economic Perspectives, Vol. 6, No. 3, Summer 1992.

Chandler, A.: What is a Firm? A Historical Perspective. In: European Economic Review, Vol. 36, 1992, S. 483 ff.

Chorafas, D.: Bank Profitability. London et al. 1989.

Chorafas, D., Steinmann, H.: Implementing Networks in Banking and Financial Services. Houndmills, Basingstroke, 1988.

Chorafas, D., Steinmann, H.: Expert Systems in Banking. Houndmills, Basingstroke, 1991.

Clark, J.: Estimation of Economies of Scale in Banking Using a Generalized Functional Form. In: Journal of Money, Credit, and Banking, Vol. 16, February 1984, S. 52 ff.

Coase, R.: The Nature of the Firm. In: Economica (N.S.), 4, 1937, S. 386 ff.

Coase, R.: The Problem of Social Cost. In: Journal of Law and Economics, 3, 1960, S. 1 ff.

Coase, R.: The Firm, the Market, and the Law. Chicago 1988.

Coase, R.: Industrial Organization: A Proposal for Research. In: R. Coase: The Firm, the Market and the Law. Chicago 1988, S. 57 ff.

Coase, R.: The Nature of the Firm: Origin, Meaning, Influence. In: Journal of Law, Economics, and Organization, Vol.4, 1988, S. 3 ff. Wiederabgedruckt in: O. Williamson, S. Winter: The Nature of the Firm. New York 1991.

Cohen, K., Maier, S. et al.: The Microstructure of Securities Markets. Englewood Cliffs 1986.

Commerzbank: Handbuch Electronic Banking. Frankfurt 1988.

Cumming, C.: The Economics of Securitization. In: Federal Reserve Bank of New York Review, Autumn 1987, S. 11 ff.

Dahlmann, C.: The Problem of Externality. In: Journal of Law and Economics 22, 1979, S. 141 ff.

David, P.: Clio and the Economics of QWERTY. In: American Economic Review, Vol. 75, May 1985, S. 332 ff.

David, P., Greenstein, S.: The Economics of Compatibility Standards: An Introduction to Recent Research. Vervielfältigt, Stanford Universität, 1990.

Davies, A. (OECD/BRIE User Group Project): Barclays Bank. Paris (OECD) 1988.

de Tocqueville, Alexis: Über die Demokratie in Amerika. München 1976 (dtv-Ausgabe).

Demsetz, H.: Ownership, Control, and the Firm. Oxford 1988, 2 Bde.

Demsetz, H.: The Theory of the Firm Revisited. In: H. Demsetz: Ownership, Control, and the Firm. Oxford 1988, Vol. I, Chapter 9.

Demsetz, H.: Vertical Integration: Theories and Evidence. In: H. Demsetz: Ownership, Control, and the Firm. Oxford 1988, Vol. I, Chapter 10.

Deutsche Bundesbank: Neuere Entwicklungen im unbaren Zahlungsverkehr der Deutschen Bundesbank. In: Monatsberichte der Deutschen Bundesbank, August 1994, S. 47 ff.

Dieudonné, J.: Foundations of Modern Analysis. New York, London, 1969.

Dombret, A.: Die Verbriefung als innovative Finanzierungstechnik. Frankfurt a.M. 1988.

Dorner, H.: Das Kreditkartengeschäft. Frankfurt a.M. 1991.

Dosi, G.: Technological Change and Industrial Transformation. Houndmills, Basingstroke, 1984.

Dosi, G.: Sources, Procedures, and Microeconomic Effects of Innovation. In: Journal of Economic Literature, Vol. 26, September 1988, S. 1120 ff.

Economides, N.: Compatibility and the Creation of Shared Networks. In: Guerin-Calvet, M., Wildman, S., (Hrg.): Electronic Services Networks, A Business and Public Policy Challenge. New York et al. 1991, S. 38 ff.

Elixmann, D.: Econometric Estimation of Production Structures: The Case of the German Telecommunications Carrier. Diskussionsbeitrag zur Telekommunikationsforschung Nr. 57, Wissenschaftliches Institut für Kommunikationsdienste, Bad Honnef 1990.

Elster, J.: Economic Order and Social Norms. In: Zeitschrift für die gesamte Staatswissenschaft, Vol. 144, 1988, S. 357 ff.

Emery, F. E., Trist, E. L.: The Causal Texture of Organizational Environments. In: F. E. Emery (Hrg.): Systems Thinking. Harmondsworth 1969, S. 241 ff.

Ernst, M.: Neue Informations- und Kommunikationstechnologien und marktwirtschaftliche Allokation. Eine informations- und transaktionskostentheoretische Analyse. München 1990.

Ernst, M.: Information und Volkswirtschaft. In: Cogito, 8. Jahrgang, Heft 6, November/Dezember 1992, S. 19 ff.

Eucken, W.: Grundsätze der Wirtschaftspolitik. 6. durchgesehene Auflage. Tübingen 1990.

Evans, D., Heckman, J.: Natural Monopoly, In: D. Evans (Hrg.): Breaking Up Bell. New York 1983, S. 127 ff.

Evans, D., Grossman, S.: Integration. In: D. Evans (Hrg.) Breaking up Bell. New York 1983, S. 95 ff.

Evans, D., Heckman, J.: A Test for Subadditivity of the Cost Function with an Application to the Bell System. In: American Economic Review, Vol. 74, 1984, S. 211 ff.

Fama, E.: Banking in the Theory of Finance. In: Journal of Monetary Economics, Vol. 6, 1980, S. 39 ff.

Farny, D.: Allfinanz - das betriebswirtschaftliche Konzept. In: H. J. Krümmel, H. Rehm, D. Simmert (Hrg.): Allfinanz - Strukturwandel an den Märkten für Finanzdienstleistungen. Beihefte zu Kredit und Kapital Heft 11. Berlin 1991, S. 161 ff.

Farrell, J., Saloner, G.: Economic Issues in Standardization. Working Paper, No. 393, Massachusetts Insitute of Technology, Department of Economics, October 1985.

Faulhaber, G.: Financial Services: Markets in Transition. Discussion Paper No. 27, Fishman Davidson Center, Wharton School, University of Pennsylvania, October 1987.

Finsinger, J.: Bank Regulation and Deposit Insurance. Arbeitsbericht Nr. 68, Arbeitsberichte des Fachbereichs Wirtschafts- und Sozialwissenschaften, Universität Lüneburg, August 1989.

Fisher, I.: 100% Money. In A. Hess, R. Gallman et al. (Hrg.): Outside Readings in Economics. New York 1956, S. 325 ff.

Flannery, M., Jaffee, D.: The Economic Implications of an Electronic Monetary Transfer System. Lexington 1973.

Flassig, E.: Elektronisches Bezahlen - Eine Mehrwertdienstentwicklung in Deutschland. In: Zeitschrift für Post und Telekommunikation 8/1991, S. 25 ff.

Frank, Gertraud: Neuere Entwicklungen im elektronischen Zahlungsverkehr. Frankfurt a.M. 1990.

Frank, Gunter: Strategische Informationsverarbeitung am Beispiel der Dresdner Bank. Vortrag auf dem 11. GfA-Bundeskongreß am 20./21. April 1991 in Rastatt/Baden, Manuskript.

Franke, G., Hax, H.: Finanzwirtschaft des Unternehmens und Kapitalmarkt. Berlin, Heidelberg, New York, 1988.

Franke, G.: Organisation und Regulierung internationaler Finanzmärkte. In: D. Schneider (Hrg.): Kapitalmarkt und Finanzierung. Schriften des Vereins für Socialpolitik, N.F. 165. Berlin 1987, S. 429 ff.

Frese, E.: Die organisatorische Diskussion globaler Strategien. In: Schriften des Vereins für Socialpolitik, Bd. 233, zugleich Beiheft 3 der Zeitschrift für Wirtschafts- und Sozialwissenschaften, S. 53 ff, speziell S. 67 f.

Friedman, M.: A Program for Monetary Stability. New York 1960.

Friedman, M.: Currency Competition: A Sceptical View. In: P. Salin (Hrg.): Currency Competition and Monetary Union. Den Haag 1984, S. 42 ff.

Fromm, G. (Hrg.): Studies in Public Regulation. Cambridge, Mass., 1983.

Fuss, M., Waverman, L.: Regulation and the Multiproduct Firm: The Case of Telecommunications in Canada. In: G. Fromm (Hrg.): Studies in Public Regulation. Cambridge, Mass., 1983, S. 277 ff.

Gilbert, R.: Payments System Risk: What Is It and What Will Happen If We Try To Reduce It? In: Federal Reserve Bank of St. Louis Review, Vol. 71, No.1, 1989, S. 3 ff.

Gilbert, R.: Studies of Costs in Commercial Banking. In: Journal of Money, Credit, and Banking, Vol. 16, November 1984, S. 636 ff.

Gilligan, T., Smirlock, M., Marshall, W.: Scale and Scope Economies in the Multiproduct Banking Firm. In: Journal of Monetary Economics 13 May 1984, S. 393 ff.

Gilligan, T., Smirlock, M.: An Empirical Study of Joint Production and Scale Economies in Commercial Banking. In: Journal of Banking and Finance, Vol. 8, 1984, S. 67 ff.

Glasner, D.: Free Banking and Monetary Reform. Cambridge 1989.

Glüder, D.: Die Entstehung multinationaler Banken. Wiesbaden 1988.

Godschalk, T.: Computergeld. Frankfurt 1983.

Gollnick, R.: Kredit- und Kundenkarten im Geschäftsreiseverkehr. In: WiSt (Wirtschaftswissenschaftliches Studium), Heft 6, Juni 1982, S. 309 ff.

Gölz, S.: Wettbewerbsvorteile durch Informationstechnik. In: WiSt (Wirtschaftswissenschaftliches Studium), Heft 8, August 1988, S. 418 f.

Goodhart, C.: Financial Innovation and Monetary Control. In: Oxford Review of Economic Policy, Vol. 2, No. 4, , Winter 1986, S. 79 ff.

Goodhart, C.: The Evolution of Central Banks. Cambridge, Mass., 1988.

Gort, M.: An Economic Disturbance Theory of Mergers. In: Quarterly Journal of Economics, Vol. 83, 1969, S. 624 ff.

Görtz, M. : Baby Bells schicken Zeitungen übers Telefon. In: Finanz und Wirtschaft, 22.1.1992.

Grätzer, G.: General Lattice Theory. Basel, Stuttgart, 1978.

Greenfield, R., Yeager, L.: A Laissez-Faire Approach to Monetary Stability. In: Journal of Money, Credit, and Banking, Vol.15, 1983, S. 302 ff.

Greenfield, R., Yeager, L.: Competitive Payment Systems: Comment. In: American Economic Review, Vol.76, 1986, S. 848 ff.

Gropper, D.: An Empirical Investigation of Changes in Scale Economies for the Commercial Banking Firm, 1979 - 1986. In: Journal of Money, Credit, and Banking, Vol. 23, 1991, S. 718 ff.

Grossman, S., Hart, O.: The Costs and Benefits of Ownership: A Theory of Vertical and Lateral Integration. In: Journal of Political Economy, Vol. 94, 1986, S. 691 ff.

Grünärml, F.: Finanzinnovationen und Geldpolitik. In: WiSt (Wirtschaftswissen-schaftliches Studium), Heft 5, Mai 1988, S. 217 ff.

Grundfest, J.: Internationalization of the World's Securities Markets: Economic Causes and Regulatory Consequences or Beware of the Über-Regulator. Stanford Law School, John M. Olin Program in Law and Economics, Working Paper No. 68, August 1990.

Guerin-Calvet, M., Wildman, S. (Hrg.): Electronic Services Networks, A Business and Public Policy Challenge. New York et al. 1991.

Hall, R.: The Government and the Monetary Unit. Manuskript, Stanford University, Economics Department, 1981. (zitiert nach Greenfield/Yeager 1983)

Hardwick, Ph.: Economies of Scale in Building Societies. In: Applied Economics, Vol. 21, 1989, S. 1291 ff.

Hart, A.: The Chicago Plan Of Banking Reform. In: F. Lutz, L. Mints (Hrg.): Readings in Monetary Theory. 2nd. ed. London 1956, S. 437 ff.

Hart, O.: Incomplete Contracts and the Theory of the Firm. In: Journal of Law, Economics, and Organization, Vol. 4, Spring 1988, S. 119 ff.

Hegenbarth, M.: Was sind Chipkarten? In: Nachrichtentechnische Zeitschrift (ntz), Bd. 43, 1990, H. 10, S. 714 ff.

Heiner, R. A.: The Origins of Predictable Behavior. In: American Economic Review, Vol. 73, No. 4, 1983, S. 561 ff.

Hellwig, M.: What do we know about Currency Competition? In: Zeitschrift für Wirtschafts- und Sozialwissenschaften, Heft 5, 1985, S. 565 ff.

Hermann, W., Maurer, M.: Kostenvorteile im schweizerischen Universalbankensystem. In: Schweizerische Zeitschrift für Volkswirtschaft und Statistik, Bd. 127, S. 563 ff.

Herz, B.: Geldpolitik bei finanziellen Innovationen. Frankfurt 1988.

Hicks, J.: A Theory of Economic History. Oxford 1969.

Hilzenbecher, R.: Mit dem Computer rund um die Uhr spekulieren. In: Süddeutsche Zeitung, 12.6.1987, Beilage Banking International, S.9.

Hock, D.: Konkurrenz für Banken oder: Die Zukunft der Finanzmonopole. In: bank und markt, Sonderausgabe Zahlungsverkehr und Bankgeschäft, 10. Jg., 15.4.1981, S. 4 ff.

Humphrey, D.: Economies of Scale in Federal Reserve Check Processing Operations. In: Journal of Econometrics, Vol. 15, 1981, S. 155 ff.

Humphrey, D.: Scale Economies at Automated Clearinghouses. In: Journal of Bank Research, Vol. 12, No.2, Summer 1981, S. 71 ff.

Hunter, W., Timme, S., Yang, W.: An Examination of Cost Subadditivity and Multiproduct Production in Large U.S.Banks. In: Journal of Money, Credit, and Banking, Vol. 22, November 1990, S. 504 ff.

Ingerling, R.: Das Credit-Scoring-System im Konsumentenkreditgeschäft. Berlin (Erich Schmidt Verlag) 1980.

Jetter, T.: Cash-Management-Systeme. Wiesbaden 1987.

Jobst, P.: Rendite auf Knopfdruck. In: Finanz und Wirtschaft, 9.6.1990, S. 31.

Joskow, P.: Vertical Integration and Long Term Contracts: The Case of Coal Burning Electric Generating Plants. In: Journal of Law, Economics and Organization, Vol 1, 1985, S. 33 ff.

Joskow, P.: Contract Duration and Relationship-Specific Investments: Empirical Evidence from Coal Markets. In: American Economic Review, Vol. 77, 1987, S. 168 ff.

Joskow, P.: Asset Specificity and the Structure of Vertical Relationships: Empirical Evidence. In: Journal of Law, Economics, and Organization, Vol. 4, Spring 1988, S. 95 ff. Wiederabgedruckt in O. Williamson, S. Winter: The Nature of the Firm. New York 1991.

Kambil, A.: Information Technology and Vertical Integration: Evidence from the Manufacturing Sector. In: Guerin-Calvet, M., Wildman, S. (Hrg.): Electronic Services Networks, A Business and Public Policy Challenge. New York et al. 1991, S. 22 ff.

Kaven, J.-P.: Mindestreserve - eine überholte Zwangsabgabe. In: Zeitschrift für das gesamte Kreditwesen, 23/1990, S. 1157 ff.

Keeler, T.: Deregulation and Scale Economies in the U.S. Trucking Industry: An Econometric Extension of the Survivor Principle. In: Journal of Law and Economics, Vol.32, 1989, S. 229 ff.

Keller, A.: Kreditkarten. Diessenhofen 1981.

Killbridge, B., McDonald, B., Miller, R.: A Reexamination of Economies of Scale in Banking Using a Generalized Functional Form. In: Journal of Money, Credit, and Banking, Vol. 18, November 1986, S. 519 ff.

Kim, H.: Economies of Scale and Economies of Scope in Multiproduct Financial Institutions. Further Evidence from Credit Unions. In: Journal of Money, Credit, and Banking, Vol. 18, 1986, S. 220 ff.

Kim, M.: Banking Technology and the Existence of a Consistent Output Aggregate. In: Journal of Monetary Economics, Vol. 18, 1986, S. 181 ff.

Kindleberger, C.: International Banks and International Business in Historical Perspective. In: C. Kindleberger (Hrg.): Multinational Excursions, Cambridge 1984. S. 155 ff.

Kiss, F., Lefebvre, B.: Econometric models of telecommunications firms - A survey. In: Revue Economique, No. 2, Mars 1987, S. 307 ff.

Klein, B., Crawford, R., Alchian, A.: Vertical Integration, Appropriable Rents and the Competitive Contracting Process. In: Journal of Law and Economics, Vol. 21, 1978, S. 297 ff.

Klein, B.: The Competitive Supply of Money. In: Journal of Money, Credit, and Banking, Vol. 6, 1974, S. 423 ff.

Klein, B.: Vertical Integration as Organizational Ownership: The Fisher Body - General Motors Relationship Revisited. In: O. Williamson, S. Winter: The Nature of the Firm. New York 1991, S. 213 ff.

Knieps, G., Müller, J., von Weizsäcker, C.C.: Die Rolle des Wettbewerbs im Fernmeldewesen. Baden-Baden 1981.

Knight, F. H.: Risk, Uncertainty and Profit. Series of Reprints of Scarce Tracts in Economic and Political Science, No. 16. The London School of Economics and Political Science. Eight Impression. London 1957.

Knolmayer, G.: Informationsmanagement, Outsourcing von Informatik-Leistungen. In: WiSt (Wirtschaftswissenschaftliches Studium) , Heft 7, Juli 1992, S. 356 ff.

Kolari, J., Zardkoohi, A.: Bank Costs, Structure, and Performance. Lexington 1987.

Kolari, J., Zardkoohi, A.: Economies of Scale and Scope in Thrift Insitutions: The Case of Finnish Cooperative and Savings Banks. In: Scandinavian Journal of Economics, Vol. 92, 1990, S. 437 ff.

Krakowski, M. (Hrg.): Regulierung in der Bundesrepublik Deutschland. Hamburg 1988.

Kreps, D.: A Course in Microeconomic Theory. New York et al. 1990.

Kreps, D.: Corporate Culture and Economic Theory. In: J. Alt and K. Shepsle (Hrg.): Perspectives on Positive Political Economy. Cambridge 1990, S. 90 ff.

Krümmel, H. J., Rehm, H., Simmert, D.: Allfinanz - Strukturwandel an den Märkten für Finanzdienstleistungen. Beihefte zu Kredit und Kapital, Heft 11. Berlin 1991.

Krümmel, H. J.: Allfinanz und die sortimentspolitischen Grundlagen des Privatkundengeschäfts. In: H. J. Krümmel, H. Rehm. D. Simmert (Hrg.): Allfinanz - Strukturwandel an den Märkten für Finanzdienstleistungen. Beihefte zu Kredit und Kapital, Heft 11. Berlin 1991, S. 33 ff.

Kubon-Gilke, G.: Moralische Kosten und die Endogenisierung von Präferenzen in der Neuen Institutionenökonomik. Manuskript, Technische Universität Darmstadt 1992.

Kuhn, T.: Die Struktur wissenschaftlicher Revolutionen. Frankfurt a.M. 1967.

Kupfer, A.: Now, Live Experts on a Floppy Disk. In: Fortune, October 12, 1987, S. 47 ff.

Kurz, E.: Wissen im Wettbewerb, Expertensysteme - Entwicklungsstand, Trends und Anwendungen. In: net 45 (1991), Heft 5, S. 196 ff.

Kwast, M.: The Impact of Underwriting and Dealing on Bank Returns and Risks. In: Journal of Banking and Finance, Vol. 13, 1989, S. 101 ff.

Lane, F.: Seemacht Venedig. München 1980.

Lang, G., Welzel, P.: Skalenerträge und Verbundvorteile im Bankensektor. Empirische Bestimmung für die bayerischen Genossenschaftsbanken. Erscheint demnächst in ifo-Studien.

Lang, G., Welzel, P.: Strukturschwäche oder X-Ineffizienz? Cost-Frontier Analyse der bayerischen Genossenschaftsbanken. In: Volkswirtschaftliche Diskussionsreihe, Beitrag 118, August 1994. Institut für Volkswirtschaftslehre, Universität Augsburg.

Langlois, R.: Economic Change and the Boundaries of the Firm. In: Zeitschrift für die gesamte Staatswissenschaft, Vol. 144, 1988, S. 636 ff.

Laux, M.: Geldmarktfonds in Europa. In: Zeitschrift für das gesamte Kreditwesen, 8/1988, S. 26 ff.

Lawrence, C.: Banking Costs, Generalized Functional Forms, and Estimation of Economies of Scale and Scope. In: Journal of Money, Credit, and Banking, Vol. 21, 1989, S. 368 ff.

Lawrence, C., Shay, R.: Technology and Financial Intermediation in Multiproduct Banking Firms: An Econometric Study of U.S. Banks, 1979-1982. In: C. Lawrence, R. Shay (Hrg.): Technological Innovation, Regulation and the Monetary Economy, Cambridge, Mass. 1986, S. 53 ff.

Lawrence, C., Shay, R. (Hrg.): Technological Innovation, Regulation and the Monetary Economy. Cambridge, Mass., 1986.

Leijonhufvud, A.: Capitalism and the Factory System. In: R. Langlois (Hrg.): Economics as a Process: Essays in the New Institutional Economics. New York 1986, Chapter 9.

Levy, D.: Testing Stigler's Interpretation of "The Division of Labor is Limited by the Extent of the Market". In: Journal of Industrial Economics, Vol. 32, 1984, S. 377 ff.

Lewis, T., Sappington, D.: Technological Change and the Boundaries of the Firm. In: American Economic Review, Vol. 81, 1991, S. 887 ff.

Liebowitz, S., Margolis, S.: The Fable of the Keys. In: Journal of Law and Economics, Vol. 33, S. 1 ff.

Litan, R.: What Should Banks Do? Washington (Brookings Institution) 1987.

Locay, L.: Economic Development and the Division of Labor Between Households and Markets. In: Journal of Political Economy, Vol. 98, 1990, S. 965 ff.

Longbrake, W.: Computers and the Cost of Producing Banking Services. In: Journal of Bank Research, Autumn 1973, S. 194 ff.

Lutz, F. A.: Das Grundproblem der Geldverfassung (1936). In: Ders.: Geld und Währung. Gesammelte Abhandlungen. Tübingen 1962, S. 28 ff.

Macaulay, S.: Non-Contractual Relations in Business: A Preliminary Study. In: American Sociological Review, Vol. 28, 1963, S. 55 ff.

Mahler, A.: Telekommunikationsdienste im Bankensektor. Diskussionsbeitrag Nr. 131, Juli 1994. Wissenschaftliches Institut für Kommunikationsdienste, Bad Honnef.

Maremont, M., Glasgall, W.: Reuters After the Crash: Slowing Down to a Gallop. In: Business Week, December 21, 1987, S. 50 ff.

Maremont, M.: Reuters Unveils Supertrading. In: Business Week, February 17, 1992, S. 34.

Marquis, M., Witte, W.: Cash-Management and the Demand for Money by Firms. In: Journal of Macroeconomics, Vol. 11, 1989, S. 333 ff.

Marshall, A.: Industry and Trade. London 1923.

Matutes, C., Padilla, A. J.: Shared ATM Networks and Banking Competition. In: European Economic Review, Vol. 38, 1994, S. 1113 ff.

McAllister, P., McManus, D.: Resolving the Scale Efficiency Puzzle in Banking. In: Journal of Banking and Finance, Vol. 17, Nos. 2-3, 1993, S. 389 ff.

McGowan, J.: International comparisons of merger activity. In: Journal of Law and Economics, Vol. 9, 1971, S. 233 ff.

Menkhoff, L.: Aufgestautes Nachfragepotential für Geldmarktfonds. In: Wirtschaftsdienst, 1990/X, S. 523 ff.

Menkhoff, L.: Makroökonomische Wirkungen der Einführung von Geldmarktfonds. In: Konjunkturpolitik, Heft 6, 1990, S. 378 ff.

Mester, L.: A Multiproduct Cost Study of Savings and Loans. In: Journal of Finance, Vol. 42, 1987, S. 423 ff.

Milgrom, P., Roberts, J.: The Economics of Modern Manufacturing: Technology, Strategy, and Organization. In: American Economic Review, Vol. 80, 1990, S. 511 ff.

Milgrom, P., Roberts, J.: Bargaining and Influence Costs and the Organization of Economic Activity. In: J. Alt und K. Shepsle (Hg.): Positive Perspectives on Political Economy, Cambridge 1990.

Milgrom, P., Roberts, J.: Economics, Organization and Management. Englewood Cliffs, 1992.

Milgrom, P., Roberts, J.: Comparing Equilibria. In: American Economic Review, Vol. 84, No. 3, 1994, S. 441 ff.

Milgrom, P., Shannon C.: Monotone Comparative Statics. In: Econometrica, Vol. 62, No.1, 1994, S. 157 ff.

Miller, M., Winkler, M.: Computerized Trading Starts to Make Inroads on Financial Markets. In: Wall Street Journal, 27. 4. 1989, S. 1.

Minnerop, H., Stoll, H.: Technological Change in the Back Office: Implications for Structure and Regulation of the Securities Industry. In: A. Saunders, L. White: Technology and the Regulation of Financial Markets. Lexington, Mass. 1986, S. 31 ff.

Monteverde, K., Teece, D.: Supplier Switching Costs and Vertical Integration in the Automobile Industry. In: Bell Journal of Economics, Vol. 13, 1982, S. 206 ff.

Moormann, J., Wölfing, D.: Fertigungstiefe in Banken verringern. In: Die Bank 12/91, S. 677 ff.

Mott, T.: A Post Keynesian Perspective on a "Cashless Competitive Payments System." In: Journal of Post Keynesian Economics, Vol. XI, 1989, S. 360 ff.

Murray, J., White, R.: Economies of Scale and Economies of Scope in Multiproduct Financial Institutions: A Study of British Columbia Credit Unions. In: Journal of Finance, Vol. 38, 1983, S. 887 ff.

Nelson, R.: Why do Firms Differ, And How Does It Matter? In: Strategic Management Journal, Vol. 12, 1991, S. 61 ff.

Nelson, R. L.: Merger Movements in American Industry, 1895-1956. Princeton 1959

Neumann, K.H.: Gebührenpolitik im Telekommunikationsbereich. Baden- Baden 1984.

Nisse, J.: US projects are ahead by two years. In: Financial Times, October 16, 1986, Financial Times Survey, Information Technology in Finance, p. 10.

North, D.: Institutions, Transaction Costs and Economic Growth. In: Economic Inquiry, Vol. 25, 1987, S. 419 ff.

North, D.: Strucure and Change in Economic History. New York 1981.

Noulas, A., Ray, S., Miller, S.: Returns to Scale and Input Substitution for Large U.S. Banks. In: Journal of Money, Credit, and Banking, Vol. 22, 1990, S. 94 ff.

o.V.: Midlands Bank gründet Telekom-Tochter. In: Funkschau 13/1989, S. 12.

o.V.: Banking aus dem Orbit. In: Funkschau 3, 1989, S. 26 ff.

o.V.: Morgens um sieben... . IBM Nachrichten 37, 1987, Heft 289, S. 49 ff.

o.V.: Neue LZB - Elektronik stärkt den Platz Frankfurt. In: Deutsche Bundesbank: Auszüge aus Presseartikeln, Nr. 27, 30. März 1990, S. 10.

OECD/BRIE: "Information Networks and Competitive Advantage" (Vol. I und II). Vervielfältigt, erhältlich bei der Generaldirektion XIII der EG-Kommission.

OECD: Banks Under Stress. Paris 1992.

OECD: The Internationalisation of Banking. Paris 1983.

Oishi, Y., Komai, M. (Hrg.): Networks and Society. Tokyo (The Institute for Posts and Telecommunications Policy) 1991.

Ordover, J., Saloner, G.: Predation, Monopolization, and Antitrust. In: R. Schmalensee, R. Willig (Hrg.): Handbook of Industrial Organization. Amsterdam et al. 1989, Vol. I, Chapter 9.

Otremba, G., Ruge, W., Schwuchow, W., Winand, U.: Online - Datenbankdienste in der Bundesrepublik Deutschland - Eine Angebotsanalyse. Diskussionsbeitrag zur Telekommunikationsforschung Nr. 26, Wissenschaftliches Institut für Kommunikationsdienste, Bad Honnef, November 1986.

Padoa-Schioppa, T.: Large-Value Payment Systems: a European Perspective. Vortrag auf der 12th Payment Systems International Conference am 6. Oktober 1992 in London.

Panzar, J.: Technological Determinants of Firm and Industry Structure. In: R. Schmalensee, R. Willig (Hrg.): Handbook of Industrial Organization. Amsterdam et al. 1989, S. 3 ff.

Peltzman, S.: The Economic Theory of Regulation after a Decade of Deregulation. In: Brookings Papers on Economic Activity, Microeconomics 1989, S. 1 ff.

Penrose, E. : The Theory of the Growth of the Firm. 2. Aufl. Oxford 1980.

Penrose, P.: The Back Office Takes a Bow. In: Banking Technology, July/August 1990, S. 24 ff.

Perry, M.: Vertical Integration: Determinants and Effects. In: R. Schmalensee, R. Willig (Hrg.): Handbook of Industrial Organization. Amsterdam et al. 1989, Vol.I, Chapter 4.

Pfeiffer, G., Wieland, B.: Telecommunications in Germany - An Economic Perspective. Berlin, Heidelberg, New York, 1990.

Pfeiffer, G.: Kompatibilität und Markt. Baden-Baden 1989.

Phillips, A., Berlin, M.: Technology and Financial Services: Regulatory Problems in a Deregulated Environment. Discussion Paper No.8, Fishman Davidson Center for the Study of the Services Sector, The Wharton School, University of Pennsylvania, June 1985.

Picot, A.: Ein neuer Ansatz zur Gestaltung der Leistungstiefe. In: Zeitschrift für betriebswirtschaftliche Forschung, Heft 4, April 1991, S. 336 ff.

Polanyi, M.: Implizites Wissen. Frankfurt a.M., 1985.

Popper, K. R.: Conjectures and Refutations. Fourth Edition. London 1972.

Popper, K. R.: Die Logik der Sozialwissenschaften. In: Kölner Zeitschrift für Soziologie und Sozialpsychologie, 14. Jg., Heft 2, 1962, S. 233 ff. Auch abgedruckt in K. R. Popper: Auf der Suche nach einer besseren Welt. Zürich, München, 1987.

Preißl, B.: Telekommunikation und das Auslandsgeschäft von Banken und Versicherungen. Diskussionsbeitrag zur Telekommunikationsforschung Nr. 36, Wissenschaftliches Institut für Kommunikationsdienste, Bad Honnef 1988.

Preston, S.: Moving Towards CHIPS Same Day Settlement. In: Ausgabe Technik, Beilagenheft zu Heft 6 der Zeitschrift für das gesamte Kreditwesen, 15. März 1981, S. 24 f.

Pulley, L., Braunstein, Y.: A Composite Cost Function for Multiproduct Firms with an Application to Economies of Scale in Banking. In: The Quarterly Journal of Economics and Statistics, Vol 74, May 1992, S. 221 ff.

Reichlin, I., Winkelnkemper, A.: Pfadfinder für die Post. In: hightech 2/90, S. 26 ff.

Reiter, W.: EDV in einer Großbank. Von der Hilfsfunktion zum maßgeblichen Organisationsinstrument. In: J. Süchting: Der Bankbetrieb zwischen Theorie und Praxis. Festschrift zum 60. Geburtstag von Karl Friedrich Hagenmüller. Wiesbaden 1977, S. 79 ff.

Relin, A., Voss, K.: Informations- und Datenverarbeitung in Banken. Grafenau 1980.

Revell, J.: Banking and Electronic Fund Transfers. Paris (OECD) 1983.

Ricketts, M.: The Economics of Business Enterprise. Brighton 1987

Rose, P.: Diversification of the Banking Firm. In: Financial Review, Vol. 24, May 1989, S. 251 ff.

Rosse, J.: Written Testimony in United States vs. AT&T. Manuskript, Stanford University, 1981.

Rowe, F. (OECD/BRIE User Group Project): Banque Nationale de Paris, Vervielfältigt, Paris (OECD) 1988.

Rowe, F.: Data Networks Productivity and Competitive Behaviour: The Case of the French Commercial Banks. Vortrag auf der 9. Internationalen Konferenz der International Telecommunications Society, 14. - 17. Juni in Cannes, vervielfältigt.

Rowe, F.: Formation et contrôle de la stratégie: le cas des grands projets de décentralisation bancaire. Serie "Working Papers", n^0 8, Telecom Paris, Ecole National Superieure des Telecommunications. Paris 1992.

Ruckriegel, K.: Finanzinnovationen und nationale Geldpolitik. Bayreuth 1989.

Russell, T.: The Economics of Bank Credit Cards. New York, 1975.

Salin, P. (Hrg.): Currency Competition and Monetary Union. Den Haag 1984.

Sandler, T., Tschirhart, J.: The Economic Theory of Clubs, An Evaluative Survey. In: Journal of Economic Literature, Vol. 18, 1980, S. 1481 ff.

Santomero, A.: The Changing Structure of Financial Institutions - A Review Essay. In: Journal of Monetary Economics, Vol. 24, 1989, S. 321 ff.

Schittko, R.: Der Liquditätsansatz in der Geldtheorie. Bochum (Studienverlag Dr. N. Brockmeyer) 1980.

Schmalenbach-Gesellschaft, Arbeitskreis "Planung in Banken" (Hrg.): Finanzwettbewerb in den 90er Jahren - Thesen und Informationen. Wiesbaden 1982.

Schmerken, I.: Wall Street's Back Offices: The 1990s Avant Garde. In: Wall Street Computer Review, February 1990, S. 44.

Schumpeter, J.: Theorie der wirtschaftlichen Entwicklung. Leipzig 1912.

Schürenkrämer, U.: Technologiebewertung des internationalen Datennetzes der Kreditinstitute - SWIFT in Prognose und Realität. Berlin 1987.

Schwartz, R.: Equity Markets. New York 1988.

Schwarze, J., Rosenhagen, K.: Expertensysteme in der Kreditwürdigkeitsprüfung. In: Wirtschaftswissenschaftliches Studium (WiSt), Heft 6, Juni 1993, S.291 ff. und S.306 ff.

Selgin, G., White, L.: The Evolution of a Free Banking System. In: Economic Journal, Vol. 25, 1987, S. 439 ff.

Sharma, A., Shrivastava, S.: Trends in Financial Institutions: Outsourcing of Information Technology. Fishman-Davidson Fellowship Paper, May 1993. The Wharton School of the University of Pennsylvania.

Sheldon, G.: Skalenerträge, Verbundvorteile und Ineffizienz im Schweizer Bankgewerbe. In: ifo-Studien, 38. Jg., 1993, S. 351 ff.

Siebke, J. (Hrg.): Finanzintermediation, Bankenregulierung und Finanzmarktintegration. Schriften des Vereins für Socialpolitik, N.F., Bd. 204. Berlin 1991.

Sijben, J.: Financial Innovations, Monetary Policy and Financial Stability. In: Kredit und Kapital, 21. Jg., Heft 1, 1988, S. 45 ff.

Silver, M.: Enterprise and the Scope of the Firm. Oxford 1984.

Simon, H.: Organizations and Markets. In: Journal of Economic Perspectives, Vol. 5, No. 2, 1991, S. 25 ff.

Simons, H.: A Positive Program for Laissez-Faire. In: H. Simons: Economic Policy for a Free Society. Chicago 1948, S. 62 f.

Smith, A.: Der Wohlstand der Nationen (1776). dtv-Ausgabe, München 1978.

Snowton, E.: Systems are streamlined to woe treasurers. In: Financial Times, October 16, 1986, Financial Times Survey, Information Technology in Finance, p.ii.

Solomon, E. H. (Hrg.): Electronic Money Flows - The Molding of a New Financial Order. Boston et al. 1991.

Solomon, E. H.: Banks, Consumers, and the Law. In: Dies. (Hrg.) Electronic Money Flows - The Molding of a New Financial Order, Boston et al. 1991, S. 157 ff.

Solomon, E. H.: Financial Sector Innovation: The Consumer Impact. In: Y. Oishi, M. Komai (Hrg.): Networks and Society, Tokyo (The Institute for Posts and Telecommunications Policy) 1991, S. 207 ff.

Solomon, E. H.: Todays Money: Image and Reality. In: Dies: (Hrg.) Electronic Money Flows - The Molding of a New Financial Order, Boston, Dordrecht, London 1991, S. 15 ff.

Solow, R.: Comments from Inside Economics. In: A. Klamer, D. McCloskey, R. Solow (Hrg.): The Consequences of Economic Rhetoric. Cambridge et al. 1988, S. 31 ff.

Spillmann, R.: Wallstreet und der Computer. In: Finanz und Wirtschaft, 5. 10. 1991, S. 1 ff.

Stammer, K.: Nichtbanken als Substitutionskonkurrenten auf dem Bankleistungsmarkt - Eine vergleichende Analyse für das deutsche und US-amerikanische Bankensystem. Frankfurt a.M. 1987.

Steiner, T., Teixeira, D.: Technology in Banking. Homewood, Ill., 1990.

Stigler, G.: The Division of Labor is Limited by the Extent of the Market. In: Journal of Political Economy, Vol. 59, 1951, S. 185 ff. Neu abgedruckt als Kapitel 12 in G. Stigler: The Organization of Industry. Chicago 1968.

Stigler, G.: The Economies of Scale. In: Journal of Law and Economics, Vol 1, 1958. Wiederabgedruckt als Kapitel 7 in: G. Stigler: The Organization of Industry, Chicago 1968.

Stigler, G. J.: The Organization of Industry. Chicago 1968

Stigler, G.: Barriers to Entry, Economies of Scale, amd Firm Size, in G. Stigler: The Organization of Industry. Chicago 1968, Kapitel 6.

Stigler, G. J.: The Theory of Price. 4. Aufl. New York, London, 1987

Stoetzer, M.: Der Markt für Mehrwertdienste: Ein kritischer Überblick. Diskussionsbeitrag zur Telekommunikationsforschung Nr. 69, Wissenschaftliches Institut für Kommunikationsdienste, Bad Honnef, Juli 1991.

Storch, G.: Die elektronische Öffnung der Deutschen Bundesbank. In: Deutsche Bundesbank: Auszüge aus Presseartikeln, Nr. 97, 13. Dezember 1991, S. 21.

Storck, A.: Die Technik- und Beratungs-Bank. Frankfurt a.M. 1983.

Strecker, R.: Automation Is Still an Advantage in Global Banking Services. In: Information Strategy: The Executive's Journal, Fall 1990, S. 5 ff.

Süchting, J.: Zur Organisation von Allfinanzangeboten. In: H. J. Krümmel, H. Rehm, D. Simmert (Hrg.): Allfinanz - Strukturwandel an den Märkten für Finanzdienstleistungen. Beihefte zu Kredit und Kapital, Heft 11. Berlin 1991, S. 177 ff.

Summers, L.: The Scientific Illusion in Empirical Macroeconomics. In: Scandinavian Journal of Economics, 93(2), 1991, S. 129 ff.

Sumner, S.: The Forerunners of "New Monetary Economics" Proposals to Stabilize the Unit of Account. In: Journal of Money, Credit, and Banking, Vol. 22, 1990, S. 109 ff.

Teece, D.: Economies of Scope and the Scope of the Enterprise. In: Journal of Economic Behaviour and Organization, Vol. 1, 1980, S. 223 ff.

Teece, D.: Profiting from Technological Innovation: Implications for Integration, Collaboration, Licensing and Public Policy. In: Research Policy, Vol. 15, 1986, S. 285 ff.

Teece, D., Pisano, G., Shuen, A.: Dynamic Capabilities and Strategic Management. Vervielfältigt, University of California at Berkeley 1992.

Terrahe, J.: Telekommunikation bei Banken. In F. Arnold (Hrg.): Handbuch der Telekommunikation. Köln 1989, Kapitel 9.3.1.0..

Thompson, E.: The Theory of Money and Income Consistent with Orthodox Value Theory. In: G. Horwich, P. Samuelson (Hrg.): Trade, Stability and Macroeconomics. New York 1974, S. 427 ff.

Tichy, G.: Bankengröße und Effizienz. In: Kredit und Kapital, 23. Jahrg., 1990, Heft 3, S. 358 ff.

Timmermann, V.: Universalbanken - Erfahrungen und mögliche Lehren. In: Kredit und Kapital, 1/1991, S. 73 ff.

Tirole, J.: The Theory of Industrial Organization. Cambridge, Mass., 1988.

Tobin, J.: Commercial Banks as Creators of "Money". In: Deane Carson (Hrg.) Banking and Monetary Studies. Homewood, Ill., 1963, S. 408 ff.

Tobin, J.: A General Equilibrium Approach to Monetary Theory. In: Journal of Money, Credit, and Banking, Vol.1, 1969, S. 15 ff.

Tobin, J.: Essays in Economics. Vol. I, Macroeconomics. Chicago 1971.

Tobin, J.: Financial Structure and Monetary Rules. In: Kredit und Kapital, Nr. 2, 1983, S. 155 ff.

Tobin, J.: Closing Comments. In: C. Lawrence, R. Shay: Technological Innovation, Regulation and the Monetary Economy, Cambridge, Mass., 1986, S. 207 f.

Tobin, J., Brainard, W.: Financial Intermediaries and the Effectiveness of Monetary Controls. In: American Economic Review, Vol. 53, 1963, S. 383 ff.

Topkis, D. M.: Minimizing a Submodular Function on a Lattice. In: Operations Research, Vol. 26, 1978, S. 305 ff.

Totonis, H., Spitler, R.: Operating Services: New Lines of Business. In: Bank Management, August 1990, S. 16 ff.

Tucker, I., Wilder, R.: Trends in Vertical Integration in the U.S. Manufacturing Sector. In: Journal of Industrial Economics, Vol. 26, 1977, S. 81 ff.

Varian, H.: Mikroökonomie. München, Wien, 1981

Verkoren, H. K.: From Postbank to Postal Giro and Beyond. Vortrag auf dem Kongreß "Die deutsche Postbank im Wettbewerb", veranstaltet vom Wissenschaftlichen Institut für Kommunikationsdienste, Bad Honnef, in Bonn, am 9. Oktober 1991, vervielfältigt.

Vives, X.: Nash Equilibrium with Strategic Complementarities. In: Journal of Mathematical Economics, 19, 1990, S. 305 ff.

von der Schulenburg, Graf M.: Organisations- und Steuerungsfragen aus der Sicht einer Großsparkasse. In: J. Siebke (Hrg.): Finanzintermediation, Bankenregulierung und Finanzmarktintegration. Schriften des Vereins für Socialpolitik, N.F. Bd. 204. Berlin 1991, S. 221 ff.

von Hayek, F. A.: The Use of Knowledge in Society. In: American Economic Review, Vol. 35, 1945, S. 519 ff.

von Hayek, F. A.: Choice in Currency: A Way to Stop Inflation. London (Institute of Economic Affairs) 1976.

von Hayek, F. A.: Denationalization of Money: An Analysis of the Theory and Practice of Concurrent Currencies. 2nd. ed. London (Institute of Economic Affairs) 1977.

von Hayek, F. A.: Entnationalisierung des Geldes, Eine Analyse der Theorie und Praxis konkurrierender Umlaufsmittel. Tübingen 1977.

von Hayek, F. A.: Law, Legislation, and Liberty. Chicago 1973-1979 (3 Bde.).

von Hayek, F. A.: Individualism and Economic Order. Chicago 1980.

von Hayek, F. A.: The Theory of Currency Competition. In: P. Salin (Hrg.): Currency Competition and Monetary Union. Den Haag 1984, S. 29 ff.

von Rosen, R.: Die Deutschen Börsen: Für die Zukunft gewappnet. In: Wirtschaftsstudium (WiSu), &/93, S. 479 f.

von Weizsäcker, C. C.: Barriers to Entry, A Theoretical Treatment. Berlin, Heidelberg, New York, 1980.

von Weizsäcker, C. C.: Rechte und Verhältnisse in der modernen Wirtschaftslehre. In: Kyklos, Vol. 34, 1981, S. 345 ff.

von Weizsäcker, C. C.: Staatliche Regulierung - positive und normative Theorie. In: Schweizerische Zeitschrift für Volkswirtschaft und Statistik, Heft 3/1982, S. 325 ff.

von Weizsäcker, C. C.: Die Lokomotive des Informationszeitalters. In: Frankfurter Allgemeine Zeitung, Nr. 294, 19. Dezember 1987, S. 13.

von Weizsäcker, C. C.: Die Wirtschaftliche Bedeutung von Mehrwertdiensten. Universität zu Köln 1987, vervielfältigt.

von Weizsäcker, C. C.: Inwieweit ist es notwendig, Kapitalmärkte zu regulieren? In: D. Schneider (Hrg.): Kapitalmarkt und Finanzierung. Schriften des Vereins für Socialpolitik, N. F. Bd. 165. Berlin 1987, S. 71 ff.

von Weizsäcker, C. C.: Das Auto, der Kühlschrank, das Telefon. In: Ordo, Vol. 39, 1988, S. 169 f.

von Weizsäcker, C. C. : Ziellos ohne Mengenziel. In: Wirtschaftswoche, 8.1.1988, S. 56 ff.

von Weizsäcker, C. C.: Antitrust and the Division of Labor. In: Zeitschrift für die gesamte Staatswissenschaft, Vol. 147, 1991, S. 99 ff.

von Weizsäcker, C. C.: Networks and Society. In: Y. Oishi, M. Komai (Hrg.): Networks and Society. Tokyo (The Institute for Posts and Telecommunications Policy) 1991, S. 3 ff.

Waldenberger, F.: Vertikale Integration von Unternehmen. Untersuchungen zur Wirtschaftspolitik, Bd. 86, Institut für Wirtschaftspolitik an der Universität zu Köln. Köln 1991.

Walker, D.: Economies of Scale in Electronic Funds Transfersystems. In: Journal of Banking and Finance, Vol. 2, 1978, S. 65 ff.

Wall, L. : Has Bank Holding Companies' Diversification Affected their Risk of Failure? In: Journal of Economics and Business, Vol. 39, 1987, S. 313 ff.

Weise, P. et al.: Mikroökonomie. 2. Aufl. Heidelberg 1991.

Weisensee, G.: Die Kreditkarte - ein amerikanisches Phänomen. Bern 1970.

White, L.: Free Banking in Britain. Theory, Experience, and Debate, 1800-1845. Cambridge 1984.

White, L.: Free Banking as an Alternative Monetary System. In: B. Siegel (Hrg.) Money in Crisis. Cambridge, Mass., 1984, S. 269 ff.

White, L.: Competitive Payment Systems and the Unit of Account. In: American Economic Review, Vol. 74, 1984, S. 699 ff.

White, L.: Competitive Payment Systems: Reply. In: American Economic Review, Vol 76, 1986, S. 850 ff.

White, L.: Litan's What Should Banks Do?: A Review Essay. In: Rand Journal of Economics, Vol. 19, No.2, Summer 1988, S. 305 ff.

White, L.: Alternative Perspectives on the Cashless Competitive Payments System. In: Journal of Post Keynesian Economics, Vol. XI, 1989, S. 378 ff.

Wieland, B.: Die ökonomische Theorie des natürlichen Monopols. Diskussionsbeiträge zur Telekommunikationsforschung, Nr. 2, Wissenschaftliches Institut für Kommunikationsdienste, Bad Honnef, August 1983.

Wieland, B.: Größenvorteile und natürliches Monopol aus empirischer Sicht. Diskussionsbeiträge zur Telekommunikationsforschung, Nr.13, Wissenschaftliches Institut für Kommunikationsdienste, Bad Honnef, Juni 1985.

Wieland, B.: Die Entflechtung des amerikanischen Fernmeldemonopols. Berlin, Heidelberg, New York, 1985.

Wieland, B.: Probleme bei der schrittweisen Deregulierung eines natürlichen Monopols - das Beispiel AT&T. In: Wirtschaft und Wettbewerb, Heft 2, 1985, S. 93 ff.

Wieland, B.: Regulierung der Telekommunikation. In: M.Krakowski (Hrg.): Regulierung in der Bundesrepublik Deutschland. Hamburg 1989, S. 195 ff.

Wieland, B.: Kommunikationskosten und die Multinationalisierung des Bankwesens. Erscheint demnächst in ifo-Studien, 1/95.

Williamson, O.: The Economic Institutions of Capitalism. New York 1985.

Williamson, O.: Transaction Cost Economics: The Governance of Contractual Relations. In: O. Williamson: Economic Organization. Brighton 1986, Chapter 7.

Williamson, O., Winter, S.: The Nature of the Firm, New York 1991

Willig, R.: Multiproduct Technology and Market Structure. In: American Economic Review, Vol. 69, Papers and Proceedings, May 1979, S. 346 ff.

Winter, S.: On Coase, Competence, and the Corporation. In: O. Williamson, S. Winter: The Nature of the Firm. New York 1991, S. 179 ff.

Witte, E., Dowling, M.: Value Added Services - Regulation and Reality in the Federal Republic of Germany. In: Telecommunications Policy, October 1991, S. 437 ff.

Yeager, L.: A Competitive Payments System: Some Objections Considered. In: Journal of Post Keynesian Economics, Vol. XI, 1989, S. 370 ff.

Zigas, D., Weiss, G. et.al.: The Future of Wall Street - Why Our Financial System Will Never be the Same. In: Business Week, November 5, 1990, S. 43 ff.

Wirtschaftswissenschaftliche Beiträge

Band 98: S. Huschens, Zur Modellierung der Erwartungsbildung in makroökonomischen Modellen, VIII/213 Seiten, 1994

Band 99: T. Gerhards, Theorie und Empirie flexibler Wechselkurse, XIV/358 Seiten, 1994

Band 100: K. Morasch, Strategische Allianzen, XIV/197 Seiten, 1994

Band 101: N. Lamar, Makroökonomische Konvergenz und Währungssystem, XVI/196 Seiten, 1994

Band 102: G.M. Winkler, Entscheidungen und Präferenzen, IX/189 Seiten, 1994

Band 103: L.E. Merkle, Frauenerwerbstätigkeit und Kinderbetreuung, VIII/308 Seiten, 1994

Band 104: C. Fantapié Altobelli, Kompensationsgeschäfte im internationalen Marketing, XXII/368 Seiten, 1994

Band 105: R. Wagner, Die Grenzen der Unternehmung, X/198 Seiten, 1994

Band 106: H. Richter, Marktorientierte Neugestaltung des Einkommensteuersystems, XVI/351 Seiten, 1995

Band 107: M. Graff, Bildung und technischer Fortschritt als Determinanten wirtschaftlicher Entwicklung, VI/231 Seiten, 1995

Band 108: J. Schmude (Hrsg.), Neue Unternehmen, VIII/301 Seiten, 1995

Band 109: T. Kuhn, Theorie des kommunalen Finanzausgleichs, VI/235 Seiten, 1995

Band 110: B. Schaden, Effektive Kapitalsteuerbelastung in Europa, IX/189 Seiten, 1995

Band 111: G. Georgi, Job Shop Scheduling in der Produktion, XII/249 Seiten, 1995

Band 112: V. Kaltefleiter, Die Entwicklungshilfe der Europäischen Union, VIII/179 Seiten, 1995

GPSR Compliance

The European Union's (EU) General Product Safety Regulation (GPSR) is a set of rules that requires consumer products to be safe and our obligations to ensure this.

If you have any concerns about our products, you can contact us on ProductSafety@springernature.com

In case Publisher is established outside the EU, the EU authorized representative is:

Springer Nature Customer Service Center GmbH
Europaplatz 3
69115 Heidelberg, Germany

Batch number: 10815974

Printed by Printforce, the Netherlands